Le réalisme de Rimbaud

랭보의 현실주의

Le réalisme de Rimbaud
랭보의 현실주의

그의 삶에 신화는 없었다. 단지 현실뿐이었다.

| 정남모 지음

한국학술정보㈜

머리말

천재, 반항아, 방랑자 등 신화만 무성했던 랭보를 기필코 현실로 끌어내리려 무던히 애썼던 때가 있었다. 그 시절은 필자가 랭보에 대해 본격적인 연구를 하던 박사학위과정이었고 그 끝나지 않을 것 같았던 긴 시간들도 이젠 아득하다.

그 당시에는 나름대로 그의 베일을 벗겼고 또 최선을 다했다고 생각했지만, 약 10여년이 지난 지금 새삼스레 나는 "랭보에 대해 무엇을 아는가?"라는 의구심이 든다. 그래서 그때의 논문을 꺼내 찬찬히 다시 읽어보니 나름대로 논리적이지만 때론 어설프게 랭보를 파헤치고 있음을 발견다. 그리고 랭보의 시나 삶에 대해 내가 아는 것이 최고인냥 요란하게 주장하고 고함치는 내 모습도 보인다. 그럼에도 불구하고 부끄럽다거나 그런 내가 마냥 싫지 않은 이유는 열정과 진실이 있었기 때문이다.

기회가 닿아 이 논문을 출판하기로 마음을 굳힌 이유는 그때의 열정과 진실함이 지금의 부끄러움을 대신할 수 있을 것 같아서 이다.

먼저, 이 책의 제목인 "랭보의 현실주의 Le réalisme de Rimbaud"에 내포된 "현실주의"라는 개념을 정의할 필요가 있다. 왜냐하면 "Réalisme"은 일반적으로 예술과 문학부문의 "사실주의"를 지칭하고 또한 플라톤의 현실주의 그리고 정치용어로써 "마키아벨리" 등 다양한 의미로 사용되기 때문이다. 문학에서 일반적으로 사용되는 "사실주의" 대신 "현실주의"라는 단어를 택한 이유는 랭보의 작품에서 19세기적 사실주의 경향(과학주의, 실증주의)을 보이는 점뿐만 아니라 자신의 고유한 삶에서도 관념이나 이상보다 현실에 입각하여 사고하고 행동하는 경향을 보였기 때문이다. 그리고 이러한 경향은 현실주의를 넘어 "모더니즘 Le modernisme"에 까지 이른다. 예를 들면 《채색 판화집 Illuminations》에서 랭보는 현실을 바탕으로 재구성한 꿈과 환상의 도시들로 새로운 세상이 시작됨을 알렸고 관습이나 기성도덕 또는 전통적인 권위를 전면적으로 부정하고 또한 과학과 기계문명을 적극적으로 활용하려는 경향을 보인다.

이렇듯 랭보의 현실주의는 '문학적' 사실주의 보다 광의의 의미로 현실에 기반을 두고 또한 현실을 향유하려는 랭보의 '모더니즘적' 행동양식을 포함하는 개념이다.

이 책은 유난히도 신화가 많았던 프랑스 상징주의의 대표 시인인 아르튀르 랭보 Arthur RIMBAUD를 보다 현실적인 모습의 '인간 랭보'로 밝혀보고자 시도되었다. 본 연구에서는 랭보의 시 뿐만이 아니라 1870년부터 1891년까지 씌어진 서간문 209편을 분석 대상으로 하여 그의 서간문에 대한 문헌적 이해에서부터 당시 중심사상과 19세기의 시대적 상황에 적극 동참하였던 이제까지 알려지지 않았던 새로운 랭보의 모습을 밝히고자 한다.

이 책은 크게 3부로 구성되었으며, 각 주제는 다음과 같다.

1장) 서간문의 총체적 고찰 Rimbaue épistolier: Perspective d'ensemble
2장) 시와 반항 그리고 방랑 Poésie, Révolte, Errance
3장) 현실에 내려온 랭보 Rimbaud rendu à la réalité

제1장 "서간문의 총체적 고찰"에서는 "서간문의 출간 및 출판의 역사 Histoire de la publication et de l'édition de la correspondance de Rimbaud"라는 주제로 먼저 랭보 서간문의 출처에서 출판까지를 밝힌다. 그 다음 "랭보의 서간문과 이원성 Dualité de l'homme, Dualité de la correspondance"에서는 랭보 서간문의 어조, 문체적 특성

그리고 랭보와 수신자 상호간의 인간적·사회적 관계 등을 고찰한다. 여기에서 "이원성"이라는 의미는 랭보의 서간문이 그가 시를 쓰던 시기와 그렇지 않은 시기의 서간문 내용이 마치 다른 두 사람에 의해 쓰여진 것처럼 너무나 상이하기 때문이다.

랭보의 서간문은 1892년 처음 발표된 이후, 그로부터 100년이 지난 1992년에 와서 그가 주고받은 478개의 서간문 및 관련 문서를 엮은 책이 플레이아드판으로 출판되었다. 이 편지들 중 랭보가 쓴 편지는 209개이고, 나머지는 그가 받은 편지다.

랭보가 태어나고 살았던 시대(1854-1891)는 유럽의 제국주의가 전 대륙으로 퍼져나가는 때로 프랑스 역시 예외가 아니었다. 프랑스는 1881년 알제리에 입성하고 인도차이나의 안남과 통킹을 보호령으로 만들고 또한 아프리카 영토를 정복했다. 이 시대는 실증주의의 시기(1850-1900)로 생활방식의 변혁과 경제의 혁신이 있었으며 기술 및 과학부분에서는 거의 혁명적인 변화가 있었다. 강철 및 전기 발명 등으로 소위 제2차 산업혁명이라고 불리던 이 시기에는 이른바 과학과 과학 우월주의 Scientisme가 절대적이었으며 랭보는 모더니스트처럼 이러한 시대적 환경에 민감했다.

랭보의 모더니즘은 이러한 19세기의 정서이며, 그 정서를 가지고 먼 이국에서도 랭보는 과학과 실용을 통해 새로운 삶을 계획하고 실행하고자 했다. 그의 행보는 단순히 새로운 삶을 동경하여 삶의 진로를 바꾸는 개인적인 차원이 아니다. 그의 "삶을 변화시키기 Changer la vie"는 19세기의 정신으로 미지의 베일을 벗기고 개척하고 탐험하며 더 나아가 실증적인 것, 과학적인 것을 완성시키려는 세기적 삶이었다.

랭보의 서간문은 시와 삶에 대한 직접적이고 역동적인 증거를 제공하여 그를 둘러싼 주요한 상황과 현상들을 사실적으로 파악하게 해준다. 그리고 서간문은 절필 이후 방랑자, 여행자, 상인, 탐구자가 된 랭보의 일기처럼 삶의 기쁨과 고통 등이 고스란히 담긴 그의 내면을 알려주는 주요한 자료가 된다. 서간문을 통하여 우리는 〈지옥에서의 한철 Une Saison en enfer〉, 〈채색판화집〉 등으로 상징주의 대표 시인인 그가 왜, 어떻게 고뇌하고 방황했으며, 또한 어떤 배경으로 현실이나 세기적인 관심사에 집중하게 되었는지 또한 19세기의 시대적 변화에 적극 앞장 섰는지 밝혀줄 것이다.

이 책의 본론에 해당하는 제2장의 주제는 "시와 반항 그리고 방랑"이다. 주제 분석으로 랭보의 작품세계와 현실에서의 "현실성"을 분석하는 본 장에서 고찰되는 주제는 "랭보와 가족의 영향 Influence familiale chez Rimbaud", "정치와 사회에 대한 랭보의 반항 Thématique de la révolte politique et sociale" 그리고 "공간과 이동에 관한 주제 Thématique du mouvement et de l'espace"이다.

먼저 랭보의 특이한 성격에 초점을 두었다. 즉 물과 불처럼 상이한 두 요소가 동시에 공존하는 랭보의 성격이 가족의 영향이라 생각하여 랭보의 모계와 부계쪽의 영향이 어떻게 그에게 직·간접적으로 투영되고 또 표출되는지를 살펴본다.

그 다음 주제는 랭보가 정치 및 사회에 대해 드러내는 반항을 살펴볼 것이다. 그의 반항은 청소년기라는 생물학적 시기와 함께 더욱 강하게 표출되는 경향을 보인다. 하지만 무엇보다 그의 스승인 이장바르의 가르침을 통한 사회적 불평등, 모순, 무질서 그리고 이데올로기의 혼란이 한 젊은 시인의 정서를 반항으로 몰고 갔다.

랭보의 반항이 초기에는 가출로 나타나는데, 그 직접적인 계기는 사회적 혼란이었다. 1870년 나폴레옹 3세가 프로이센의 비스마르크에게 전쟁을 선포하자, 랭보가 다니던 학교는 휴교를 했다. 그리고 나폴레옹 3세는 스당에서 대패하여 적국의 포로가 되었으며 프로이센의 감옥에 갇혀 다시는 프랑스에 귀환하지 못했다. 그 시점 파리의 정치인들은 나폴레옹 3세의 체제 종말을 고하고 임시정부를 수립하게 된다. 하지만 이 정부도 1871년 1월 알자스와 로렌 지방을 독일에 넘겨주고 전쟁배상금 500만 프랑을 지불한다는 굴욕적인 평화조약에 서명하게 된다(그리고 그 영토상실의 회복을 위해 대신 이 정부는 니스와 사부아 지방을 손에 넣게 된다). 패전의 충격 속에 파리에서는 프랑스 대혁명 당시인 1792년의 민중 정신을 계승한다는 지방정부 "코뮌"이 세워지고 급진적인 사회 입법을 도입하며 전쟁

책임자의 기소를 요구하였다. 그러나 5월 말 군주파의 지지에 힘입은 티에르가 침투하여 도시를 정복했고, 그는 즉결심판을 통해 단 일주일 만에 2만 5천-3만 명을 사형시켰으며 또한 4만 여명의 파리 시민들을 투옥시켰다. 이런 혼란하고 민감한 시기에 공화주의적 성향을 가진 랭보도 행동하지 않을 수 없었을 것이다.

젊은 시인은 곤경에 처한 조국을 구하길 원했을까? 아니면 단지 그를 숨막히게 하는 고향을 떠나고 싶었던 것일까? 어찌 되었든 그 시기부터 그는 가출을 했고 또 코뮌에도 참가했다(들라아에의 변). 이렇게 볼 때 혼란한 전쟁과 혁명의 상황이 어린 랭보에게 새로운 세상으로 향하게 하는 통로의 구실을 한 셈이다. 하지만 현실에서의 자신의 한계를 인식한 뒤, 시를 통해 자신의 공화주의적 성향이나, 전쟁의 비참함 그리고 부르주아에 대한 경멸을 쏟아내게 된다. 일례로 "대장장이 Le forgeron" (프랑스 대혁명으로부터 영감을 받은 시)에서 부르주아에 대해 반기를 들며 노동자들에게는 새로운 자존감을 고취시킨다. "음악을 따라서 A la musique"에서는 돈과 화려함으로 대중을 압도하는 부르주아의 추악함을 생동감 있게 표현해 낸다.

그 이후, 전쟁과 혁명 등의 열병과도 같은 환란이 지나가고 사회가 안정되자 랭보의 반항은 또 다른 형태를 갖게 되는데 이는 방랑이다. 젊은 시인은 시와 서간문을 통해 방랑, 여행, 무한한 자유를 한결같이 노래했고 이제는 행동으로 보일 시기가 도래했다. 하지만 그의 반항과 방랑은 낭만적이고 몽상적인 것이 아니었다. 〈감각 Sensation〉이나 〈나의 방랑 Ma bohème〉등 초기 시에서 보이는 낭만주의 시들은 지극히 일부분에 지나지 않으며 그 외 대부분의 시들은 현실을 바탕으로 그리고 현실주의적 감각으로 작시되었다. 이런 관점으로 볼 때 랭보는 반항으로 점철된 "부랑아 Voyou"가 아니라 세상을 위해 그리고 그 세상과 교감하기 위해 방황했고 그의 시작에도 현실주의적 경향을 보였던 것이다. 이러한 현실 개념이 후반기 시에도 영향을 주어 《지옥에서 보낸 한 철》그리고 《채색 판화집》에서는 모더니즘이 깃든 〈도시Villes〉, 〈도시들Villes〉, 〈지하철Métropolitain〉등의 시들이 주를 이루게 된다. 이러한 시들은 현실이라는 실재를 바탕으로 새로운 세상의 도래를 알리는 환상적이고 극단의 "초현실적" 현실에 이르게 하는 역할도 한다.

마지막으로 제3장에서는 "현실에 내려온 랭보"라는 제목으로 "랭보 그리고 기술과 과학의 지배의지 Rimbaud et la volonté de maîtrise scientifique et technique du monde", "식민국에서의 상인 랭보 Rimbaud commerçant dans les pays coloniaux"를 고찰한다.

랭보가 추구한 현실주의라 함은 단순히 개인적인 삶을 윤택하게 하는 협의의 현실주의가 아니라 사회와 국가 그리고 더 나아가 자신의 세기와 함께 호흡하려는 진보적 현실주의이자 모더니즘이다. 여기에서 "세기"는 실증주의, 과학주의, 제국주의, 산업주의 등으로 대표되는 19세기의 보편적 정서를 말하며 "진보적 현실주의나 모더니즘"은 시대적 관념이나 이상을 인정하는 것에 만족하지 않고 진취적인 의지로 현실을 발전시키고자 하는 의지를 포함하는 개념이다.

이러한 시대적 상황은 청소년이었던 랭보의 "생물학적" 변화와 궤를 같이하는데, 부연하자면 불안하고 복잡하고 혼돈스러운 시대라는 점에서 공통점을 찾을수 있다. 이러한 세기적 변화와 발전 그리고 동반되는 혼란 앞에서 랭보는 시를 통해 사회 안에서 자신의 정체성을 찾게되고, 보다 굳건한 자신의 위치를 확보하고자 노력했지만 그 과정에서 생기는 상실과 괴리감 등으로 적지 않은 고통을 받았다. 그리하여 그는 문학의 세계에서 일찍 상처받고 또한 환멸을 느낀다. 이는 문학 활동을 통해서 그가 추구하는 이상적인 현실을 만들기에 시가 충분한 위력을 발휘할 수 없다고 생각했기 때문이다. 그리하여 그는 자신의 정체성을 확립했던 시, 자신의 첫 삶과 함께 시작했던 시를 버리게 되는데, 이것은 단순히 시를 버린 것만이 아니라 나아가 자기 자신을 버린 것이 되었다. 절필 이후의 그는 이전과 상이한 또 하나의 타자, 즉 새로운 랭보로 탄생되었기 때문이다. 하지만 랭보의 현실주의는 분화를 위한 줄기세포처럼 그에게 남아 '혹독한' 현실을 극복하고 다시 현실에서 이상을 추구하는 동력으로 작용하였다. 이처럼 랭보의 후반기 삶은 '남들과 같이' 19세기적인 정서와 함께 현재에 단단히 뿌리내린 "현실 껴안기"의 삶이다.

그리하여 시와의 결별 이후 랭보의 현실주의는 보다 구체적이며 실재적이 된다.

그래서 그는 이 지상에서의 "실재적인 현실 la réalité réelle"을 탐구하기 위해 긴 여행길에 나서게 된다. 그에게 시나 문학은 더 이상 그의 관심분야가 아니었다. 그가 상상했던 '문학적' 현실주의는 너무 느리고 어쩌면 희망만 심어, 어쩌면 희망 만이 존재하는듯 했기 때문에 진정한 현실 속에서 행동하게 된다. 〈나의 방랑〉에서 보았던 꿈을 실현시키며 유럽 전역을 걷게 된다. 그리고 더 멀리 〈취한 배 Le Bateau ivre〉를 타고 지중해와 홍해를 건너 아프리카에 이르며 미지의 현실을 탐험하는 것이다. 랭보의 후반기 삶에서 그가 추구한 주제는 추상적이고 보편화된 주제인 삶이 아니라 보다 구체적인 현실이다. 또 그가 관심을 둔 것은 일상의 삶에 대한 만족이나 행복이 아니라 현실을 극복하기 위해 탐험하고 현실을 바꾸기 위해 노력한다. 그렇게 그는 현실과 교감하며 자아라는 그리고 이전의 자신이라는 한계를 벗어나 자신이 아닌 또 다른 자"Je est un autre", 바로 세상과 융합하는 새로운 자신을 찾아가는 것이다.

지금까지 우리는 랭보의 시와 서간문에 나타난 특징으로 19세기 후반의 세기적 흐름과 현실에 대해 랭보가 가졌던 애착을 알고 또한 유난히 미지와 신비에 둘러싸였던 그의 삶에 대한 베일을 벗긴다. 랭보는 유럽 대륙과 아프리카를 실증과 현실주의라는 '19세기적' 무기를 들고 거침없이 질주하며 '진정한' 세상을 알기 위해 탐험해 나갔다. 그리고 랭보의 현실주의적 시각은 더 나은 현실을 위해 과감히 '지난' 현실을 부수는 파괴와 선동이라는 이중적인 이미지를 가지며 "진보적 현실주의"로 새로운 세상을 추구하는 것이다. 부연하자면 랭보의 현실주의는 단순히 지금의 현실을 인지하고 그에 입각하여 사고하는 순응의 대상이 아니라 현실과 교감하고 상호작용을 하여 그가 원하는 이상을 현실에서 새로이 만들려는 이상적 현실주의이다. 그는 발전하고 진보하며 시대의 흐름보다 더 멀리 더 빨리 나아가고 싶었다. 그런 랭보의 머리에는 현실주의가 있었고 그의 손에는 과학과 실용이라는 도구가 함께했으며 이로써 미지의 베일을 벗겨나갔던 것이다.

그런 그의 삶에 신화는 없었다. 단지 현실만 있을 뿐이었다.

이상의 관점에서 프랑스 시에 있어 상징주의의 대표자이자 초현실주의의 선구자인 랭보에게 현실주의자라는 또 다른 이름을 부여할 수 있을 것이다.

이 책은 프랑스에서 발표한 필자의 박사학위논문《그의 세기와 지상에 내려온 랭보 Rimbaud rendu à la terre et à son siècle》와 국내학회에서 발표한 연구논문을 엮어 집필하였다. 하지만 학위논문의 제2권에 있는 "랭보의 서간문 용어 색인집 Table de concordances des lettres d'Arthur Rimbaud(967쪽)"은 내용이 너무 방대하여 같이 싣지 못하고, 내용분석을 위한 참고 및 분석 자료로만 활용되었다.

프랑스어로 된 원문의 형태로 책을 출간할 경우 국내에서는 독자층의 한계가 있음에도 불구하고 이 책을 출판하기로 결심한 것은 내용이 그리 난해하지 않다는 이유도 있지만, 랭보의 서간문과 시 그리고 그의 삶에 대한 구체적이고 다양한 정보를 담고있어 랭보에 대한 전반적인 이해가 가능하리라는 기대에서이다. 미흡한 점이 많지만 차후 보다 나은 저서의 초석으로 읽어주기를 독자들에게 바랄 뿐이다.

이 자리를 빌어 부모님과 나의 가족, 교정을 봐주신 에릭 다사스교수 그리고 이 책의 발간에 선뜻 응해주신 한국학술정보㈜의 채종준 사장님을 비롯한 여러 관계자님들께 감사를 드린다.

TABLE DES ABREVIATIONS

AF: LANIER (L.): *L'Afrique, choix de lectures*.

DR: JEANCOLAS Claude, *Dictionnaire Rimbaud*.

DTR: EIGELDINGER Frédéric et GENDRE André, *Delahaye, témoin de Rimbaud*.

GIR: IZAMBARD Georges, *Rimbaud tel que je l'ai connu*.

OC: ADAM Antoine, Œuvres *complètes de Rimbaud*, éd. de La Pléiade 1992.

OC1: ROLLAND DE RENEVILLE André, *Œuvres complètes de Rimbaud*, éd. de
     La Pléiade 1954.

OV: BORER Alain, Arthur Rimbaud, *Œuvre-Vie*.

TCL: JUNG Nam-Mo, *Table de concordances des lettres de Rimbaud*.

목 차

DEUXIEME PARTIE
Poésie, Révolte, Errance

TROISIEME PARTIE
Rimbaud rendu à la réalité

INTRODUCTION

Jusqu'à nos jours, bien des ouvrages ont été consacrés à Arthur Rimbaud afin de définir le statut du poète. Ils offrent de lui en général de l'image d'un génie, enfant révolté, voleur de feu, voyant, alchimiste... Ces images sont-elles les vrais visages de Rimbaud? Peut-on au contraire donner de lui une image plus concrète que les précédentes en le présentant comme un homme engagé dans son siècle? Tel est l'objectif de la présente étude, qui se propose de composer cette image réaliste de Rimbaud à partir des textes les moins fréquentés.

Notre projet est en effet d'aborder le poète non seulement d'après ses poèmes, mais aussi et surtout les 209 lettres[1] de sa correspondance, du moins dans l'état présent de notre connaissance. Nous nous sommes d'abord questionné sur le fil directeur de la recherche: «En quoi la correspondance de Rimbaud nous aide-t-elle à saisir non seulement le poète et sa production, mais aussi l'homme de son temps?». Grâce à une lecture de la correspondance accomplie dans une perspective réaliste, nous allons embrasser au fil de ces textes toute la vie de Rimbaud. Car la correspondance en tant

---

[1] Parfois, au cas où nous avons ressenti le besoin de révéler leur relation intime, notre analyse repose aussi sur les lettres écrites par les correspondants de Rimbaud. Cet échange de lettres fournit une contribution à la compréhension de sa vie «réelle» dans son temps, ainsi que l'image d'une amitié et d'une rivalité dont on n'a guère jusqu'alors saisi l'importance, et que retracera l'essai qui suit la correspondance.

que «corpus» constitue un témoignage vivant et direct - quoique souvent lacunaire - des événements biographiques de Rimbaud. un document aux multiples valeurs: elle s'offre comme une source fondamentale pour qui veut connaître les aspects de la personnalité rimbaldienne, ainsi que l'évolution de sa pensée et de ses sentiments. Cette correspondance nous donne en effet une image plus intime, plus «vraie», que celle qui a été souvent perçue à travers ses seules Œuvres poétiques. L'étude de la correspondance nous aide ainsi à saisir non seulement le poète et sa production, mais aussi l'homme de son temps que fut Rimbaud.

D'autre part, au cours de notre recherche, nous avons constaté que l'étude envisageant la correspondance comme un document majeur pour analyser les deux perspectives du personnage de Rimbaud a été longtemps négligée chez les rimbaldiens. Notre travail vise, sinon à combler cette importante lacune, du moins à mettre en valeur l'aspect réaliste du personnage. Ainsi, il portera sur différents thèmes, en déterminant des groupements de lettres qui permettront une approche au plus près du phénomène Rimbaud.

La recherche que nous avons menée concernant cet aspect des études rimbaldiennes nous a conduit à poser le problème de l'identité de la correspondance et de ses thèmes caractéristiques: en d'autres termes, la présente étude part de la présentation globale de la correspondance, avant de prendre en compte un certain nombre de thèmes choisis afin de mieux révéler le visage d'un Rimbaud engagé dans les événements de son siècle et subissant l'influence des idées en cours dans la seconde moitié du XIXe siècle. Les constats que l'on peut faire sur les thèmes à ce sujet tout au long de notre étude seront donc révélés et analysés en conclusion. Pour répondre à cette question, nous avons choisi d'adopter un plan en trois parties: 1) «RIMBAUD EPISTOLIER: PERSPECTIVE D'ENSEMBLE», 2) « POESIE, REVOLTE, ERRANCE » et 3) « RIMBAUD RENDU A LA REALITE ».

La première partie abordera l'Œuvre épistolaire par un historique que nous avons voulu important et détaillé: notre étude proposera d'abord une histoire de la publication et de l'édition de la correspondance rimbaldienne qui nous permettra de définir et de consolider le corpus à analyser. Ensuite, nous essayerons d'approfondir la nature de cette correspondance: l'aspect littéraire, le rôle épistolaire et la relation particulière entre les correspondants sont autant d'aspects qui seront envisagés tant du point de vue biographique que stylistique: le vocabulaire, l'écriture et surtout le ton particulier que nous rencontrons au fil de la correspondance sont employés par l'auteur pour exprimer des sentiment de joie, d'amitié et de souffrance.

En ce qui concerne la seconde partie «Poésie, Révolte, Errance», consacrée à l'étude thématique, nous aborderons des thèmes fondamentaux qui se retrouvent continuellement à travers l'Œuvre poétique et surtout la correspondance. Cette partie s'articulera de ce fait en trois chapitres: le premier consacré à l'influence familiale, le second à la révolte, et le dernier au mouvement.

Nous analyserons tout d'abord l'influence familiale chez Rimbaud, en suite l'aspect de la révolte rimbaldienne qui correspond directement à l'image d'un poète engagé dans la réalité. La révolte devient comme une issue de secours dans l'existence d'un jeune poète pris dans un temps où tout est troublé par les affrontements idéologiques et des événements historiques violents (guerre franco-prussienne, Commune de Paris). C'est en fait un espace de liberté que Rimbaud n'aura de cesse d'élargir, sans fin, jusqu'à cet «au-delà» qui lui est si cher. Nous parviendrons ainsi à mieux cerner la spatialité propre à l'Œuvre rimbaldienne, en montrant qu'elle répond à un dynamisme singulier.

Puisque ces deux thèmes surtout se manifestent parallèlement dans ses poésies et dans sa correspondance, il nous a paru indispensable d'étudier simultanément ces deux corpus pour enrichir le champ analytique. Nous verrons ainsi dans quelle mesure ses poésies et ses lettres se correspondent et vont influencer toute la narration au niveau de l'événement biographique, et surtout au niveau de l'écriture elle-même. Nous nous acheminerons alors vers l'aspect réaliste de Rimbaud.

Enfin, la troisième partie intitulée «Rimbaud rendu à la réalité» proposera une analyse thématique plus spécifique subdivisée en trois sections. Nous tenterons d'abord, en guise d'introduction aux idées positivistes de Rimbaud, de relire les lettres dites du «Voyant», en montrant qu'elles instaurent une nouvelle théorie poétique influencée par les idées scientifiques du XIXe siècle; les effets de ce manifeste rimbaldien sont perceptibles non seulement dans la composition poétique, mais aussi dans le cheminement suivi par Rimbaud à travers son propre avenir: le poète apprend, puis applique - ou du moins tente d'appliquer - les connaissances techniques et scientifiques à sa vie réelle au Proche-Orient et en Afrique où se croisent toutes les idéologies du siècle. Il s'agit de l'impérialisme et de la colonisation qui offrent de nouveaux débouchés à l'expansion économique des grandes nations d'Europe. Dans l'étude qui va suivre, nous avons en effet mis en évidence, d'une part, le caractère politique et l'expansion coloniale de l'Europe vers le continent africain, d'autre part la «véritable» image de la politique coloniale à laquelle s'est livré l'ex-poète français Rimbaud.

Nous nous demanderons alors en quoi cette correspondance est révélatrice de la société dans laquelle évolue Rimbaud. Les lettres que Rimbaud écrit sur sa vie de négociant à l'étranger nous révèlent des aspects importants du XIXe siècle en matière sociale, politique et économique. Lorsque Rimbaud aborde la terre africaine, les affaires commerciales sont intimement liées à la politique à cause des guerres impérialistes et des rivalités coloniales. En tant que négociant français, il est évident que Rimbaud ne peut pas être insensible à la politique en Afrique. Mais le type d'analyse que pratique Rimbaud ne concernera pas directement la réflexion politique fondamentale. Elle sera plutôt de type pragmatique, Rimbaud jugeant par exemple la politique de tel ou tel pays «sur le terrain» du point de vue d'un négociant et de ses intérêts commerciaux.

Nous nous pencherons alors, au terme de cette étude, sur la question de l'activité professionnelle dans laquelle l'existence de Rimbaud se trouve engagée - question étroitement liée à notre objectif initial - «Comment Rimbaud est-il rendu à la terre et à son siècle?». Car tel est notre travail que de le rendre une fois pour toute à la terre et à son siècle, et finalement à son époque qui l'a rejeté. Ceci est en fait la question à laquelle notre étude tentera d'apporter une réponse.

L'intérêt de notre étude nous paraît double. Il réside à la fois dans la découverte d'une face cachée, ou du moins mal connue encore, de Rimbaud et dans l'analyse de la correspondance en tant que «genre». Ce voisinage est loin d'être nuisible. Au contraire, l'étude du personnage de Rimbaud et le statut de sa correspondance interagissent de manière positive et complémentaire. Ce que nous dirons sur la correspondance éclairera Rimbaud et vice versa.

Présentation de la méthode et de son intérêt

En vue d'approfondir notre étude de la correspondance et de la doter d'un outil d'analyse rigoureux, nous nous sommes efforcé d'utiliser comme instrument de travail la «Table de concordances des lettres d'Arthur Rimbaud», que nous avons été établi nous-même. Nous présentons cette table dans une annexe à notre étude, dont elle constitue le deuxième volume. Cet instrument, que nous nous sommes efforcé d'utiliser avec rigueur et prudence, offre de multiples opportunités lexicologiques: il nous permet par exemple de comparer l'Œuvre poétique et épistolaire et d'entamer une étude statistique, stylistique, syntaxique, etc. D'ailleurs, les lectures de la correspondance se présentent forcément multiples. L'avantage principal de notre lecture statistique et quantitative est que l'instrument de décodage reste fidèle, sans variation due à la situation ou à la réceptivité personnelle du lecteur humain, changeantes d'un texte à un autre. Nous introduisons ainsi, au cours de notre analyse, cette particularité de l'outil informatique qui n'a jamais été employé à ce jour pour analyser la production épistolaire de Rimbaud.

La méthode que nous introduisons dans l'analyse peut, à première vue, sembler distante de notre étude littéraire et surtout thématique, car le dépouillement systématique des occurrences des mots relève d'un domaine scientifique qui diffère «caractéristiquement» de celui qui traite des sentiments. Pourtant, le rapport intime existant entre les mots et les sentiments nous permet d'aller plus loin, jusqu'à envisager la somme de la connaissance, de l'expérience, de la formation intellectuelle et aussi de la sensibilité qui a présidé au choix du vocabulaire par l'auteur, en l'occurrence Rimbaud. L'importance de la fréquence des mots et l'utilité de notre outil quantitatif ont été affirmés par Alain Borer:

> *«Il faut attendre de disposer <u>d'une base de données informatique intégrant la</u> <u>correspondance de Rimbaud</u> pour prendre la mesure de tous ces mots et mettre en perspective - le petit palindrome «ici» quatorze fois répété en une lettre (Aden, 14 avril 1885). Ces mots? Mais qu'est-ce qu'un mot! La bouche ouverte. Le «mot» n'a pas de sens en lui-même. Des «thèmes»? Cette notion scolaire, toute en surface et sans profondeur, reste du côté du prédicat, et ne s'offre qu'à l'énumération. <u>Disons des</u> <u>mothèmes, désignant tout élément de l'ordre du signifiant, repérable à la fois en tout écrit</u> <u>de Rimbaud et dans ses comportements ou ses attitudes»</u>*[2].

En ce qui concerne la méthode informatique, elle se compose de deux outils, la «Table de concordances des lettres d'Arthur Rimbaud» et le CD-Rom «Hyperbase»[3]. Au cas où nous aurions besoin de connaître «visuellement» la fréquence et l'évolution statistique des vocabulaires, les tables graphiques d'«Hyperbase» s'intègrent directement à notre analyse. Nous calculerons d'abord la fréquence des mots d'après les données fournies par la «Table de concordances», établie à partir du texte épistolaire numérisé (dont l'orthographe a été régularisée). Ensuite, nous porterons notre attention non seulement sur la fréquence des mots mais aussi sur leur forme, leur sens et leur évolution.

---

[2] OV. P. LXIX.

[3] Le logiciel «Hyperbase» a été développé par Etienne BRUNET, professeur à l'université de Nice - Sophia Antipolis, en vue de réaliser un traitement des corpus textuels; la résultat de notre «Table de concordances des lettres d'Arthur Rimbaud» est donc obtenu à l'aide de ce logiciel. Sa première version se présente sous la forme d'un CD-Rom, apparu au Laboratoire du CNRS en 1998 où se trouve un des dossiers intégrés ici, à savoir le traitement documentaire et statistique de toutes les Œuvres poétiques et épistolaires de Rimbaud, dont le corpus rimbaldien a été établi par Nam-Mo JUNG.

L'un des intérêts de cette étude est de mettre à l'épreuve une méthode au départ purement linguistique dans le champ de l'analyse littéraire. Elle permettra en effet d'examiner des champs lexicologiques pour aller vers une notion qui nous fait poser le problème des rapports des occurrences et du contexte. La méthode retenue exige donc une lecture très précise de la correspondance. Analytique tout d'abord, cette lecture s'est rapidement orientée vers des ébauches de synthèse, puisque le point de vue dominant est celui de la perspective de la réalité basée sur des événements historiques, notamment scientifiques. Si Rimbaud s'est intéressé à la science et aux techniques de son siècle en vue d'être solidement ancré dans la réalité, il nous paraît légitime d'adopter pour notre part une technique scientifique moderne qui repose sur l'usage de l'informatique, dans le but de mieux révéler cet aspect peu connu de l'Œuvre rimbaldiennne.

PREMIERE PARTIE:

PREMIERE PARTIE:

Rimbaud épistolier: Perspective d'ensemble

Chapitre I
HISTOIRE DE LA PUBLICATION ET DE L'EDITION DE LA CORRESPONDANCE DE RIMBAUD

Arthur Rimbaud n'a pas connu la publication et l'édition de ses Œuvres épistolaires. Aujourd'hui de nombreuses publications dévoilent le domaine immense de sa correspondance: ces lettres sont le reflet de son génie et de son être merveilleusement contrastés. Nous y voyons le jeune homme ardennais, le poète, le républicain, le révolutionnaire, le voyageur et le négociant en Afrique orientale. Elles nous révèlent la complexité de son esprit et de son âme, sa liberté «libre» et même son désespoir.

Commençons par nous interroger tout d'abord sur le rôle de la quantité des lettres: A quoi nous servira cette quantité des documents? Bien évidemment, elle fournira une immense quantité de connaissances et nous permettra également d'approcher la dimension authentique du poète. Car une étude de la correspondance s'attache bien souvent à la biographie d'un individu. A propos donc de la quantité, même le reçu d'un achat nous informe des moindres détails, importants peut-être, de la biographie.

En ce qui concerne le rôle de la quantité, le service qu'il peut rendre à la compréhension d'une vie est considérable: en d'autres termes, plus celle-ci est abondante, plus elle est précieuse. Mais il convient de savoir quels renseignements car il subsiste quelques risques de confusion, voir d'ambiguïté dans la datation ou dans les lacunes du texte. Malgré tout, pour ce premier essai dans notre étude de l'identification, la quantité du texte que nous envisageons d'analyser par catégories se rapporte aux multiples approches possibles sur l'étude épistolaire de Rimbaud. Dans ce sens, nous nous sommes intéressé d'abord à l'étude documentaire.

A. PUBLICATIONS ET EDITIONS DES LETTRES DE RIMBAUD

Depuis la première publication de la correspondance, la plupart des lettres ont heureusement paru dans des recueils: «*Lettres J. -A. Rimbaud*» et «*Lettres de la vie littéraire d'A. Rimbaud*» etc... Ces lettres qui ont été publiées dans des ouvrages édités sont aisément accessibles[4]. Mais d'autres lettres sont dispersées dans des journaux ou périodiques anciens et difficilement accessibles. Pourtant, il est probable qu'une grande quantité de la correspondance inédite est peut-être conservée chez des collectionneurs privés, et elle peut évidemment être un jour retrouvée. Cette correspondance, dans son ensemble, échangée avec tout ce qui a compté à partir 1870 jusqu'à 1875 et dans le cadre d'une autre vie entre 1875 - 1891, illustre et accompagne 37 ans de sa vie.

Aujourd'hui, le fonds Doucet, la Bibliothèque Nationale et le musée Rimbaud possèdent la plupart des lettres dont les destinataires ou leurs héritiers se sont soigneusement dessaisis, ou dont ils ont communiqué des photocopies.

La lettre du 17 novembre 1878 que nous allons citer est sa première lettre à être publiée, par Ernest Delahaye dans «La Revue d'Ardenne et d'Argonne» en septembre - octobre 1892, P. 181 - 183. De Gênes, Rimbaud écrit à sa famille pour lui annoncer son départ pour l'Egypte où il projette de voyager prochainement:

---

[4] Voir «l'édition de la correspondance de Rimbaud» de notre étude.

«J'arrive ce matin à Gênes, et reçois vos lettres. Un passage pour l'Egypte se paie en or, de sorte qu'il n'y a aucun bénéfice. Je pars lundi 19, à 9 heures du soir. On arrive à la fin du mois»[5].

Et un mois plus tard, six lettres de 1891 que Rimbaud expédie à sa soeur Isabelle, de l'hôpital de la Conception de Marseille, sont publiées dans «La Revue blanche».

D'ailleurs, l'édition de la correspondance de Rimbaud remonte déjà à plus d'un siècle. Il nous faut maintenant dire un mot de l'histoire de la première édition de cette correspondance. Le mois de sa mort, en novembre 1891, est publié un ouvrage du «*Reliquaire*» de Rodolphe Darzens, avec des poésies inédites et contenant 5 lettres de Rimbaud à Paul Demeny. Mais ce livre, pressé trop vite, présentait des erreurs: «*l'échec de cette édition, (explique Pierre PETITFILS), ne déplut pas à Verlaine qui pensa pouvoir ramasser les morceaux et donner à son tour une édition correcte des Poésies complètes de Rimbaud. Mais d'autres difficultés retardèrent son projet pendant quatre années; le livre ne parut qu'en octobre 1895*»[6].

Les plus nombreuses sont publiées par son beau frère, Paterne Berrichon , mais, ce dernier a fait scandale après son travail inexact: Marcel Coulon examine sérieusement les 46 lettres originelles que Paterne Berrichon avait publiées, il révèle que 40 lettres sont «*frelatées*»[7].

Malgré tout, la première édition, sinon complète, du moins considérable des écrits de Rimbaud, celle publiée en 1899[8] par Paterne Berrichon, le beau frère du poète et

---

[5]   La lettre de Rimbaud aux siens, le dimanche 17 novembre [18]78. OC. P. 303.

[6]   Pierre PETITFILS. «Rimbaud au fil des ans, 1854 - 1984», édité par le Musée - Bibliothèque Rimbaud et le Centre Culturel Arthur Rimbaud. 1984. P. 20.

[7]   Voir OC. P.1066. «Les omissions volontairement commises par Berrichon, ne sont pas sans importance. Il supprime, par exemple, tout un paragraphe où Rimbaud parlait de son frère Frédéric en termes très durs. Il corrige systématiquement les chiffres donnés par Rimbaud sur l'argent qu'il gagne en Orient, il les grossit pour le faire apparaître plus riche, et l'élever du même coup au rang de notable négociant. Ces impostures de Berrichon sont certaines.»

[8]   Voir *l'édition de la correspondance* de notre première partie.

le mari d'Isabelle Rimbaud, présentait surtout les lettres de Rimbaud aux siens (113 lettres) et à divers correspondants (8 lettres). Les années suivantes, il publie successivement la correspondance, et notamment les lettres de Rimbaud à ses amis, par exemple à G. Izambard, à P. Demeny et à E. Delahaye. Ces lettres publiées par P. Berrichon concernent les deux vies de Rimbaud, c'est-à-dire qu'elles comprennent la première période poétique 1870 - 1875 et la deuxième période, celle de son attachement à la «vie pratique» dans les années 1875 - 1891. En ce qui concerne les lettres africaines, la correspondance Rimbaud - Ilg a été publiée par Jean Voellmy en 1965: «Les lettres à Ilg nous permettent de mieux connaître l'esprit satirique de Rimbaud. Malgré les nombreuses redites, elles sont plus intéressantes que celles qu'il a écrites aux siens»[9].

En novembre 1899, sept ans après, un ouvrage, paraît au Mercure de France, présenté par Paterne Berrichon sous le titre de «Lettres de Jean-Arthur Rimbaud, Egypte, Arabie, Ethiopie (1875-1891)». Il s'agit de la première édition des lettres de Rimbaud adressées «Aux siens»[10]. Il contient 113 lettres relatant son voyage en Afrique, à MM. Lacroix, Delahaye et J. Borelli du 17 mars 1875 au 20 juillet 1891. On peut y ajouter le recueil des lettres à Ilg paru aux éditions de Gallimard en 1965.

En janvier-mars 1911, les «*Vers et proses*» de Rimbaud sont publiés par George Izambard avec deux lettres de Rimbaud: le 5 septembre 1870, il lui annonce sa première fuite du 29 août en lui demandant de l'aide. Dans la seconde du 2 novembre 1870, il lui apprend son retour à Charleville, après le deuxième voyage en Belgique. Ce livre contient également deux lettres de Madame Rimbaud à George Izambard, celles du 4 mai et du 24 septembre 1870.

Le 1er janvier 1912, la «Nouvelle Revue Française» publie pour la première fois une lettre de Rimbaud à son professeur Izambard du 25 août 1870, avec une poésie

---

[9] Jean VOELLMY, la «Correspondance d'Arthur Rimbaud (1888 - 1891)», voir dans la *Connaissance de Rimbaud*. Aux éditions Gallimard. 1965. P. 22.

[10] Ce mot «aux siens» englobe pour Rimbaud sa famille et également ses chers amis.

«*Marguerite*». La lettre a été reproduite en 1927 par George Izambard dans son article de «*Arthur Rimbaud, à Douai et à Charleville*»[11].

En octobre 1912, dans une deuxième publication de la «Nouvelle Revue Française» Paterne Berrichon révèle trois lettres inédites de Rimbaud. D'abord, la célèbre lettre du «Voyant» du 15 mai 1871 à Paul Demeny contenant les trois poésie de « *Chant de guerre parisien*», «*Mes petites amoureuses*» et «*Accroupissements*». La deuxième, du 10 juin 1871, seconde lettre à Demeny, comportant les trois poèmes autobiographiques de « *Les poètes de sept ans*», « *Les pauvres à l'église*» et « *Le coeur du pitre*». La dernière, à Ernest Delahaye en 1872 intitulant cette lettre, « Parmerde, Jumphe». Des années plus tard, en 1946, dans l'édition de la Bibliothèque de La Pléiade Jules Mouquet[12] rectifiera de nombreuses erreurs[13] dans la reproduction de Paterne Berrichon après avoir revu les textes sur le manuscrit dans la collection Alfred Saffrey.

En juillet 1914, deux ans plus tard, Paterne Berrichon propose dans la «Nouvelle Revue Française» une troisième publication des lettres de Rimbaud adressées à Ernest Delahaye: une premier lettre de mai 1873 avec deux dessins; une seconde datée du 5 mars 1875 de Stuttgart; une troisième de Charleville, contenant deux poésies « *Rêve*» et «*Valse*».

En 1925, onze ans plus tard, Marcel Coulon publie dans «Au Coeur de Verlaine et

---

[11] «Izambard a replacé cette lettre dans son contexte en l'insérant dans sa plaquette: *Arthur Rimbaud à Douai et à Charleville* (Kra, 1925)». Voir «Rimbaud au fil des ans» de Pierre PETITFILS, Charleville, éd. Le musée-bibliothèque Rimbaud et Le centre culturel Arthur Rimbaud, 1984, P. 34.

[12] L'éditeur des «Œuvres Complètes» de Rimbaud en 1946 collaborant avec Rolland de Renéville.

[13] Voir les trois correspondances, numérotées «XII, XIII et XX» dans les «Notes et Variantes» concernant les textes fautifs de Paterne Berrichon. P. 754-755 dans les «Œuvres Complètes» de Rimbaud, Bibliothèque de La Pléiade, 1954.

de Rimbaud»[14] une lettre de Rimbaud découverte par Louis Barthou: écrite le 15 août 1871 à Théodore de Banville et signée «Alcide Bava», cette lettre contient le poème «*Ce qu'on dit au poète à propos de fleurs*» daté du 14 juillet 1871.

Sa première lettre à Théodore de Banville en date du 24 mai 1870, publiée la même année par Marcel Coulon aux «Nouvelles Littéraires» (le 10 octobre 1925), comprenait les trois poèmes intitulés: «*Sensation*» du 20 avril 1870, «*Ophélie*» du 15 mai 1870 et «*Credo in Unam*» du 29 avril 1870. Ici, il est intéressant de voir chez Marcel Coulon les deux textes cités intégralement mais «*Ophélie*» oublié.

En octobre 1928, trois ans après, dans la «Revue Européenne» Georges Izambard publie pour la troisième fois une lettre adressée par son ancien élève, datée du 13 mai 1871; elle renferme un poème «*Le Coeur Supplicié*».

Au début de 1929, un an plus tard, la dernière lettre de Rimbaud du 12 juillet 1871 à Georges Izambard est publiée dans «Le Grand Jeu».

En avril 1929, aux éditions des «Cahiers Libres» Roger Gilbert-Lecomte établit la deuxième édition des lettres sous le titre de «Correspondance inédite d'Arthur Rimbaud, 1870-1875». Cet ouvrage comportait les 24 lettres déjà publiées (hors une lettre de Rimbaud du 12 juillet 1871 à Georges Izambard, présentée récemment cette année-là dans «Le Grand Jeu»), mais révélait une lettre de Germain Nouveau adressée d'Alger à Rimbaud, le 12 décembre 1893. Il ignorait sa mort survenue depuis environ deux ans.

En novembre 1930, Maurice Dullaert édita le document criminel de Verlaine à Bruxelles, «L'Affaire Verlaine» dans la Revue Belge Nord. Ce recueil offrait quelques lettres intéressantes pour l'étude biographique de Rimbaud: d'abord dans «Les lettres martyriques» se trouvaient les lettres de Verlaine à Rimbaud, datées

---

[14] L'édition du «Livre» en février 1925.

d'avril et de mai 1872, ensuite, une correspondance de Verlaine à Rimbaud en juillet 1873 et une autre lettre de Madame Rimbaud à Verlaine en date du 6 juillet 1873.

En 1931, un ans après, aux éditions Gallimard, paraissent les « Lettres de la vie littéraire d'Arthur Rimbaud, (1870-1875)», réunies et annotées par Jean-Marie Carré réunissant les 21 lettres des «Lettres de la vie littéraire d'Arthur Rimbaud» et une «Lettre de Rimbaud sur son voyage en Abyssinie», adressée au Directeur du Bosphore Egyptien.

Le 15 mai 1939, toujours au Mercure de France et par les mêmes éditeurs, paraissent les correspondances et les documents inédits qui concernent la vie africaine de Rimbaud. Cet ouvrage présentait deux parties: la première contient des lettres adressées à Rimbaud pendant son séjour à Aden et en Afrique; la deuxième, des lettres en réponse à l'enquête de Paterne Berrichon à propos de Rimbaud et de sa vie en Afrique.

Le 30 avril 1946, ont paru les « Œuvres Complètes» de Rimbaud par Rolland de Renéville et Jules Mouquet, aux éditions de la Bibliothèque de La Pléiade[15].

En décembre 1946 est publié «Rimbaud tel que je l'ai connu» avec la préface et les notes de H. de Bouilllane de Lacoste et Pierre Izambard. Cet ouvrage comprend des articles et des entretiens publiés dans une plaquette de 1927 «Arthur Rimbaud à Douai et à Charleville, lettres et écrits inédits». Ce volume est une évocation de Rimbaud par son professeur, G. Izambard: *«C'est à G. Izambard lui-même, qui, vers la fin de sa vie, préparait une mise au point définitive de ses souvenirs de Rimbaud»*[16].

---

[15]   Voir les correspondances de «La Pléiade» de notre chapitre.

[16]   Dans ce recueil il n'est pas moins intéressant de lire deux lettres que G. Izambard adressait à Alfred VALLETTE, directeur du «Mercure de France», datée le 7 janvier 1911 et celle du 28 juin 1912 qui concernent la vie de Rimbaud et de sa famille. Puis la troisième partie de ce livre, «Lettres et documents inédits» possède cinq lettres inédites de ses correspondants à G. Izambard: une lettre de Lenel (le 11 novembre 1870), de L. Deverrière

Ce recueil contient deux lettres inédites de Rimbaud (celle du voyant au mois de mai 1871[17] et celle du 12 juillet 1871[18]).

Le 15 février 1961, sont publiées les «Œuvres d'Arthur Rimbaud» dans les Classiques Garnier par Suzanne Bernard. Dans un volume de 572 pages: 54 pages consacrées à une biographie et à une introduction accompagnent les vers, les poésies et quelques lettres de Rimbaud concernant sa vie poétique.

En mai 1965, Jean Voellmy publie « La correspondance d'Arthur Rimbaud (1888 - 1891)», aux éditions Gallimard. Cet ouvrage[19] présente les trente-cinq lettres de Rimbaud à Alfred Ilg datée à partir du premier février 1880 jusqu'au 20 février 1891, puis, vingt lettres d'Alfred Ilg à Rimbaud. Nous y trouvons également deux lettres: celle de Savouré à Ilg (le 13 février 1888) et celle de Ménélik à Ilg du premier Ter 1883 (le 9 février 1891).

En mars 1969, les Amis de Rimbaud publient le premier numéro des « Etudes rimbaldiennes», sous la direction de Pierre Petitfils, présenté par Louis Forestier aux Lettres Modernes. Après une courte introduction de Forestier, cet ouvrage présente d'abord une lettre inédite de Rimbaud, adressée à Alfred Bardey, datée du 26 août 1883, ainsi que deux autres lettres inédites[20]: les deux lettres de Rimbaud à

(1870), de Charles Gillet (le 16 avril 1871) et deux lettres de Berrichon (le 24 juin et le 5 juillet 1898). Cet ouvrage est basé à partir de «Ses souvenirs sur Rimbaud» de G. Izambard. Voir GIR. P. 6.

[17] GIR. P. 134.

[18] GIR. P. 164.

[19] Nous y découvrons une excellente explication dans «Connaissance de Rimbaud» et dans l'«Historique du séjour de Rimbauden Afrique» nous permettant de mieux connaître son comportement et sa situation de négociant. Cet ouvrage fondamental pour une étude de sa vie africaine présente soixante-deux documents.

[20] Voir les «Etudes rimbaldiennes», à la page 41, «Les Manuscrits de Rimbaud: leur découverte - leur publication», par Pierre Petitfils. Dans la collection «Avant - Siècle»,aux Lettres Modernes 1970.

Monseigneur Taurin (Aden, le 4 novembre 1887) et à son Excellence le Ras Mékonène (Marseille, 30 mai 1891).

On y trouve d'abord une lettre inédite d'Isabelle Rimbaud, adressée à Mgr Taurin après la mort de son frère (Roche, le 15 décembre 1891). Et il y a aussi bien le document du témoignage d'Alfred Bardey, le patron de Rimbaud au Harar, sous le titre des «Souvenirs inédits d'Alfred Bardey», présenté par Pierre Petitfils. Notre dernière découverte documentaire sera encore les deux lettres inédites de Paul Claudel concernant toujours Rimbaud, adressées à Madame M. Yerta-Méléra (Bruxelles, le 26 décembre 1933 et le 15 janvier 1934), qui sont présentées avec un bref commentaire intéressant.

Au 30 mars 1972, la troisième édition des « Œuvres Complètes» de Rimbaud est publiée par Antoine Adam dans La Bibliothèque de La Pléiade.

La même année (1972), le « Cahier Arthur Rimbaud» est présenté sous la direction de Louis Forestier aux éditions de la Revue des Lettres Modernes, Minard.

Le 28 août 1981 paraît la publication de «Alfred Bardey, Barr-Adjam, souvenirs d'Afrique Orientale (1880-1887)», réalisée par le C. N. R. S. (Centre National de la Recherche Scientifique, - Centre régional de Publications de Sophia-Antipolis).

Nous nous sommes penché d'abord sur la publication de notre texte principal: les lettres de Rimbaud. La publication de ces lettres s'impose en effet par leur intérêt littéraire, avant même leur intérêt documentaire. Ces lettres révèlent une partie essentielle de l'Œuvre. L'étude et la description de toutes ces lettres, que nous avons envisagé selon l'axe chronologique, nous fournit le critère qui assure la cohésion et la solidité de notre texte principal.

B. PUBLICATIONS RELATIVES A LA CORRESPONDANCE DE RIMBAUD

Les lettres écrites sur Rimbaud auxquelles nous nous sommes intéressées ne sont qu'un texte secondaire de la correspondance de Rimbaud. Elles n'entrent pas, bien sûr, dans notre «Corpus». Mais les informations qu'elles contiennent concernant la biographie de Rimbaud sont considérables.

Il est mort jeune, nous l'avons déjà rappelé, à trente-sept ans, mais il est mort plus jeune encore en littérature. Pourtant en étudiant la correspondance de Rimbaud, nous nous sommes d'abord étonné du nombre important de ses lettres, notamment dans la correspondance africaine. En revanche, il existe très peu de lettres sur la poésie et sur la littérature. Mais en élargissant le domaine d'étude de la correspondance autour de Rimbaud, nous avons subi une deuxième surprise: les documents abondent du côté de Verlaine, d'Isabelle Rimbaud, d'Edmond Lepelletier, de George Izambard et d'Ernest Delahaye[21].

Nous devons, maintenant, revenir à notre sujet, à savoir l'édition de la correspondance de Rimbaud. Dans ce but il fallait avant tout prendre connaissance de la publication des diverses éditions en portant notre attention sur les documents inédits.

Nous pouvons nous attendre à ce que quelques-unes des lettres et des documents contiennent des renseignements d'une importance inestimable sur sa scolarité, sa vie privée et sociale, la signification même de l'Œuvre du poète. Chez Rimbaud, il est rare de trouver de tels dossiers, nous énumérerons les documents qui nous permettront de rassembler la correspondance de Rimbaud. Ainsi, dans ce chapitre il est temps

---

[21] Les lettres de Delahaye sont publiées souvent par «Cahiers Jacques Doucet» de la collection Doucet. Aujourd'hui nous les rencontrons fréquemment chez Enid Starkie dans «Rimbaud».

d'envisager «en dehors de La Pléiade»[22] les lettres et documents auxquels devrait correspondre une publication.

Outre l'intérêt documentaire qu'elle représente pour nous, la publication chronologique des correspondances concernant Rimbaud permet de se faire une idée du type d'informations, de la forme de présentation et de l'actualité ou des retards avec lesquels les nouvelles étaient connues dans l'une ou l'autre des correspondances.

En mai 1938, le «Journal du séjour à Roche (1873)», du «Voyage à Londres (1874)» et les trois lettres de Vitalie Rimbaud[23], sont publiés par Henry de Bouillane de Lacoste et Henry Matarasso aux éditions du Mercure de France.

En 1949, trois ans plus tard, deux lettres[24] sont publiées dans «Rimbaud et le problème des Illuminations» par Henry de Bouillane de Lacoste. Cet ouvrage en neuf chapitres s'interroge sur la datation des manuscrits et l'écriture des «*Illuminations*», et

---

[22] C'est à dire en dehors de 490 lettres et documents de Rimbaud chez Rolland de Renéville et chez Antoine Adam.

[23] Ce n'est pas la mère mais la soeur de Rimbaud. Voir dans l'«Appendice» du «Journal de Vitalie Rimbaud». Edition de la «Bibliothèque de La Pléiade», dans les «Œuvres Complètes» de Rimbaud, établie, présentée et annotée par Antoine ADAM en 1992. P.817 - 835.

[24] Dans le même ouvrage est publié un fragment de lettre de Germain Nouveau du 26 mars 1874 à Richepin qui nous apprend qu'il a connu un jeune poète nommé Rimbaud pendant son séjour à Londres: «Je suis maintenant, comme tu vois, avec Rimbaud(...). Nous avons loué une room dans Stampfort Street dans une famille dont le bon jeune homme, qui sait un peu de français, converse une heure tous les jours avec nous, dans le but qu'il se perfectionne et que j'apprenne quelques vocables: quant à Rimbaud, il doit se parfaire aussi, sachant assez pour nos besoins communs»; Bouillane de Lacoste, Henry de. «Rimbaud et le problème des Illuminations» aux éditions de Mercure de France. 1949. P. 111 -112. Toujours dans cet ouvrage, une nouvelle lettre de Germain Nouveau à Verlaine, le 27 janvier 1875 que nous transcrivons avec la reproduction de ce texte de Henry de Brouillane de Lacoste: «Paris, jeudi 27 janvier 1875...» voir à la page de 171, Bouillane de Lacoste, Henry de. «Rimbaud et le problème des Illuminations» aux éditions de Mercvre de France. 1949.

contient de nombreuses photographies, fac-similés et autographes de Rimbaud. Deux bulletins[25] s'y ajoutent. A la page 86, un bulletin de lecture du 25 mars 1873[26] donné par Miss Enid Starkie dans les archives du British Museum: Il offre d'abord cet intérêt de nous apprendre où se trouvait Rimbaud à la fin du mois de mars; jusqu'alors les biographes l'ignoraient. Quant à l'adresse indiquée par le jeune poète, 34, Howland street, Fitzroy square, W.[27], elle était connue par la correspondance de

---

[25] Plus tard, le second bulletin de lecteur du British Museum où l'écriture de Rimbaud est soignée et lisible, inscrit son nom tout entier, et son adresse actuelle à Londres portant ses noms: «Jean Nicolas Joseph - Arthur Rimbaud» et «178 Stamford Street Waterloo Road, S.E.». Cette adresse est la même que celle d'une lettre de Germain Nouveau en date du 26 mars 1874. La reproduction des deux extraits du registre du British Museum (celui de Rimbaud et de Germain Nouveau) se trouve aujourd'hui dans le «Rimbaud» d'Yves Bonnefoy, éditions du SEUIL, collections des «écrivains de toujours» 1994. P.142. Il apparaît que Rimbaud avait fréquemment déménagé pendant son séjour en Angleterre: déjà nous remarquons deux adresses différentes du premier au deuxième bulletin de lecteur. Et encore dans deux lettres de Verlaine du 18 [mai 1873] et du [3 juillet 1873] à Rimbaud, nous trouvons une adresse différente. (Le premier bulletin de lecteur, inscrit l'adresse par Rimbaud «34 Howland Street, Fitzroy Square, W.». Voir à la page de 87. Bouillane de Lacoste, Henry de. *Rimbaud et le problème des Illuminations*» aux éditions de Mercure de France. 1949. Pour le second, voir à la page 270, O.C. de 1992.«8 Great College Street, Camden Town, N.W. Londre»). Par conséquent, de 25 mars 1873 au 1874 nous remarquons déjà trois adresses différentes de Rimbaud: la première se trouve à l'ouest de Londres avec son ami Verlaine. Les deuxième et troisième adresses que nous venons de noter associant Rimbaud avec le peintre Germain Nouveau. Ainsi, à l'âge de 20 ans le jeune poète avait déjà beaucoup d'expérience à l'étranger. Dans son Œuvre «Rimbaud» à la page 307, elle analyse la vie de Rimbaud transformant la biographie problématique écrite par Paterne Berrichon qui est invraisemblable. Cette carte de lecteur au British Museum lui offre la cohérence de la vie anglaise de Rimbaud.

[26] Dans son Œuvre «Rimbaud» à la page 307, elle analyse la vie de Rimbaud transformant la biographie problématique écrite par Paterne Berrichon qui est invraisemblable. Cette carte de lecteur au British Museum lui offre la cohérence de la vie anglaise de Rimbaud.

[27] Une lettre «W.» qui a été abrégée par Rimbaud, signifie l'ouest de la capitale de l'Angleterre: West London. Voir P. 86, «Rimbaud et le problème de Illuminations» de Bouillane de Lacoste (Henry de) aux éditions de Mercure de France. 1949. Nous découvrons aujourd'hui cet extrait du registre du British Museum dans «Rimbaud» de Yves Bonnefoi, aux collections des «Ecrivains Toujours». Editions de Seuil. 1994. P. 142.

Verlaine: c'est celle de l'immeuble où était *«la propre chambre de Vermersch, qui servit de domicile à Verlaine et à Rimbaud dès leur arrivée à Londres en septembre 1872»*[28]. Cette citation confirme la valeur du document pour aboutir à une meilleure connaissance biographique de Rimbaud.

En 1959, dans «La Bataille Rimbaud, l'Affaire de la chasse spirituelle» de Bruce Morrissette, nous voyons une lettre d'Isabelle Rimbaud[29] probablement à Louis Pierquin, datée du 11 janvier 1893: elle lui demandait de supprimer les trois textes de Rimbaud qu'ils allaient publier, en raison des idées révolutionnaires dont ils étaient porteurs.

En avril 1962, Mario Matucci fait paraître «Le dernier visage de Rimbaud en Afrique, d'après des documents inédits» chez Marcel Didier. Cet ouvrage situe le point de départ de ses recherches aux environs de 1885, période où nous découvrons sept textes documentaires concernant la vie de Rimbaud en Afrique. Il est intéressant de noter quelques documents qui seront fort utiles pour la compréhension de sa vie africaine: d'abord, une lettre de l'explorateur Ugo Ferrandi[30] à Ottone Schanzer, publiée le 16 septembre 1923, par A. Soffici, où se précise l'atmosphère commerciale autour de Rimbaud pendant 1885 - 1886. Ensuite, à la page 86, un rapport concernant les activités de César Tian (7 mai 1890)[31], nous informe sur la situation des

---

[28] Bouillane de Lacoste, Henry de. «Rimbaud et le problème des Illuminations» aux éditions de Mercure de France. 1949. P.86.

[29] Cette lettre d'Isabelle Rimbaud, on la voit également chez Antoine Adam à la page 738. mais il n'y a que 7 lignes du texte. Voir aussi à la page du 508-512 , «A New Document on Rimbaud» in «Modern Language Notes». 1957.

[30] «J'ai connu Rimbaud à Aden, vers la fin de l'année 1885... il n'avait pu encore gagner l'intérieur». Dans «Le dernier visage de Rimbaud en Afrique, d'après des documents inédits» paru par Mario MATUCCI, aux éditions du Sansoni Antiquariato de la Librairie Marcel Didier. P. 45.

[31] «Rimbaud connaissait le pays, la langue et les habitants mieux que personne, il lui proposa de l'envoyer à Harrar prendre la direction entière de la factorerie». Dans «Le dernier visage de Rimbaud en Afrique, d'après des documents inédits» paru par Mario MATUCCI, aux

négociants, des activités et de la réputation de Rimbaud. Et à la page 88, dans un journal de Salimbeni[32], négociant italien en Abyssinie, ce dernier écrit sur des commerçants français chez Bardey. Toujours chez Mario Matucci, dans les «Appendices», l'on trouve sept documents et lettres qui ne sont point négligeables par leur importance. Premièrement: une lettre d'un explorateur italien, le Marquis Antinori, destinée au professeur Dalla Vedova, en date du 11 avril 1882, nous apprenant l'expédition géographique de ce pays. Deuxièmement: une «copie d'un rapport du Consulat Général» ,écrite par Cecci, le consul d'Italie à Aden, adressé à Crispi le 22 mai 1888. Ce document possède la traduction intégrale révélant que Rimbaud avait probablement participé au commerce des esclaves; ce rapport avait été également traduit en anglais à la page 81. Nous y voyons, d'après le commentaire de Miss Stakie, une erreur de transcription de l'orthographe «Remban» au lieu de «Rimbaud». Troisièmement: une lettre de César Tian à Mgr. Taurin, le 18 janvier 1889 à Aden. Quatrièmement: Jules Borelli adressa une lettre à André Tian, le 28 mars 1939 à Marseille annonçant la mort de Rimbaud à l'hôpital de Marseille, où il citait que le poète était un très bon catholique. Cinquièmement: une lettre inédite également de Jules Borelli à M. André Tian, le 31 mars 1939 à Marseille. Il est donc question de la personnalité de Rimbaud et des esclaves au Choa. Sixièmement: une lettre de Mgr. Jarosseau , écrite à M. André Tien le 30 mai 1939 témoignant que Rimbaud avait une haute valeur intellectuelle et qu'il était patriotique. Dernièrement: une lettre de Maurice Riès à M. André Tian du 12 mai 1939 à Marseille où il se souvenait de l'arrivée de Rimbaud à Aden chez Bardey jusqu'à sa mort en 1891 à l'hôpital de la Conception à Marseille.

éditions du Sansoni Antiquariato de la Libraire Marcel Didier. P. 86.

[32] «Nous allons chez Bardey, mais nous ne trouvons personne... Nous nous rendons alors chez les Bienenfeld... Il y a, parmi d'autres, le français Tien, qui est dans la région depuis 22 ans et qui fournit des capitaux aux commerçants français qui opèrent en Abyssinie (Rembaud (sic), Brémond, Pino). C'est un vieillard à longue barbe, très sympathique et intelligent». Dans «Le dernier visage de Rimbaud en Afrique, d'après des documents inédits» paru par Mario MATUCCI, aux éditions du Sansoni Antiquariato de la Libraire Marcel Didier. P. 86.

En 1963, paraît la deuxième édition des «Œuvres Complètes» de Rimbaud, établie et présentée par Rolland de Renéville dans la Bibliothèque de La Pléiade aux éditions de N. R. F.

Le 29 novembre 1968, la publication de «Madame Rimbaud» dans la collection «Avant-siècle 5» aux Lettres Modernes 1968, par Suzanne Briet est un essai de biographie de sa mère, suivi de la correspondance de Vitalie Rimbaud-Cuif: parmi les vingt-neuf lettres, il en est donc treize inédites, conservées[33] au musée de Rimbaud à Charleville-Mézières (il est dommage qu'on n'y trouve aucune lettre avant l'année de la mort de Rimbaud). L'intérêt de ces documents est de connaître Rimbaud de plus près grâce au souvenir de sa mère.

Le 30 septembre 1974, «Delahaye, Témoin de Rimbaud»[34] a été publié par Frédéric Eigeldinger et André Gendre. Cet ouvrage consiste en un témoignage de Delahaye qui fut le plus fidèle compagnon de la vie littéraire de Rimbaud. Le volume contient dans sa première partie deux ouvrages biographiques: «Rimbaud, L'Artiste et l'être moral (histoire sommaire de Rimbaud)» et «Souvenirs familiers à propos de Rimbaud».

Ainsi, il est particulièrement important d'observer les six documents inédits à la page 147: une lettre de Verlaine à Ernest Delahaye du 29 avril 1875, «sur Arthur Rimbaud» des notes des Entretiens politiques et littéraires en décembre 1891, deux lettres d'Ernest Delahaye du 21 août 1896 et du 27 août 1896 à Paterne Berrichon, «Généralités sur Rimbaud» et enfin «quelques références à l'Œuvre de Rimbaud». Ensuite, la deuxième partie commence par des «Notes de souvenirs familiers à propos de Rimbaud», où se trouve réuni un ensemble de notes avec tous les textes fondamentaux du témoignage de Delahaye qui nous permet d'éclairer la physionomie de Rimbaud

---

[33]   Voir la page 86-87, un tableau de «Etat présent de leur Diffusion» nous informe de la nature de toutes les correspondances de Madame Rimbaud.

[34]   EIGELDINGER Frédéric et GENDRE André: Delahaye, témoin de Rimbaud, Neuchâtel (Suisse), éd. La Baconnière, 1974.

En mars 1996, «La Quinzaine littéraire», publie une lettre de Léon Valade à Claretie écrite le 5 octobre 1871. La lettre nous apprend l'existence et la réputation de Rimbaud pendant le début de son séjour à Paris vers le mois de septembre 1871: «Arthur Rimbaud retenez ce nom qui (à moins que la destinée ne lui fasse tomber une pierre sur la tête), sera celui d'un grand poète»[35].

Dans notre présente étude, les analyses dont nous avons accompagné la correspondance de Rimbaud à propos de la publication et de l'édition se proposent d'en faciliter la lecture en diminuant les ambiguïtés de nombreuses lettres éditées. Pour mieux focaliser notre étude épistolaire, étant donné que les correspondances et les documents concernant Rimbaud, nous allons classifier et identifier les documents dans les éditions de La Pléiade chez Rolland de Renéville, Jules Mouquet et chez Antoine Adam. Car, ces éditions sont avant tout le corpus essentiel de notre analyse.

C. EDITIONS DE «LA PLEIADE»

«Envoyez - moi donc le prix des services d'Aphinar à Suez. Je suis complètement paralysé: donc je désire me trouver de bonne heure à bord. Dites-moi à quelle heure je dois être transporté à bord...»[36]

Il y a environ cent cinq ans, «*dictée..... à sa soeur, le 9 novembre 1891, c'est -à-dire la veille de sa mort*»[37], à l'hôpital de la Conception à Marseille, Arthur Rimbaud écrivait la dernière lettre de sa vie au directeur des Messageries Maritimes.

Dans la «Bibliothèque de la Pléiade», Antoine ADAM, écrit:«Rimbaud ne sortait

---

[35] Revue de «La Quinzaine». N° 689. P. 17.
[36] Rimbaud au directeur des Messageries Maritimes, Marseille, le 9 novembre 1891. Aux éditions de la «Bibliothèque de La Pléiade», «Œuvres Complètes» de Rimbaud, établie présentée et annotée par Antoine ADAM en 1992. P. 707.
[37] Isabelle RIMBAUD, «Reliques». Mercure de France. 1921. P. 71.

de sa léthargie que pour délirer. Le 9 novembre 1891 , il dicta la présente lettre à Isabelle. Deux jours après, il mourait.»[38]. Le lendemain, 10 novembre 1891, à dix heures du matin, Jean-Nicolas- Arthur Rimbaud décédait. Sa brève vie ne lui permit pas d'envisager cet ultime voyage à Harar. Il avait trente-sept ans, vingt jours et onze heures (Il était né, le 20 octobre 1854 à cinq heures du soir). Or le commentaire est inexact: il contient une faute de calcul dans les «Notices, Notes et Variantes». Nous la corrigeons par «un jour après» à la place de «deux jours après».

L'erreur que nous venons de remarquer nous montre que notre ouvrage principal, la dernière édition des «*Œuvres Complètes*» de Rimbaud n'est un livre ni parfait ni idéal. Mais comme le dit Michaël Pakenham dans «Trouver le lieu et la formule»: « *Qu'on le veuille ou non, la Bibliothèque de La Pléiade est devenue un outil de travail des plus précieux pour les chercheurs et il est souhaitable d'y trouver tous les renseignements possibles sur l'auteur et ceux qui ont joué un rôle dans sa formation et son évolution,...*»[39]

Malgré quelques petites erreurs, cette édition d'Antoine Adam est aujourd'hui avant tout un outil dans la mesure où, partant des textes précis, elle propose un commentaire méthodologique plutôt que des pistes permettant d'interpréter les poèmes; elle contient presque tous les poèmes, les correspondances, les lettres sur Rimbaud (même les documents concernant la biographie de Rimbaud). Cet ensemble constitue donc d'une part un apport important à la connaissance de Rimbaud poète et d'autre part un élément pour l'étude de ses relations épistolaires.

---

[38] Voir dans les «Notices, Notes et Variantes», Rimbaud au directeur des Messagères Maritimes, Marseille, le 9 novembre 1891. Aux éditions de la «Bibliothèque de La Pléiade», dans les «Œuvres Complètes» de Rimbaud, établie présentée par Antoine ADAM en 1992. P. 1190.

[39] Michael PAKENHAM, «Arthur Rimbaud»: une saison en enfer et poétique et thématique, sous la direction de Louis FORESTIER. Aux éditions de La Revue des Lettres Modernes. 1973. P.138.

La première édition des «Œuvres Complètes» de Rimbaud a été publiée en 1946 par Rolland de Renéville et Jules Mouquet, avec 29 pages d'introduction et 825 pages d'Œuvres et correspondances de Rimbaud ainsi que des notices. Depuis cette première édition (1946), déjà abondante, les textes de La Pléiade se sont enrichis des lettres demeurées inédites qui paraissent constamment au monde. La deuxième édition d'André Rolland de Renéville établie en 1965, très enrichie, comptait «XXVIII» pages d'introduction et 923 pages d'Œuvres (plus de 97 pages supplémentaires par rapport à l'ouvrage précédent). La troisième édition de 1972, établie, présentée et annotée par Antoine Adam [40], présentait «LII» pages d'introduction et de chronologie, et 2 pages de «Remerciements» (qui sont situées sans numéro de page entre l'introduction et les «Poésies»).

Afin de mieux fixer notre attention sur les publications successives de la correspondance de Rimbaud dans La Pléiade, nous établirons un parallèle entre la première édition de Rolland de Renéville et Jules Mouquet, en 1954, et celle d'Antoine Adam de 1992, en insistant sur l'analyse des points concernant la classification et l'identification du texte.

1) Correspondance chez A. Adam

Le volume d'Antoine Adam, a été édité dans la première et la deuxième édition de La Pléiade. Il est particulièrement intéressant d'observer la correspondance de Rimbaud à Alfred Ilg (trente lettres de Rimbaud à Ilg et trois lettres de Rimbaud à Ilg et à Zimmermann) et d'Alfred Ilg à Rimbaud (dix-neuf lettres), portant sur toute la

---

[40] De nos jours l'édition de 1992 des «Œuvres Complètes» de Rimbaud, toujours établie par A. Adam, s'organise ainsi: pages 1-70 pour les «Poésies», pages 71-90 pour les «Vers Nouveaux et Chansons», pages 91-118 pour «Une Saison en Enfer», pages 119-156 pour les «Illuminations», pages 157-224 pour les «Œuvres diverses», pages 225-232 pour les «Œuvres attribuées», pages 233-816 pour la «Correspondance», pages 817-836 pour l'«Appendice: Journal de Vitalie Rimbaud», pages 837-1212 pour les «Notices, Notes et Variantes», pages 1213-1220 pour la «Bibliographie» et pages 1221-1249 pour la «Table des Titres et des Incipit».

correspondance Rimbaud - Alfred Ilg publiée en mai 1965 par Jean Voellmy, «Correspondance de 1888-1891» de Rimbaud chez Gallimard. Dans ses «remerciements», M. Antoine Adam lui-même cite cette publication: *«Parmi les correspondances progressivement révélées, on remarquera celle que Rimbaud entretint avec Ilg. Ces lettres, qui ont renouvelé notre connaissance de la vie de Rimbaud en Abyssine, et qui ont dissipé d'absurdes légendes, ont été publiées en 1965, par M. Jean Voellmy.»*[41]. Ce volume d'A. Adam présente également «la correspondance de Vitalie Rimbaud-Cuif»qui a été publiée par Suzanne Briet comprenant treize lettres inédites parmi vingt-neuf, en novembre 1968, présenté par Louis Forestier «Aux Lettres Modernes».

Le lecteur trouvera à la fin de cette édition 375 pages de «Notices, Notes et Variantes», offrant des commentaires précieux, sur les poésies et la correspondance. Ils se proposent d'en faciliter la lecture, de préciser, si nécessaire, les événements relatés et d'identifier, si possible, les correspondances chronologiques.

Par conséquent, une chronologie critique des principaux événements de la vie d'Arthur Rimbaud est établie. On peut préciser le détail des 480 lettres et documents, réunis dans ce travail: il y a donc, 388 correspondances d'Arthur Rimbaud (lettres de Rimbaud et lettres destinées à Rimbaud), soit 81 % du texte, 87 lettres de Madame Rimbaud, d'Isabelle Rimbaud, de Frédéric Rimbaud et de quelques correspondants et le dernier texte «Appendice» a été établi d'après le journal de Vitalie Rimbaud, (I. II. III.), soit 18 % du texte.

Avant de dresser l'étude de la correspondance, il nous est indispensable d'identifier deux périodes[42] qui réunissent toutes les lettres et les dossiers concernant Rimbaud.

---

[41] Voir dans son «Remerciement», Aux éditions de la « Bibliothèque de La Pléiade», dans les «Œuvres Complètes» de Rimbaud, établie présentée et annotée par Antoine ADAM en 1992. P. 53.

[42] Le premier des deux tableaux synoptiques ci-joint nous expose avec simplicité et synthétiquement l'ensemble des correspondances et documents concernant la vie de Rimbaud. Dans ce tableau, après le reclassement, le «TOTAL» que nous trouvons à droite indique les

nombreux dossiers de type «Expéditeur-Destinataire». Et l'autre «TOTAL», en bas de ce tableau, présente la somme des textes; à droite, le «Nombre» signifie la présentation originale du contenu dans l'édition de 1992. Le deuxième tableau indique les correspondants de Rimbaud ainsi que les documents le concernant, la succession chronologique de toutes les lettres actuellement connues, écrites par Rimbaud. La correspondance que nous mettons entre parenthèses est évidemment cernée dans le texte même: Rimbaud précise «Votre lettre est arrivée hier 16.» dans la lettre à Paul Demeny en date du 17 avril 1871. Est-ce une lettre perdue? Il y a donc 61 lettres de Rimbaud à ses «Correspondants» et 69 de ses «Correspondants» à Rimbaud, soit 130 lettres nous laissant entrevoir leur relation intime.

F1.

ARCHIVES	QUANTITES	MODIFICATION	TOTAL
- De 1870 à 1891 -			
Lettres de Rimbaud	209		209
Lettres à Rimbaud	108		108
Correspondance sur Rimbaud	29		29
Documents	42	+3	45*
Total 1	**388**	**+3**	**391**
- Après 1891-			
Lettres à Rimbaud	0	+1	1*
Correspondances sur Rimbaud	18	-1,-2	15*
° lettres de Madame Rimbaud	23		23
° lettres de Frédéric Rimbaud	3		3
° lettres de Isabelle Rimbaud	43		43
Journal de Vitalie Rimbaud	3	-3	0
Actes d'état civil	0		0
Documents	0	+2	2
Total 2	**90**	**-3**	**87**
TOTAL	**478**	**0**	**478**

F2

ANNEE	LET. DE RIMBAUD	A RIMBAUD	SUR RIMBAUD	DOCUMENTS	TOTAL
1870	9	0	2	2	13
1871	9	2	0	0	11

La première, de 1870 à 1891, rassemble 391 textes sous 4 rubriques: d'abord, 1) les lettres de Rimbaud qui comprennent 209 lettres (54% de la totalité du contenu), ensuite, 2) 108 lettres des correspondants de Rimbaud (28%), puis, 3) 29 lettres des

ANNEE	LET. DE RIMBAUD	A RIMBAUD	SUR RIMBAUD	DOCUMENTS	TOTAL
1872	2	5	0	0	7
1873	4	3	2	8	17
1874	0	0	5	2	7
1875	4	1	0	1	6
1876	0	0	0	0	0
1877	1	0	2	0	3
1878	2	0	0	0	2
1879	3	0	0	1	4
1880	7	0	0	2	9
1881	16	0	0	0	16
1882	15	0	1	0	16
1883	17	1	0	2	20
1884	13	1	0	1	15
1885	10	1	0	4	15
1886	9	2	0	4	15
1887	17	4	5	5	31
1888	11	16	3	1	31
1889	18	35	1	5	59
1890	24	11	1	4	40
1891	18	26	7	3	54
TOTAL	209	108	29	45	391

* Dans le tableau précédent, les deux colonnes «Total» que nous proposons permettent de suivre de nombreux dossiers selon la période ou selon leur catégorie, réduisant les multiples obstacles. Jusqu'ici, nous avons tenté de suivre une première voie conduisant brièvement à l'édition historique des «Œuvres Complètes» de Rimbaud en faisant porter notre attention sur sa correspondance.

correspondances sur Rimbaud[43](7%) et en dernier, 4) 45 documents non épistolaires (11%)[44]. La seconde période présente 87 textes de 1891 à 1929 (après la mort de Rimbaud), divisés en trois ensembles, 1) la correspondance de Rimbaud (une lettre de Germain Nouveau à Rimbaud, Alger, 12 décembre 1893), 2) 85 lettres de «correspondants parallèles» de Rimbaud (97%), 4) deux documents (3%).

Il nous parait nécessaire de classer d'abord toutes les correspondances et les documents édités en 1954 et 1992 dans La Pléiade. Nous allons donc recenser minutieusement selon leur chronologie et leur typologie les deux ouvrages principaux qui sont la base de la correspondance de Rimbaud.

2) Correspondance chez R. De Reneville et J. Mouquet

Cet ouvrage de 1954 que nous avons analysé est une reproduction de celui de 1946 contenant des lettres, des documents et poèmes inédits (Cocher ivre, L'Angelot maudit, fragments de l'Album Zutique) et avec un portrait de Rimbaud d'après Carjat et un fac-similé inédit d'une page de l'Album Zutique. En outre, d'après les manuscrits, les documents sont bien améliorés, éclairant les ambiguïtés et les inexactitudes des autres éditions de cette époque. Pourtant quelques lettres semblaient manquer: «*Lorsque parurent en 1946 les <u>Œuvres complètes de Rimbaud</u> dans la Bibliothèque de la Pléiade, on aurait pu penser que la correspondance du poète, réunie pour la première fois dans son ensemble, constituait, avec ses 179 pièces, une publication définitive. Pourtant l'existence de réponses reçues par Rimbaud laissait supposer que d'autres lettres se cachaient encore*»[45].

---

[43] Les «Correspondances sur Rimbaud» qui désignent les personnes avec lesquelles Rimbaud était en relation et qui ont correspondu au sujet de Rimbaud.

[44] Considérons ici les trois textes du «Journal de Vitalie Rimbaud: I. II. III.» que nous avons mis dans la première période (de 1870 à 1891) sous «les documents».

[45] Stéphane TAUTE, «Etudes rimbaldiennes» sous la direction de Pierre PETITFILS, dans la collection du «Avant-Siècle: 6», présenté par Louis FORESTIER. Aux éditions des Lettres Modernes. 1969. P. 12.

L'édition de Rolland de Renéville et Jules Mouquet, contient 298 lettres et documents[46]. Donc 81% de la totalité du texte (244 lettres et documents de Rimbaud)

---

[46] Le tableau que nous présentons ci-dessous est celui des nombreuses correspondances et documents de Rimbaud dans l'édition de Rolland de Renéville et Jules Mouquet en 1954 dans La Pléiade, donnant la possibilité d'une comparaison analytique (selon l'intérêt individuel) avec celle d'Antoine Adam. Il est intéressant de remarquer les modifications successives qui différencient leur classement et même diminuent la quantité du texte.
F3.

ARCHIVES	QUANTITES	MODIFICATION	TOTAL
- De 1870 à 1891 -			
Lettres de Rimbaud	182	-12,-1	169
Lettres à Rimbaud	46		46
Correspondance sur Rimbaud	6	+1,+2	9
Documents	10	+1,+2,+3,+12,-1	27
Total 1	**244**	**+7**	**251**
- Après 1891-			
Lettres à Rimbaud	1		1
Correspondances sur Rimbaud	0		0
°lettres de Madame Rimbaud	14	-1,-2,-4	7
°lettres de Frédéric	2		2
°lettres de Isabelle	30		30
Journal de Vitalie	2	-2	0
Actes d'état civil	5	-3	2
Total 2	**54**	**-12**	**42**
TOTAL	**298**	**-5**	**293**

F4

ANNEE	LET. DE RIMBAUD	A RIMBAUD	SUR RIMBAUD	DOCUMENTS	TOTAL
Avant	0	0	0	3*	3
1870	6	0	2	2	10
1871	10	2	0	0	12
1872	2	5	0	0	7
1873	4	3	2	8	17

est occupé par la «Correspondance», (les lettres de Rimbaud sont numérotées en chiffres romains de I jusqu'à CLXXXII), ensuite 19 % par «Appendice», (54 lettres entre les correspondants de Rimbaud). Mais nous rappelons une lettre de Germain Nouveau à Rimbaud (Alger, le 12 décembre 1893) écrite et envoyée deux ans après la mort de Rimbaud. Ici se trouvent également «XIII» lettres de Madame Rimbaud et une lettre de Stéphane Mallarmé à Madame Rimbaud (le 25 mars 1897).

Sur ces 14 lettres, nous remarquons que 4 d'entre elles, «III», «IV», «V» et «VI» sont comme répétées à la page 295, 414, 515 et 521. Et trois lettres doivent être replacées dans les «Correspondances sur Rimbaud» antérieures à la mort de Rimbaud: deux lettres de Madame Rimbaud à George Izambard (le 4 et 24 septembre 1870, «I»,

ANNEE	LET. DE RIMBAUD	A RIMBAUD	SUR RIMBAUD	DOCUMENTS	TOTAL
1874	0	0	0	2*	2
1875	3	1	0	0	4
1876	0	0	0	0	0
1877	0	0	0	0	0
1878	2	0	0	0	2
1879	3	0	0	0	3
1880	8	0	0	1	9
1881	17	0	0	0	17
1882	15	0	0	0	15
1883	17	0	0	2*	19
1884	13	1	0	1	15
1885	10*	1	0	3	14
1886	9	0	0	0	9
1887	16	3	3	0	22
1888	7	10	1	0	18
1889	6	9	0	2	17
1890	6	3	0	1	10
1891	15	8	1*	2	26
TOTAL	169	46	9	27	251

«II») et une lettre à sa fille Isabelle (le 8 juin 1891, «VII»). En revanche les 32 lettres que nous classifions ici, concernent la période postérieure à sa mort: il y a deux lettres de Frédéric Rimbaud «I et II», 29 lettres d'Isabelle Rimbaud (de 22 septembre 1891 au premier mai 1897, et une lettre de César Tian à Isabelle Rimbaud (le 6 mars 1892).

D'autre part, nous traitons comme deux documents distincts le «Journal de Vitalie Rimbaud»: «séjours à Roche» (d'avril à septembre 1873) et le «voyage à Londres» (juillet 1874).

Toujours dans l'édition de 1954, nous voyons cinq dossiers que nous ne trouvons nulle part chez Antoine Adam. Nous plaçons d'abord avant la mort de Rimbaud les trois dossiers suivants: «Acte de naissance de Jean-Nicolas-Arthur Rimbaud, (I)», «Acte de naissance de Frédéric Rimbaud, père d'Arthur Rimbaud, (IV)» et «Acte de naissance de Vitalie Cuif, épouse de Frédéric Rimbaud, et mère d'Arthur Rimbaud, (V)». Puis, les deux dossiers consécutifs à sa mort: «Acte de décès(II)» de Jean-Nicolas-Arthur Rimbaud et «Extrait du registre des décès de l'hôpital de la Conception à Marseille».

A propos de la «Correspondance» de Rimbaud, nous venons donc de signaler «CLXXXII» lettres, mais parmi celles-ci, nous ne pouvons pas considérer douze textes comme appartenant à la correspondance, car ce sont les documents non épistolaires de la période du 20 septembre 1870 jusqu'au 7-17 avril 1891. En nous appliquant à comparer les deux ouvrages de cette édition de 1954 avec celui d'Antoine Adam, les deux lettres que nous inscrirons sont comptées deux fois en même temps. C'est d'abord le premier des douze dossiers, «Itinéraire» d'Antotte à Harar, à la page 451, le 26 août 1887, que nous venons de classer dans les dossiers. Il s'agit simplement d'une partie du contenu, il n'est ainsi ni une correspondance ni un dossier séparé d'une lettre. Et un autre problème de classement se pose à propos d'une lettre de Rimbaud au directeur de la Librairie des Langues orientales, le 18 novembre 1885, qui n'est pas adressée directement au destinataire, nous ne pouvons l'identifier et la compter comme une lettre indépendante. Et notons encore à la page 385, une lettre à MM. Mazeran, Viannay et Bardey, celle-ci contenant un document ,

«Rapport sur l'Ogadine» qui n'a aucun rapport avec cette lettre. Alors nous la séparons en deux, en la comptant comme une lettre et un document de Rimbaud.

Nous avons pu, jusqu'à présent, classifier le textes de Rimbaud dans l'édition de La Pléiade en 1954. Après notre étude découpée par période, respectant leurs contenus, la totalité du texte porte sur 293 au lieu de 298 documents.

3) Remarque

Dans ce recueil de lettres en 1992, nous pouvons suivre l'évolution successive des documents rimbaldiens. Comme nous l'avons déjà dit, cette édition comprend en définitive 478 documents (lettres et textes non épistolaires): pourtant, il y a quelques uns manquent encore par rapport l'édition de 1954.

Enfin, le dernier tableau de notre chapitre ci-joint peut permettre une comparaison entre les différentes publications de la correspondance. Nous trouvons d'abord deux périodes divisées (avant et après sa mort), classées selon «l'expéditeur - le destinataire» possédant quelques articles grâce auxquels nous serons au courant du contenu exact du texte, et leurs nombreuses publications concernant les correspondants autour de Rimbaud. Et cependant, le «TOTAL» que nous modifions dans ce tableau devient en définitive la totalité du texte, les «Œuvres complètes» de Rimbaud.

ARCHIVES	EDITION 1954	EDITION 1992	TOTAL
- De 1870 à 1891 -			
Lettres de Rimbaud	169	209	209
Lettres à Rimbaud	46	108	110[47]
Correspondance sur Rimbaud	9	29	29
Documents	27	45	49[48]
Total 1	**251**	**391**	**397**
- Après 1891-			
Lettres à Rimbaud	1	1	1
Correspondances sur Rimbaud	0	15	15
° lettres de Madame Rimbaud	7	23	23
° lettres de Frédéric Rimbaud	2	3	3
° lettres de Isabelle Rimbaud	30	43	43
Documents	0	2	2
Actes d'état civil	2	0	2[49]
Total 2	**42**	**87**	**89**
TOTAL	**293**	**478**	**486**

La correspondance échangée par les amis de Rimbaud s'échelonne sur vingt ans et compte au total 319 textes (lettres de Rimbaud et lettres destinées à ce dernier) dans l'édition de La Pléiade. (Mais en ajoutant environ 127 lettres détruites et «non découvertes» jusqu'à nos jours, elle s'élève en fait à 438 lettres). Notre prochaine étude est consacrée à ce sujet, il s'agit des 75 lettres perdues de Rimbaud: les thèmes en sont des plus variés: vie quotidienne, poésie, littérature, politique, bohème, événements professionnels et familiaux.

Telle est la volumineuse correspondance publiée aujourd'hui dans les «Œuvres

---

[47] Voir la page précédente: deux lettres d'Ilg à Rimbaud.

[48] Voir la page précédente: un certificat du commandant de Recrutement de Mezières et trois actes d'état civil de naissance d'Arthur Rimbaud, de son père et de sa mère.

[49] Voir la page 10: acte de décès de Rimbaud et extrait du registre des décès de l'hôpital de Conception à Marseille.

Complètes», que nous allons exploiter afin de parvenir à connaître la poésie et la vie de Rimbaud, en respectant le modeste voeu d'Antoine Adam: «*Celui qui a procuré la présente édition de Rimbaud tient à rappeler le nom de ceux qui l'ont précédé dans ses recherches. Plus encore qu'un devoir, ce lui est un plaisir de reconnaître combien il leur est redevable de ce que ce volume peut contenir d'utile pour la connaissance du poète.*»[50].

En ce qui concerne la numérotation des lettres de Rimbaud dans l'édition de 1954, elle est établie dans l'ordre chronologique comme la correspondance chez J.-J. Rousseau et Voltaire. Il existe pourtant le problème du classement et de la datation[51]

---

[50]   Voir dans son «Remerciement», Aux éditions de la «Bibliothèque de La Pléiade», dans les «Œuvres Complètes» de Rimbaud, établie présentée et annotée par Antoine ADAM en 1992. P. LIII.

[51]   Il n'est pas moins intéressant de considérer quelques caractéristiques de la datation et des petites remarques des deux éditions: lorsque la date reste incertaine, Antoine Adam la place toujours entre crochets. Cependant Rolland de Renéville et Jules Mouquet la mettent entre parenthèses en l'accompagnant d'un point d'interrogation. Et, voici la différence entre deux éditions:

l'édition 1954	Page	l'édition 1992	Page
Jumphe	285	Junphe	265
8 juillet 1873	297	7 juillet 1873	276
10 juillet	298	Sans date	277
11 juillet	300	Sans date	278
25 août 1883	381	1883	370
2 lettres	417	Une lettre	406
2 lettres	451	Une lettre	444
13 avril 1889	498	11 avril 1889	530
«Djibouti»	501	«Ankober»	545
Ménélik à R.	502	Ménélik II à R.	582
Aux siens	518	A sa mère	661
«Vendredi», 23 mai 1891	521	«Jeudi», 21 mai 1891	665
Juillet	529	Sans date	691

Il y a donc quelques fautes de datation chez Rolland de Renéville et Jules Mouquet: par exemple à la pages 509, il inscrit 6 mai au lieu de 9 mai 1890. Pour le calcul de la par rapport à l'édition de 1992. Surtout, dans l'édition de 1954 il manque de nombreux textes épistolaires concernant à la vie de Rimbaud en Afrique (chez Antoine Adam abondent les lettres de Rimbaud qui nous permettent, sans rupture, de suivre la vie rimbaldienne en Afrique). En revanche, chez Adam, la classification de la correspondance et du dossier procède par ordre chronologique. Pourtant la numérotation des lettres a été supprimée de cette édition par le présentateur et annotateur, Antoine Adam.

Nous venons d'essayer d'identifier le contenu toujours dans l'édition de 1954. A considérer avec attention leurs correspondances, les quelques documents de cette édition présentent une légère différence par rapport à l'édition de 1992. Ce sont 10 dossiers qui manquent dans l'édition d'Antoine Adam: parmi eux , les «Actes d'état civil» de naissance d'Arthur Rimbaud, de Frédéric Rimbaud (père d'Arthur) et de Vitalie Cuif (épouse de Frédéric Rimbaud), que nous classons dans l'article «Avant 1870» aux «Documents». Et l'«Acte de décès» de Rimbaud et «Extrait du registre des décès» de l'hôpital de Conception à Marseille», les deux dossiers manquant se trouvent dans «Après 1991» aux «Documents» de Rimbaud. Ce sont donc au total quatre lettres et six documents qui n'existent plus dans l'édition de 1992. Ce n'est pas tout, il manque encore un certificat du commandant de Recrutement de Mézières, le 7 juillet 1891, (dans l'édition de 1992, il existe également une lettre au commandement de Recrutement à Marseille). En revanche, chez Adam on trouve encore les deux lettres qui nous paraissaient manquer par rapport à l'édition de 1954: il ne s'agit pas de lettres manquantes ou perdues, mais elles sont une légère différence dans leur datation et leur destinataire: premièrement une lettre de Rimbaud à un Trafiquant (1889?), qui a été publié par Paterne Berrichons dans «La vie de Jean-Arthur Rimbaud». Ensuite, une lettre de Bienenfeld à Rimbaud, le 13 juillet 1891, publiée par Enid Starkie dans «Rimbaud en Abyssinie».

---

correspondance nous suivons celui d'Antoine adam. Ainsi, nous réduisons deux lettres des pages de 418 et 451.

En ce qui concerne la vérification des textes épistolaires, l'édition de La Pléiade a tenté d'avoir accès à l'autographe[52] et tient compte des corrections apportées (notamment sur les textes inexacts de Paterne Berrichon) dans le texte lui-même: Rimbaud écrit «Jumphe 72» pour «Junphe 72» et Madame Rimbaud, «Hugo» pour «Hugot». Mais la date, l'orthographe et la présentation des correspondances de Rimbaud ont été respectées: Rimbaud écrit «C et bien... » pour «C [ordialement] et bien...» et «août 1871» pour «[28] août 1871».

Nous avons essayés jusqu'à présent, non par choix, mais par tout le poids de la nécessité, d'identifier et reclasser à nouveau toutes les correspondances et les dossiers de Rimbaud chronologiquement, selon les intitulés suivants: les «Lettres de Rimbaud», la «Lettres à Rimbaud», la «Correspondances sur Rimbaud» et les «Documents», que nous avons détaillés d'une façon claire: il est donc possible maintenant de mieux saisir la documentation de la correspondance dans La Pléiade, des «Œuvres Complètes» de Rimbaud, puisque celle-ci constitue notre texte d'étude.

L'aspect fondamental de la correspondance est d'être un témoignage important, qui nous montre essentiellement l'évolution de la vie d'un individu. La correspondance de Rimbaud n'est donc pas exceptionnelle. Pour conclure notre étude documentaire, nous allons essayer de poursuivre des lettres perdues; cette courte analyse devrait éclairer les ambitions de cette étude, en lui apportant sa base documentaire.

D. TABLE CHRONOLOGIQUE DES LETTRES PERDUES

On a souvent affirmé que des manuscrits ou des copies manuscrites avaient joué un rôle inestimable dans la constitution et la publication des ouvrages. Dans ce but, nous fournissons dans les pages suivantes l'inventaire des diverses lettres perdues qui ne

---

[52] «Quand nous avons pu avoir accès à l'autographe, c'est lui dont nous reproduisons le texte *nous l'indiquons au titre par le signe**»: OC. P. 1067.

sont pas accessibles aujourd'hui à la lecture du texte complet. Cette étude nous permet de mieux suggérer une relation personnelle et biographique de l'auteur- la continuité ou l'arrêt de la correspondance peut signifier l'évolution ou la rupture amicale -, leur type d'information singulière, leur actualité commune, etc. Outre l'intérêt documentaire qu'elle présente pour nous, l'étude des lettres perdues permet de consolider «le texte de base».

Nous présentons notre étude comme une conclusion de notre chapitre sur l'«Histoire de la publication et de l'édition de la correspondance de Rimbaud». Il s'agit d'une «Table des lettres perdues».

Indication complémentaire à propos du tableau, les lettres de Rimbaud ont souvent été datées grâce aux réponses des nombreux correspondants. Si certaines imprécisions demeurent, nous avons tenté de les limiter: nous les avons mises entre crochets lorsque la date et le lieu restent incertains et quand il s'agit de lettres perdues: [.....]; On les trouve au début et à la fin de la phrase. Le premier nom de chaque lettre (à - quelqu'un -) désigne son correspondant. Lorsqu'il s'agit des lettres perdues, une ou plusieurs lettres écrites à la même époque (quand on ne peut pas calculer exactement), on compte légitimement une seule lettre.

Les lettres de cette table s'étendent de 1869 à 1891, soit jusqu'à la mort de Rimbaud, pendant vingt - trois ans, et elles sont basées souvent sur les *Œuvres complètes* (OC.) d'Antoine Adam et notamment *Œuvre - Vie* (OV.) d'Alain Borer.

1869 (I)
I. Décembre, Charleville: à la Revue Pour Tous [lettre perdue][53].

1870 (II - V)
II. [Début sept.], [Mazas]: au PROCUREUR IMPERIAL [lettre perdue][54].

---

[53]   Voir OV. P. 992.

III. [Début sept.], [Mazas]: au COMMISSAIRE DE POLICE de Charleville [lettre perdue][55].

IV. [Début sept.], [Mazas]: à SA MERE [lettre perdue][56].

V. 12 nov. [Charleville]: à G. IZAMBARD [lettre perdue][57].

1871 (VI - XII)

VI. [Mai], [Charleville]: à Ernest DELAHAYE [lettre perdue][58].

VII. [Mai], [Charleville]: à G. IZAMBARD [lettre perdue][59].

VIII. Juin, Charleville: à Jean AICARD [lettre perdue][60]. - Par M. PAKENHAM, «La Grive», Juillet - déc. 1963.

IX. [Fin de l'année scolaire], [Charleville]: à Henri PERRIN [lettre perdue][61].

X. Août, Charleville: à Paul VERLAINE [lettre perdue][62]

XI. Août, Charleville: à P. VERLAINE [lettre perdue][63].

XII. [Septembre], [Charleville]: à P. VERLAINE [lettre perdue][64].

---

[54] Voir OV. P. 1004: «Lettres de la prison de Mazas».

[55] Ibid. P. 1004.

[56] Ibid. P. 1004.

[57] Voir la note de Jean - Marie CARRE dans les «Lettres de la vie littéraire d'A. Rimbaud»: «Je sais que, le 12 novembre 1870, m'est arrivée à Douai une lettre (de Rimbaud) que je n'ai plus». Aux éditions de Gallimard 1990. P. 28 - 29.

[58] «Les fragments cités nous sont connus par un billet de Delahaye à Pierquin». Voir OV. P. 1044.

[59] Voir la note de Jean - Marie CARRE dans les «Lettres de la vie littéraire d'A. Rimbaud»: «Cette lettre annonce la suivant. Rimbaud essaie sur son professeur la première ou seconde rédaction du - manifeste littéraire - qu'il enverra deux jours plus tard à son ami Paul Demeny». P. 38-38 et 43.

[60] «Rimbaud écrivit à l'auteur, Jean Aicaro, un jeune poète de vingt-trois ans». Voir OV. P. 1060.

[61] Voir OV. P. 208.

[62] Voir OV. P. 1075.

[63] Voir OV. P. 1080.

[64] D'après E. DELAHAYE, dans «Souvenir familiers à propos de Rimbaud»: «Rimbaud y joignit une longue lettre en écriture serrée, où il disait son idéal, ses rages, ses enthousiasmes, son ennui, tout ce qu'il était; puis il soumettait ses vers au jugement de Verlaine, lui demandait avis et conseils.». Albert Messein, Editeur. 1925. P. 151.

1872 (XIII - XVI)

XIII. [Mars - avril - mai], [Charleville]: à P. VERLANE [une dizaine de lettres perdues][65].

XIV. [7 juillet], [Paris]: à VERLAINE [lettre perdue][66].

XV. [Novembre], [Londres]: à SA MERE [lettre perdue][67].

XVI. [Juillet 1872-mai 1873], [Londres]: à FORAIN [lettres perdues][68].

1873 (XVII - XIX)

XVII. [Mai], [Roche]: à VERLAINE [lettre perdue][69].

XVIII. [Août], [Roche]: à E. DELAHAYE [lettre perdue][70].

XIX. [Sept. 1873-mars 1874, [Roche]: à VERLAINE [lettre[s] perdue[s]][71].

1874 (XX - XXI)

XX. [26 mars], [Londres]: à Jean RICHEPIN [lettre perdue][72].

XXI. [Fin novembre], [Londre]: à VITALIE [lettre perdue][73].

---

[65] Lettres «martyriques», voir la lettre de Paul VERLAINE, le 2 avril [18]72: «Et merci pour ta bonne lettre!». OC. P. 216. [Avril]: « Mercie pour ta lettre et hosannah pour ta - prière -». OC. P. 263. [Mai]: «chez ma mère tes lettres martyriques». OC. P. 264. Et voir aussi les «Mémoires de l'ex-Mme Paul Verlaine», par François PORCHE. 1935.

[66] Voir OV. P. 1152 - 1153.

[67] «Rimbaud a récemment écrit à sa mère».Voir OV. P. 1153.

[68] «Dans Comoedia du 27 novembre 1921, Forain état de lettres que lui envoyaient de Londres les deux amis». Voir OV. P. 1153.

[69] Voir la lettre de P. VERLAINE, le 18 mai 1873:«Cher ami, merci de ta leçon, sévère mais juste, d'anglais». OV. P. 1156.

[70] «Avec cette lettre j'avais conservé celle où Rimbaud m'annonçait (une venant de Roche) en ces termes la condamnation de notre pauvre ami.». DTR. P. 215.

[71] «Jusqu'à son départ pour l'Angleterre, [Rimbaud] resta en correspondance avec Verlaine». Voir OV. P. 1212.

[72] «Richepin a rapporté qu'il était en relations épistolaires avec Rimbaud». - Revue de France -, 1er janvier 1927. P. 126. Voir aussi, OV. P. 1212.

[73] Voir le journal de Vitalie RIMBAUD en date du 1er déc. 1874: «Le matin reçu une lettre d'A[rthur]». OC. P. 834.

1875 (XXII - XXVIII)

XXII. [13 avril], [Stuttgart]: à VITALIE [lettre perdue][74].

XXIII. A Ernest MILLOT [lettres perdues][75].

XXIV. [Février - avril], [Stuttgart]:à VERLAINE et E. DELAHAYE [Lettres perdues][76].

XXV. [Avril], [Stuttgart]:à VERLAINE [lettres perdues][77].

XXVI. [Avril - juin], [Milan]:à E. DELAHAYE [lettres perdues][78].

XXVII. [Juin], [Marseille]: à E. DELAHAYE [lettre perdue][79].

XXVIII. [mai - juin]: à ISABELLE [lettre perdue][80].

1880 (XXIX)

XXIX. [Vers 10 nov.]. Aden: à Agence BARDEY [lettre perdue][81].

1882 (XXX)

XXX. [courant 1882], [Aden]: A Gabriel FERRAND[lettre perdue][82].

1883 (XXXI)

XXXI. [Mai], [Harar]: à Pierre et Alfred BARDEY[lettre perdue][83].

---

[74] Voir le journal de Vitalie RIMBAUD en date du 18 avril 1875:«Il y a cinq jours, A[rthur] m'a fait une très agréable surprise».Voir OC. P.835.

[75] «E. Millot est l'ami de collège de Rimbaud possède des lettres de Rimbaud». Voir OV. P. 1213 - 1214.

[76] Voir la lettre de P. VERLAINE, le 12 déc.[18]75, Londres: «Tu m'as écrit en avril des lettres trop significatives de vils, de méchants desseins, pour que je me risque à te donner mon adresse».OC. P. 300.

[77] Ibid. P. 300.

[78] Voir OV. P. 1214.

[79] Voir OV. P. 461.

[80] «Il s'agit de quelques lignes tirées d'une lettre perdue». Voir OC. P. 298. P. 1094.

[81] OV. P. 488.

[82] «Il [Ferrand] possède une lettre et un portrait inédits». Voir OV. P. 1224.

[83] «Mon frère m'a adressé les photographies que vous avez bien voulu lui envoyer pour moi...». Voir OV. P. 1226.

1885 (XXXII)

XXXII. [1885], [Aden]: à VERLAINE [lettre[s] perdue[s]]^{84}.

1886 (XXXIII)

XXXIII. [1886], [Tadjoura]: à Paul LABATUT[lettre[s] perdue[s]]^{85}.

1887 (XXXIV - XXXVII)

XXXIV. [Juin], [Le Caire]: au NEGUS MENELIK II [lettre perdue]^{86}.

XXXV. [26 août], [Le Caire]: à M. MAUNOIR[lettre perdue]^{87}.

XXXVI. [1887], [Le Caire]: à Paul BOURDE lettre[s] perdue[s]^{88}.

XXXVII. [22 oct.], [Aden]: à Armand SAVOURE [lettre perdue]^{89}.

1888 (XXXVIII - XLIII)

XXXVIII. 27 mars, [Aden]: à M. DE GASPARY [lettre perdue]^{90}.

XXXIX. 28 mars, [Aden]: à Alfred BARDEY [lettre perdue]^{91}.

XL. [déc. 1887-avr. 1888], [Aden]: à Armand SAVOURE [lettres et croquis perdus]^{92}.

XLI. [mars-avr.], [Aden]: à Lucien LABOSSE [perdue]^{93}.

---

84 «Bardey se souvenait que Rimbaud - vers 1885 - avait écrit à Verlaine devant lui». OV. P. 1230.

85 «Attestées par une lettre de Jules Suel à Rimbaud, du 16 sept. 1886». OV. P. 1233.

86 Voir la lettre de MENELIK II, le 30 juin 1887: «La lettre que tu m'as envoyée m'est parvenue». OC. P.425.

87 M. MAUNOIR était le secrétaire de la Société de Géographie. Voir OV. P. 1237.

88 «Bourde, ancien camarade de collège de Rimbaud... J'ai demandé à Bourde s'il avait conservé les lettres personnelles - assez nombreuses, dit - il - qu'il avait reçues de lui [Rimbaud]». OV. P. 1238.

89 Voir la lettre de Armand de SAVOURE, le 14 janv. 1887: «Vous y tracez (lettre du 22 Xbre)».OC. P. 473.

90 Voir la lettre de GASPARY, le 9 avril 1888: «Votre lettre du 27 mars dernier». OC. P. 487.

91 Voir la lettre de A. BARDEY, le 28 mars 1888: «Je reçois votre lettre du 28 C[ouran]t ». OC. P. 484.

92 Voir la lettre de A. SAVOURE, le 26 avril 1888: «J'ai été désagréablement surpris de trouver vos lettres, ici et à Aden, au lieu des chameaux». OC. P. 489.

93 Voir la lettre de LABOSSE, le 22 avril 1888: «vous êtes très aimable d'avoir pensé à Moi».

XLII. [4 mai], [Harar]: à Jules BORELLI [lettre perdue][94].

XLIII. [début sept.], Harar: à Eloi PINO[lettre perdue][95].

1889 (XLIV - LX)

XLIV. [Janv.], [Harar]: à Armand SAVOURE [lettres perdues][96].

XLV. [Ier janv.], [Harar]: à Eloi PINO [lettre perdue][97].

XLVI. [10 janv.], [Harar]: à Louis BREMOND [lettre perdue][98].

XLVII. [fin janv.-début févr.], [Harar]: à Armand SAVOURE [lettres perdues][99].

XLVIII. [fin févr.-début mars], [Harar]: à Armand SAVOURE [lettres perdues][100].

XLIX. [28 mars], [Harar]: à Ilg [lettre perdue][101].

L. [fin avr.], [Harar]: à Armand SAVOURE [lettres perdues][102].

LI. [avr.], [Harar]: à Ernest LAFFINEUR [lettre perdue][103].

LII. [fin avr.], [Harar]: à Armand SAVOURE [lettre perdue][104].

OC. P. 488.

[94] Voir la lettre de Jules BORELLI, le 26 juillet 1888: «J'ai reçu à Djiren votre du 4 mai». OC. P. 497.

[95] Voir la lettre de Eloi PINO, le 11 sept. 1888: «J'ai reçu le 6 de ce mois, un courrier de Monsieur Brémond par votre intermédiaire». OC. P. 502.

[96] Voir la lettre d'Armend SAVOURE, le 20 janvier 1889: «Votre courriers n 3 m'est bien parvenu le 15 C[ouran]t et le n 2 hier; Quant au n 1 il devra m'arriver dans quelques jours... ». OC. P. 510. «Merci de toutes les lettres que vous m'envoyez et des renseignements». OC. P. 510.

[97] Voir la lettre d'Eloi PINO, le 30 déc. 1888: «votre honorée du 1er janvier». OC. P. 513.

[98] Voir la lettre de Louis BREMOND, le 10 janvier 1889: «votre amicale du 10 de l'écoulé». OC. P. 515.

[99] Voir la lettre de A. SAVOURE, le 26 fév. 1889: « J'ai plaisir de vous accuser réception de vos courriers n° 3. 4 et 5. ». OC. P. 522.

[100] Voir la lettre d'A. SAVOURE, le 15 mars 1889: «vos lettres des 22, 25 février et 1er mars me parviennent à mon arrivée ici». OC. P. 527.

[101] Voir la lettre d'ILG, le 3 mai 1889: « votre aimable lettre du 28 mars». OC. P. 1157.

[102] Voir OV. P. 1247.

[103] Voir OV. P. 1247.

[104] Voir la lettre d'A. SAVOURE, le 11 avril 1889: «vos courriers n 10 et 11 par Stéphan me sont arrivés hier». OC. P. 530.

LIII. [4 mai], [Harar]: à ILG [lettre perdue][105].

LIV. [début mai], [Harar]: à Armand SAVOURE [lettres perdues][106].

LV. [29 mai], [Harar]: à Armand SAVOURE [lettre perdue][107].

LVI. [Juin], [Harar]: à Armand SAVOURE [lettre perdue][108].

LVII. [Juil.], [Harar]: à Armand SAVOURE [lettre perdue][109].

LVIII. [Août], [Harar]: à MENELIK II [lettres perdues][110].

LIX. [10 oct.], [Harar]: à Armand SAVOURE [lettre perdue][111].

LX. 20 déc. Harar: à César TIAN [lettre perdue][112].

1890 (LXI - LXIII)

LXI. [1890], [Harar]: à César TIAN et Maurice RIES [lettres perdues][113].

LXII. [Mars - avril], Harar: à Armand SAVOURE [lettre perdue][114].

LXIII. [18 mars], [Harar]: à Ernest ZIMMERMANN [lettre perdue][115].

1891 (LXIV - LXXV)

LXIV. [fin mars - début avril], [Harar]: à SOTIRO [lettre perdue][116].

---

[105] Voir la lettre d'ILG, le 16 juin 1889: «votre lettre du 4 mai». OC. P. 547.

[106] Voir la lettre d'A. SAVOURE, le 1er mai 1889: «J'ai votre courrier n 12». OC. P. 536.

[107] Voir la lettre d'A. SAVOURE, le 15 mai 1889: «votre lettre n 13 donc j'avais connaissance par votre n 15». OC. P. 541.

[108] Voir la lettre d'A. SAVOURE, le 16 juin 1889: «J'ai reçu votre deux ou troisième n° 14, par Elias, et hier soir votre n 16 du 29 mai». OC. P. 545.

[109] Voir la lettre d'A. SAVOURE, le 27 juin 1889: « J'ai reçu la vôtre par Möe». OC. P. 552.

[110] Voir la lettre de MENELIK II, le 25 sept. 1889: « La lettre que tu m'as envoyée de Harar, le 4e mois, 6e jour, l'an 1889, m'est parvenue». OC. P.582.

[111] Voir la lettre d'A. SAVOURE, le 10 déc. 1889: «votre lettre 10 octobre m'a très sérieusement épouvanté». OC. P. 597..

[112] Voir la lettre de César TIAN à Madame RIMBAUD, le 8 janvier 1890: «Je vous ai fait suivre le 4 courant une lettre provenant de M. votre fils». OC. P. 605.

[113] Voir OV. P. 766.

[114] Voir la lettre d'A. SAVOURE, le 4 mai 1890: «Au reçu de votre lettre», «vos lettres arriverons à Aden». OC. P. 627 - 628.

[115] Voir la lettre de E. ZIMMERMANN, le 4 avril 1890: «votre lettre n 17 du 18 mars». OC. P. 618.

LXV. 24 avr. Aden: à FELTER [lettre perdue][117].

LXVI. [30 mai et 17 juin], [Marseille]: à Dimitri RIGHAS [lettres perdues][118].

LXVII. [Juin], Marseille: à FELTER [lettre perdue][119].

LXVIII. [mai-juin], [Marseille]: à César TIAN [lettre perdue][120].

LXIX. [17 juin], [Marseille]: à César TIAN [lettre perdue][121].

LXX. 26 juin, Marseille: à SOTIRO [lettre perdue][122].

LXXI. 26 juin, Marseille: à Armand SAVOURE [lettre perdue][123].

LXXII. [4 juil.], [Marseille]: à César TIAN [lettre perdue][124].

LXXIII. [4 juil.], [Marseille]: à SOTIRO [lettre perdue][125].

LXXIV. [30 juil.], [Roche]: à SOTIRO [lettre perdue][126].

LXXV. [Eté], [Roche]: A Maurice RIES [lettre perdue][127].

---

[116] Voir la lettre de SOTIRO, le 21 juin 1891: «Je n'ai reçu aucune autre lettre que celle qui m'annonçait votre départ». OC. P. 671.

[117] Voir la lettre de FELTER, le 13 mai 1891: «Je possède votre lettre du 24 avril écoulé». OC. P. 664.

[118] Voir la lettre de D. RIGHAS, le 15 juillet 1891: «j'ai reçu votre lettre du 30 mai et du 17 juin». OC. P. 686.

[119] Voir la lettre de SOTIRO, le 10 juillet 1891: «Les lettres que vous m'avez envoyées pour Felter».OC. P. 683.

[120] Voir la lettre de César TIAN, le 23 juillet 1891: «Je vous accuse réception de vos honorées des 17 - 6 et 4 C[oura]nt». OC. P. 693.

[121] Voir la lettre de C. TIAN, le 11 juin 1891: «J'ai été très peiné d'apprendre que l'amputation». OC. P. 669.

[122] Voir la lettre de SOTIRO, le 10 juillet 1891: «Les lettres que vous m'avez envoyées pour Felter et Savouré».OC. P. 683.

[123] Voir la lettre d'A. SAVOURE, le 15 août 1891: «J'ai bien reçu votre h[onor]ée du 26 juin». OC. P. 696.

[124] Voir la lettre de C. TIAN, le 11 juin 1891: «J'ai été très peiné d'apprendre que l'amputation». OC. P. 669.

[125] Voir la lettre de SOTIRO, le 25 juillet 1891: «Je reçois votre aimable lettre du 4 juillet». OC. P. 693.

[126] Voir la lettre de SOTIRO, le 14 août 1891: «Je reçois votre aimable lettre du 30 juillet». OC. P. 695.

[127] Voir la lettre de Maurice RIES à E. DECHAMPS, le 15 mars: «Il m'écrivit de là - bas, une

La complexité et l'ambiguïté des lettres perdues rendent difficile leur définition. Pourtant, l'étude de ces pages est entièrement consacrée à éclairer les ambitions de notre but et à en fixer les limites. Nous espérons ainsi que la table pourra servir non seulement de base à l'analyse du texte mais aussi à la conservation des documents de Rimbaud. Nous y trouvons donc la liste des lettres de Rimbaud selon l'ordre chronologique de N° I jusqu'au N° LXXV en chiffres romains. Ces lettres perdues ne nous donnent évidemment pas une information concrète, pourtant elles nous permettent de mieux suggérer les événements épistolaires et biographiques de Rimbaud. En effet, nous nous en servirons tout au long de notre recherche comme «corpus» secondaire pour mieux connaître la relation entre Rimbaud et ses correspondants.

---

dernière fois, datant sa lettre - Terrier des loups -, m'instruisant de nouveaux projets d'affaires». OC. P. 816. Voir aussi OV. P. 1264.

Chapitre II
DUALITE DE L'HOMME,
DUALITE DE LA CORRESPONDANCE

Dans l'impossibilité de faire porter l'analyse sur l'ensemble d'un corpus qui, comme nous allons le voir, se définit par sa nature et sa masse, nous nous proposons de mettre en regard deux périodes différentes. Nous aborderons les problèmes de méthodologie posés par une analyse des lettres de Rimbaud, fondée d'abord sur les deux axes principaux: il s'agit des lettres écrites au début de sa jeunesse (1870 - 1875) et ensuite à sa seconde vie (1876 - 1891).

La vie de Rimbaud que nous allons diviser en deux périodes n'est pas le premier et ne sera pas non plus le dernier essai. Pourtant, les limites des deux périodes ne sont pas la même; par exemple, la définition de Marcel Coulon se situe entre 1873 - 1880 pour la première période et ensuite la deuxième évolue entre 1880 - 1891: «*La première, celle que j'ai appelée de vagabondage intensif, s'étend de novembre 1873 (où il se fixe à Aden). La seconde s'arrête à l'hôpital de la Conception, à Marseille, le 10 novembre 1891*»[128]. Dans le cas de Victor Segalen, il n'y a pas de précision de la période: «*On sait comment Arthur Rimbaud, poète irrécusable entre sa quinzième et sa dix-neuvième année, se tut brusquement en pleine verve, courut le monde, fit du négoce et de l'exploration, se refusa de loin à ce renom d'artiste qui le sollicitait, et*

---

[128] COULON Marcel: Le problème de Rimbaud: poète maudit, Paris, A. Gomès, 1923. P. 290.

mourut à trente-sept ans après d'énormes labeurs inutiles. Cette vie de Rimbaud, l'incohérence éclate, semble-t-il, entre ses deux états[129]. Pour nous, les deux vies de Rimbaud se bien délimitées par la lettre du 14 octobre 1875 qui montre deux raisons majeures: il s'agit d'abord de l'insertion de deux vers écrits pour la dernière fois de sa vie, ensuite c'est dans cette lettre où il affirme sa volonté d'apprendre et de pratiquer la science actuelle en vue d'être un autre Rimbaud pour sa vie à venir.

Les deux périodes ont des bornes significatives du point de vue du renouvellement de la vie de Rimbaud et de ses correspondants. Elles cernent le Rimbaud diffuseur d'idées et permettent, en ces moments de production, de voir comment dans la correspondance s'articulent sphère personnelle et sphère publique. Ce qui ne veut certes pas dire que, dans la lettre, l'intérêt se mêle à l'amitié, mais plutôt que la lettre vise parfois au delà du destinataire explicite une personne ou un groupe autre, ou bien qu'elle crée des dispositifs complexes de brouillage de l'énonciation, dans lesquels on ne sait plus très exactement à qui parle Rimbaud. Par exemple, les nombreuses lettres aux «chers amis» qu'il écrit pendant la deuxième période sont destinées à plusieurs correspondants, mais nous ignorons à qui Rimbaud s'adresse exactement. Au contraire, les lettres de la première période désignent clairement leur destinataire et leur sujet porte souvent sur la littérature.

Depuis la fin de l'année 1875, ses lettres apparaissent comme les vrais débuts d'une correspondance en rapport avec une autre vie «attachée à la terre» et éloignée de la littérature. La correspondance de Rimbaud se trouve ainsi répartie en deux grands ensembles d'importance qualitative et quantitative inégale: tout d'abord la correspondance «poétique» qui regroupe également quelques lettres à des amis ou à des proches du poète, ensuite la correspondance «commerciale» qu'il échange en tant qu'employé ou commerçant pendant sa vie en Afrique.

Au coeur de notre analyse nous ne retenons que des textes envoyés par l'auteur,

---

[129] SEGALEN Victor: Le double Rimbaud, éd. de la Bibliothèque artistique et littéraire (à Fontfroide), 1986. P. 15.

c'est-à-dire des lettres de Rimbaud. C'est ici l'élément, le critère qui assure la cohésion et la solidité de notre analyse et contribue à en définir les limites. Notre corpus (de 1870 -1891) contient donc 209 lettres que nous avons relevées dans La Pléiade qui seront en rapport avec notre étude des groupes épistolaires.

La présente étude a pour but d'éclairer la présentation personnelle de Rimbaud dans sa correspondance de 1870 à 1891. Il s'agit de déterminer non seulement comment Rimbaud élabore des représentations de lui-même, mais aussi la relation avec ses correspondants et comment il procède pour impliquer ces derniers dans la relation épistolaire. Comme moyen d'analyse nous allons essayer de lire attentivement des premières lettres et surtout de qualifier le ton des lettres de Rimbaud apparu différemment à tous les correspondants. Nous pourrons ainsi les regrouper suivant ces qualificatifs en trois critères: le ton de l'angoisse, le ton joyeux et le ton amical ou bienveillant. Ces lettres ne sont donc pas purement informatives, bien que Rimbaud écrive par un usage nécessaire, mais sont empreintes d'un style personnel, suivant ce qu'elle ont à dire, et suivant leur destinataire. Pourtant, nous ne présenterons pas ces tons dans l'étude présente comme des sujets autonomes, mais pour mieux saisir l'évolution épistolaire, notre étude se concentrera sur la relation personnelle entre Rimbaud et ses correspondants.

A. CORRESPONDANCE POETIQUE ET AMICALE:
Perspective idéaliste ou attachement à l'idéal (1870 - 1875)

Nous allons tout d'abord situer une particularité de Rimbaud parmi les poètes français à travers un aperçu de la relation littéraire chez Rimbaud: sa carrière littéraire s'est achevée dans la primeur de son âge. Au cours de sa brève existence littéraire, Arthur Rimbaud, élève de Georges Izambard et ami de Paul Verlaine, a composé des poésies étonnamment riches, au style bien personnel et particulier pour son siècle. Bien que marquée de l'empreinte de Victor Hugo, Théodore de Banville et Charles

Baudelaire, sa poésie surprend d'emblée par l'abondance et la richesse des images poétiques, par l'audace de nombreuses tournures harmoniques.

Les lettres de ce génie prématuré nous fournissent ainsi une intensité d'expression exceptionnelle où il transcrit ses angoisses diverses et les sentiments extraordinaires exprimés dans sa poésie allant du désespoir à la plus profonde sérénité: on pouvait s'attendre à ce que quelques - unes de ces lettres continssent des renseignements d'une importance inestimable sur les buts critiques rimbaldiens, la vie privée et la signification d'Œuvres majeures du poète. Nous les avons trouvés, notamment à la lecture de la lettre de «voyant» dans laquelle le jeune poète définit sa théorie poétique.

Avant d'atteindre l'âge de 21 ans, Arthur Rimbaud écrivit plus d'une cinquantaine de lettres à environ dix-sept personnes, mais la moitié de ces lettres sont perdues. Ne subsistent aujourd'hui 28 lettres[130] que nous proposons de grouper sous le thème «correspondance poétique et amicale». Observée sous cet angle, et placée dans la relation personnelle, cette somme épistolaire nous permettra donc de savoir quels étaient les «états d'âme» de Rimbaud - et de Rimbaud adolescent - vis à vis de ses créations poétiques, et aussi de mieux retracer l'évolution de sa pensée poétique.

Nous ne nous pencherons pas sur toutes les lettres et les correspondants, pour savoir par exemple l'éventail social de ses relations. Mais nous nous proposons d'apprécier les qualités, le contenu, l'évolution de son amitié avec ses correspondants, Izambard, Verlaine et Delahaye dont on ne peut guère négliger l'importance dans la première période de la vie rimbaldienne.

Avant de commencer notre analyse des lettres de la première période, nous allons dresser un bref rappel historique concernant la carrière littéraire de Rimbaud. Il s'agit de sa première publication.

Depuis la rentrée de 1869 le jeune poète est premier en rhétorique à l'âge de quinze ans. Avant cette date, nous n'avons aucune correspondance de Rimbaud sauf une

---

[130] Voir la «Pagination des lettres de Rimbaud» de IIe tome. P. III.

lettre [perdue][131] qu'il a adressée à la fin de l'année à La Revue Pour Tous. Après la publication de trois poèmes en vers latins[132], «Ver Erat», «l'Ange et l'Enfant» et «Jugurtha» en 1869 au concours Académique de Douai, il écrit en décembre une lettre à laquelle il joint une poésie française, les «Etrennes des Orphelins», paru à La Revue pour tous le mois suivant (le 2 janvier 1870). Ainsi, il commence sa carrière poétique. Mais, malheureusement nous ne possédons pas cette dernière lettre qui devait se référer à la publication de sa poésie. Ainsi, le jeune Rimbaud n'avait aucune prédilection pour la carrière militaire dans laquelle était engagé son père, ni pour la noble tâche de paysan qu'aurait pu inspirer sa mère; il désirait être poète.

Les lettres de la première période que nous appelons «Correspondance poétique et amicale» sont directement liées à la poésie et nous permettent de mieux comprendre sa vie de jeunesse et sa carrière poétique: pendant ces années 1870 - 1875 la plupart des lettres traitent de la poésie et également des poètes.

1) Premiers correspondants de Rimbaud et leur relation poétique: à George Izambard et à Paul Demeny

- à Georges Izambard

Les lettres que Rimbaud adresse à Georges IZAMBARD[133] débutent à partir du

---

[131] Une lettre perdue: «S'il n'a pas reproduit photographiquement la lettre de Charles d'Orléans à Louis XI, il a du moins parlé de ce manuscrit comme un devoir donné en classe de rhétorique (par lui-même évidemment, vu la lettre), et qu'il avait longtemps conservé en souvenir de Rimbaud». Voir «Rimbaud» de H. B. de Lacoste. P.19.

[132] Le «ver erat» est publié le 15 janvier 1869 dans le «Moniteur de l'enseignement secondaire, spécial et classique, Bulletin officiel de Académie de Douai», N 2, Première année. Rimbaud signait et inscrivait la date de la composition du 6 novembre 1868. Ensuite, le premier juin de la même année il publiait «l'Ange et Enfant» qui porte sa signature et la mention qu'il obtenait «Certifié conforme» du professeur P. Duprez. Enfin, le «Jugurtha» également porte sa signature et la mention du Duprez, et parut le 15 novembre. Rimbaud obtient le premier prix au Concours académique de 1869.

[133] Né à Paris, le 11 décembre 1848 (rue du Mail). Il est le quatrième et dernier enfant,

mois de [mars ou avril] 1870, jusqu'au 12 juillet 1871. Nous disposons donc aujourd'hui de six textes entiers, deux lettres perdues[134].

La relation entre Rimbaud et G. Izambard parait courte: ce dernier n'a jamais revu Rimbaud après le 2 novembre 1870, et la durée de leur correspondance est à peine d'un an et demi. Malgré tout, l'influence du professeur sur le jeune poète joue un rôle déterminant dans l'évolution de la connaissance intellectuelle et de la composition poétique.

La première lettre en [avril] 1870 que Rimbaud destine à G. Izambard, exprime la demande de l'emprunt d'ouvrages concernant ses devoirs de «Charles d'Orléans à Louis XI». Elle commence sans la formule de politesse habituellement requise: «Si vous avez, et si vous pouvez me prêter». Le ton épistolaire est «sec», écrit dans un style «officiel» ou «administratif» qui ne laisse guère entrevoir leur relation intime: Rimbaud n'est qu'un élève d'Izambard.

En revanche, la deuxième lettre du 25 août 1870 révèle une grande différence dans le style épistolaire: le ton familier et la variété des thèmes personnels nous informent de leur intimité. «*J'ai votre chambre*»[135], Izambard lui a permis de lire ses livres et d'aller chez lui pendant son absence. Grâce à son aimable professeur, le «*petit Poucet*

---

orphelin de mère depuis avril 1849: « En avril de l'année suivante, leur jeune amie, Caroline Gindre, qui avait alors seize ans et demi, était venue de Douai passer quelques jours avec eux, lorsque ma mère fut emportée en trois heures, en pleine nuit, par une attaque de choléra ». RIT, P. 110. Après la mort de sa mère, le petit Izambard avait été élevé par Caroline, vieille amie de sa famille qui habitait à Douai, car son père est fréquemment absent à cause de son métier de voyageur de commerce.

[134] Voir les «Lettres perdues».

[135] OC. P. 238. Voir aussi GIR, P. 64: «Je gardais à Charleville mon petit appartement, au premier, - Sous les allées -. J'en laissai la clef à mes propriétaires en les priant de la remettre à Rimbaud quand il viendrait la demander dans la journée: c'était, bien entendu, pour lui permettre de s'enfermer avec mes livres --- lesquels étaient d'honnêtes livres --- chaque fois que le coeur lui en dirait».

rêveur» [136] rencontre une monde imaginaire et plein de rêves qui élargit sa connaissance littéraire.

Dès la première ligne, Rimbaud se plaint de son sort *«Vous êtes heureux, vous, de ne plus habiter Charleville!»*. Rimbaud en revanche doit toujours y rester. L'expression *«Aller à Paris»* correspond à la volonté de «Quitter la ville où il était», ce desiderata trouve son origine dans ses luttes d'enfance. Charleville représentait pour lui une souffrance absolue en lui montrant perpétuellement les vues étroites d'une société provinciale, déterminant une vie sans envolée. *«Je veux travailler libre: mais à Paris que j'aime»*, car pour lui Paris est un espace libre où l'on se montre, où l'on trouve le luxe, les nombreux théâtres, les grands écrivains qui créent des littératures nouvelles. Tout y est évolution incessante. En revanche, dans cette ville provinciale *«la province est une marâtre, puisqu'elle ruine la liberté. La province est le mauvais absolu»*[137], l'inspiration du poète n'y trouve qu'obstacles, de là sa révolte contre sa situation.

Rimbaud exprime ainsi une sincère souffrance de ne pouvoir fuir Charleville où manque l'information politique et sociale: après la guerre déclarée à la Prusse (le 18 juillet 1870), le malaise social devient très grave dans sa ville provinciale (il croit que sa ville est un endroit fermé, replié sur lui-même). Izambard est devenu entre-temps l'équivalent d'un frère et d'un père: *«Je vous aime comme un frère, je vous aimerai comme un père»*. Il est certain qu'Izambard est le seul adulte qui connaisse vraiment ce jeune révolté qui lui raconte son mécontentement et même son désir de fuir loin de la médiocrité de sa vie provinciale.

G. Izambard reçoit une lettre de Madame Rimbaud (le 24 septembre 1870) qui insiste sur le retour de Rimbaud dans sa famille[138]. Son fils regagne Charleville, le 26

---

[136] «Le Rimbaud que j'ai connu, c'est le - petit Poucet rêveur -...». GIR, 99.

[137] Yves BONNEFOY, «Rimbaud», dans la collection des «Ecrivains de Toujours» aux éditions du Seuil. En 1994. P.6.

[138] «Je suis très inquiète et je ne comprends pas cette absence prolongée d'Arthur». OC. P. 243.

septembre avec Izambard et Deverrière. Dans sa ville le climat de la guerre et de la famille deviennent terribles, il regrette de ne pas être à Paris, à Douai ou ailleurs. A peine une semaine plus tard, Izambard apprend la deuxième fuite de Rimbaud avec lequel il est arrivé à Charleville. Pendant qu'Izambard et sa mère, dévorés d'inquiétude l'attendent, Rimbaud gagne d'abord Charleroi, puis Fumay, Vireux et Givet à pied en espérant devenir journaliste. Tout de suite, son pauvre professeur le poursuit, envoyé par sa mère inquiète: il arrive chez Léon Billouart (Fumay), chez Arthur Binard (Vireux) et chez M. des Essarts (Charleroi). Mais le petit fugitif est déjà parti, ayant été déçu dans ses espérances d'être journaliste, il marche jusqu'à Bruxelles et vers le 11 octobre, il regagne Douai chez les Gindre où Izambard arrive en hâte.

Les demoiselles Gindre l'accueillent sympathiquement, Rimbaud reste environ deux semaines chez elles où il recopie les poèmes qu'il avait composés sur les routes de Belgique, «Ma bohème», «Au cabaret-vert», «Rêvé pour l'hiver», «Le dormeur du val», «La Maline», «Le Buffet» et «L'éclatante victoire de Sarrebruck».

Après son séjour à Douai, Rimbaud est à Charleville, mais son idéal est ailleurs. «*Je devais repartir aujourd'hui même; je le pouvais: j'étais vêtu de neuf, j'aurais vendu ma montre, et vive la liberté!* »[139]. Le petit bohémien meurt d'envie de partir, loin de la platitude, de l'étouffement et de Charleville. Mais il décide de subir cette vie médiocre et paisible, il ne partira pas, du moins pas tout de suite: «*Mais je resterai, je resterai. Je n'ai pas promis cela. Mais je le ferai pour mériter votre affection: vous me l'avez dit. Je la mériterai*»[140].

La lettre du 2 novembre où Rimbaud écrit en haut de la page «*A vous seul ceci*», s'adresse à G. Izambard lequel Rimbaud jure sa foi de ne plus s'enfuir de la famille et de tenir sa promesse. Parmi toutes ses lettres il est rare de voir une lettre comme celle-

---

[139] OC. P. 245.
[140] OC. P. 245.

ci, qui est si touchante et attendrissante. Il est certain, après avoir lu cette lettre, que G. Izambard est bien ému[141]. L'intérêt de cette lettre est d'offrir une double perspective opposée: d'abord, la passion de Rimbaud pour la vraie vie qui est «la liberté libre». Ensuite, on y aperçoit le jeune poète résister contre la tentation constante de partir. Cette volonté de rester dans sa famille représente sa reconnaissance pour G. Izambard: « *Il s'agirait de faire quelque chose pour vous que je mourrais pour le faire*»[142].

D'après Jean-Marie Carré, nous savons que Rimbaud écrit une lettre le 12 novembre à G. Izambard. Nous n'avons malheureusement pas de texte, mais nous pouvons peut-être supposer l'extrait de cette lettre qui reprend presque le même sujet que celle du 2 novembre, puisque sa souffrance essentielle est toujours d'être à Charleville: sa ville devient un tourment en lui montrant quotidiennement les vues étroites, une vie sans envolée à laquelle il se résigne pour tenir sa parole.

La lettre du [13] mai que Rimbaud écrit à G. Izambard nous révèle son hésitation d'être à la société: ici, les deux thèmes sont opposés, un travailleur et un poète. Il veut être un travailleur, mais «*Travailler maintenant, jamais, jamais; je suis en grève*», il refuse la société pour être d'abord le poète idéal, le «voyant». Il est particulièrement intéressant d'observer la théorie du «voyant» qui provient d'une connaissance extrême de soi-même.

Est - ce qu'il traite son ancien professeur d'«imbécile»[143]? Bien sûr que non. cette

---

[141] Même, longtemps après la mort de Rimbaud, l'émotion de G. IZAMBARD est renouvelée: «Dût - on me juger très... rigolo, j'avoue que mes yeux se sont mouillés quand j'ai retrouvé et relu tout dernièrement la lettre. Et je la publie avec d'autant plus de joie qu'elle fait, ce me semble, autant d'honneur à Rimbaud qu'à moi-même». GIR. P. 76.

[142] OC. P. 246.

[143] «je déterre d'anciens imbéciles de collège». OC. P. 248. «Les historiens ne sont pas d'accord sur ces imbéciles de collège -. Sont - ils d'anciens camarades? Sont - t - ils des professeurs? Il est naturellement impossible d'en décider».. OC. P.1074.

raillerie est adressée pour les camarades de son collège qui aiment écouter les aventures de Rimbaud, à l'occasion de ses nombreuses fuites. Rimbaud se sent toujours à son aise (comme s'il s'agissait d'une relation «maternelle») avec G. Izambard lequel il informe même de sa vie malheureuse, politique et de son idée de «voyant». La «poésie subjective»[144] que Rimbaud décrit à G. Izambard n'est pas une raillerie, mais un conseil à l'ami aimé.

Depuis son retour de La Commune en mai, Rimbaud est toujours à Charleville où il se trouve dans un cauchemar étouffant: «[je vous jalouse, moi qui étouffe ici!]. Puis, je m'embête ineffablement et ne puis vraiment rien porter sur le papier»[145].

Cette lettre n'a qu'un seul sujet: l'ancien élève bien coquin demande les livres de G. Izambard pour s'acquitter de sa dette à la librairie. Pourtant ce n'est pas la première fois qu'il insiste: «Il ne me les a jamais rendus, non plus que le Hugo en 2 vol., édition très rare. D'ailleurs, je ne les ai jamais réclamés. Il les a sans doute vendus avec le reste»[146]. Le jeune poète a besoin des livres non pour les lire, mais pour les vendre. Il insiste pour qu'il les lui envoie le plus vite possible et évoque une situation urgente de peur que G. Izambard ne refuse sa demande.

Jusqu'à présent nous avons examiné la relation entre Rimbaud et G. Izambard en nous attachant aux lettres de Rimbaud. La bienveillance et la sympathie que le jeune professeur procure à son élève sont un soutien et un encouragement particuliers. G. Izambard n'est pas seulement un professeur, mais aussi le maître qui dirige et s'occupe de la vie de l'adolescent Rimbaud. Les lettres de Rimbaud à G. Izambard que nous avons révélées témoignent d'une relation «maternelle»[147] et particulièrement intime.

---

[144] OC. P. 248.

[145] OC. P. 256.

[146] GIR. P. 205.

[147] «Certes l'affection - maternelle - qu'il sentait en moi, malgré la minime différence de nos âges, me ramenait bientôt, confiant et rasséréné». GIR. P. 45.

- à Paul Demeny

Les lettres que Rimbaud adresse à Paul Demeny courent du [26 septembre 1870] jusqu'au [28] août 1871. Nous possédons donc cinq lettres écrites durant ces onze mois, les quatre dernières étant adressées à l'intervalles réguliers (une lettre par mois). Ces lettres à Paul Demeny nous informent de la richesse de son inspiration poétique et notamment à propos de la théorie du «voyant».

Après avoir été libéré de Mazas, le jeune voyageur retourne chez les Gindre à Douai où, pour la première fois, il fait la connaissance de P. Demeny, poète de la région, un ami de G. Izambard et de la famille Gindre. Lorsque Rimbaud lui avait été présenté par G. Izambard, P. Demeny avait vingt-six ans; il avait publié récemment une comédie «La Flèche de Diane» et un recueil de poésies «les Glaneuses». En fait, Rimbaud rencontre un poète bien jeune auquel il s'intéresse vite, puisque P. Demeny, à ses yeux, est surtout un homme qui a « publié» des Œuvres.

La première lettre du [26 septembre 1870] que Rimbaud écrit à P. Demeny n'expose qu'un regret de ne pas lui dire adieu; il n'a pas oublié de lui laisser un mot dans le moment précipité du départ pour Charleville. Nous y lisons ses salutations amicales. *«Je vous écrirai. Vous m'écrirez? Pas?»*[148]. Rimbaud veut le connaître et avoir une relation personnelle, notamment pour sa carrière poétique. L'auteur des «Glaneuses» donne des conseils sur la composition poétique à Rimbaud qui recopie régulièrement les poèmes qu'il a écrits pendant son dernier voyage. Peu après, Rimbaud offre de «dédicacer à Paul Demeny»[149] 22 pièces que l'on appelle le «recueil de Douai» ou «recueil Demeny»[150].

---

[148] OC. P. 248.

[149] GIR. P. 61.

[150] Voir la notice d'Alain BORER et de Jean-François LAURENT: «Le recueil fut mis au net par Rimbaud lors de ses deux séjours à Douai de septembre et octobre 1870. Tous les poèmes sont signés et le plus souvent datés. Fac-similé: poésies, Messein 1919». «L'examen des manuscrits récemment retrouvés à Londres par Steve Murphy (British Library Département des manuscrits, Stefan-Zweig collection, n° 181), confirme qu'il

Dans la seconde lettre du 17 avril 1871, Rimbaud confirme tout d'abord la date de la dernière lettre de son correspondant: («*Votre lettre est arrivée hier 16*») que P. Demeny lui a écrite au début d'avril. Ensuite, Rimbaud l'informe sur le «Progrès des Ardennes» qui est suspendu le jour même du 17 avril. Le jeune journaliste a perdu son travail, désespéré autant que Madame Rimbaud qui est la «bouche d'ombre»[151]. Le lendemain il part pour la Commune de Paris.

Cette lettre est écrite environ sept mois après la lettre précédente [8 oct. 1870]. Mais d'après la lecture du texte il est difficile de le croire. Tout d'abord, on s'aperçoit sans grand effort de l'existence d'une lettre entre ces deux dates, où Rimbaud lui a probablement demandé un emploi ou la publication de ses poésies: «- *Quand à ce que je vous demandais, étais je sot! Ne sachant rien de ce qu'il faut savoir, résolu à ne faire rien de ce qu'il faut faire, je suis condamné, dès toujours, pour jamais*»[152]. Après la réponse de P. Demeny, Rimbaud se sent condamné au désespoir. Ensuite, le sujet sur lequel porte la correspondance est varié et familial: il l'informe de la nouveauté de l'édition de Lemerre et du journal de Siège. Il est donc probable que la relation épistolaire a débuté avec leur rencontre et qu'ils correspondaient régulièrement. Malheureusement, nous ne possédons pas ses dernières lettres où Rimbaud joignit peut-être à ses poésies, «Le carnaval des Statues»[153] et «... Petit roman...»[154].

Quelle est la différence entre les lettres de Rimbaud à Paul Demeny et à son ancien professeur? Celles-ci portent sur des sujets familiers et très variés avec un ton amical. En revanche, celles-là sont écrites avec plus d'humilité, détaillées et abordent notamment le thème de la poésie à la manière d'un rapport de travail.

---

s'agit de feuilles indépendantes, formant deux ensembles». OV. P.1005.

[151] «La - bouche d'ombre - que Rimbaud a apaisée, c'est sa mère». OC. P. 1072.

[152] OC. P. 246.

[153] «Deux poèmes qu'il me lut en avril ou fin mai: Carnaval des Statues, et un autre...». OV. P. 1043.

[154] «- Vingt ou trente vers au plus, roman intensément passionnel - dont il n'a retenu que - le premier et le dernier vers». OV. P.1044.

La célèbre lettre du I5 mai est l'un des plus longs textes «envoyés»: il ne s'agit pas non seulement de la quantité, environ cinq pages incluant trois poèmes qu'il a récemment composés, mais aussi de la qualité remarquable par la présentation ordonnée et cohérente de sa pensée. Veut-il révéler son écriture soigneusement travaillée à P. Demeny ou a-t-il besoin de temps pour mieux réfléchir? Il écrit même un extrait de «- *La suite à six minutes* -». Ensuite, il continue d'expliquer son «*nouveau Prométhée*»: le poète est un voleur de feu. Cette seconde lettre du «voyant» du 15 mai 1871 préside à l'élaboration d'une étonnante écriture qui comprend autant de logique que de lucidité d'expression.

Rimbaud joint à sa lettre du 10 juin 1871 «Les poètes de sept ans», «Les pauvres à l'église» et «Le coeur du pitre» comme un essai de ses nouvelles poésies. Parmi celles-ci, nous apercevons la dernière poésie qui était d'abord «Le coeur supplicié» dans sa lettre à G. Izambard, le [13] mai 1871. Plus tard, ce titre change et devient pour la dernière fois «Le coeur volé» dans la copie de Verlaine. On se rappelle sa lettre du «voyant» à G. Izambard dans laquelle il se moque de son ancien professeur et de sa poésie traditionnelle appelée «subjective»[155]. S'est - il détourné de la révolution et de la politique? Le jeune poète manifeste contre la poésie, notamment contre la «vieillerie poétique» et la poésie subjective en les jugeant «horriblement fadasse».

En ce qui concerne les trois poésies que Rimbaud insére dans cette lettre, elles sont écrites dans l'intention d'exposer une nouvelle poésie «objective»[156] équivalant à «l'avenir de la poésie». «Les poètes de sept ans» et «Les pauvres à l'église» sont copiés tout au début de sa lettre et il donne un bref commentaire en cinq lignes comme le mot-clé de ces deux nouvelles poésies. Il est intéressant d'y observer une double répétition, «ne vous fâchez pas». Est - t - il honteux ou veut - il rester modeste en essayant de convaincre un poète «publié»? En revanche, le correspondant Paul Demeny est ému par le jeune Rimbaud qui lui demande de détruire ses propres

---

[155] «Vous ne voyez en votre principe que poésie subjective: votre obstination à regagner le râtelier universitaire». OC. P. 248.

[156] «Subjectif» et «Objectif» n'existaient pas dans le dictionnaire à l'époque où il écrivait, nous supposons que ces mots viennent de Hegel.

poésies: «*brûlez tous les vers que je fus assez sot d'écrire*»[157].

C'est une des prières que Rimbaud adresse à P. Demeny: il doit «brûler» ses 22 poésies du «recueil Demeny» qu'il a recopiées soigneusement pendant son séjour à Douai de septembre et octobre 1870. Ainsi la lettre précédente du «voyant» et de la «nouvelle poésie» n'est écrite ni comme une plaisanterie ni comme une inspiration éclatante qui disparaît aussitôt. C'est une théorie que Rimbaud a longuement préparée: «*Je n'en suis encore qu'à entrevoir le but et les moyens. Des sensations nouvelles, des sentiments plus forts à communiquer par le verbe. Je perçois, je 79 ne formule pas comme je veux... Percevons, éprouvons davantage...*»[158]. En novembre 1870, la théorie du «voyant» est déjà imaginée, comme il le raconte à son ami Delahaye.

Nous savons que Rimbaud fait parvenir fréquemment une lettre accompagnée de ses poésies, notamment à des correspondants qui sont des hommes de lettres, à G. Izambard, à Th. de Banville, à P. Demeny, P. Verlaine... Nous supposons sans difficulté que Rimbaud envisage pour la publication de ses poèmes l'aide de ses correspondants ou du moins espère-t-il faire évaluer ses écrits par ses pairs, à savoir ceux qui connaissent déjà la poésie.

A P. Demeny il a constamment fait parvenir des poésies, mais cette fois - ci il n'y a qu'une lettre (le 28 août 1871) envoyée sans poème et presque sans allusion à la poésie. Que lui est - il arrivé pendant les deux derniers mois (en juillet et eu août)? Rimbaud doit abandonner la poésie pour la société ou pour gagner sa vie: «*une place pour tel jour, disait - elle, ou la porte*». Il se sent menacé comme un enfant devant une réalité qu'il ne connaît guère et dans laquelle sa mère l'oblige à s'engager. Il n'est donc plus le temps de recevoir des conseils concernant la composition poétique et de se concentrer sur l'univers imaginaire, il faut se jeter «*dans la ville immense sans aucune ressource matérielle*»[159].

---

[157] OC. P. 255.
[158] DTR. P. 81.
[159] OC. P. 259.

Cette lettre aborde deux thèmes essentiels. D'abord, sa perspective réaliste: il désire s'attacher à la réalité, *«Je m'adresse là, je fais cela, je vis comme cela»*. Ensuite, son désir interminable d'aller à Paris: il est à Charleville, mais il s'y trouve déjà, *«Je suis à Paris»*. Etre à Paris, pour lui c'est pouvoir espérer, aboutir au but.

Lorsque Rimbaud écrit cette lettre à P. Demeny, il a déjà probablement adressé une ou deux lettres à Paul Verlaine, n'ayant pas reçu de réponse. Vers la mi-septembre 1871, quelques semaines plus tard, Rimbaud est à la gare de l'Est à Paris à l'appel de P. Verlaine qui va l'initier à la vie parisienne.

2). Ton de joie et d'espérance: à Théodore de Banville

En ce qui concerne le ton joyeux, il est rare de voir Rimbaud laisser exploser sa joie dans ses lettres: c'est plutôt un adolescent tourmenté. Parmi plusieurs lettres écrites à cette époque, l'une d'elles est particulièrement significative. Il s'agit de la lettre du 24 mai 1870 adressée à son «Cher Maître», Théodore de Banville. Les mots sont simples comme Rimbaud le reconnaît lui-même («banal»); mais c'est un vocabulaire au fort contenu sémantique, même si les mots sont abstraits: «mois d'amour», «espérances», «chimères» etc.

La désignation de la joie ou du bonheur à travers des expressions métaphoriques peut paraître bien poétique, elle permet de ressentir dans le texte une certaine précipitation, comme si le jeune poète voulait démarrer sa vie en vitesse. Cette précipitation est marquée en lisant le manuscrit de la lettre: Rimbaud inscrit d'abord «j'ai presque dix-sept ans»[160] et barre le mot «presque». Il avait en réalité quinze ans et demi.

D'ailleurs, plus que le vocabulaire, les phrases et leur forme dessinent le ton joyeux de Rimbaud:

«- et voici que je me suis mis, <u>enfant touché par le doigt de la Muse</u>, - pardon si c'est

---

[160] OC. P. 1068.

banal, - à dire mes bonnes croyances, mes espérances, mes sensations, toutes ces choses des poètes - moi j'appelle cela du printemps»[161].

L'«enfant touché par le doigt de la Muse» donne, au cours de sa description une vivacité rythmique à la phrase, qui la rend éloquente et convaincante. Dans ce sens, le sentiment de joie devient plus net, et ce qui reste à la fin de la lecture est une espérance d'épanouissement:

«- Anch'io, messieurs du journal, je serai Parnassien! - Je ne sais ce que j'ai là... qui veut monter... - Je jure, cher maître, d'adorer toujours les deux déesses, Muse et Liberté».

La déclaration du jeune poète est directe: il désire «lui aussi» devenir journaliste et parnassien. Les expressions mettent certainement en relief ce que Rimbaud ressent, et permettent de toucher et de convaincre son correspondant en attirant sont attention par la succession des termes. Les nombreux usages de la virgule comme «Anch'io,» «messieurs du journal,» «Parnassien!» et comme «Je jure,» «Cher maître,» «deux déesses,» «Muse et Liberté,» signifient d'une part une emotion ascensionnelle qui est de plus en plus progressive que la vitésse de l'écriture. Autrement dit, Rimbaud est entraîné dans une certaine extase par le sentiment de l'espérance: il coupe la phrase et reprend l'autre après une brève pause. D'autre part, ces apostrophes permettent d'augmenter et de transmettre cette sensation au destinataire qui se sent impliqué par l'usage fréquent «Je» et qui est appelé «cher maître», comme mis en présence.

Un an et trois mois plus tard, Rimbaud adresse une deuxième lettre à son «Cher Maître» et n'oublie toujours pas de joindre le poème, *«Ce qu'on dit au poète à propos de fleurs»* qui traduit une position plus nuancée. Cette lettre, plus courte que celle de l'année précédente, porte un pseudonyme, Alcide Bava. Rimbaud demande l'opinion de Banville concernant le progrès de sa composition poétique.

Le 30 septembre, quelques mois plus tard le jeune poète rencontre pour la première

---

[161] OC. P. 236.

fois Banville à Paris au cours des dîners des Vilains Bonshommes et en octobre de la même année, son « <u>Cher Maître</u>» lui permet de s'installer dans l'atelier de Charles Cros. A cette époque l'aspect de Rimbaud est celui d'un clochard sans logement et sans argent: *«Plusieurs hommes de lettres souscrivent à une cotisation de trois francs lancée en sa faveur pour subvenir aux dépenses courantes; ainsi au moins il ne mourrait pas de faim»*[162].

Banville s'est - il souvenu de son premier séjour à Paris? En tout cas, il n'a pas oublié les deux lettres que ce pauvre garçon ardennais lui a adressé de Charleville. La sympathie de son maître continue. A la fin du mois d'octobre il héberge Rimbaud dans un local lui appartenant. Mais malgré son admiration sincère exprimée dans les deux lettres, Rimbaud finit par mépriser rapidement les parnassiens et même son maître, Banville.

3). Ton «amoureux» et Verlaine:
Les premières lettres et lettres «martyriques»

Nous allons étudier les relations étroites entre A. Rimbaud et P. Verlaine[163]. Il fallait pour mieux les comprendre avoir la connaissance avant tout de leurs correspondance. Mais malheureusement, comme la plupart des lettres ont été perdues, cette étude ne vient les éclairer que de manière insuffisante ou partiale. Ainsi, il nous faut étudier non seulement ces lettres, mais aussi les nombreuses découvertes des rimbaldiens.

La correspondance entre Rimbaud et Verlaine fournit une contribution à la compréhension de la poésie et de la vie poétique de leur temps, ainsi que l'image d'une amitié «amoureuse» et d'une rivalité dont on n'a guère saisi encore la valeur, et

---

[162] Enid STARKIE, «Rimbaud», Paris, Flammarion, 1989. P. 177.

[163] Poète français, né à Metz, le 30 mars 1884 dans une famille d'apparence bourgeoise. A l'époque de la naissance de Verlaine, son père Nicolas Auguste Verlaine était alors capitaine adjudant major au deuxième régiment du génie. Verlaine collabore aux deux premiers recueils du «Parnasse contemporain» (1866 - 1871).

que retracera l'essai qui suit la correspondance. Notons tout de suite que nous désignerons leurs relations telles qu'elles apparaissent dans les lettres de 1873 par le terme «amoureux»; ce ton «amoureux» étant orientée dans une autre direction que celui de l'amitié.

- Les premières lettres

Les deux lettres de fin août ou début septembre et du début septembre 1871 que Rimbaud destine à Verlaine sont les premières. Leur relation épistolaire dure jusqu'au mois d'avril 1875 assez régulièrement (A. Bardey témoigne que Rimbaud écrit quelques lettres à Verlaine jusqu'à l'année 1885)[164]. Leur correspondance est abondante autant que le permet leur relation intime, malheureusement la plupart des lettres de Rimbaud à Verlaine sont détruites et perdues: en fixant son attention sur la période 1871-1875, Enid Starkie révèle que Rimbaud aurait envoyé pendant ces quatre années au moins une trentaine de lettres à Verlaine. Nous savons en effet que trente à quarante lettres de Rimbaud ont été détruites par Mathilde Mauté, la femme de Verlaine.

Il est évidemment regrettable que ces documents inestimables aient aussi disparu. il ne nous reste que trois lettres entières de la main de Rimbaud et de celles de Verlaine à Rimbaud que six. Il est donc indispensable de s'intéresser aux témoignages, notamment celui de E. Delahaye pour mieux comprendre leur vie «particulière».

En août 1871, une des premières lettres que Rimbaud adresse à Verlaine a été signalée par E. Delahaye qui recopie les trois poésies[165] de Rimbaud, incluses dans cette longue lettre. Mais lorsque Rimbaud adresse cette première lettre à son correspondant, Verlaine était demeuré longtemps absent pendant le mois d'août 1871 à la campagne. Puis «Verlaine est rentré à Paris dans la dernière quinzaine d'août

---

[164] Voir la Table chronologique des lettres perdues de notre étude précédente.

[165] «Je copiais ainsi Les Effarés, Accroupissements, Les Douaniers, Le Coeur volé et Les Assis. Rimbaud y joignit une longue lettre en écriture serrée, où il disait son idéal, ses rages, ses enthousiasmes, son ennui, tout ce qu'il était; puis il soumettait ses vers au jugement de Verlaine, lui demandait avis et conseils». DTR, P.136.

1871»[166]. Ainsi, la première réponse que Rimbaud a reçue de la part de Verlaine est d'abord une excuse de ne pas avoir écrit plutôt (finalement, Verlaine lui a répondu quatre jours après sa deuxième lettre[167]).

Quant à la datation de la première lettre de Rimbaud, nous remarquons une petite différence entre A. Adam et A. Borer: ce dernier la date d'«août 1871» (OV, P. 221) et celui-là de «septembre 1871» (OC, P. 260). Il est plus logique de suivre celle d'A. Borer, en août 1871: d'abord, Delahaye affirme[168] lui même recopier en août les trois poésies jointes à cette lettre et même la réponse de Verlaine a eu lieu en août: «lettre de Paul Verlaine à Rimbaud en août 1871»[169].

Nous nous sommes intéressés à la date de la première lettre de Rimbaud car cette date a une relation étroite avec celle de l'arrivée de Rimbaud à Paris. A. Adam donne la date de son arrivée à Paris: «vers le 10 septembre»[170]. Il faut compter le temps nécessaire aux deux courriers de Rimbaud pour parvenir jusqu'à Paris et recevoir les deux réponses de Verlaine (dans sa deuxième réponse, ce dernier appelle Rimbaud à Paris). Ainsi l'idée d'A. Adam est moins cohérente que celle de Delahaye: «*La veille de son départ --- fin septembre 1871--- Rimbaud me lit Bateau ivre. - J'ai fait cela, dit-il, pour présenter aux gens de Paris -*»[171].

En ce qui concerne la vérification de la datation de son arrivée dans la Capitale, nous avons une lettre de Léon Valade[172] à son ami Jules Claretie, le 5 octobre qui

---

[166] «... Sachez que, à la fin des vacances 1871, vacances que j'avais passées à la campagne dans le Pas-de-Calais, chez de proches parents, je trouvai, en rentrant à Paris, une lettre signée Arthur Rimbaud et contenant *les Effarés*, *les Premières Communions*, d'autres poèmes encore, qui me frappèrent par, comment dirai je, sinon bourgeoisement parlant, par leur extrême originalité?». DTR, P. 340.

[167] «Enfin le quatrième jour». DTR, P. 339.

[168] DTR. P. 136.

[169] DTR. P. 339.

[170] OC. P. XLII, dans « Chronologie ».

[171] DTR. P. 39.

[172] Léon VALADE, né en 1840 à Bordeaux, mort à Paris, le 18 juin 1884. Il fréquenta les

contient une date assez précise: «*Je ne puis vous raconter la biographie de notre poète; sachez seulement qu'il arrive de Charleville, avec le ferme dessein de ne jamais revoir son pays ni sa famille. [...]. Ceci est l'expression froide d'un jugement pour lequel j'ai déjà eu trois semaines, et non une minute d'engouement*»[173].

Depuis «trois semaines» Rimbaud est à Paris: nous ne savons pas exactement si ce délai signifie 21 jours complets ou plus de 14 jours. Ainsi, nous pouvons fixer la date de l'arrivée de Rimbaud à Paris «mi-septembre», entre le 15 et le 21 septembre 1871.

Les premières lettres indiquent à quel point les descriptions de Rimbaud avaient frappé P. Verlaine, très probablement au début de 1871 ou avant le [13]mai 1871: «--- *la nouvelle école, dite parnassienne, a deux voyants, Albert Mérat et Paul Verlaine, un vrai poète*»[174].

D'après le témoignage de Delahaye[175] nous savons que la lettre que Rimbaud

---

dîners des Vilains- Bonshommes et le Club Zutique. On le trouve sur le tableau le <u>Coin de table</u> de Fantin-Latour avec Rimbaud: « *il avait fait ses études secondaires à Paris, au lycée Louis-Le-Grand. Après avoir été quelque temps maître d'études puis secrétaire de Victor Cousin, il était entré à l'Hôtel de Ville de Paris comme commis aux écritures. Avec son inséparable Albert Mérat, qu'il avait connu à Louis-Le-Grand, il avait publié en 1863 un recueil de sonnets parnassiens intitulé Avril, Mai, Juin, auquel Sainte-Beuve avait daigné consacrer quelques lignes. En 1868, toujours en collaboration avec Mérat, Valade avait donné une traduction de l'Intermezzo de Heine, dont il est question dans sa lettre à Claretie. [...]. Un soir de septembre 1871, il se retrouva assis avec d'autres poètes et artistes de sa génération pour participer à un dîner des Vilains-Bonshommes qui se tenait chez un marchand de vins de la rue Bonaparte. Les raouts de ce club littéraire, dont il était le secrétaire, avaient été interrompus par la guerre et la Commune. Rimbaud est arrivé à Paris quelques jours plus tôt*». Voir la revue de *La quinzaine littéraire*, No 689, Mars 1996. P. 17.

[173] Voir *La quinzaine littéraire*, N 689, 1996 -. P.18.
[174] OC. P. 254.
[175] «Dès lors, son choix était fait parmi les quelques poètes qu'il aimait et près desquels il espérait trouver les moyens de s'arracher à la vie de Provence». DTR. P. 338.

adresse à Verlaine (après Banville) constitue une tentative pour sortir du cauchemar de sa ville natale: s'il inclut les poèmes dans sa lettre, c'est probablement dans le but d'être publié parmi les Parnassiens, parce que Verlaine collaborait aussi à l'époque, comme Banville, aux deux premiers recueils du «Parnasse contemporain».

Malgré, sa bonne volonté, Rimbaud qui n'a pas eu de réponse à sa première lettre, lui en adresse une impatiemment «Dès le surlendemain»[176] une deuxième qui est enfin parvenue dans les bureaux de Lemerre. Elle comprend encore deux poèmes «*Les premières Communions*» et «*Paris se repeuple ou L'orgie parisienne*». Rimbaud explique sa situation misérable et tente de s'attirer une sorte de pitié: «Je suis empêché de venir à Paris, étant sans ressources. Ma mère est veuve et extrêmement dévote. Elle ne me donne que dix centimes tous les dimanches pour payer ma chaise à l'église»[177].

Quelques jours plus tard Rimbaud reçoit la première réponse avec l'avis de Verlaine concernant la composition poétique. Début septembre, c'est une deuxième lettre qui est arrivé disant «*Venez, chère grande âme, on vous appelle, on vous attend*», à laquelle Verlaine joint un mandat postal pour les frais de voyage.

A la mi-septembre 1871, Verlaine et Charles Cros[178] se trouvent à la gare de l'Est pour accueillir le jeune poète ardennais, mais ils ne l'apersoivent pas. En rentrant chez les Moté (chez ses beaux-parents, rue Nicolet), Verlaine voit pour la première fois le garçon, cette «*chère grande âme*» se tenant dans le boudoir, timide et muet[179].

---

[176] DTR. P. 339.

[177] OC. P. 260.

[178] Charles CROS est né à Fabrezan près Narbonne, le premier octobre 1842. Ce poète français n'a publié qu'un livre de vers grossi de fantaisies en prose: mais son Œuvre dans les journaux et revues est considérable. Le 10 septembre 1871, lorsque Rimbaud arrive à Paris dès le premier soir Charles Cros est présent au dîner. Et quelques semaines plus tard, ce dernier et André Gille prennent Rimbaud en charge pour quelque temps.

[179] L'aspect physique de ce voyageur provincial ne correspond pas du tout à l'image que les Mauté avaient du poète. Au dîner de ce jour, Rimbaud mangeait sans un mot, répondait de façon ennuyée aux questions que Mathilde et sa mère lui posaient concernant son voyage

A partir de ce moment, la vie de Rimbaud à Paris ne se déroulera que sous des spectacles «hallucinés» par l'absinthe[180].

- Lettres «martyriques»

Début mars, Rimbaud regagne Charleville. Leur relation épistolaire recommence avec les lettres auxquelles ils appellent les «martyriques». Par une lettre de Verlaine à Rimbaud (OC, P. 264), écrite probablement au début de mai de cette époque, nous savons ce que signifie ce mot «martyriques»: *«En attendant, toutes les lettres martyriques chez ma mère, toutes lettres touchant les revoir, prudences, etc...»*[181].

---

[180] et son but à Paris. Les jours suivants, l'impression ne fut guère meilleure. Bientôt, les Mauté le traitent comme un garçon mal élevé et désagréable. Rimbaud non plus ne les aime guère, autant qu'eux-mêmes le détestent. Environ deux semaines plus tard, le jeune poète quitte la maison des beaux-parents de Verlaine et trouve un logement que loue Banville, rue de Buci. Ensuite, il est hébergé par Charles Cros dans la rue Racine. Bientôt, Rimbaud et Verlaine collaborent à l'Album Zutique » en octobre 1871: c'est un club de poètes et d'artistes qui se situe à l'hôtel des Etrangers (quartier Latin).
Sa vie parisienne était épouvantable: il ne cesse de courir les cafés en compagnie de Verlaine jusque très tard dans la nuit, ivre d'absinthe (Verlaine était calme après la naissance de son fils Georges, le 30 octobre, mais au bout de trois jours il recommence une nouvelle scène d'ivresse). Verlaine l'amène souvent au dîner des «Vilains Bonshommes» où Rimbaud fait connaissance avec le frère du Charles Cros, le peintre Forain, et Léon Valade. Vers la fin décembre, le jeune poète ardennais y fait scandale pendant une récitation de poèmes: Rimbaud menace avec son couteau le photographe Carjat qu'il blesse légèrement. Verlaine loue une chambre (début janvier 1872) pour son compagnon chez Forain, rue Campagne-première. Après de violentes querelles, Mathilde quitte son mari avec leur jeune fils. Enfin, Verlaine à Rimbaud demande de partir de Paris et propose un voyage vers Arras pour sauver sa famille. Voir aussi «Vie d'Arthur Rimbaud» de Jean BOURGUIGON et Charles HOUIN: «Au milieu de ces fréquentations littéraires et artistiques, Rimbaud menait une existence étrangement anormale d'homme ivre et visionnaire. Il se grisait, par système, d'alcool de haschich, de tabac; il goûtait les impressions de l'insomnie et du noctambulisme; il vivait en somnambule, possédé par ses fantasmes et ses visions intérieures. Aussi, cette période fut-elle peu féconde en poésies...». Paris, rééd. Payot, 1991. P. 85.

[181] OC. P. 264.

D'après Pierre Petitfils[182], nous savons que cet adjectif pluriel vient de «martyre»[183]. C'est un mot du langage chrétien équivalent à «la mort ou tourments»; plus particulièrement il signifie aussi dans un langage poétique «peines de l'amour». Evidemment Rimbaud ne souffre pas de martyre. Sinon, s'agit-il de peines d'amour? Nous trouverons la réponse plus tard, grâce à des lettres écrites en 1873.

En effet, l'intérêt que nous pouvons tirer de ces lettres est celui de lire la relation «particulière» entre Rimbaud et Verlaine et l'évolution de la composition poétique (pendant les trois mois de son séjour à Charleville): la « *Comédie de la soif*» et la «*Chanson de la plus haute tour*» sont les plus subtiles poésies de cette époque où Rimbaud traduit le sentiment d'avoir tout perdu, la vie parisienne, Verlaine et même le but de sa vie. Il se sent seul dans un coin enfermé de la plus haute tour.

Malheureusement il ne nous reste qu'un fragment d'une lettre «martyrique»[184] de Rimbaud et quatre lettres entières[185] que Verlaine adresse à son pauvre ami pendant cette époque mars - avril - mai 1872. Où sont les lettres de Rimbaud? «*Tout cela est enfermé depuis vingt-trois ans dans un paquet cacheté avec cette inscription: A brûler après ma mort*»[186]. Pendant la période «martyrique» la plupart lettres de Rimbaud à Verlaine ont été reçues par Mathilde et quelques-unes par Elisa Verlaine, elles sont conservées par Mathilde pendant longtemps dans un paquet cacheté. Environ 25 ans, plus tard, une dizaine de ces lettres sont détruites par la femme de Verlaine entre le 19 août 1896 et le 31 janvier 1897 autour de la mort de Verlaine (8 janvier 1897).

---

[182] Voir la note d'Alain Borer OV. 1134: «La première catégorie de lettres seraient martyriques, selon Pierre Petitfils, parce que Rimbaud évoquerait le martyre qu'il endurait dans les Ardennes (op. cit.); mais Verlaine, dans cette même lettre de mai 1872, dit avoir rêvé de Rimbaud en martyriseur d'enfant».

[183] Voir «Dictionnaire de l'Académie française» 8e édition, Tome second (H - Z). Slatkine Reprints, Genève, 1978. P.163.

[184] OC. P. 262 - 263.

[185] OC. 261- 268.

[186] Voir la note d'Alain BORER: OV. P. 1134.

La lettre «amoureuse» est en général comme «*entourée de secret, qu'il est indiscret de montrer et indélicat de publier*»[187]. La précaution attentive et ensuite la destruction complète des lettres par Mathilde sont sans doute étroitement liées à leur relation «particulière», à savoir l'homosexualité de deux poètes. L'action de Mathilde était peut-être indispensable au XIXe siècle, car la nature de ces lettres révèle un secret qui cause un grand scandale. Il s'agit d'amour «étrange»[188] à cette époque.

La lettre de Verlaine à Rimbaud écrite le 2 avril 1872 repose sur un dialogue sensible: «C'est ça, aime - moi, protège et donne confiance. Etant très faible, j'ai très besoin de bontés»[189], «Enfin, on s'occupe de toi, on te désire. A bientôt, - pour nous, - soit ici, soit ailleurs. Et l'on est tous tiens»[190] et se termine par la méprise «Merde à Mérat - Chanal - Périn, Guérin! et Laure! Feu Carjat t'accolle!». Verlaine parle avec le pronom personnel «on» qui peut être la voix des amis de ce dernier et de Rimbaud. Pourtant, nous voyons quelques phrases porter le sens «délicat», il s'agit de leur relation intime: «- *pour nous* -».

En ce qui concerne l'expression de mépris de Verlaine («merde»), Rimbaud répond en répétant 8 fois ce même mot:

> «Le travail est plus loin de moi que mon ongle l'est de mon oeil. Merde pour moi! Merde pour moi! Merde pour moi! Merde pour moi? Merde pour moi! Merde pour moi! Merde pour moi! Merde pour moi!»[191].

Le mot «merde» est utilisé dans un sens différent[192] de celui qu'on connaît

---

[187] Geneviève Harche-Bouzinac, «Voltaire dans ses lettres de jeunesse (1711-1733), éd. Klincksieck, 1992, P. 121.

[188] Mathilde atteste «ces lettres étaient tellement étranges que je les ai cru écrites par un fou». OV. P. 1134.

[189] OC. P. 262.

[190] Antoine Adam affirme «Mais de toute façon, il s'agit, non de Verlaine seul, mais des amis que Rimbaud garde à Paris». OC. P. 1081.

[191] OC. P. 262.

[192] La merde se dit pour exprimer des «divers sentiments: étonnement, admiration,

aujourd'hui: au XXe siècle, l'emploi de «merde» sert souvent à exprimer de l'étonnement, de la surprise, de l'admiration et du mpris. L'expression de Rimbaud est plutôt de l'exclamation d'impatience, de colère et de mépris. Il se plaint de sa situation embarrassée et de son sentiment désespérant de sorte qu'il finit par se détester. Quant à la raison de ce mépris, nous pourrons le comprendre d'abord par l'attitude de Verlaine: «*Il pardonnait mal à Verlaine d'avoir cédé aux Mauté, de rester trop sensible au confort bourgeois de la rue Nicolet. C'était à ses yeux une trahison, elle révélait l'incurable faiblesse de caractère dont Verlaine lui avait déjà donné trop de preuves*»[193]. D'autre part, son désespoir s'explique par l'empêchement de la composition poétique. Le «travail» que Rimbaud indique ici est certainement la création poétique, car il n'a jamais participé au travail de la ferme jusqu'à l'année 1878[194]. Il faut avoir beaucoup d'esprit pour la création poétique, mais Rimbaud éprouve des difficultés pour se concentrer à cause d'un sentiment de bouleversement, puisque pour lui être poète est le dernier but à atteindre, si non rien. Il se juge comme un homme sans valeur:

«Quand vous me verrez manger positivement de la merde, alors seulement vous ne trouverez plus que je coûte cher à nourrir!»[195].

Cette phrase «*manger positivement de la merde*» est schématiquement la situation actuelle de Rimbaud, c'est-à-dire être «réellement» loin de Paris et de la création poétique. En effet, le ton de désespérance, de mépris, de haine et de tout ce qui est négatif est exprimé dans le mot «merde».

---

mécontentement, méprise, etc...». Voir le «Dictionnaire d'argot» de Jean-Paul COLIN, Larousse, 1992. P. 402.

[193] OC. P. 1082.

[194] En 1874, Vitalie Rimbaud écrit ainsi dans son journal: «Mon frère Arthur ne partageait point nos travaux agricoles; la plume trouvait auprès de lui une occupation assez sérieuse pour qu'elle ne lui permît pas de se mêler de travaux manuels». OC. P. 820. Voir aussi OC. P. 1098: «Rimbaud passa l'été auprès d'elle. Pour la première fois, il aida sa famille aux travaux de la moisson».

[195] OC. P. 262.

Dès maintenant il désire repartir de sa ville natale: il veut partir, écrit à Verlaine pour s'évader de sa situation. C'est à Verlaine seul qui peut demander de l'enlever. Au début du mois de mai 1872, Rimbaud est revenu à l'appel de son ami qui ne l'a pas oublié et qui se résigne à tout pour le conserver. Dès son retour, Rimbaud est plus agressif par esprit de vengeance que l'année précédente contre les personnes qui l'ont persécuté. Le scandale ne cesse pas. Durant un mois Rimbaud loge à l'hôtel dans la rue Monsieur-Le-Prince, mais très vite il déteste cette rue: Verlaine loue pour lui une chambre à l'hôtel de Cluny (rue Victor-Cousin). Rimbaud s'en contente et recommence à écrire[196].

Cependant à Paris, Mathilde engage la procédure de séparation. Et Rimbaud commence à se dégoûter de sa vie commune: il regagne Charleville à la fin de novembre 1872. Son compagnon reste seul et tombe malade: Verlaine appelle sa mère pour le soigner.

En janvier 1873, Rimbaud se trouve à Charleville où les soldats allemands parcourent la rue. Il veut encore s'évader. Mais où? A ce moment, il reçoit l'appel de Madame Verlaine (la mère) qui lui fournit par l'intermédiaire de Delahaye cinquante francs pour faire le voyage à Londres. Jusqu'au mois de mars Rimbaud et Verlaine y restent, puis le 4 avril, ils s'embarquent à Douvres pour Ostende. Ensuite, Rimbaud

---

[196] Dans sa lettre de «Parmerde, Jumphe 72» à Ernest DELAHAYE, Rimbaud l'informe d'un détail de sa vie: «maintenant c'est la nuit que je travaince. De minuit à cinq [heures) du matin. Le mois passé, ma chambre, rue Monsieur-Le-Prince, donnait sur un jardin du lycée Saint-Louis». OC. P. 266. Au bout d'un mois, en juillet 1872 le jeune poète annonce encore à Verlaine que la vie parisienne l'étouffe. Il part en compagnie de son ami pour Charleville et gagne Bruxelles où ils logent au Grand Hôtel Liégeois, le 10 juillet 1872. Le 22 de ce mois, Mathilde et sa mère y arrivent pour rejoindre son mari qui ensuite part avec elles à destination de Paris. Mais Verlaine abandonne sa femme et sa belle mère à la frontière et rebrousse chemin pour rejoindre Rimbaud. Les deux amis veulent maintenant aller plus loin, s'embarquent le 7 septembre à Ostende où Rimbaud voit pour la première fois la mer. Passant par Douvres, ils arrivent le 8 septembre à Londres et s'installent dans une chambre que Vermersch[2] leur a cédée au 34 - 35 Howland Street. Ils fréquentent les réfugiés de la Commune, leur vie à Londres est comme celle de Paris: ivresse, dispute et menace au couteau.

rejoint à nouveau sa famille à Roche où il se met à écrire «Une Saison en enfer» et bientôt commence à s'ennuyer dans sa ville «Je regrette cet atroce Charletown»[197].

En ce qui concerne Verlaine, il est prêt à aller le voir «Dès que tu me feras signe, j'y serai»[198]. Le 25 mai, ils se donnent un rendez-vous à Bouillon et partent pour Liège et Anvers. Deux jours plus tard, les deux amis s'installent dans un logement chez Mr. Alexander Smith, 8 Great College Street, Camden Town, N. W. derrière King's Cross, près de Highgate. Pendant cette période ils fréquentent la bibliothèque du British Museum et lisent Desbordes - Valmore.

Le 3 juillet, après une querelle violente entre les deux compagnons, Verlaine s'embarque pour la Belgique et écrit une lettre «En mer» à Rimbaud: «Nous ne nous reverrons plus en tous cas»[199].

Le lendemain, à Bruxelles (hôtel Liégeois) Verlaine écrit à sa femme et à sa mère une lettre dans laquelle il menace de se tuer si Mathilde refuse la réconciliation. Le 6 juillet, Madame Verlaine rejoint son fils. Trois jours plus tard, Rimbaud revient après avoir reçu un télégramme de Verlaine (le 8 juillet). Le soir, les deux amis et Madame Verlaine se rendent à l'hôtel de Courtrai, 1 rue des Brasseurs, près de la Grand-Place.

Nous venons de détailler la vie des deux amis au début juillet 1873, où ils se sont écrit l'un à l'autre quelques lettres intéressantes concernant leur amitié «amoureuse»: cet échange épistolaire nous révèle leur relation intime et particulière, type d'amitié bien proche de l'amour, enrichi des résonances de l'amour.

Sans doute, leur rencontre est d'abord dictée par l'admiration pour Rimbaud, plein de réserve respectueuse et d'empressement, ou galant, du meilleur ton et rempli d'adoration sincère. Mais à partir du moment où Rimbaud est à Paris, leur amitié devient intime. Sans trop anticiper sur l'analyse qui suivra, on peut déjà signaler que ces périodes de vie et de voyage communs sont parallèles à leur amitié «amoureuse».

Il est difficile d'étayer cette affirmation sur des citations précises, c'est plutôt le contexte des trois lettres qui en témoigne. Les lettres de Rimbaud écrites en 1873 sont

---

[197] OC. P. 267.
[198] OC. P. 269.
[199] OC. P. 269.

significatives. Il s'agit des lettres du 4, 5 et 7 juillet qui sont adressées à Verlaine. Les lettres sont courtes, caractérisées par un ton «passionné»:

> «Reviens, reviens, cher ami, seul ami, reviens. Je te jure que je serai bon. Si j'étais maussade avec toi, c'est une plaisanterie où je me suis entêté, je m'en repens plus qu'on ne peut dire. Reviens, ce sera bien oublié»[200].

Faut - il en mentionner plus ici? Sans doute, dans la mesure où Rimbaud a eu pour Verlaine un sentiment différent de celui qu'il porte à ses autres amis proches. La première phrase «Reviens, reviens, cher ami, seul ami, reviens» est scandée des nombreux signes de ponctuation qui rendent chaque mot comme des cris; cette phrase nous permet de sentir en Rimbaud un homme passionné, prêt à tout donner afin que son ami revienne et à se jeter âme en tête dans son désir d'être avec lui. Cette lettre où seule la tristesse jaillit du coeur du poète, sans qu'il y ait l'embellissement artificiel et le jeu de mots dans cet élan sentimental, trouve une expression exclamative. Le «seul ami» nous permet de sentir une sensation plus forte que l'amitié, de percevoir une sorte d'amant que Rimbaud supplie trois fois dans une même phrase de revenir: ce troisième «reviens» exprime un sentiment de désespoir, de détresse et à la fois le seul espoir qu'il veut nourrir.

En vue de toucher son correspondant, Rimbaud évoque le temps écoulé, «Nous avons vécu deux ans ensemble pour arriver à cette heure-là! Que vas-tu faire?». Nous sentons dans ce passage que le coeur de Rimbaud déborde non seulement de tristesse mais plutôt de la peur d'être seul: l'évocation de «Que vas - tu faire?» peut s'adresser à lui - même. Car Rimbaud seul à Londres éprouve déjà des difficultés financières. Il regrette ce qu'il a fait et console Verlaine afin de le revoir à Londres:

> «Qui c'est moi qui ai eu tort. Oh tu ne m'oublieras pas, dis? Non tu ne peux pas m'oublier. Moi je t'ai toujours là. Dis, répon[d]s à ton ami, est-ce que nous ne devons plus vivre ensemble? Sois courageux. Réponds-moi vite. Je ne puis rester ici plus longtemps. N'écoute que ton bon coeur. Vite, dis si je dois te rejoindre. A toi toute la vie[201].

---

[200] OC. P. 270.
[201] OC. 271.

Nous avons ici l'impression qu'un enfant a été pris en faute, et s'excuse auprès de sa mère. Dans la nature de l'amour, ce ton «enfantin» correspond au ton «amoureux», puisque les deux amants se révèlent surtout dans la fureur des sentiments. Ce ton sentimental se manifeste dans une chantage fait à son compagnon:

> «Si je ne dois plus te revoir, je m'engagerai dans la marine ou l'armée.
>
> Ô reviens, à toutes les heures je repleure. Dis-moi de te retrouver, j'irai, dis-le-moi, télégraphie-moi - Il faut que je parte lundi soir, où vas-tu, que veux-tu faire?»[202].

Par ailleurs, nous retrouvons ce que nous venons de dire dans la deuxième lettre, mais ce ton «amoureux» est moins fort comme si Rimbaud s'était dégagé du sentiment de désespoir:

> «Avec moi seul tu peux être libre, et, puisque je te jure d'être très gentil à l'avenir, que je déplore toute ma part de torts, que j'ai enfin l'esprit net, que je t'aime bien, si tu ne veux pas revenir, ou que je te rejoigne, tu fais un crime, et tu t'en repentiras de LONGUES ANNEES par la perte de toute liberté, et des ennuis plus atroces peut-être que tous ceux que tu as éprouvés. Après ça, resonge à ce que tu étais avant de me connaître»[203].

Malgré la présence de sollicitations et des mots «doux», la nuance que nous avons senti dans la première lettre citée est ici beaucoup moins marquée: Rimbaud essaie de convaincre Verlaine de la valeur de son existence auprès de lui. Les phrases sont longues, le style plus organisé et plus raisonnable que dans la lettre précédante.

En effet, la troisième lettre écrite deux jours plus tard marque une attitude encore plus indifférente que les deux précédantes: toujours dans un langage familier, autrement dit en employant des mots communs, mais le ton est plutôt froid, plus prosaïque aussi, et où l'on ne voit poindre aucun sentiment «amical» ou «amoureux»:

---

[202] OC. P. 271.
[203] OC. P. 272.

«Tu veux revenir à Londres! Tu ne sais pas comme tout le monde t'y recevrait! Et la mine que me feraient Andrieu et autres, s'ils me revoyaient avec toi. Néanmoins, je serai très courageux. Dis-moi ton idée bien sincère. Veux-tu retourner à Londres pour moi? Et quel jour? Est-ce ma lettre qui te conseille? Mais il n'y a plus rien dans la chambre. - Tout est vendu, sauf un paletot. J'ai eu deux livres dix. Mais le linge est encore chez la blanchisseuse, et j'ai conservé un tas de choses pour moi: cinq gilets, toutes les chemises, des caleçons, cols, gants, et toutes les chaussures. Tous tes livres et manuss sont en sûreté. En somme, il n'y a de vendu que tes pantalons, noir et gris, un paletot et un gilet, le sac et la boîte à chapeau»[204].

Quelques jours plus tard, le dernier acte de la relation de deux poètes qui a eu lieu le 10 juillet 1873 à Bruxelles nous révèle l'extrême passion qu'il est rare de voir entre des amis: après leur dispute, Rimbaud exprime son intention de quitter Verlaine et de regagner Charleville ou Paris. Pour empêcher son départ Verlaine achète un revolver et tire deux coups de feu sur Rimbaud qui est légèrement blessé au poignet. Vers 19 heures Rimbaud est à la gare après s'être fait soigner à l'hôpital Saint-Jean et avoir dû encore se réfugier auprès d'un sergent de ville pour éviter les nouvelles menaces de son ami.

Verlaine est tout de suite arrêté sur la déposition de Rimbaud et passe la nuit au poste de police, à l'«Amigo», puis à la prison des Petits-Carmes. Le lendemain Rimbaud entre à l'hôpital Saint-Jean pour qu'on extraie la balle. Le 12 juillet, Rimbaud est interrogé par le juge d'instruction, Théodore Sterstevens vient à l'hôpital dans la salle 11, lit 19 où il couche. Et Charles Semal examine la blessure et décrit la balle qui sera extraite le 17 juillet, quatre jours plus tard.

Le 19 juillet, Rimbaud retire sa plainte, il s'agit de la seule action criminelle de Verlaine. Mais la renonciation de Rimbaud n'est pas acceptée: Verlaine est condamné à deux ans de prison à Mons et à deux cent francs d'amende par les juges de la sixième Chambre Correctionnelle de Bruxelles (le 8 août 1873).

D'autre part, nous disposons des huit documents relatifs aux événements criminels de Verlaine pendant la période du drame du «10 juillet». Après la Belgique Rimbaud

---

[204] OC. P. 275.

regagne probablement à pied (le 20 juillet) sa famille à Roche où il continue à écrire le «*Livre Païen*» et le «*Livre nègre*»[205], qui plus tard a changé de titre pour devenir «Une Saison en enfer». Rimbaud «*voulait exorciser son passé, se débarrasser de ce goût de cendres qu'il avait dans la bouche*»[206].

Enfin, au bout de deux mois il achève cette Œuvre qui est publiée par lui-même en octobre 1873 chez J. Poot, des presses de l'Alliance typographique à Bruxelles.

Dix-huit mois se sont écoulés, après la scène violente du 10 juillet 1873 Verlaine termine sa vie de prisonnier à Mons. A partir de la liberation de Verlaine, nous ne trouvons aucune lettre de Rimbaud à Verlaine, mais par une lettre de ce dernier le 12 décembre [18]75, nous savons que leur relation épistolaire continue encore des années: «*Tu m'a écrit en avril des lettres trop significatitives...*»[207].

Rimbaud lui écrit - il en 1885? Mais cela ne signifie pas la continuté de leur relation: Bardey «n'a pas lu cette lettre», mais «Rimbaud lui a montré l'enveloppe, laissant simplement entendre qu'elle était extrêmement laconique, et se résumait à un Foutez - moi la paix!; enfin que le regard de Rimbaud semblait dire: Je lui réponds, mais c'est bien pour une fois»[208].

Jusqu'ici, les relations très étroites entre Rimbaud et Verlaine ont été éclairées par la correspondance et leur biographie. Leur relation amicale est «particulière» et complexe à plus d'un titre. Cela tient sans doute aux hommes en présence: Verlaine se révèle en effet un singulier personnage à la fois un poète reconnu, parisien, généreux. Par contre, l'image de Rimbaud semble opposé à celle de Verlaine: un poète adolescent, un provincial, impatient. Malgré cette définition différente, c'est à leur nature commune, à savoir l'intelligence, la sensibilité et la passion, qui les rend

---

[205] Le projet de ces deux «Livres» eu lieu environs au mois de mai 1873: «Je travaille pourtant assez régulièrement, je fais de petites histoires en proses, titre général: Livre Païen, ou Livre nègre». Une lettre de mai [18]73 à Delahaye. OC. P. 267.
[206] Enid STARKIE, «Rimbaud». P. 336.
[207] OC. P. 301.
[208] OV. P. 1230.

capables d'être ensemble et qui cause finalement leur séparation.

Par l'étude des lettres, nous savons que le sentiment d'amitié ou d'amour de Rimbaud pour Verlaine n'est pas infini, mais bien temporaire, n'ayant pas un aspect d'amitié traditionel: nous le savons, le vrai ami est comme une partie de soi-même, presque un double de soi, avec qui on partage, échange l'amitié s'établissant à un niveau assez profond parce qu'on se reconnaît avec lui des affinités certaines encore que difficilement exprimables de sincérité. Mais cette amitié se différencie avec les éléments de l'amour: la sensibilité et la passion que nous venons de voir dans l'amitié de Rimbaud et de Verlaine. D'ailleurs, leur relation peut expliquer l'aspect «profiteur» de Rimbaud qui joue sur la position financière et sociale de Verlaine qui jouissait de la célébrité avant lui parmi les poètes de son siècle (nous avons déjà vu cet aspect dans les deux lettres écrites à Th. de Banville auquel Rimbaud exprime son désir d'être un poète parmi les Parnassiens). D'ailleurs, il n'est pas négligeable que avec Verlaine Rimbaud partage une certaine tournure d'esprit, des goûts poétiques et une certaine intelligence.

B. CORRESPONDANCE COMMERCIALE ET AMICALE: Perspective réaliste ou attachement à la réalité (1876-1891)

Parmi les écrivains français, rares sont ceux dont la vie s'est scindée en deux périodes complètement différentes, comme ce fut le cas pour Rimbaud. De seize ans jusqu'à environ vingt et un ans, il a d'abord mené une existence - faite certes d'un peu de bohème - qu'on pourrait qualifier de «littéraire», alors que de vingt et un ans jusqu'à sa mort nous savons que Rimbaud, ne voulant même plus entendre parler de poésie, exerçait en Afrique un aventureux métier de commerçant-explorateur. Espère - t - il devenir un vrai poète? Car Rimbaud écrit:

«Commerçant! Colon! médium!
Ta Rime sourdra, rose ou blanche,

Comme un rayon de sodium,
Comme un caoutchouc qui s'épanche!»[209].

Notre présente étude concernera une importante partie de la correspondance de Rimbaud pendant cette deuxième période. Ces lettres sont le véritable miroir de concentration d'une double postulation qui est Rimbaud et le siècle. Pendant la seconde vie de Rimbaud, ce dernier écrit plus de 228 lettres à plus de 30 correspondants. Parmi celles-ci nous proposons de classer 182 lettres (sans compter les lettres perdues) dans la seconde période de la «correspondance commerciale et amicale». Ici, le sens de «commerciale» désigne non seulement des lettres écrites sous une forme commerciale ou administrative, mais présente plus globalement la seconde période de la vie que Rimbaud a vécue à partir de 1876 jusqu'à l'année 1891.

En ce qui concerne la méthode de l'analyse, deux thèmes guideront cette étude: l'usage et le ton de la correspondance. Et l'axe pourrait être le suivant: il s'agit de déterminer comment se manifestent les différentes représentations, sous quels visages Rimbaud se présente à ses correspondants. Cela consiste non seulement à recenser des personnages, mais aussi à saisir et à connaître leurs fonctions et leurs enjeux.

1). «Cher Delahuppe» et le ton amical

Nous avons jusqu'à présent étudier la première période de Rimbaud en focalisant notre attention sur ses lettres et ses relations poétiques avec ses correspondants. Or, la relation épistolaire de Rimbaud avec les correspondants précités s'arrête à partir du début de sa vie avec Verlaine. Rimbaud abandonne toutes les personnes auxquelles il était attaché depuis deux ans: Léon Billuart, Paul Demeny et même son ancien professeur bienveillant G. Izambard, sauf, pourtant, un ami d'enfance, E. Delahaye, qui sera le plus fidèle compagnon de toute la vie de Rimbaud.

E. Delahaye reste en relation particulièrement intime avec lui durant la première et la seconde période de la vie de Rimbaud, celle de poète et celle de négociant: ses

---

[209] OC. P. 61.

relations avec ses amis de la première période se terminent avant le début de sa deuxième vie en Afrique, sauf celles avec Delahaye. Pour mieux envisager cette particularité de leur amitié, nous proposons de classer cette correspondance dans la deuxième période.

En ce qui concerne les lettres de Rimbaud à E. Delahaye[210] nous ne possédons que sept lettres entières et quelque fragments de textes, issus de lettres perdues. Ces lettres nous fournissent une matière d'un intérêt considérable à propos de l'étude biographique de Rimbaud et notamment de la relation «amicale» entre les deux amis.

Nous percevons dans ces lettres, sans beaucoup de surprise, le ton et les thèmes

---

[210] Né à Mézières (Ardennes) le premier septembre 1853. Ernest est le meilleur ami d'enfance de Rimbaud qui naît environ un an plus tard en octobre 1854. Son père, Alphonse DELAHAYE est un normand fonctionnaire de Mézières comme «garde-magasin», contrôleur du timbre. Sa femme, Virginie PLATRET est Bourguignonne. En 1853, l'année de naissance d'Ernest, sa mère possédait déjà deux filles, Célestine et Alphonsine, plus tard naîtra la petite Maria, mais deux enfants sont morts. Ernest va en classe à l'école des Frères jusqu'à sa première communion. Ensuite en 1866 il entre au Collège de Charleville. En 1869, le père d'Ernest meurt subitement à l'âge de 52 ans. Sa mère commence à travailler dans un petit commerce d'épicerie pour gagner la vie de toute la famille. Mais à cause du bombardement du 30 décembre 1870 par les Prussiens sa maison et le magasin sont détruits. En 1875 à l'aide de son professeur Edouard CHANAL (le remplaçant de Georges IZAMBARD) il passe son baccalauréat et entre dans l'enseignement à l'institution Notre-Dame de Rethel. Puis, en 1877 il passe son second baccalauréat et devient surveillant général et professeur à l'institution Péchard à Orléans. En août 1885, Ernest se marie avec Louise POUSSIN et ils s'installent dans le quartier Montsouris, rue Oberkampf, puis en 1890 Boulogne-Sur-Seine où naît une troisième fille Louise. En 1891, il apprend d'abord la mort de sa soeur Maria à l'âge de 35 ans et au cours de cette même année il reçoit la nouvelle de la mort de son ami d'enfance Rimbaud à Marseille à l'âge de 37 ans. Il était ami avec P. Verlaine et G. Nouveau depuis des années en fréquentant les hommes de lettres. Il a publié en 1885 trois nouvelles dans Croquis, l'«Histoire de Province» (1894), les «Devoirs d'histoire de France» (1892) et plusieurs ouvrages de souvenirs sur Rimbaud: «Rimbaud» (1905), «Rimbaud, l'artiste et l'être moral » (1923) et «Souvenirs familiers à propos de Rimbaud» (1925). Le 22 novembre 1930, il meurt à l'âge de 77 ans sans avoir vu paraître son dernier ouvrage: «La part de Verlaine et de Rimbaud dans le sentiment religieux contemporain».

d'une correspondance familière et aussi la sincérité du poète qui n'a rien à cacher.

Notons d'abord la lettre du 14 octobre 1875 écrite à Delahaye que nous présentons comme une borne entre ces deux périodes de la vie rimbaldienne. Cette lettre n'exprime pas de renoncement absolue à la littérature, car Rimbaud n'a jamais rien dit de définitif et nous ne disposons d'aucune preuve précise quant à cette décision. Pourtant, ce dernier exprime son désir d'être dans la société non comme un poète mais comme un étudiant ou un homme de sciences, ce qui peut signifier son détachement de la poésie.

D'ailleurs, par la lettre du 10 juin 1871 à Paul Demeny, nous connaissons sa première tentative de destruction de sa poésie: «*brûlez, je le veux, et je crois que vous respecterez ma volonté comme celle d'un mort, brûlez tous les vers que je fus assez sot*»[211]. Cela n'est pas son avis définitif. C'est une décision qui n'a pas le caractère du renoncement absolu à la poésie. Au contraire, il définit un nouvel objectif poétique destiné à détruire la poésie «subjective» ou traditionnelle: il a inséré dans cette lettre les deux poèmes de «Les poètes de sept ans» et «Les pauvres à l'église» comme un essai de ses nouvelles poésies, «un motif à dessins drôles».

Ces deux lettres du 14 octobre 1875 et du 10 juin 1871 sont entrecoupées de poèmes, pourtant les intérêts de leur sujet sont opposés: celle-ci est écrite sur l'ambition de mieux écrire la poésie, mais celle-là de nous suggère le renoncement de Rimbaud vis à vis de la composition poétique: le sujet de la lettre porte sur son service militaire prochain et sur la préparation de son «bachot» es sciences[212]. En plus, il n'y a aucun commentaire sur les deux poèmes qu'il a notés puisque son intérêt est déjà «ailleurs».

L'amitié entre Delahaye et le poète naît bien avant celle des autres. Entre les deux amis il y a deux preuves particulières qui témoignent de leur amitié fidèle: d'abord

---

[211] OC. P. 255.

[212] Voir DTR. P. 52: «- ce qui fournit au poète de *Sagesse* matière à bien des récriminations ou sarcasmes - l'ancien littérateur se met aux *sciences*; on lui voit dans les mains une algèbre, une géométrie, un manuel du mécanicien».

leur connaissance précoce et la durée de leur échange épistolaire (quasiment 15 ans). Pourtant, leurs lettres ne sont pas si nombreuses par rapport à la durée de leur relation: la première rencontre eut lieu vers 1866 et la dernière, en septembre 1879[213]. Cette dernière rencontre ne signifie pas la fin de leur amitié, qui dure au moins jusqu'à l'année 1885 (année de leur dernière lettre); La première lettre de Rimbaud à Delahaye est attestée par un billet de Delahaye à Pierquin vers le mois de mai 1871 et la dernière lui est adressée d'Aden par son ami d'enfance, le négociant en Afrique orientale, Rimbaud.

Notons tout de suite que nous désignerons par le mot « fidèle » non seulement l'amitié qu'il a partagée avec Rimbaud pendant des années jusqu'à la fin de l'adolescence à l'âge adulte, mais aussi sa fidélité pour lui pendant son absence des années et même après la mort de son ami (nous connaissons les nombreux ouvrages de Delahaye consacrés à ses souvenirs au sujet de Rimbaud).

Il est vrai que Delahaye a partagé bien des choses avec le poète à un âge plein de sensibilité et de tourments: la littérature, le journalisme, le bonheur, le malheur et même le désespoir. Mais il ne connaît pas entièrement son ami, puisqu'il n'a pas tout vu et il se trompe parfois. Ainsi, nous avons quelque preuves qu'il a fait des erreurs de mémoire: «Par exemple, Delahaye se trompe manifestement sur la date de composition des Proses évangéliques. Il pense aussi qu'au début de 1873, Mme Verlaine mère a remplacé Rimbaud au chevet de son fils; il aurait dû dire: s'est adjointe. Détail! Plus graves sont les fluctuations de dates sur le deuxième et l'hypothétique troisième voyage (Commune) du poète à Paris»[214].

Quoi qu'il en soit, E. Delahaye est un témoin plus fidèle que les autres amis, puisqu'il a été le plus longtemps en relation avec Rimbaud, et aussi parce qu'il est en relation amicale avec les vieux amis de Rimbaud: Verlaine, Nouveau, Banville etc.

---

[213] «En septembre il est à Roche, où il s'occupe aux travaux de la ferme, avec sa mère et sa soeur. Je l'y vois pour la dernière fois». DTR. P. 52.

[214] DTR. P. 11.

- Lettre du 14 octobre 1875

Le 14 octobre 1875, nous touchons à un point important d'une lettre significative qui permet de diviser sa vie en deux périodes. Cette lettre contient un poème, «Rêve» qu'il a probablement écrit en imaginant l'appel de la deuxième «Portion» du «Contingent» de «la classe 74», prévu pour le 3 novembre suivant. Après les «Illuminations», ce «Rêve» reste jusqu'à présent son dernier cadeau signifiant, un adieu définitif à sa vie littéraire.

Cette lettre contient trois sujets principaux: la raillerie à l'adresse de Verlaine qu'il appelle «Loyola», sa préoccupation de l'appel pour «la classe 74» et la préparation de son «Bachot» ès sciences. Le «rêve» d'être ingénieur ne commence à s'exprimer qu'à cette époque: Rimbaud s'efforce sérieusement d'apprendre la langue[215] et d'étudier les sciences pour préparer son baccalauréat. Peut-on imaginer qu'il écrit encore des poésies en même temps qu'il fait des études? Il nous parait plutôt que le futur ingénieur renonce à sa carrière littéraire. Ainsi nous le voyons enterrer lui-même sa vie poétique à la fin de 1875 pour préparer sa deuxième vie attachée à la terre qui paralyse sa vie antérieure de poète.

- Leur amitié de la première période

Notons tout d'abord que l'année de leur connaissance en 1866 - 67, Delahaye se met à suivre les cours au collège de Charleville où il rencontre Arthur et Frédéric Rimbaud: Arthur Rimbaud faisait sa classe de 4ème à l'âge de 12 ans. Il est devenu vite ami avec « le petit Rimbaud »[216].

---

[215] «Je fouille la langue avec frénésie, tant et tant que j'aurai fini dans deux mois au plus». OC. P. 297.

[216] *«Nous sommes ensemble pour aller au collège... qui vous indiffère, je veux bien, mais où nous trouverons celui qui vous intéresse: le petit Rimbaud».* DTR, 60. Rimbaud fut constamment un élève excellent remportant en 1868 un premier prix en version latine, en vers hexamètres et à partir de la seconde, il eut souvent des devoirs de vers latins et français ou des version latines. Le 6 novembre, le jeune poète composa 59 vers latins: «Le songe de l'écolier: ver erat...». Quelques mois plus tard, le premier juin 1869, «L'ange et l'enfant» en 55 vers latins d'après un poème de 36 vers français, et le 15 novembre de cette

Vers le mois de mai 1871, Delahaye était dans l'Eure où il recevait une lettre de Rimbaud dans laquelle il raconte une histoire sentimentale: « *il avait donné un rendez-vous à une jeune personne dans le square de la gare de Charleville. Elle était venue, mais avec sa bonne*»[217]. Selon la description de Rimbaud cette fille ressemblait à Psukhé et « son frère a l'âme magistrate; sa mère a l'âme catholique...»[218]. Nous n'avons aucun moyen de savoir si cette lettre mystérieuse décrit un événement vrai ou fictif, car il s'agit d'abord d'une lettre perdue et personne n'a vu cette amie: le fragment du texte a été reproduit d'après le souvenir de Delahaye (par un billet de Delahaye à Louis Pierquin). Pourtant, l'histoire de cette fille n'est pas terminée, elle reprend' en 1872 l'année suivante[219].

Rimbaud est à l'hôtel de Cluny en juin 1872 dans la rue Victor Cousin où il «travince» pendant la nuit. La lettre qu'il adresse à Delahaye à cette époque est écrite probablement à trois heures du matin: «A trois heures du matin, la bougie pâlit». il ne dort pas pendant la nuit; à cinq heures le poète descend acheter du pain dans la rue où les ouvriers marchent partout, puis boit un coup de vin et il remonte l'escalier, se jette dans son lit.

---

année, le jeune poète produit «Jugurtha» soit 83 vers latins pour le concours de l'Académie de Douai. En 1868 il commença donc à écrire joliment en vers latins. Nous savons d'après le témoignage de sa famille et de ses amis que Rimbaud était un bon élève jusqu'à ce que sa première fuite pour Paris (le 29 août 1870), la guerre et le bombardement bouleversent sa vie. Voir aussi le Bulletin officiel de l'Académie de Douai, No 2 (15 janvier 1869). Aux éditions de Mercure de France. 1932: Jules MOUQUET les publia dans «Arthur Rimbaud, vers de collège».

[217] OC. P. 1073.

[218] OC. P. 248.

[219] «un jour, en 1872, comme je m'étonnais de son air soucieux, il me dit être tourmenté: un souvenir, une inquiétude... Cela remontait à l'année précédente... II avait à Charleville une maîtresse, une jeune fille à peu près de son âge... Au cours de l'année d'après, dans un moment où il causait de lui-même avec un abandon assez joyeux, je me risquai à lui rappeler la jeune fille. Sa figure changea, il a dit tristement: Je n'aime pas 'on m 'en parle!.. Ne se sont-ils vraiment jamais revus?». DTR, P. 37.

Nous pouvons insister ici sur le vocabulaire, car les phrases de la lettre du «Jumphe 72» sont écrites d'une façon simple, sans prétention ni recherche. Rimbaud est à l'hôtel de Cluny en juin 1872 dans la rue Victor Cousin où il informe Delahaye de sa vie parisienne; le poète a détesté et tenté constamment de s'enfuir de sa ville natale, pourtant il ressent actuellement «une soif» de sentir la nature «Arduanne»:

«Oui, surprenante est l'existence dans le cosmorama Arduan. La province, où on se nourrit de farineux et de boue, où l'on boit du vin du cru et de la bière du pays, ce n'est pas ce que [je] regrette. Aussi tu as raison de la dénoncer sans cesse. Mais ce lieu-ci: distillation, composition, tout étroitesses; et l'été accablant: la chaleur n'est pas très constante, mais de voir que le beau temps est dans les intérêts de chacun, et que chacun est un porc, je hais l'été, qui me tue quand il se manifeste un peu. J'ai une soif à craindre la gangrène: les rivières ardennaises et belges, les cavernes, voilà ce que je regrette».[220]

Rimbaud n'a pas besoin d'étudier son style et de chercher un ton formel ou particulier pour exprimer ses idées: il écrit «tranquillement» avec un vocabulaire personnel, utilisé comme une preuve d'amitié. C'est pourquoi le vocabulaire mérite plus d'importance que la phrase; il est intéressant que Rimbaud décrive sa ville avec le mot «cosmorama» qui correspond au «spectacle à la mode au début du XIXe siècle» signifiant «cosmo-, et -(o) rama»[221].

Cette lettre contient des nombreux mots que Rimbaud invente et la plupart de ces termes n'existent pas dans le dictionnaire d'aujourd'hui:

«Il y a bien ici un lieu de boisson que je préfère. Vive l'académie d'Absomphe, malgré la mauvaise volonté des garçons!»

«Toujours même geinte, quoi!»

«Maintenant c'est la nuit que je travaince. De minuit à cinq [heures] du matin».

---

[220] OC. P. 265.

[221] «Panorama présentant des vues de pays lointains». Voir «Dictionnaire de la langue française» de Paul ROBERT. LE ROBERT. T. II. 1992. P. 961.

Pourtant, le jeu des mots comme le «cosmorama Arduan», «Absomphe»[222], «geinte»[223], «travaince»[224] est compréhensible, mais un mot «colrage» porte le sens ambiguë:

«Il sera certes fait droit à ta réclamation! N'oublie pas de chier sur La Renaissance, journal littéraire et artistique, si tu le rencontres. J'ai évité jusqu'ici les pestes d'émigrés Caropolmerdés. Et merde aux saisons. Et colrage. Courage».

On définit souvent ce «colrage» comme un simple jeu de mot qui signifie «très simplement une plaisanterie orthographique pour courage»[225].

Il nous semble que l'on a «trop» simplifié le sens de ce mot, nous ne sommes donc pas d'accord avec cette définition: d'abord, ce n'est pas l'habitude de Rimbaud d'inventer un nouveau mot, et de le traduire tout de suite lui-même. Ensuite, ce terme «colrage» - [kolra:z] ne correspond pas phonétiquement avec le courage - [kura:z]. Enfin, «Et colrage» est étroitement liée sémantiquement et syntaxiquement avec les phrases précédantes, *«J'ai évité jusqu'ici les pestes d'émigrés Caropolmerdés»* et *«Et merde au saisons»*. Autrement dit, «Et colrage» ne colle point avec la salutation comme «bon courage», il avoisine la dernière phrase; il faut ainsi traduire «Et merde au colrage».

---

[222] Ce mot désigne l'absinthe: «- l'académie de l'Absomphe - nom que, par jeu, Verlaine avait donné à un café situé 176, rue Saint-Jacques - mais l'absinthe, si elle regaillardit un temps, replonge finalement - dans la merde-». OV. P. 1136.

[223] Aujourd'hui nous pourrons comprendre comme le verbe «se plaindre»: Geindre se dit au XIVe siècle «Faire entendre des plaintes faibles et inarticulées» et au XVIe siècle «Faire entendre un son plaintif». Ce verbe est employé dans «Romance sans paroles, - Birds in the night» de Verlaine:

«Aussi bien pourquoi me mettrais - je à geindre?

Vous ne m'aimiez pas, l'affaire est conclue,

Et, ne voulant pas qu'on ose me plaindre,

Je souffrirai d'une âme résolue».

Voir «Dictionnaire de la langue française» de Paul ROBERT. LE ROBERT. 1992.

[224] Ce verbe signifie «travailler».

[225] OC. P. 1084.

En effet, pourquoi pas «collage» - [kola:z] -? C'est à dire «Et merde au collage» signifiant vis-à-vis du temps et de la relation humaine; cet été 1872 «fut très chaud»[226], Rimbaud dit lui-même «je hais l'été». Pour cette raison il «travaince» pendant la nuit réclamant «Et merde aux saisons» et «Et merde au temps collant qui mouille le corps».

En ce qui concerne une relation humaine, nous pourrons interpréter le «collage» comme «être à la colle» ou «vivre à la colle» qui correspondent aujourd'hui au mot «concubinage»[227]. Ce sens donne une relation intime avec les deux dernières phrases précédentes: Rimbaud écrit qu'il évite de voir les anciens amis de Charleville dénonçant «les pestes d'émigrés Caropolmerdés» qui semblent profiter de l'existence de Rimbaud à Paris pour se loger ou vivre chez lui. Rimbaud exprime ainsi des regrets «Et merde au temps passé» où ils ont vécu ensemble, - Antoine Adam dit « le mot *saisons* pour évoquer l'écoulement du temps»[228] -, Rimbaud refuse enfin d'avoir la relation avec ses amis ennuyeux: «Et merde d'être à la colle». Il est probable que cette déclaration vise Verlaine: «Et merde de vivre à la colle» avec ce dernier.

Malgré son amitié particulière pour Delahaye il y a une chose curieuse, c'est que Rimbaud ne donne aucune nouvelle des poètes parisiens ni de Verlaine dont Delahaye a fait la connaissance[229] l'année précédente à Paris. Probablement Rimbaud ne retire plus de satisfaction à fréquenter les gens de Paris ou Verlaine, alors qu'il en était fier l'année précédente.

Après son séjour à Londres le poète demeure depuis le 11 avril 1873 à Roche où il adresse une lettre appelée «Laïtou» qui comprend deux dessins, exécutés par lui-

---

[226] OC. P. 1084.

[227] «COLLAGE: [...] situation d'un homme et d'une femme qui vivent ensemble sans être mariés». «Dictionnaire de la langue française» de Paul ROBERT. LE ROBERT. 1992.

[228] OC. P. 1084.

[229] D'après Delahaye ils se sont déjà rencontrés deux fois: «Au mois de novembre j'eus l'occasion d'aller à Paris Je ne savais où se trouver Rimbaud mais je me rappelais l'adresse de Verlaine, qu'il m'avait montrée si fièrement: 14, rue Nicolet». DTR, P. 138. «Dans le courant de janvier j'eus la surprise de recevoir, à Charleville, un mot de Verlaine m'annonçant qu'il serait, à l'heure de l'apéritif, au café de l'Univers» (DTR, P.142).

même: dans le premier il y a un homme (probablement son portrait) qui tient une canne à la main droite marchant dans le bois sur les herbes, avec à côté de lui un canard (qui parle): «O Nature! O ma tante!», on y aperçoit l'humour de Rimbaud. Par dessus ce dessin il inscrit une autre phrase «O Nature! O ma soeur!». Le deuxième est un village appelée «Laïtou mon village» qui représente certainement Roche où il commence à étouffer: «Je ne sais comment en sortir: j'en sortirai pourtant. Je regrette cet atroce Charlestown, l'Univers, la Bibliothèque., etc...»[230].

Ainsi notre poète n'y reste pas longtemps. Après avoir manqué un «rendez-vol» avec Verlaine le 18 mai 1873 (ce dernier séjourne chez sa tante paternelle à Jéhonville, un village de Belgique), ils se rejoignent le 24 mai 1873 à Bouillon et partent ensemble de nouveau pour Londres[231].

En août 1873 Delahaye reçoit une lettre de Rimbaud où il apprend la nouvelle de la condamnation de Verlaine concernant l'acte du 10 juillet à Bruxelles, mais cette lettre est perdue[232].

Rimbaud est à Stuttgart depuis le mois de février 1875 pour apprendre l'allemand. Ce même mois, Verlaine vient le voir pendant deux jours et demi après sa libération de la prison de Mons (le 16 janvier 1885): «Trois heures après on avait renié son adieu et fait saigner les 98 plaies de N[otre]. S[eigneur]»[233]. Une deuxième scène violente[234] s'est probablement passée à Stuttgart: d'après Delahaye il est difficile de

---

[230] OC. P. 267.

[231] «En avril 1873, Verlaine, pour refaire sa santé, est venu habiter un petit village de Belgique, non loin de Sedan et de Bouillon. C'est dans cette dernière ville que, le 24 mai, il est rejoint par Rimbaud, et tous deux partent pour Londres». DTR, P. 45.

[232] «Avec cette lettre j'avais conservé celle où Rimbaud m'annonçait (une venant de Roche) en ces termes la condamnation de notre pauvre ami: une nouvelle à faire pousser des crêtes de paon sur un... - horresco à tel point referens que je préfère les points de suspension - Verlaine a deux ans de prison. Qu'est-elle devenue?». DTR, P. 215.

[233] OC. P. 296.

[234] «Ils sont sortis de Stuttgart, ils ont été loin, loin devant eux, disputant toujours, les sarcasmes de celui-ci - qu'il se termine, dis je, tous arguments épuisés, par une bataille non

distinguer la réalité de la fiction. Les amis de Rimbaud, Houin et Bourguignon soupçonnent ce récit d'être faux. Pourtant nous citons un fragment du texte qui soutient le témoin de Delahaye: «*Tu m'as écrit en avril des lettres trop significatives de vils, de méchants desseins, pour que je me risque à te donner mon adresse*»[235].

A l'époque, Verlaine était en relation avec très peu de ses amis intimes, les seuls à qui il avait donné son adresse pour être tranquille. Qui vise cette mesure? C'est peut-être Rimbaud (Verlaine a prié Delahaye de ne pas donner son adresse à Rimbaud). De quel «risque» Verlaine parle-t-il? dans cette lettre? A-t-il peur d'une autre scène violente?. A l'appui de notre hypothèse il nous paraît qu'après l'événement désagréable survenu entre les deux poètes, Verlaine évite de communiquer son adresse pour ne pas rétablir de relations avec son ancien ami. Quoiqu'il en soit, ils ne se reverront plus jamais (leur dernière rencontre eut lieu en février 1875).

La lettre de Rimbaud à Delahaye comprend deux dessins qui sont dessinés sur deux côtés de la feuille, à gauche, (un immeuble qui représente son appartement à Stuttgart et en bas (cette ville est Stuttgart). Le dessin de Rimbaud se trouve non seulement dans ses lettres à Delahaye mais aussi dans celles de Verlaine. C'est l'une des singularités des lettres de Rimbaud notamment pour l'ami intime: cela peut désigner que Rimbaud se trouve dans une certaine aisance mentale ou physique.

La lettre est datée par Rimbaud du «5 février 1875», mais en lisant la date sur l'enveloppe[236] on y remarque une date différente «6 mars 1875». Il s'agit d'une erreur de datation de Rimbaud. A cette époque environ, Rimbaud écrit plusieurs lettres à Delahaye, mais elles sont perdues: durant l'année 1875 Verlaine et Rimbaud

---

plus à coups de paroles, mais à coups de poings, dans la nuit sous la clarté lunaire, au bord même du Neckar dont les flots, qui roulent à deux pas, semblent offrir au fantasque roman de ces deux enragés un trop naturel épilogue». DTR, P. 228.

[235] OC. P. 301.

[236] «La date inscrite par Rimbaud en haut de sa lettre est *5 février 1875*. Mais le cachet postal, sur l'enveloppe, porte *6 mars 1875*. Le *lapsus* de Rimbaud doit donc être corrigé en toute certitude». OC. P. 1093.

s'informaient mutuellement par l'intermédiaire de Delahaye[237].

Par la lettre précédente du 5 mars 1875, nous apprenons que Rimbaud est resté à Stuttgart environ deux mois, mais maintenant il est à Roche depuis le début octobre 1875: il quitte Stuttgart vers la fin avril et arrive à Milan[238] vers le 5 mai après avoir passé la Suisse et les Alpes. Il y reste chez une veuve (Piazza del Duomo, 39, terzo piano) d'où il demande à Delahaye de lui faire parvenir l'exemplaire d'«Une saison en enfer» qu'il lui avait donné. Quelque semaines plus tard vers le mois de juin 1875, Rimbaud est à Marseille où il annonce son projet d'aller s'engager chez les Carlistes et d'apprendre l'espagnol[239]. Mais à Marseille Rimbaud tombe malade et demande de l'argent à sa mère pour regagner Charleville. Dès qu'il reçoit la somme, il part en juillet pour Paris (au lieu d'aller à Charleville) où il retrouve les anciens amis Mercier, Cabaner et Forain[240] (mais ni Verlaine ni Nouveau) et il passe quelque jours avec sa famille (sa mère et ses deux soeurs). Vers la fin du mois d'août il n'a plus d'argent, il regagne donc Charleville.

- L'amitié épistolaire de la seconde période

«Je suis pour composer un ouvrage sur le Harar et les Gallas que j'ai explorés, et le soumettre à la Société de géographie. Je suis resté un an dans ces contrées, en emploi dans une maison de commerce française»[241].

---

[237] Voir la lettre de Verlaine à Delahaye le 29 avril 1875 «... Si tu as des nouvelles de Stuttegart ou autres lieux, fais savoir, et si y écris, envoie une mienne très cordiale (au fond) poignée de main de ton - P. Verlaine». Et, voir aussi, celle de Verlaine à Delahaye le 1er mai 1875: «Rimbaud m'ayant prié d'envoyer pour être imprimés des Poèmes en prose siens, que (je parle d'il y a deux mois)».

[238] Voir une lettre de Germain Nouveau à Verlaine (le 7 mai 1875): «Il est à Milan, en attendant argent pour Espagne».

[239] Voir une lettre d'E. Delahaye à Verlaine en juin.

[240] Voir une lettre de Germain Nouveau à Verlaine (le 17 août 1875): «Rimbaud est à Paris, d'après Forain; ajoute que vit avec Mercier». C'est Forain qui a probablement annoncé cette nouvelle à G. Nouveau.

[241] OC. P. 341.

Rimbaud n'est plus poète ni homme de lettres, mais un futur géographe qui aurait écrit un ouvrage sur Harar et les Gallas. La lettre débute par une commande de matériel, ensuite son ami d'enfance décrit brièvement son projet, puis énumère les instruments scientifiques et les livres techniques dont il a besoin pour étudier la région.

Nous ignorons si les achats et le futur ouvrage[242] (qu'il a voulu écrire prochainement) ont été conclus, puisque cette lettre de Rimbaud à Delahaye, insérée par Rimbaud dans un courrier à sa famille (le 18 janvier 1882) n'a pas été envoyée par Madame Rimbaud[243].

En ce qui concerne l'écriture épistolaire, le style et le ton ne sont plus les mêmes qu'auparavant. On y relève une évolution considérable au niveau du style: la lettre est écrite à la manière «commerciale», formelle et sans aucune ambiguïté. Rimbaud écrit avec un ton sec, mais formulé comme des lettres d'affaires: on n'y trouve plus ni sa plaisanterie ni son humour, pourtant il y a encore une appellation amicale pour Delahaye qui peut évoquer une certaine preuve de leur intimité malgré des années d'absence épistolaire:

> «Cher Delahuppe, Ci-joint mon portrait et celui de mon patron, après notre naturalisation. Te la serre. Ton, A. Rimbaud»[244].

Le dernier texte que nous citons tout entier est une carte postale illustrée dans laquelle nous rencontrons le néologisme de Rimbaud pour Delahaye: «Delahuppe», auquel il adresse «sympathiquement» une carte postale avec la photo prise sur place, en Afrique. Rimbaud a souvent inséré pour Delahaye les dessins qui, d'une part, informent «visuellement» sur la vie et les centres d'intérêt de Rimbaud. Cette habitude amicale se manifeste maintenant par l'insertion de photo, un élément plus concret que le dessin. Ce fait peut signifier une nouvelle méthode, mais atteste la

---

[242] Voir «Je suis ici dans les Gallas», par Alain JOUFFROY. Editions du Rocher.1991.
[243] OC. P. 1110.
[244] OC. P. 400.

vieille amitié.

Le patron que Rimbaud désigne ici n'est ni Pierre (Rimbaud ne l'a jamais appelé «patron») ni Dubar (Rimbaud appelait ce dernier «général en retraite»[245]) mais son frère, Xavier Alfred Bardey.

Nous avons jusqu'à présent essayé d'éclairer la relation étroite entre Rimbaud et ses amis. Par conséquent, notre objet reste l'approche de la sensibilité affective de Rimbaud et son coeur d'ami; par définition, l'amitié fidèle ne peut s'adresser qu'à un petit nombre d'individus. Ce n'est pas un sentiment accordé au premier venu, il suppose une élection et parmi ces élus, on compte uniquement Delahaye: d'après notre observation, parmi tous les amis de Rimbaud pendant sa première période «poétique», il est le seul qui soit en relation fidèle avec le poète pendant des années de leur vie en Afrique.

2). Lettres d'affaire, leur ton et leur représentation

Rimbaud est non seulement un homme débordant de sentiment poétique ou lyrique, comme nous l'avons vu dans des lettres de la première période, mais il est aussi un homme d'affaires au comportement strict et rigoureux: les mots ne connotent plus de tendresse lorsqu'il s'agit des affaires et de leur avenir.

Parmi les 61 lettres où Rimbaud se laisse entraîner dans ses affaires personnelles, on ne trouve que 12 textes[246] caractéristiques d'un ton administratif et diplomatique. Nous n'allons pourtant pas étudier séparément les deux genres épistolaires - sauf la première lettre de la seconde période, N 29 -. Car les 11 lettres sont étroitement liées avec les affaires commerciales.

Nous nous arrêtons d'abord à la lettre du 14 mai 1877 qui présente un aspect

---

[245] «Ici, je suis dans un bureau de marchand de café. L'agent de la Compagnie est un général en retraite». OC. P. 314.

[246] Voir la «Pagination des lettres de Rimbaud» dans notre deuxième tome: N° 29, 75, 118, 123, 130, 131, 134, 137, 138, 199, 207 et 209.

particulier. Il s'agit de l'autobiographie «fictive» de Rimbaud: la correspondance de Rimbaud a été un choix littéraire, mais une des lettres de la deuxième période montre un choix stratégique quant à l'obtention d'un travail. Ensuite, pour finir l'étude de ce ton «commercial», nous allons choisir les lettres les plus nettes, qui permettent de mieux définir le ton auquel nous nous sommes intéressé.

Au début de l'année 1877, Rimbaud désirait encore partir plus loin, très loin hors d'Europe. Après le projet grec inexécutable il chercha d'autres moyens pour réaliser son voyage et il s'adressa donc au consul des Etats-Unis d'Amérique:

«Would like to know on which conditions he could conclude an immediate engagemment in the American navy»[247]

Nous remarquons dans cette lettre son «Curriculum vitae»:

The untersigned Arthur Rimbaud -- Born in Charleville (France) -- Aged 23 -- 5 ft. height -- Good healthy, -- Late a teacher of sciences and languages -- Recently deserted from the 47ème Regiment of the French army, -- Actually in Bremen without any means, the French Consul refusing any relief»[248]

Quatorze ans plus tard en juillet, Rimbaud écrit une lettre sous une forme autobiographique au Commandement de Recrutement à Marseille:

«Je suis conscrit de la classe de 1875. j'ai tiré au sort à Charleville, dép [artement] t des Ardennes, j'ai été exempté du service militaire, ayant un frère aîné sous les drapeaux»[249]

---

[247] P. 302. Voir la traduction en français à la page 1096: «Aimerait connaître à quelles conditions il pourrait conclure un engagement immédiat dans la Marine américaine».

[248] OC. P. 302. Voir la tradition en français à la page du 1096: «Le soussigné Arthur Rimbaud -- Né à Charleville (France) -- Agé (de) 23 ans -- Taille 5 pieds 6 -- Bien portant -- Précédemment professeur de sciences et de langues -- Récement déserteur du 47ème Régiment de l'armée française -- Présentement à Brême sans aucune ressource, le Consul français refusant tout secours».

[249] OC. P. 691. Une lettre de Rimbaud au Commandement de Recrutement à Marseille, datée

La lettre que nous avons citée peut toujours être classée dans l'écriture autobiographique. Elle dispose d'une affabulation curieuse: «Recently deserted from the 47ème Regiment of the French army». Il s'agit du numéro du 47ème Régiment où son père avait été capitaine. Et sa situation de «déserteur», est inventée pour montrer son aliénation par rapport à la France. Ainsi, la mémoire de Rimbaud dispose d'une capacité à «dramatiser». Dans ce cas, les choses vont plus loin. Il ne s'agit pas d'un regard véritable sur le passé vécu, mais d'une explication sincère de sa situation actuelle. Cela montre le penchant naturel de Rimbaud à ne pas accorder d'importance à sa vie passée, qu'elle ait été bonne ou mauvaise, car ce qui lui importe, c'est uniquement de pouvoir réaliser, par n'importe quel moyen et au besoin le mensonge, l'objectif du moment qu'il s'est fixé.

On retrouve perpétuellement le thème de l'ambiguïté de la vérité, marquée par le caractère fictif des lettres et même par sa rédaction biographique du point de vue officiel pour décider le consul. Malgré l'intention du narrateur d'être sincère, la fiction s'introduit dans le texte autobiographique. Car la mémoire renvoie au temps passé (extérieur à la vie actuelle). Dans le texte autobiographique, le narrateur est obligé de décrire les faits tels qu'ils étaient. En outre, dans le cas de cette lettre les choses vont plus loin. Il ne s'agit pas de porter un regard véritable sur le passé vécu, cela n'a aucune importance, mais il s'agit d'expliquer sincèrement sa situation actuelle et son orientation vers l'avenir.

Jusqu'à présent nous avons essayé de définir l'écriture autobiographique dans une lettre de Rimbaud, puis, nous avons scruté spécialement un élément qui mérite notre attention. Il s'agit du rapport essentiel du «Je», qui possède deux aspects opposés: celui de l'autobiographie et celui du discours, et qui ont une grande importance à cause de leurs répercussions sur la structure du genre. D'après notre analyse, nous connaissons de nombreuses occurrences du «Je» qui caractérisent non seulement l'aspect autobiographique mais aussi le style et le ton de son écriture, par exemple lorsqu'il veut insister sur un point sérieux et qu'il se sert du «Je» comme une

---

de l'hôpital de la Conception probablement en juillet 1891.

insistance sincère du moi. D'autre part, Rimbaud parle et décrit sa vie présente dans un rythme vif où il jette un regard sur le passé. Le vocabulaire est facile et très souvent familier. Ce style est conçu non comme un ornement, mais en fonction de la nécessité d'informer sur son passé et sa vie actuelle. Ainsi, l'autobiographie et la forme du discours sont en rapport avec ce «je» constitutif que nous avons analysé: le «Je» qui est englobé dans le temps, devient une manière de la représentation du moi et du moi narré.

Rimbaud écrit des lettres d'affaire par nécessité «réelle»; c'est pour répondre à des questions d'affaire et pour intervenir dans la vie commerciale de tous les jours, qu'il adresse des textes épistolaires aux différents destinataires. Ces lettres sont ainsi écrites avec un vocabulaire technique, net et spécialisé, relatif aux affaires:

> «Reçu votre lettre du 9 septembre. Confirmons celle du 9 septembre. Nous expédions, ce 23 septembre, avec la caravane 46: 42 chameaux cuirs bœufs. Nous vous préparons, avec la caravane 48, 5 000 peaux de chèvres pour le 20 octobre. La même caravane vous portera probablement les plumes et l'ivoire de l'Ogadine, d'où votre expédition retournera définitivement fin septembre»[250].

Si les phrases de Rimbaud ont l'avantage d'utiliser et un vocabulaire précis et une syntaxe simple, c'est parce que l'auteur désire à la fois régler ses affaires de façon prompte et nette et montrer sa très bonne connaissance du négoce. Il est conscient du rôle important que la lettre d'affaire joue dans les relations commerciales: avant de répondre, Rimbaud n'oublie pas de confirmer la réception de la dernière lettre de son correspondant. D'ailleurs, les trois exemples qui vont suivre possèdent les aspects spécifiques de l'ensemble de ses lettres d'affaires:

> «1° au Choa, 3000 thalers par la livraison de 300 fusils à ras Govana, affaire réglée par le roi lui-même;
> 2° à Aden, une créance à M. Suel, acquittée actuellement avec une réduction réglée

---

[250] OC. P. 372.

entre les parties;

3° un billet de Labatut à M. Audon, au Choa, créance dont j'ai déjà versé, au Choa et au Harar, plus de 50 % suivant documents entre mes mains»[251].

Les numéros que Rimbaud introduit souvent dans sa correspondance renforcent l'aspect du ton «professionnel», concret et exact. Vers la fin de sa vie, le rôle des échanges épistolaires devient de plus en plus caractéristique: les textes sont numérotés par les codes communs, les éléments de contrôle de l'échange, «B 19/II.»[252], «B 27/4.»[253]. Car l'absence d'une lettre signifie directement la perte des informations professionnelles, et donc de l'argent:

«Je ne vous compte la soie que Th. 4, elle doit me coûter un peu plus, mais enfin il m'en reste encore ici 80 paquets que je vendrai à meilleur prix en les détaillant aux marchands de matebs pour la troupe. Là-dessus vous n'avez aucun risque de perdre»[254].

Les phrases expriment son intérêt des affaires d'une façon claire, nette et précise: pas d'usage fréquent d'apostrophes, aucune superficialité de l'écriture, pas d'exagération dans la ponctuation, ni dans le vocabulaire. Seul ce qui doit être dit est dit nettement. Nous retrouvons cette écriture «sèche», mais à la fois le ton «amical» qui caractérisent les lettres d'«affaires» de Rimbaud.

Il est inutile de chercher une qualité poétique et artistique dans la citation, le principal intérêt dont Rimbaud se préoccupe actuellement réside nettement dans leur caractère fonctionnel et non dans leur raison d'être en tant que texte épistolaire.

---

[251] OC. P. 428.
[252] OC. P. 478.
[253] OC. P. 485.
[254] OC. P. 553.

3) Ton de la souffrance et la famille: lettres aux «chers amis» et à «chère mère et à ma chère soeur»

Les lettres de Rimbaud à «sa famille» sont les plus nombreuses dans les lettres africaines. Parmi les 181 lettres classées dans la deuxième période, nous pouvons compter 116 lettres[255] où nous sentons la relation épistolaire avec la famille.

Il est intéressant de voir - surtout pendant les débuts de la vie africaine -la fréquence croissante[256] des lettres à sa famille. Le proverbe «Loin des yeux, loin du coeur» ne s'applique pas chez Rimbaud, surtout pour sa famille auprès de laquelle il se plaint souvent de son sort comme un enfant éloigné de sa mère et des siens.

Le ton de la souffrance est celui qui s'y trouve le plus souvent: parmi toutes ces lettres, plus d'un quart nous font entendre cette souffrance de Rimbaud adressée souvent à ses amis, à sa mère et plus tard à sa soeur Isabelle, mais pas à son frère - Rimbaud n'a même jamais écrit à Frédéric -. Dans la lettre à sa famille écrite le 7 octobre 1884, Rimbaud parle de Frédéric sur un ton «méprisant»: «*Je reçois votre lettre du 23 7bre, vos nouvelles m'attristent, ce que vous me racontez de <u>Frédéric est très ennuyeux et peut nous porter grand préjudice à nous autres</u>. Ça me gênerait assez, par exemple, que l'on sache que j'ai un pareil oiseau pour frère. Ça ne m'étonne d'ailleurs pas de ce Frédéric: c'est <u>un parfait idiot</u>, nous l'avons toujours su, et nous admirions toujours <u>la dureté de sa caboche</u>*»[257].

En effet, les lettres «à sa famille» que nous désignons globalement ici sont des

---

[255] Notre présente étude concerne uniquement à la deuxième période de la vie rimbaldienne, nous n'avons donc pas compté les deux lettres écrites avant de l'année 1886: l'une est écrite à sa famille (le 17 mars 1875) et l'autre à sa soeur Isabelle à la même année que la lettre précédente.

[256] Voir la liste de la fréquence des lettres en 1878: 2, en 1879: 3, en 1880: 7, en 1881: 15, en 1882: 13, en 1883: 12, en 1884: 13 (cette année il n'y a que des lettres à sa famille), en 1885: 8, en 1886: 8, en 1887: 8, en 1888: 6, en 1889: 4, en 1890: 5 et en 1891: 12.

[257] OC. P. 392.

textes épistolaires de Rimbaud adressées à ses amis et à sa famille - Rimbaud n'a jamais nommé lui-même la correspondance «à sa famille»[258] ou «aux siens»[259] -. Pourtant, il est nécessaire de les distinguer plus précisément afin de mieux saisir la nature et les diverses sortes de souffrance. Il s'agit des lettres adressées par Rimbaud à ses «chers amis» et à sa propre famille. Ce groupement nous permet de mieux connaître le rôle caractéristique et le ton particulier de la souffrance des lettres «familiales» qui se manifestent différemment selon les destinataires.

- Lettres aux «chers amis»

Envisageons d'abord le cas des lettres destinées simultanément à plusieurs destinataires. Parmi 116 lettres à sa famille, quatre-vingts dix sont adressées non seulement à ses amis, mais aussi à ses proches et à sa propre famille. Elles débutent à partir du 17 novembre 1878, Rimbaud écrit «chers amis», mais nous ignorons à qui exactement est destiné ce texte: «*Je suis tout à _vous_, je vous remercie et dans une vingtaine de jours _vous_ aurez une lettre*»[260].

Ce texte est peut-être adressé à ses amis de Charleville, pourtant il n'y a aucune précision de leur nom et aucune révélation «relationnelle» grâce à laquelle nous puissions deviner à qui est adressée la lettre: c'est une longue lettre écrite uniquement pour informer sur la situation, le paysage et le trajet de son voyage. La deuxième lettre écrite en décembre 1878 nous révèle mieux la destination de la lettre: «*Chers amis, [...]. Seulement voici ce qu'on demande de moi: un mot de toi, _maman_, avec légalisation de la mairie et pourtant ceci*»[261] N'oublions pas que ces lettres sont expédiées «matériellement» dans une enveloppe à l'adresse de sa propre maison à Charleville et à Roche. En effet, les lettres intitulées «chers amis» sont des textes essentiellement descriptifs de la situation de Rimbaud, qui situent à la réalité et qui détaillent sa vie quotidienne.

---

[258] Voir OV: la classement des lettres de Rimbaud chez Alain BORER.
[259] Voir OC: la classement des lettres de Rimbaud chez Antoine ADAM.
[260] OC. P. 306.
[261] OC. P. 306 - 307.

En ce qui concerne le ton de la souffrance rimbaldienne, il s'exprime dès les premières lettres de la deuxième période. Rimbaud souffre, au cours de son emploi (à Alexandrie), de la chaleur et de la maladie (à Larnaca). Les mots ne connotent plus de douceur lorsqu'il s'agit de la vie et la situation à des pays étrangers. Les noms, les verbes et surtout les adjectifs expriment le ton de la souffrance: «*Je me porte mal*»[262], «*J'ai été malade en arrivant*»[263], «*Je suis toujours employé à la même boîte, et je trime comme un âne dans un pays pour lequel j'ai une horreur invincible*»[264] etc.

L'année 1887 est terrible pour Rimbaud: il se plaint de son sort et se sent épuisé. Une lettre de cette époque exprime ainsi une sérieuse souffrance. On y trouve de nombreux mots «pessimistes»: «mort», «difficultés», «peine terrible», «manière horrible», «épouvantable» etc. Rimbaud écrit le 23 août 1887:

> «Je suis venu ici parce que les chaleurs étaient épouvantables cette année, dans la mer Rouge: tout le temps 50 à 60 degrés; et, me trouvant très affaibli, après sept années de fatigues qu'on ne peut s'imaginer et des privations les plus abominables, [...] Je suis excessivement fatigué. Je n'ai pas d'emploi à présent. J'ai peur de perdre le peu que j'ai. Figurez-vous que je porte continuellement dans ma ceinture seize mille et quelques cents francs d'or; ça pèse une huitaine de kilos et ça me flanque la dysenterie»[265].

Le ton de Rimbaud est très noir, parce que cette lettre semble uniquement consacrée à sa souffrance, du fait de l'échec de son commerce des armes, de l'état de sa santé et aussi de l'ambiguïté de son avenir. Le ton dépasse la simple souffrance, il est plutôt sec et marque le renoncement d'être heureux à cause du désespoir extrême. Nous avons de nouveau un vocabulaire fort, des éléments du sens, qui désigne ici le destin tout à fait négatif de Rimbaud, comme «fatigues», «privations» et «mourir à la peine»:

---

[262] OC. P. 311.
[263] OC. P. 313.
[264] OC. P. 349.
[265] OC. P. 441.

«Je dois donc passer le reste de mes jours errant dans les fatigues et les privations, avec l'unique perspective de mourir à la peine»[266].

Les mots que Rimbaud emploie, pour exprimer ses souffrances et ses angoisses, sont certainement nombreux et variés. Pourtant, nous pouvons discerner quelques mots spécifiques dans la correspondance: affreux[267], atroce(s)[268], ennui(s)[269], mal[270], malade(s)[271] et malheureux[272] qui sont souvent employés pour exprimer les trois catégories de la souffrance rimbaldienne. Il s'agit du climat, de l'affaire et de la santé.

De plus, il est intéressant de voir que Rimbaud emploie les mots impérialistes pour décrire sa propre situation: «*mon existence dans l'esclavage*»[273], «*Je pourrai sortir de l'esclavage*»[274], «*me voici donc esclave de ces filous*»[275] etc. L'emploi de ces mots est délimité pour décrire la situation actuelle déplaisante: lorsque Rimbaud se trouve dans un état étouffant, il le compare à la condition des esclaves. L'usage de ce mot est ainsi étroitement lié avec le thème de la liberté. Rimbaud essaye d'élargir ce thème jusqu'à la compréhension globale de la vie humaine par l'accumulation de mots forts à caractère pessimiste: «*chaque homme est esclave de cette fatalité misérable*»[276]. Cette phrase montre son expression extrême; nous avons l'impression qu'avec ces mots, qui vont en s'intensifiant, il essaie de se persuader lui-même que c'est le destin, et qu'il faut s'y soumettre.

---

[266] OC. P. 441.

[267] Ce mot est apparu 11 fois désignant souvent une infériorité géographique. Voir TCL. P. 22.

[268] 12 fois de fréquence. Voir TCL. P. 64.

[269] 20 fois de fréquence. Voir TCL. P. 304.

[270] 40 fois de fréquence. Voir TCL. P. 496.

[271] 16 fois de fréquence. Le nom de «maladie(s)» est aussi fréquent que cet adjectif. Voir TCL. P. 497.

[272] 16 fois de fréquence. TCL. P. 498.

[273] OC. 330.

[274] OC. P. 387.

[275] OC. P. 613.

[276] OC. P. 391.

Nous retrouvons tout ce que nous venons de dire, le ton de la souffrance dans les lettres à la mère et à la soeur, où Rimbaud parle avec sa propre famille: le ton y est exprimé de façon plus chaleureux que dans les lettres commençant par «chers amis».

- Lettres à «ma chère mère et à ma chère soeur»

Arthur Rimbaud appartient à une famille où il représente à la fois le frère et le fils le plus intelligent, le plus révolté et le plus aimé par sa mère et par ses soeurs. Leur échange épistolaire est ainsi abondant, les lettres intitulées «chers amis» étant souvent adressées à sa propre famille; en dehors de ces dernières lettres, 27 textes épistolaires peuvent être retenus parmi les lettres adressées à sa propre famille, il s'agit de sa mère et de sa soeur Isabelle: ces lettres sont destinées soit à sa mère, soit à sa soeur soit à toutes les deux et s'intitulent «chère mère»[277], «Isabelle, ma chère soeur»[278] et «chère maman, chère soeur»[279]. Dans ces lettres où Rimbaud écrit d'une façon plus intime, ou s'adresse directement à elles, le ton de la souffrance et la fonction de la lettre peuvent prendre un autre aspect.

Il est curieux de voir que le sujet de l'argent est le plus souvent traité dans la correspondance de Rimbaud à sa mère:

> «Quant à mes intérêts, dont tu parles, ils sont minces et je ne me tourmente nullement à leur sujet. Qui pourrait me faire du tort, à moi qui n'ai rien que mon individu? Un capitaliste de mon espèce n'a rien à craindre de ses spéculations, ni de celles des autres»[280].

Les lettres à la mère sont, en général, une galerie de portraits, précis et intimes, grâce auxquels on ressuscite l'existence d'une famille et une auréole d'amitiés. Mais ce n'est pas le cas de Rimbaud: sa mère possède une personnalité très forte et «trop» paysanne, elle ne peut comprendre l'investissement de son fils. Sous les yeux de

---

[277] Rimbaud écrit 11 lettres à sa mère. Voir TCL. III.

[278] Les 8 lettres qui débutent à partir de la vie de Rimbaud à Marseille (à l'hôpital de la Conception) sont écrites sous ce titre. Voir TCL. P. VI.

[279] Les 8 lettres sont adressées à sa mère et à la fois à sa soeur. Voir TCL. IV - VI.

[280] OC. P. 348.

Madame Rimbaud, tout semble inutile à l'exception de la dépense relative à la terre:

«Au lieu donc de te fâcher, tu n'as qu'à te réjouir avec moi. Je sais le prix de l'argent; et, si je hasarde quelque chose, c'est à bon escient»[281].

Rimbaud est perturbé, bouleversé et souffre de la réaction de sa mère:

«Ce qui est surtout attristant, c'est que tu termines ta lettre en déclarant que vous ne vous mêlerez plus de mes affaires. Ce n'est pas une bonne manière d'aider un homme à des mille lieues de chez lui, voyageant parmi des peuplades sauvages et n'ayant pas un seul correspondant dans son pays! J'aime à espérer que vous modifierez cette intention peu charitable. Si je ne puis même plus m'adresser à ma famille pour mes commissions, où diable m'adresserai-je?»[282].

La citation, *«un homme à des mille lieues de chez lui»* et *«n'ayant pas un seul correspondant dans son pays!»* montre bien l'aliénation extrême de Rimbaud; il essaie de la convaincre de sa malheureuse situation. Le pluriel dans «des peuplades sauvages», expression où nous entendons son sentiment fort embarrassé dans le pays inconnu. Cet homme si fort, à la mentalité solide, semble connaître un moment de déséquilibre. A la fin de la citation «où diable m'adresserai-je?», l'emploi du pronom personnel «je» semble témoigner de sa douleur et la perte de son esprit positif.

Aux yeux de son frère, Isabelle semble rester toujours comme une fillette: car, il n'a pas parlé souvent d'elle et ne lui a pas adressé de lettres jusqu'en 1882. Il est probable qu'Isabelle se plaint de la réaction de son frère qui écrit enfin en commençant ses lettres par *«Ma chère Maman, Ma chère soeur»* donnant une sorte de prétexte: *«Je pense toujours à Isabelle; c'est à elle que j'écris chaque fois, et je lui souhaite particulièrement tout à son souhait»*[283].

---

[281] OC. P. 355.
[282] OC. P. 356.
[283] OC. P. 357.

Pourtant, le sujet de la lettre porte toujours sur l'argent, le thème essentiel entre Rimbaud et sa mère: «J'aime à compter que les frais sont terminés pour cette affaire; si cependant l'expédition nécessitait quelques nouvelles dépenses, faites-les encore, je vous prie, et terminez-en au plus tôt»[284]. En plus, ces lettres à sa mère et à sa soeur sont souvent écrites à la fin ou au début de l'année pour leur souhaiter le nouvel an. Ainsi, l'existence de sa soeur est souvent négligée dans la vie de Rimbaud. Mais à partir de la vie à Marseille l'image d'Isabelle se transforme en celle d'une vraie mère pour Rimbaud: c'est Isabelle qui s'occupe de Rimbaud et qui l'assiste dans ses derniers moments[285]. Le rôle d'Isabelle est particulier même après la mort de Rimbaud: elle publie des ouvrages consacrés aux souvenirs de son frère.

Jusqu'à nos jours, la relation familiale entre Rimbaud et ses soeurs reste dans l'ombre, malgré l'importance. Envisageons la dernière lettre de la première période écrite le 14 octobre 1875. Nous y voyons la décision concrète de Rimbaud de passer son baccalauréat et d'apprendre la science afin de mieux «étreindre la réalité». Mais quelques mois plus tard en 1876 Rimbaud devient un véritable vagabond allant en Autriche, en Hollande et même en Afrique. Il nous semble insuffisant d'expliquer cette attitude de Rimbaud par la simple référence à la «nature» rimbaldienne; il ne faut pas sous-estimer la souffrance et la douleur qui sont survenus après la mort de sa soeur Vitalie: «*Sa soeur Vitalie est mort le 18 décembre 1875, d'une synovite, après des souffrances dont le spectacle l'a cruellement affecté. Cette secousse morale, plutôt, je crois, que des études acharnées et diverses, dut contribuer aux violents maux de tête qui lui surviennent à ce moment. Les attribuant à des cheveux trop touffus, il y applique un remède singulier: se faire raser le crâne, je dis raser... au rasoir, ce que le perruquier ne consentit à faire qu'après mille étonnements et protestations*»[286].

---

[284] OC. P. 357.

[285] En ce qui concerne la souffrance de Rimbaud devant sa mort, voir la fin de notre prochaine partie «Vers ailleurs».

[286] DTR. P. 233.

Il est certain que Rimbaud était souvent éloigné de sa famille ayant vécu à Paris, à Londres, etc. Pourtant ce séjour ailleurs ne signifie pas une absence d'amour envers sa famille; à l'appel de son frère Arthur en 1874, Vitalie gagne avec sa mère Londres où elle décrit dans son journal l'attitude bienveillante et soigneuse de son frère: «*Ce matin, Maman arrange sa belle robe en soie grise apportée, ainsi que sa mante en chantilly, sous l'indication d'Arthur, afin de pouvoir nous présenter avec lui bien habillées et comme référence d'honorabilité. Moi, j'écris. Arthur lit*»[287]. L'affection de Rimbaud pour sa petite soeur Vitalie est plus particulière que les autres: «*Il y a cinq jours, A[rthur] m'a fait une très agréable surprise; il a eu l'aimable gentillesse de m'envoyer un journal illustré qui est aussi gros qu'un volume de médiocre grosseur [...]*»[288].

En effet, si le vagabondage est un premier pas motivé par la souffrance profonde de la mort de Vitalie, cette souffrance correspond à l'amour de sa soeur et de sa famille.

Jusqu'à présent, nous avons vu la particularité de la correspondance de Rimbaud qui présente sous une dualité de Rimbaud et de sa correspondance: nous pouvons mentionner en 1870 - 1875 une grande proportion de lettres qui sont soit des poèmes soit des lettres qui sont écrites notamment dans un esprit littéraire ou sur le sujet de la composition poétique. Ces lettres caractérisent ainsi en partie la première période «poétique» de Rimbaud. En revanche entre 1876 - 1891, le sujet de la correspondance ne porte point sur la littérature, mais sur son intérêt scientifique, technique et commercial. Ainsi, les deux périodes ne présentent plus la même façon d'utiliser une lettre dans son rapport à la réalité extérieure. Le choix de notre division en deux périodes permet donc de dégager certaines constantes et changements, tant dans les descriptions que dans les procédés d'écriture. Les deux périodes sont cependant considérées comme des bornes, des jalons temporels et non comme des champs d'analyse exclusifs: elles serviront de support à une investigation générale de la correspondance.

---

[287] OC. P. 830.
[288] OC. P. 834.

DEUXIEME PARTIE:

Poésie, Révolte, Errance

Chapitre I
L'INFLUENCE FAMILIALE CHEZ ARTHUR RIMBAUD [289]

Rimbaud est souvent présenté comme un homme de caractère: *"Le caractère de A. R.*(écrit sa sœur Isabelle) *est tout à fait indéchiffrable pour qui ne l'a pas connu longtemps et de très près"*[290]. Notre présente étude a été consacrée à la recherche du caractère singulier et de la personnalité de Rimbaud, largement marqués du sceau de l'influence familiale. Rimbaud est avant tout, comme le prouvera notre analyse, membre d'une famille, que ce soit en tant que fils ou en tant que frère.

La recherche que nous avons menée concernant cet aspect des études rimbaldiennes nous a conduit à poser le problème de l'origine de sa famille et des relations familiales: en d'autres termes, la présente étude part de la présentation chronologique de la famille rimbaldienne, avant de prendre en compte le thème principal choisi afin de mieux révéler la nature particulière de Rimbaud. Pour répondre à cette question, nous avons choisi d'adopter un plan en deux parties: I. "L'origine de la famille rimbaldienne" et II. "L'influence familiale".

---

[289] Ce chapitre a été publié le 15 septembre 1999 par Nam-Mo JUNG, SCLLF numéro 39 aux éditions de Man-Nam, Séoul, 1999.

[290] OC. P. 766.

A. L'origine de la famille rimbaldienne

Notre première partie abordera l'origine de la famille rimbaldienne par un historique que nous avons voulu important et détaillé: notre étude proposera d'abord le nom "Rimbaud", l'origine paternelle du poète, le "Cuif", l'origine maternelle et les parents du poète. L'intérêt de cette étude nous paraît double: il réside à la fois dans la découverte d'une face cachée, ou du moins mal connue encore, de Rimbaud, et dans l'étude documentaire (des ouvrages et des documents que nous avons cités dans l'analyse portent des informations précieuses et rares). Nous espérons ainsi que la présente étude pourra servir non seulement de base à l'analyse du thème mais aussi à la concervation des documents de Rimbaud.

1) <u>Les Rimbaud et le père du poète</u>

La véritable origine du nom "Rimbaud" est complexe. En 1912, Paterne Berrichon, auteur de la biographie du poète intitulée "Jean-Arthur Rimbaud", affirme que *"le nom de Rimbaud rejoint, dans la nuit généalogique, le nom patronymique des comtes d'Orange"*[291]. Mais, en réalité les origines du nom "Rimbaud" descendent du mot germanique "ribbe" signifiant "prostituée" ou "paillard". Il est probable que le poète le savait: *"Il m'est bien évident que j'ai toujours été race inférieure"*[292].

Ainsi, nous venons de voir les deux généalogies opposées. Ni l'une ni l'autre n'est sûre. Historiquement, le patronyme [Rimbau] apparaît pour la première fois au 17e siècle dans les Pyrénées. Le problème est qu'il se présente sous deux formes étymologiques différentes: une française "Rimbaud" (on la retrouvera par la suite dans la région de Gap et de Lyon), l'autre espagnole "Rimbau" comme le souligne Charles Henry L. Bodenham: *"C'est le cas d'Antoine-Denis Rimbaud, né à Lespinassière (Aude) en 1754, qui se métamorphosa en Dionisio Rimbaud, "natural*

---

[291] Paterne Berrichon, *Jean-Arthur Rimbaud*, Mercure de France; 1992. P. 10.
[292] Extrait "Une saison en enfer dans Mauvais sang", OC. 1992. P. 94.

de Espina Sierra", à Jerez de los Caballeros, près de Badajoz, en Espagne. Là, marié à une Espagnole, il fit baptiser son fils Manuel. Le petit-fils de ce dernier, Enrique Gaspar y Rimbau (1842 - 1902), dramaturge assez connu en son temps, retraversa la frontière, comme consul d'espagne à Marseille, et mourut à Biarritz"[293].

L'ancêtre du poète peut être du sud de la France. Nous remontons dans le temps jusqu'à l'année 1660 où nous trouvons les premières traces exactes de l'ascendance d'Arthur Rimbaud: les frères Rimbeaux (Guillaume 1669 - 1739; Gabriel 1680 - 1735) habitant à Chantilly (à l'est de Dijon). Gabriel, artisan manoeuvrier, a un fils du nom de Jean-François Rinbaut[294], l'arrière-grand-père du poète. Il est baptisé le 27 novembre 1730 à Nantilly (Haute-Sarône). Il quitte la maison à l'âge de quinze ans et devient cordonnier. A quarante-sept ans, le 4 novembre 1777, il se marie avec Marguerite Brotte. Il devait attendre 1786 pour voir la naissance de son enfant. Il est âgé alors de cinquante-cinq ans, quant, le 19 avril 1786, à Dijon sa femme met au monde un garçon du nom de Didier[295], fils unique de Jean-François et Marguerite. A vingt-quatre ans, Didier épouse Catherine Taillandier qui lui donne un fils quatre ans plus tard.

Arthur écrit à Izambard au début 1870:

---

[293] Charles Henry L. Bodenham; *Rimbaud et son père*, 1992. P. 17.

[294] Voir les actes de baptême de Jean-François: "Le 27e novembre mil sept cent trente je soussignéprêtre vicaire de l'Eglise paroissiale de la Nativitéde notre Dame de Nantilly certifie avoir solennellement baptiséJean Français fils de Gabriel même jour, a eu pour parrain Jean Français fils de Guillaume Rimbeaux manoeuvrier et pour marraine Français, fille de Claude Chauveaux tissier, tous de cette paroisse, qui ont déclarés être illétérés [sic] de ce enquis. Courbet prêtre vicaire de Nantilly". Coll. avant-siècle, é*tudes rimbaldiennes 3*, présentépar Louis Forestier, aux lettres modernes 1972. P. 22.

[295] "Didier, fils de Jean Rinbaut garçon cordonnier, et de Marguerite Brotte, sa femme, est néet baptiséle dix-neuf avril 1786, en présence du père, a eu pour parrain Didier Remilliet, aubergiste, et pour marraine Elisabeth Parnier, femme de Bernard Quillot, maître teinturier àDijon". Coll. avant-siècle, *études rimbaldiennes 3*, présentépar Louis Forestier, aux lettres modernes, 1972. P. 22.

"Curiosité de l'histoire de France, par P. Jacob, première sèrie, contenant la Fête des fous, Le Roi des Rimbaud, les Francs-Taupins, Les fous des rois de France, (et ceci surtoût)... et la deuxième sèrie du même ouvrage"[296].

Le jeune poète s'intéresse à l'histoire de la France, surtout aux rois des Français. Il est curieux que Rimbaud nomme "le roi des Rimbauds": il essaie peut-être de chercher ses ancêtres du côté des rois. En effet, le "futur roi" de la famille d'Arthur, Frédéric Rimbaud est né le 7 octobre 1814 à Dôle:

"Du huitième jour du mois d'octobre à cinq heures du soir, l'an mil huit cent quatorze. Acte de naissance de Frédéric Rimbaud, né à Dôle le jour d'hier à dix heures du soir, fils du sieur Didier Rimbaud domicilié à Dôle, tailleur d'habits, âgé de vingt-huit ans, marié. Le sexe de l'enfant a été reconnu être masculin"[297].

Le 9 octobre 1832, dans l'année de ses dix-huit ans, Frédéric, futur père du poète, s'engage comme simple soldat au 46e régiment d'infanterie de ligne. Alors sergent (depuis 1834), il devient sergent-major le premier novembre 1840. En juin 1842, ayant le grade de lieutenant, il gagne l'Algérie où il apprend rapidement l'arabe, grâce à ses talents linguistiques. Il accède facilement aux postes de haute administration, ce qui lui permet d'intégrer la Direction des affaires arabes, pour être affecté au bureau de Sebdou dont il devient le chef en 1850. Il y reste jusqu'au mois de juin. En 1852 de retour en France, Frédéric Rimbaud est nommé capitaine au 47e régiment d'infanterie de ligne, 2e bataillon, à Mézières. Il rencontrera Vitalie Cuif pour la première fois sur la place de la Gare un dimanche après-midi de cette année. Quelques mois plus tard, le 15 janvier 1853, le capitaine Frédéric Rimbaud demande l'autorisation d'épouser Marie-Catherine-Vitalie Cuif à son supérieur, le général commandant de la 4e division militaire. L'heureuse élue, alors âgée de 27 ans en fut enchantée. Admirative

---

[296] OC. P. 235.
[297] ROLLAND DE RENEVILLE André, *Œuvres Complètes de Rimbaud*, éd. de La Pléiade, 1954, dans l' "Appendice", Acte de naissance de Marie-Catherine-Vitalie Cuif (le père du poète). P. 632.

devant les nombreux voyages de son fiancé elle écoutait avec tendresse comme tout les autres amoureux les récits de son compagnon qui lui racontait ses aventures d'Algérie et d'Afrique. De plus, elle était sûrement ravie de quitter le milieu rural qui la destinait à une vie médiocre.

2) <u>Les Cuif et la mère du poète</u>

> "<u>L'an mil huit cent vingt-cinq, le onze du mois de mars, à huit heures du matin</u>, par devant nous, Ponce Vuibert, adjoint, officier de l'état-civil de la commune de Roche et Méry, canton d'Attigny, département des Ardennes, est comparu <u>Jean-Nicolas Cuif, âgé de vingt-sept ans</u>, cultivateur domicilié à Roche, lequel nous a présenté un enfant du sexe féminin, né le dix mars, présent mois, à deux heures du matin en sa maison, de lui déclarant, à Roche, et de <u>Marie-Louis-Félicité Fay</u>, son épouse et auquel <u>il a déclaré vouloir donner les prénoms de Marie-Catherine-Vitalie</u>"[298].

Originaires des Ardennes, les Cuif étaient des paysans solidement établis. Le père de Vitalie, un brave homme nommé Jean-Nicolas Cuif, était cultivateur. Il épousa Marie-Louise-Félicité Fay en 1823. L'année suivante de son mariage, le 26 février 1824, la jeune épouse mettait au monde leur premier fils, Jean-Charles-Félix Cuif. Le 10 mars 1825 à Roche, naissait la future Madame Rimbaud: Marie-Catherine-Vitalie Cuif suivie quelques années plus tard, le 5 mai 1830, de son frère cadet. Mais environ un mois après la naissance de Charles-Auguste Cuif, le 9 juin, la mère de Vitalie meurt à l'âge de vingt-six ans, laissant la petite Vitalie (âgée alors de cinq ans) et ses frères orphelins. D'où, le père inconsolable et devant élever seul ses enfants, quitta momentanément la ferme familiale, probablement pour rejoindre sa mère (elle même veuve depuis deux ans, Jean Cuif étant mort en 1828) et les habitants du village, voisin, afin de recevoir de l'aide pour l'éducation de ses enfants. Les descendants des

---

[298] ROLLAND DE RENEVILLE André, *Œuvres Complètes de Rimbaud*, éd. de La Pléiade, 1954, dans l'"Appendice", Acte de naissance de Marie-Catherine-Vitalie Cuif (la mère du poète). P. 633.

Cuif viennent de Méry, près de Chuffilly. L'arrière-grand-père de Vitalie, Jean-Baptiste Cuif s'était installé à la ferme de Fontenille où il possédait les territoires de Vocq, de Roche et de Chuffilly. Il est mort le 17 janvier 1809 à l'âge de soixante-quinze ans. Ainsi, après le grand-père et le père de Vitalie, la ferme de Roche appartenait à Vitalie Cuif comme héritage de ses ancêtres.

3) <u>Les parents du poète</u>

"L'an mil huit cent cinquante-quatre, le vingt du mois d'octobre, à cinq heures du soir, devant nous Français-Dominique-Eugène La Marle, adjoint remplissant par délégation les fonctions d'officier de l'état-civil de la ville de Charleville, deuxième arrondissement du département des Ardennes, a comparu Jean-Nicolas Cuif, âgé de cinquante-six ans, rentier, domicilié à Charleville, lequel nous a déclaré que Marie-Catherine-Vitalie Cuif, âgée de vingt-neuf ans, sans profession, épouse de Frédéric Rimbaud, âgé de quarante ans, capitaine d'infanterie au quarante-septième de ligne en garnison à Lyon, y domicilié est accouchée en cette ville, aujourd'hui vingt du présent mois, à six heures du matin, dans la maison de Jean-Nicolas Cuif surnommé rue Napoléon, quartier Notre-Dame, d'un enfant du sexe masculin qu'il nous a présenté et auquel il a donné les prénoms de Jean-Nicolas-Arthur"[299].

Le 8 février 1853, à l'âge de trente-huit ans, Frédéric Rimbaud épouse Marie-Catherine-Vitalie Cuif (27 ans). Le jeune couple s'installe au 12 rue Napoléon (aujourd'hui rue Thiers), au premier étage d'une petite maison où Vitalie et le père Cuif avaient vécu pendant quelques mois après avoir quitté la ferme de Roche. Le premier mai 1853, le capitaine devait partir, trois mois après leur mariage, pour la garnison du 47e régiment de ligne pour effectuer un déplacement à Lyon laissant sa femme enceinte. Pendant son absence, le fils aîné Jean-Nicolas-Frédéric naquit le 2

---

[299] ROLLAND DE RENEVILLE André*Œuvres Complètes de Rimbaud*, éd. de La Pléiade, 1954, dans l' "Appendice", Acte de naissance de Marie-Catherine-Vitalie Cuif (la mère du poète). P. 631.

novembre 1853. Frédéric ne viendra qu'au début de l'année suivante en permission à Charleville où il ne passera que quelques mois. Il ne peut donc pas assister pour la seconde fois à l'accouchement de sa femme qui met au monde un autre fils du nom de Jean-Nicolas-Arthur Rimbaud le futur poète, né le 20 octobre 1854. Son père qui avait intégré l'armée d'Orient, devait partir faire la guerre en Crimée et il resta là bas environ un an, de 1855 (en mars) à 1856. Puis, en juin 1856 le capitaine Rimbaud se rend à Charleville, mais son séjour ne dure pas longtemps. Bientôt, il doit partir pour la garnison de Grenoble. L'année suivante en avril 1857, Vitalie accouchait d'un troisième enfant, Victorinne-Pauline-Vitalie, mais la petite devait mourir en juillet 1857, à l'âge de quatre mois. En septembre de la même année, le capitaine Rimbaud se rendait à nouveau à Charleville. Mais, devant la tragique mort de la petite Victorinne, ils se disputèrent violemment au sujet de la responsabilité du décès, puis le capitaine retourna rejoindre sa garnison en Alsace.

Durant ses cinq années de mariage, Madame Rimbaud n'a pu partager que quelques mois de vie conjugale avec son mari. Elle se sent abandonnée, de par les trop fréquentes et trop longues absences du capitaine, les enfants ressentent aussi le même manque affectif. La souffrance de Madame Rimbaud est suscitée par la mort de sa petite fille, mais aussi par la difficulté d'élever ses fils (que ce soit au niveau psychologique et financier). Heureusement, le père de Vitalie soutient quoiqu'il arrive sa chère fille en partageant toujours à côté d'elle, les joies, les tristesses et la souffrance de la vie quotidienne, en lui donnant les consolations et l'amour nécessaires. Sans lui, elle n'aurait pu affronter tous ses malheurs. Mais, le 5 juillet 1858, Jean-Nicolas Cuif meurt à l'âge de soixante-neuf ans. Elle est bouleversée par la mort de son père qu'elle croyait éternel. Elle est seule maintenant. Mais non! Elle a deux fils et une fille, Jeanne-Rosalie-Vitalie qui est née le 15 mai 1858 peu avant la mort du seul être stable de toute sa vie. Vers la fin août 1859, la mère du poète décide d'aller à la garnison de Sélestat, vivre auprès de son mari, mais, malgré tous ses efforts d'adaptation à la caserne, elle n'arrive pas à supporter les habitudes et la vie militaire de celui-ci, et retourne donc à Charleville enceinte de nouveau. La vie atroce continuait: en plein hiver elle devait chercher un logement avec son gros ventre et avec ses trois enfants. Ils s'installèrent au 73 rue Bourbon après de nombreuses difficultés. Le premier juin 1860, Madame Rimbaud donne naissance à son dernier enfant, Frédérique-Marie-Isabelle. Trois mois plus tard, le 16 septembre 1860, sans raison apparente, le capitaine abandonne définitivement le foyer en laissant à sa femme toutes les responsabilité familiales, par la suite, le divorce officialisera la rupture. Dix-huit ans plus tard, le père du poète mourut à Dijon le 17 novembre 1878 sans avoir donné de nouvelles à sa famille.

Nous avons, jusqu'à présent, étudié l'origine et la biographie des parents de Rimbaud. Leur vie ne représente point chez Arthur comme un décor extérieur, mais comme un milieu ambiant qui influe directement sur lui, ses sentiments et même son caractère auxquels nous nous intéresserons dans notre prochaine partie.

B. L'influence familiale

Dans notre présente étude, nous insisterons sur l'influence des proches de notre poète. Mais dans un premier temps, il faut nous pencher sur une "curieuse tradition" familiale qui influencera par la suite le poète. En effet, son arrière-grand-père paternel et son père ont quitté la maison maternelle avant l'âge de vingt ans. De même, du côté de sa mère: Il s'agissait comme nous l'avons défini précédemment, d'une famille paysanne très soudée, par leurs objectifs, leurs biens communs et le travail à la ferme. Cela explique ainsi leur caractère tenace, méfiant et austère. Un seul a eu le courage de s'évader pour s'engager dans l'armée d'Afrique en 1841 à l'âge de dix-sept ans. Il s'appelait Jean-Charles-Félix Cuif, le frère aîné de la future Madame Rimbaud, né le 26 février 1824.

1) Un ≪ africain antérieur ≫ de Rimbaud

En décembre 1930, dans "La Revue" une intéressante enquête a été présentée par le Colonel Godchot sur l'ascendance maternelle de Rimbaud: "le poète ne devait pas à son père, le capitaine, *la fameuse bougeotte*, il établit qu'il fallait chercher du côté maternel cet atavisme"[300]. Dans cette enquête, le rimbaldien s'interroge sur l'influence qu'ont eu les deux oncles d'Arthur, les frères de Madame Rimbaud. L'un et l'autre ont été de véritables vagabonds, "des têtes brûlées et des buveurs":

"L'un, Félix, surnommé l'Africain, s'engagea à 17 ans, vers 1841, en Algérie, pour éviter une condamnation correctionnelle. L'autre, Charles, mort à 94 ans, le 31 janvier 1924, à l'hospice de château-Porcien, était un véritable vagabond"[301].

Ces quatre éléments (le départ de l'arrière grand-père, du père et des deux oncles et nous verrons par la suite celui de son frère) influenceront énormément le jeune auteur à tel point qu'il quittera le domicile familial à l'âge de 16 ans à la recherche d'aventure. L'influence familiale ne s'arrête pas là. L'un des deux oncles de Rimbaud, Jean-Charles-Félix Cuif possédait trois traits majeurs de caractère que l'on retrouvera chez le jeune poète: ils étaient tous deux lunatiques, c'est à dire d'un naturel silencieux voir renfermé mais ils pouvaient avoir des excès de colère imprévisibles (ce qui appartient aujourd'hui à la légende de l'écrivain):

"Le frère aîné de Vitalie, Félix, secondait de bonne grâce son père dans les travaux réservés aux hommes. Il accomplissait ses corvées de façon ponctuelle et y apportait beaucoup de savoir-faire. Malheureusement, son caractère inquiétait la famille. Toujours silencieux. Renfermé on n'entendait jamais le son de sa voix, sinon lorsqu'il entrait dans une colère terrible, qui lui venait brusquement, pour une broutille, et qui le laissait ensuite blanc comme un linge et tremblant. Même le père, dans ces circonstances, n'intervenait pas"[302].

Par les témoignages de Delahaye, de Verlaine et des amis de Rimbaud, nous

---

[300] Voir le *Bulletin des amis de Rimbaud*, N° 1, janvier 1931, P. 4.
[301] Idem.
[302] Française LALANDE, *Madame Rimbaud*, éd. du Presses de la renaissance, 1991, P. 24.

pouvons mieux cerner la nature du poète: constamment muet[303] en compagnie de Verlaine, il pouvait entrer subrepticement dans des colères historiques[304], notamment pendant son séjour à Paris.

Deuxièmement, l'oncle et le neveu de Rimbaud ont quitté leur milieu familial très jeunes, à l'âge de quinze ans (le poète a fait sa première fugue en 1870 à l'âge de quinze ans, puis la deuxième à dix-sept ans) pour ensuite, s'installer en Afrique afin d'assouvir leur soif d'aventure.

Troisièmement, leur courte destinée: ils moururent très jeunes, l'"africain antérieur" décéda à trente et un ans, alors que notre poète a disparu à trente et sept ans. Peut-on croire que l'étrange similarité de leur destin ne soit qu'une simple coïncidence? Rimbaud a-t-il suivi la vie de son oncle? Nous ne pouvons l'attester. Bien que Rimbaud ait, à l'âge d'un an, perdu son oncle, il ne faut pas négliger la possibilité que l'enfant ait eu l'occasion de connaître les aventures de son oncle par sa mère. De ce fait, il se peut qu'il soit devenu un idéal dans l'imagination d'un enfant, remplaçant celle d'un père trop souvent absent.

Bien que le poète ait été influencé comme nous l'avons démontré précédemment par sa famille, que ce soit du côté maternel ou paternel, la plus grande influence qu'il est ait eue fut celle de ses parents, c'est ce que nous allons nous efforcer de démontrer ci-dessous.

---

[303] Son ami d'enfance du poète, E. Delahaye se souvient de la nature de Rimbaud: "D'habitude, les écoliers rient et crient beaucoup en jouant; tout au plus ceux-làéchangeaient-ils quelques mots brefs, et ils semblaient préférer le silence pour accompagner leurs ébats". EIGELDINGER Frédéric et GENDRE André, *Delahaye, témoin de Rimbaud.* éd. La Baconnière, 1974, P. 62.

[304] Voir "Verlaine" d'Henri TROYAT: "Alors Rimbaud pâlit de rage et se lève, brandissant un couteau àdessert. Lepelletier lui plaque les deux mains sur les épaules, l'oblige àse rasseoir et lui déclare qu'il vient de faire la guerre, qu'il n'a pas eu peur des Prussiens, que ce n'est pas un polisson comme lui qui l'intimidera et qu'en cas de rédidive il lui fera descendre l'escalier àgrands coups de pied dans le bas du dos -", éd. des Grandes Biographies Flammarion, 1993, P. 145.

2) L'influence paternelle

Selon Delahaye, le premier souvenir évoqué par Rimbaud sur ses parents date de 1860: cela concernait leur violente séparation. Aux yeux de l'enfant de six ans, ces querelles de ménage ne devenaient qu'une scène amusante[305], du moins c'est ce qu'affirmait plus tard l'auteur. Quoiqu'il en soit, cette querelle fut la dernière car ses parents ne se revirent jamais. Bien que cela annonçat la séparation definitive, la dispute ne semble pas avoir traumatisé les enfants. Cela peut se comprendre du fait des absences répétées du père et du sentiment d'abandon existant avant la rupture: *"Le marié a le vent qui le floue pendant son absence, ici, tout le temps"*[306]. Nous ne doutons pas, ici, que "le marié" représente l'image du père. Ainsi, il est peu probable qu'il ait influé directement sur l'éducation de l'enfant Rimbaud.

Il est donc difficile de définir l'influence que Rimbaud a reçue de son père. De plus, que ce soit dans ses poésies ou dans sa correspondance notre poète n'a jamais fait la moindre allusion directe à son père. Pourtant, après l'étude comparative entre la vie du capitaine et du poète, nous découvrons des perspectives bien similaires. Ce qui permet de démontrer l'influence venant de son père: la fuite soldat, le goût de l'Afrique et les talents linguistiques.

Premièrement, la fuite, paraissant être "une tradition familiale" chez les

---

[305] "Il lui (Rimbaud) restait le souvenir de ce qui fut sans doute la dernière altercation conjugale, oùun bassin d'argent, posésur le buffet, jouait un rôle qui frappa son imagination pour toujours. Le papa, furieux, empoignait ce bassin, le jetait sur le plancher oùil rebondissait en faisant de la musique, puis... le remettait àsa place et la maman, non moins fière, prenait àson tour l'objet sonore et lui faisait exécuter la même danse pour le ramasser aussitôt et le replacer avec soin làoùil devait rester. Une manière qu'ils avaient de souligner leurs arguments et d'affirmer leur indépendance. Rimbaud se rappelait cette chose, parce qu'elle l'avait amusée beaucoup, rendu peut-être un peu envieux, car lui-même aurait tant voulu jouer àfaire courir le beau bassin d'argent". EIGELDINGER Frédéric et GENDRE André, *Delahaye, témoin de Rimbaud,* éd. La Baconnière, 1974, P. 30.

[306] Voir le *"Jeune Ménage"*, ADAM Antoine, *Œuvres Complètes de Rimbaud*, éd. de La Pléiade, 1992. P. 81.

Rimbaud(lorsque Rimbaud a quitté la maison maternelle): ce fait provient certainement de l'influence du côté paternel: nous savons par l'étude précédente que le père du poète a quitté sa famille en 1832 à l'âge du dix-huit ans pour s'angager au 46ᵉ régiment d'infanterie de ligne. Chez les Rimbaud, y a-t-il une raison expliquant le fait que les hommes doivent quitter la maison familiale très jeunes? En août 1870, le frère du poète Frédéric quitte sa mère à l'âge de dix-sept ans sans l'avoir avertie, il suit un détachement de soldat comme mascotte de l'armée. Cette action motive Arthur: *"le grand a quitté la maison: pourquoi pas moi?...*[307]. C'est ainsi, que guidé par l'influence de son frère, le poète s'enfuit le 29 août 1870 pour la première fois dans la direction de Paris. Cette fuite augmente le sentiment d'abandon de Vitalie Cuif déjà délaissée par son mari, puis par son fils aîné. Cette idée d' "abandon" ou "libre de tout" est exprimée et soulignée par son ami d'enfance Delahaye: "- *Quel travail! - me disait-il, tout à démolir, tout à effacer dans ma tête! Ah! il est heureux, l'enfant abandonné au coin d'une borne, élevé au hasard, parvenant à l'âge d'homme sans aucune idée inculquée par des maîtres ou par une famille; neuf, net, sans principes, sans notions - puisque tout ce qu'on nous enseigne est faux! - et libre, libre de tout!...*"[308].

Deuxièmement, l'influence militaire: suivant l'exemple de son père puis de son frère aînée, Arthur s'engage volontairement comme soldat en 1876; "Au Bureau Colonial de Recrutement, le 19 mai 1876, admis définitivement, était mis en subsistance depuis le 18 mai 1876, et à cette date engagé volontaire comme soldat pour six ans à partir de la date d'embarquement avec fr. 300 de prime"[309]. L'engagement de Rimbaud comme soldat hollandais pendant six ans nous est certifié

---

[307] Ici, "le grand" est son frère Frédéric qui avait une bonne condition physique pour être comme une mascotte de soldat: "Grand garçon très robuste, ayant les yeux bleus de la famille. Il était bon comme le bon pain. Ses camarades parfois le taquinaient, bien qu'il fût plus fort que n'importe lequel d'entre eux". EIGELDINGER Frédéric et GENDRE André, *Delahaye, témoin de Rimbaud.* éd. La Baconnière, 1974, P. 33.

[308] EIGELDINGER Frédéric et GENDRE André, *Delahaye, témoin de Rimbaud.* éd. La Baconnière, 1974, P. 284.

[309] Voir *Bulletin des amis de Rimbaud* en juillet 1937, N. 6, P. 2.

par le document du Matricule du Département de la Guerre, mais cela ne durera que quelques mois: il s'embarque d'abord au port de Nieuwediep (le 10 juin 1876), ensuite, à Batavia (le 23 juillet 1876) puis, il déserte le 15 août 1876. Les expériences militaires de Rimbaud ne s'arrêtent pas là, semblant inconsciemment être à la recherche des traces de son père. Après sa fuite de la Légion étrangère, le 14 mai 1877 il écrit au consul des Etats-Unis d'Amérique à Brême qu'il avait été capitaine dans le 47e Régiment, comme son père. Ce mensonge lui permettait d'être identique à son père.

Troisièmement, le point commun le plus évident entre le père et le fils parait être le goût pour le continent africain. Nous sommes en 1869, Rimbaud écrit à quatorze ans: "Nascitur Arabiis ingens in collibus infans. Et dixit levis aura: *Nepos est ille Jugurthae...*"[310]. Ces vers, composés le 2 juillet de cette même année, lui permirent de gagner le premier prix au concours de vers latins de l'Académie de Douai: preuve que son imagination avait quitté la France, pour rejoindre l'Afrique où son père avait vécu de nombreuses années durant sa jeunesse. Nous ne croyons pas que Vitalie a tout oublié de l'"enthousiasme"[311] qu'elle avait ressenti pour le capitaine lors de leur première rencontre. Au contraire, elle aurait essayé de transmettre tous les talents de son mari à leurs enfants à travers l'éducation, notamment au futur poète, doué d'une intelligence supérieure. Grâce aux histoires racontées par sa femme, le capitaine devient un véritable "héros" aux yeux des enfants. Ainsi, il est probable que la composition des vers latins de "Jugurthae" n'ait pas été le fruit d'une coïncidence, cela étant inspiré par les aventures idéalisées de son père.

Dernièrement, le plus remarquable talent que le capitaine Rimbaud possédait, fut la connaissance des langues étrangères, il se pourrait que l'auteur en ait hérité. De par

---

[310] Voir la traduction de J. Mouquet: "Il est nédans les montagnes arabes un enfant, qui est grand; et la brise légère a dit: *Celui-là est le petit-fils de Jugurtha!...*". OC. P. 1039.

[311] Au début de leur rencontre Vitalie avait lu des œuvres du capitaine de Rimbaud avec tant de l'admiration ayant aussi un respect comme devant un homme élevé: "Elle découvrait le plaisir que l'on éprouve àadmirer quelqu'un. (.......) Elle avait lu avec enthousiasme son *Traité sur les sauterelles*". Française Lalande *Madame Rimbaud*, éd. Presses de la Renaissance, 1991, P. 32.

ses talents linguistiques, le capitaine fut un homme brillant dans son métier. Il a rédigé un grand nombre d'œuvres militaires et a été nommé chevalier de la Légion d'honneur (le 9 août 1854), deux mois avant la naissance d'Arthur.

Un des facteurs décisifs du brillant succès de son père a été sans aucun doute la maîtrise de la langue arabe. Rimbaud en a-t-il hérité Le poète possède exactement ce même talent linguistique. Dans son œuvre "Rimbaud et son fils" Charles Henry L. Bodenham constate ce point commun: *"Il* (le père d'Arthur) *connaissait l'arabe, le latin sûrement et, semble-t-il, avait des notions d'anglais. Arthur, qui avait fait de bonnes études en latin et en grec, parlait l'anglais et l'arabe et possédait d'autres langues, comme l'allemand"*[312]. D'autre part, leur talent linguistique leur a permis, premièrement, de s'adapter facilement à la vie étrangère, deuxièmement, de par leur intelligence d'acquérir une autorité naturelle: son père en Algérie et son fils en Abyssinie, et en Afrique (cela sera un atout pour leur réussite professionnelle). Connaissant sa vie en Angleterre, en Belgique, au Pays-Bas, en Allemagne, en Italie, en Abyssinie et en Afrique, nous pouvons affirmer que l'instabilité de l'écrivain ne correspond pas à une mauvaise adaptation, mais à son caractère impatient. De plus, la connaissance d'une langue est un moyen de communication qui permet de mieux comprendre une autre culture en évitant certains obstacles et dangers. Le poète décrit le malheur de Monsieur Sacconi[313] qui ne sut s'adapter aux autres cultures du fait de son ignorance. Ainsi, leurs expériences acquises sur place permettent de maîtriser plusieurs langues vivantes des peuples, de connaître la religion, la politique et la culture du pays et même d'accéder à de plus hautes positions sociales (dans le cas du capitaine, il est nommé chef du bureau de Sebdou).

Jusqu'à présent, nous avons tenté de déceler les diverses influences conscientes ou inconscientes que son père avait sur Rimbaud. En revanche, celles de sa mère sont visiblement directes puisque depuis sa naissance il a été élevé par Madame Rimbaud.

---

[312] Charles Henry L. Bodenham *Rimbaud et son père*, éd. Les Belles Lettres, 1992, P. 22.

[313] "Les causes de ce malheur ont étéla mauvaise composition du personnel de l'expédition, l'ignorance des guides qui l'ont aussi malement poussée, dans des routes exceptionnellement dangereuses, àbraver des peuplades belligérantes". OC. P. 368.

C. L'influence maternelle

Toute l'education des enfants a été faite par leur mère: depuis la séparation de son mari, le capitaine, toute la responsabilté a été la charge de Madame Rimbaud. Le portrait de Madame Rimbaud est donné par Suzanne Briet, *"Madame Rimbaud restera dans la littérature comme une sorte de Madame Lepic. Aussi ferme, mais plus intelligente à coup sûr, que la mère de Poil de Carotte, la mère d'Arthur accompagnera son fils dans la mémoire des hommes comme dans le tombeau"*[314]. Il est vrai que, souvent chez les rimbaldiens, nous avons l'image d'une femme "rude" ayant entraîné les fugues et le malheur du poète. Ainsi, cette présente étude s'éfforce d'abord de changer sa "lourde" réputation, ce qu'on a longtemps négligé: il s'agit de la douleur et du malheur de Madame Rimbaud qu'elle a eus au cours de toute sa vie et qui nous présente la source de sa nature. Nous connaissons déjà la mort de la mère de Vitalie Cuif en 1830, la laissant à l'âge de 5 ans orpheline "maternelle": *"La mort de sa mère avait non seulement précipité la petite Vitalie dans le monde du travail, mais aussi l'avait plongée dans un univers uniquement masculin"*[315]. Dorénavant, elle devait s'occuper du ménage de la maison et, même parfois du travail à la ferme. Des années plus tard, elle sent l'absence de son frère aîné qui quitte la maison pour s'engager dans l'armée d'Afrique en abandonnant les siens. En 1852, après s'être querellée avec sa belle sœur, la femme de Charles-Auguste, à son tour Vitalie doit quitter la ferme où elle avait passé toute sa vie. Vitalie et son père s'installent à Charleville où bientôt elle rencontrera le capitaine Frédéric Rimbaud. Mais, bientôt, le capitaine abandonne Vitalie et ses enfants en lui laissant toutes les responsabilités familiales[316]. Elle ne pouvait s'appuyer sur personne dans cette maudite situation.

---

[314] Suzanne Briet, *Madame Rimbaud*, éd. des Lettres Modernes, 1968, P. 7.

[315] Françoise Lalande, *Madame Rimbaud*, éd. du Presses pocket, 1991, P. 22.

[316] "Il (le capitaine Rimbaud) ne joua plus aucun rôle dans la vie de ses enfants, n'eut aucune influence sur leur éducation, ne les revit jamais. Ainsi, àsix ans, Arthur fut entièrement sous la coup de sa mère, femme angoissée par les tracasseries pécuniaires et aigrie par l'abandon de son marie". Enid Starkie, *Rimbaud*, éd. des Grandes Biographies Flammarion, 1989, P. 46.

Sauf, son seul soutien était son père qui malheureusement est mort peu de temps après. Elle doit donc à nouveau assumer seule toute les responsabilités familiales. Maintenant, elle ne pense qu'à survivre avec ses enfants en bas âge: sachant qu'elle ne peut recourir à aucune aide pour surmonter sa situation médiocre et que personne ne pourrait comprendre sa vie: elle se tait. Ainsi, Madame Rimbaud n'a pas vécu une vie "ordinaire": elle a toujours perdu ceux qu'elle aimait.

Pourtant, elle a appris de son père le sacrifice pour les enfants qui, malgré sa gentillesse et son honnêteté, l'ont abandonnée. Madame Rimbaud ne peut même pas imaginer la séparation ou l'abandon de ses enfants qu'elle a élevés seules et qui sont toute sa vie; elle est prête à tout donner aux enfants, et suit attentivement leur progrès en les faisant entrer dans une bonne école (Rossa) pour qu'ils reçoivent une excellente éducation et pour atténuer l'absence du père. Il est probable qu'elle fut sévère, voire insupportable pour Frédéric et Arthur. Mais, aujourd'hui, nous n'avons aucun témoignage permettant d'affirmer ou d'infirmer que c'est la cause directe des fugues de ses deux fils. Nous avons une image de la mère, décrit par l'auteur lui-même en 1870: *"Ma mère était [...]: femme douce, calme, s'effrayant de peu de chose, et cependant tenant la maison dans un ordre parfait. Elle était si calme, que mon père l'amusait comme une jeune demoiselle"*[317]. Cette affirmation est non seulement le fruit de l'imagination poétique du poète, mais aussi peut être le reflet de sa mère dans la réalité.

Dans la lettre du 5 septembre 1870, Rimbaud fait autant confiance[318] à sa mère qu'à son professeur Izambard: il demande même à son professeur d'écrire à sa mère inquiète pour la consoler. A l'époque, Rimbaud reconnaissait la douleur que sa mère

---

[317] "Le soleil était encore chaud". OC. P. 173.

[318] *"J'espère en vous* comme en ma mère, vous m'avez toujours été comme un frère: je vous demande instamment cette aide que vous m'offrîtes. J'ai écrit à ma mère, au procureur impérial, au commissaire de police de Charleville; si vous ne recevez de moi aucune nouvelle mercredi, avant le train qui conduit de Douai à Paris, *prenez ce train, venez ici me réclamer par lettre, ou en vous présentant au procureur, en priant, en répondant de moi, en payant ma dette! Faites tout ce que vous pourrez,* et, quand vous recevrez cette lettre, écrivez, vous aussi, *je vous l'ordonne, oui, écrivez à ma pauvre mère* (Quai de la Madeleine, 5, Charlev[ille]) *pour la consoler"* . OC. P. 240.

avait eue à cause de l'évasion inattendu de son fils. Curieusement, jusqu'à cette époque nous ne retrouvons pas l'image de sa mère, rude et avare, qu'il décrit quelques mois plus tard dans sa lettre à Verlaine: "- *ma mère est veuve et extrêmement dévote. Elle ne me donne que dix centimes tous les dimanches pour payer ma chaise à l'église*"[319]. Certainement, la fugue d'Arthur succédant celle de Frédéric a dû choquer terriblement Madame Rimbaud, étant donné qu'elle pensait avoir donné une éducation plus sévère que celle de son père (à son avis, son père honnête et brave était trop gentil. Madame Rimbaud croit que la trop grande liberté et le manque de sévérité avaient entraîné la fugue de ses frères, Félix et Charles).

Finalement, les enfants des deux générations se sont évadés de leur maison: cela ne signifie pas l'échec de leur éducation. Quoi qu'il en soit, Madame Rimbaud n'a aucune intention de fermer les yeux devant la fugue d'Arthur, car elle a déjà perdu son fils aîné. C'est le seul fils qui lui reste. Elle fait de son mieux pour qu'il ne puisse plus s'enfuir. Elle ne veut surtout pas être accusée à tort: tout le monde la dit coupable du divorce, et de la fugue de ses enfants. Ainsi, après l'évasion d'Arthur, Madame Rimbaud devient beaucoup plus sévère et rude avec lui. Ces efforts inutiles la rendent encore plus malheureuse, elle perdra quasiment Arthur (n'étant pas conscient des craintes de sa mère à son égard, il se révolte violemment contre la "tyrannie" de cette dernière). Nous avons des témoignages antérieurs à 1870 concernant le caractère de la veuve Rimbaud qui affirment qu'au contraire, la tension délicate entre la mère et le fils ne semble pas être à l'origine de la souffrance et des fugues d'Arthur.

Nous affirmons que les influences familiales que notre poète subit au cours de ces années d'enfance, jusqu'à 1870, ne furent pas sensiblement différentes de celles déjà étudiées: du côté du caractère du poète, comme Antoine Adam dit: "*Ce qui apparaît d'abord chez lui, c'est une force de la volonté et du caractère véritablement prodigieuse, et qui a quelque chose d'inhumain*"[320]. Son caractère rude, solide et muet (notamment pendant son séjour en Afrique) que nous trouvons à travers toute sa

---

[319] OC. P. 260.
[320] Voir "Introduction" de *Œuvres Complètes de Rimbaud*, OC. P. IX.

vie est issu du côté paysan de sa mère qui possède la même nature inflexible et silencieuse que son fils.

Ainsi, nous insistons sur le fait que, l'influence du capitaine Rimbaud sur le poète est visiblement différente et plus complexe que celle de sa mère: car les "influences extérieures" comme ses talents linguistiques, son goût pour l'écriture et son choix de vie que Rimbaud voudra identique à celui de son père, sont plus déterminantes que le caractère hérité du côté maternel. En ce qui concerne l'errance de Rimbaud, il ne faut pas ignorer le rapport général qu'il entretenait avec son époque: par "époque", nous avons entendu le mouvement des diverses idées du XIXe siècle, comme par exemple le positivisme, le scientisme, l'impérialisme, l'économisme, etc. Ce siècle trouble et complexe l'entraîne plus tard jusqu'au grand voyage de Rimbaud en Afrique. Mais, avant tout, la recherche que nous avons orientée jusqu'à présent révèle la naissance de son désir vagavond qui se trouve au sein de l'influence génétique et familiale.

Chapitre II
THEMATIQUE DE LA REVOLTE POLITIQUE ET SOCIALE

Etudier la thématique de la révolte politique et sociale de Rimbaud invite à replacer l'œuvre dans le contexte socio-politique qui est étroitement lié à l'idéologie rimbaldienne et à l'histoire de son siècle: c'est la société de son siècle qui, parce qu'elle avait une influence dominante, était responsable des idées dont Rimbaud était préoccupé. Il existe certes un rapport réciproque entre l'œuvre et le siècle. L'œuvre permet ainsi de caractériser cette période à travers l'attitude que prend le poète devant son siècle.

Nous avons choisi comme méthode d'analyse, pour comprendre Rimbaud poète et révolté, de nous intéresser conjointement à l'homme des lettres et à l'homme révolté contre la politique et la société de son siècle. Pourtant, dans les Œuvres de Rimbaud, les trois aspects - social, politique et poétique - sont si intimement mêlés qu'il n'est pas facile de distinguer l'un des autres. Souvent aussi nous retrouvons seulement un ou deux aspects. Pour combler cette lacune et pour compléter notre sujet sur la thématique de la révolte sociale politique et poétique, il nous a paru pertinent d'étudier la correspondance de Rimbaud. Ce sont des détails «concrets» des événements historiques et de la technique poétique de Rimbaud (lettres du «voyant») qui seront analysés ici en rapport avec la révolte rimbaldienne.

Parallèlement, Il convient d'adapter ces méthodes aux deux aspects complémentaires de notre sujet: le poète est étudié en général d'après les techniques de la composition formelle, qu'il s'agisse des structures poétiques, de la stylistique ou de la lexicologie que le poète emploie pour exprimer le plus concrètement ses sentiments avec un vocabulaire fort personnel; le révolté peut être abordé à travers les événements historiques.

Dans chacun de ces deux domaines, nous nous sommes d'abord intéressés aux mots que Rimbaud employait dans l'œuvre poétique et épistolaire pour exprimer l'attitude de sa révolte, puis le contexte dans lequel il se situe; le sujet de la révolte de Rimbaud contre le monde nous entraîne à prendre comme objet l'histoire politique et sociale en France au XIXe siècle et à étudier progressivement les rapports de Rimbaud avec sa vie, ou plutôt ses environnements successifs, notamment ces comportements de Rimbaud à cette période.

Le parcours thématique de la révolte rimbaldienne sera traité de façon chronologique, à partir de l'année 1870 et jusqu'à 1871. Nous examinerons donc chez Rimbaud la naissance d'une tentative d'évasion, puis son évolution successive jusqu'à la révolte, enfin son nouveau calme à l'époque du «voyant».

L'intérêt de cette analyse n'est pas seulement de mieux connaître les détails de la vie rimbaldienne, mais de découvrir les divers aspects de l'adolescent Rimbaud qui porte en profondeur des tempéraments révoltés contre la société et la politique. Mais il garde des sentiments particuliers avec le milieu social défavorisé: son texte poétique et épistolaire se développe à travers des jeux de mots et de parole et un esprit libre.

A. «On est exilé dans sa patrie!!!»:
Naissance d'une tentative d'évasion

Comparons deux lettres dont la première est adressée à Théodore de Banville (le 24 mai 1870) et la seconde à George Izambard (25 août 1870) avant sa première fuite (le

29 août 1870): toutes deux portent sur un sujet commun, à savoir une tentative d'évasion. Mais dans la deuxième lettre l'intensité fugitive s'est développée, est devenue plus explosive que dans la première. D'où est né cet attrait pour la tentative de fuite?

Nous savons sans grande difficulté pour quelle raison le jeune poète a correspondu avec Banville[321]: à Charleville Rimbaud le lisait et l'admirait au même titre que Leconte de Lisle[322] et Gautier[323]. En effet, Rimbaud a été beaucoup influencé par ce grand parnassien auquel il emprunte une partie de son vocabulaire dans la composition de ses poésies. Lorsqu'il écrivit à Théodore de Banville, Rimbaud était en classe de rhétorique depuis le mois d'octobre. Son nouveau professeur, George Izambard, commença à enseigner cette discipline à l'adolescent de janvier jusqu'au 24 juillet de l'année courante, le jour où il quitta Charleville pour retourner à Douai.

Rimbaud semble s'intéresser à Banville après avoir lu une de ses pièces, le

---

[321] Théodore DE BANVILLE, né à Moulins (Allier), le 14 mars 1823. Il arrive jeune à Paris, trouve auprès de ses parents les premiers encouragements à ses essais poétiques et dès ses études terminées, se mêle à la jeunesse intellectuelle, aux Monier, Murger, A. Houssaye et Baudelaire. Il est entré dans la carrière littéraire depuis sa jeunesse, à dix-neuf ans, âge auquel il publia son premier recueil de vers: «Les Cariatides».

[322] Leconte DE LISLE, poète français, né en 1818 à l'île Bourbon de la Réunion. Il est arrivé à Paris, vers l'an de fièvre 1848. Il avait déjà des vers en portefeuille. En 1853 paraissaient les «poèmes antiques» qui étonnèrent les lettrés et valurent à l'auteur de précieuses amitiés: Alfred de Vigny, Victor de Laprade, plus tard Baudelaire et Banville. Leconte De Lisle, cependant, peu riche, donnait des leçons de haute littérature. Il a contribué à fonder l'école parnassienne. Vers 1870, une tragédie, «Les Erinnyes», est plus qu'un succès d'estime à l'Odéon. Dans les deux recueils, les «Poèmes antiques» (1852 - 1874) et les «Poèmes barbares» (1863 - 1878), il étend cette rigueur à la forme poétique. Depuis 1873, son emploi à la bibliothèque du Luxembourg lui permet de mener une existence calme et simple. Il est marié depuis longtemps mais n'a pas d'enfants. En 1886, deux ans après il est élu à l'Académie française et il est décédé en 1894 à Louveciennes.

[323] Théophile GAUTIER, né à Tarbes en 1811. Il est arrivé à Paris dès l'âge de trois ans. D'abord attiré par la peinture, il est présenté par Nerval à Pétrus Borel et à Victor Hugo. Ses premières «Poésies» ont d'abord paru en 1830, ensuite en 1831 «Albertus ou l'âme de péché» et en 1838 «La comédie de la mort».

«*Gringoire*» que G. Izambard avait prêté à Rimbaud pour l'aider dans son devoir: les *Lettres de Charles d'Orléans à Louix XI*: «*J'avais prêté à Rimbaud le Gringoire de Banville, Œuvre éminemment perverse. C'est même par ce livre qu'il prit contact avec l'école parnassienne et on peut voir qu'il s'en inspira quelques jours après dans son Bal des pendus*»[324].

Nous lisons une lettre du 24 mai, adressée à Théodore de Banville, où le jeune poète écrit son admiration pour les Parnassiens avec lesquels il aspire être en relation, «*Je serai à Paris*»[325], pour être poète ou journaliste: les thèmes de «Paris» et de «journaliste» qui seront pour Rimbaud des échecs se retrouvent abondamment dans les correspondances de l'année 1870. «Aller à Paris» correspond à «Quitter la ville où il était», ce thème trouve son origine dans les luttes de son enfance.

Rimbaud exprime son désir d'être à son tour Parnassien à l'aide de son maître Banville: «... Vous me rendriez fou de joie et d'espérance, si vous vouliez, cher Maître, *Faire Faire* à la pièce *Credo in unam* une petite place entre les Parnassiens...»[326]. A la fin de sa lettre, la première ligne de ce paragraphe commence sur le mode impératif «*Ne faites pas trop la moue en lisant ces vers*», «*Levez-moi un peu*» ou «*tendez-moi la main...*». Rimbaud ne flatte pas et n'utilise pas des écrits ordonnés, mais plutôt, coordonnés par de délicates transitions adéquates. Il suit sans effort l'ordre de sa pensée et de son sentiment en laissant parler son coeur lorsqu'il se met à raconter.

Dans la première lettre à Théodore de Banville[327] que nous venons d'examiner se

---

[324] GIR, P. 61.

[325] Dans cette lettre à Théodore de Banville, Rimbaud inscrit les trois poésies de «Sensation», «Ophélie» et «Credo in Unam». Edition de la «Bibliothèque de La Pléiade», dans les «Œuvres Complètes» de Rimbaud, établie présentée et annotée par Antoine ADAM en 1992. P. 236.

[326] OC, P. 236 - 237.

[327] De nos jours il nous reste deux lettres de Rimbaud adressées à Banville: celle du 24 mai 1870 et celle du 15 août 1871. Nous savons que Banville a répondu à sa première lettre, mais cette réponse est perdue: «Banville répondit à cette lettre, mais sa réponse est perdue.

trouve son souhait d'aller à Paris, d'être parnassien et journaliste, mais aucune allusion ne suggère un intérêt politique et révolutionnaire. En revanche, dans sa deuxième lettre à George Izambard, écrite trois mois après la première, nous constatons que Rimbaud ne s'intéresse qu'au sujet de la guerre, de la politique, de la société et aussi de son évasion de cette ville. En trois mois, peut-on être dans un état si différent? Il écrit à Théodore de Banville: «*Dans deux ans, dans un an peut-être, je serai à Paris*»[328]. En fait, son évasion aura lieu trois mois après, à savoir, quatre jours après sa lettre à Georges Izambard. Par conséquent, la première fuite de Rimbaud est-elle inattendue? Il est donc primordial de connaître l'état d'âme et la véritable motivation qui bientôt accouchent du premier mouvement de sa révolte.

> «Vous êtes heureux, vous, de ne plus habiter Charleville! — Ma ville natale est supérieurement idiote entre les petites villes de province. Sur cela, voyez - vous, je n'ai plus d'illusions. Parce qu'elle est à côté de Mézières, — une ville qu'on ne trouve pas,— parce qu'elle voit pérégriner dans ses rues deux ou trois cents de pioupious, cette benoîte population gesticule, prudhommesquement spadassine, bien autrement que les assiégés de Metz et de Strasbourg!»[329].

Cette ville, Charleville, était pour lui une souffrance insupportable parce qu'elle lui montrait perpétuellement les vues étroites d'une société provinciale, engendrant une vie sans envolée. Il veut travailler à Paris, ville qu'il aime. Pour lui, Paris est un espace libre où on se montre, où le monde se passe, où les richesses s'étalent et où se trouvent les nombreux théâtres, les grands écrivains qui créent des littératures nouvelles. Tout y est évolution incessante. En revanche, «*la province est une marâtre, puisqu'elle ruine la liberté. La province est le mauvais absolu*»[330], l'inspiration du

---

Nous ne savons pas ce qu'elle contenait. De toute façon, les vers de Rimbaud ne furent pas publiés.», OC, P. 1068.

[328] OC. P. 236. Rimbaud à Théodore de Banville, le 24 mai 1870: «Dans deux ans, dans un an peut-être, je serais à Paris. -- Anch'io, messieurs du journal, je serai un Parnassien! -- Je ne sais ce que j'ai là... qui veut monter... --».

[329] OC, P. 238. Rimbaud à Georges Izambard, le 25 août [18]70.

[330] Yves BONNEFOY, «Rimbaud», dans la collection des «Ecrivains de Toujours» aux

poète n'y trouve qu'obstacles, d'où le motif de sa révolte contre sa situation.

Charleville fut «supérieurement idiote»[331]; pleine de platitude, de gens «idiots» installés dans la routine et particulièrement dépourvus d'ambitions intellectuelles:

> «Je suis dépaysé, malade, furieux, bête, renversé; j'espérais des bains de soleil, des promenades infinies, du repos, des voyages, des aventures, des bohémienneries enfin; j'espérais surtout des journaux, des livres...»[332].

A la lecture de ce passage, nous ressentons tout de suite l'impression de pénétrer dans un univers qui manque non seulement d'espace vital, mais aussi de connaissance intellectuelle, où le poète épuisé, découragé et désespéré par l'ambiance de cet «exil» se débat pour respirer:

> «Rien! Rien! Le courrier n'envoie plus rien aux libraires; Paris se moque de nous joliment: pas un seul livre nouveau! c'est la mort! Me voilà réduit, en fait de journaux! à l'honorable Courrier des Ardennes, -- propriétaire, gérant, directeur, rédacteur en chef rédacteur unique: A. Pouillard! Ce journal résume les aspirations, les vœux et les opinions de la population: ainsi jugez! c'est du propre!... On est exilé dans sa patrie!!!»[333].

Pour un adolescent de seize ans comme Rimbaud, la lecture était le seul moyen de surmonter les moments d'ennui, en l'orientant vers une parfaite conscience de sa situation et une grande érudition.

En effet, la réalité provinciale est solidement fermée et isolée de tout: «Rien», «Rien». L'angoisse étreint l'élève Rimbaud dans un conflit intérieur qui éclate contre l'atmosphère de sa ville natale. Il veut échapper à sa vie provinciale qui l'étouffe, en

---

éditions du Seuil, 1994, P.6.

[331] OC. P. 238. Rimbaud à Georges Izambard le 25 août [18]70: «Ma ville natale est supérieurement idiote entre les petites villes de province».

[332] OC, P. 238. Rimbaud à Georges Izambard, le 25 août [18]70.

[333] OC. P. 238. Rimbaud à Georges Izambard, le 25 août [18]70.

souhaitant être parisien. Pour lui -aller à Paris- signifie l'aboutissement de ses projets, car Paris est un espace idéal (du moins, il le croyait avant d'effectuer sa première fugue pour Paris). Cela signifie donc, qu'écrire à Théodore de Banville et plus tard à Paul Verlaine, c'est «frapper» à la porte pour s'évader et pour aller dans un monde rêvé, Paris qui le fascine.

Rimbaud décrit sa ville natale avec une sensation d'enfermement et d'étouffement. Les images et le vocabulaire témoignent d'un désespoir et à la fois d'un désir interne d'ouverture vers un autre monde. Il s'agit de sa tentative d'évasion.

En effet, il est temps de répondre à la question que nous avons posée en ouverture du chapitre sur la naissance et l'exécution de la fugue, la réponse est donnée de deux points de vue: premièrement, l'influence de G. Izambard et deuxièmement, celle de la guerre (ou de l'époque troublante).

> «C'est dans la seconde moitié de janvier 1870 que je vins occuper mon poste au collège de Charleville.(Ma nomination porte la date du 17 janvier.) J'avais exactement 21 ans, peu d'expérience, à peine plus que lui. J'arrivais disposé à remplir allègrement ma tâche d'enseignant.»[334].

La première rencontre qui eut lieu entre les deux jeunes hommes date de janvier 1870, le mois de la publication des «*Etrennes des orphelins*», (le 2 janvier). Le nouveau professeur prend la chaire de rhétorique le 17 janvier. Il est beau, républicain et homme de lettres. Comme tous les autres élèves, Rimbaud s'intéresse à ce jeune professeur de vingt et un ans qui bientôt s'attache à cet excellent élève - doué pour écrire des vers latins et qui lit passionnément de belles Œuvres à la bibliothèque municipale de Charleville. G. Izambard lui fait découvrir de grands écrivains tels que Rabelais, Victor Hugo, Théodore de Banville, etc..., il lui donne aussi des cours en dehors de la classe[335] et l'encourage dans ses compositions poétiques. Toutefois leur

---

[334] Voir GIR, P. 99.
[335] Voir la lettre de Madame Rimbaud à Georges Izambard, le 4 mai 1870: «vous lui faites

relation ne se limite pas au domaine des lettres.Par exemple, Rimbaud s'initie grâce à son professeur à la réflexion politique: elle présente donc «une double activité»[336].

Ainsi, les connaissances de G. Izambard permettent au jeune poète d'éveiller et de développer ses idées politiques et révolutionnaires envers le monde extérieur, la société. C'est ainsi que nous voyons naître le mouvement de révolte qui correspond à sa première fugue.

En outre, il est particulièrement troublé par le départ[337] de G. Izambard. Cela devient une vive motivation de quitter sa ville solitaire «*M. Izambard parti, disait-il, que vais-je devenir? C'est sûr, je me sauverai un de ces jours: je supporterai pas cette existence une année de plus!...*»[338].

Nous avons abordé la première influence qui lui donne une motivation favorable. Maintenant, il est temps de révéler la deuxième raison grâce à laquelle il réussit sa fugue.

Nous l'avons déjà dit, l'époque contemporaine à Rimbaud est véritablement troublée; La remise en question du pouvoir devient de plus en plus violente, motivée par les idées révolutionnaires et par la guerre. L'empereur, Guillaume 1er, et Bismarck, le chancelier de Prusse provoquent Napoléon III en vue de déclarer la guerre: ainsi, le 19 juillet 1870, la France impériale déclare la guerre contre la Prusse. Le 2 août, on apprend l'assaut de Sarrebrück, qui représente une piètre victoire puisque, les armées prussiennes occupent très vite l'Alsace et la Lorraine. Puis le 4 septembre, on proclame la chute de l'Empire: Napoléon III est fait prisonnier après de durs combats et l'impératrice s'enfuit en Angleterre. La guerre ne s'arrête plus, Paris est assiégée par la Prusse. Paris se révolte. Le régime évidemment change. La république est

---

faire des devoirs en dehors de la classe,...». OC, P. 235.

[336] «Georges Izambard - présente en la vie de Rimbaud une double activité». DTR, P. 32.

[337] «je comptais, aussitôt ma dernière classe faite, partir à Douai où je passerais mes vacances. GIR, P. 64.

[338] GIR, P. 65.

proclamée à l'Hôtel de ville. Un gouvernement de Défense nationale est rapidement formé. L'air patriotique enflamme les citoyens.

Le climat de Charleville n'est indifférent que des événements de Paris: le 30 décembre au soir, les canons des bastions sont prêts à bombarder et le lendemain, à sept heures du matin les obus à balles commencent à tomber sur Mézières. Le premier janvier 1871, les troupes allemandes prennent possession de Mézières et de Charleville. Malgré cette atmosphère de guerre, le séjour de Rimbaud à Charleville dure jusqu'à la fn du mois suivant. Mais, le 25 février ce dernier vend sa montre en argent pour réaliser sa troisième fuite à pied en direction de Paris où il séjourne comme un clochard, et il regagne Charleville, le 10 mars, par son propre moyen de transport: à pied.

Le jeune poète, dans cette ambiance, a-t-il voulu sauver la patrie qui est en danger ou a-t-il simplement voulu quitter sa ville maternelle qui l'étouffait? Quoi qu'il en soit, la guerre l'a «renversé», cette guerre représente pour lui une totale révolution par rapport à la vie précédente. Sa fugue sera à la mesure de son impatience et de son existence. Ainsi, la guerre lui a visiblement donné une occasion favorable de s'évader.

Nous constatons que, à cette époque, son désespoir est profond. C'est dans cette mesure que l'adolescent désire aller à Paris où se dessine pour lui l'espoir d'une vie harmonieuse. Il est temps de fuir la guerre qui vient d'éclater et il renonce à son baccalauréat. Quelques jours après la lettre à Izambard, Rimbaud ne supporte plus sa vie actuelle, il s'enfuit. Ainsi, l'influence de G. Izambard et de la guerre constituent deux motivations profondes à la fugue entreprise par le poète. Sa vraie tentative d'évasion est toujours provoquée par sa volonté de connaître la nouveauté, de connaître son siècle et de s'engager dans le monde réel.

B. «Je suis allé à Paris, quittant la maison maternelle!»

A partir des années 1840, la France commence lentement, mais irréversiblement, la révolution industrielle[339]. Pourtant, ce progrès industriel ne produit pas seulement une croissance remarquable qui semble permettre une amélioration du niveau de vie, mais il engendre des conditions de travail terrifiantes, surtout pour les agriculteurs et les ouvriers. Le malaise social et la lutte des classes sont évidents, puis deviennent progressivement graves. En plus, il faut ajouter la guerre de 1870.

> «Vous dont le sang lavait toute grandeur salie,
> Morts de Valmy, Morts de Fleurus, Morts d'Italie,
> O million de Christs aux yeux sombres et doux;
> Nous vous laissions dormir avec la République,
> Nous, courbés sous les rois comme sous une trique.
> - Messieurs de Cassagnac nous reparlent de vous!»[340].

L'enfant Rimbaud a vécu dans cette ambiance troublée. Ainsi, à l'entrée de l'âge adulte il n'est pas étonnant qu'un collégien intelligent comme Rimbaud fût tenté de s'évader de la ville provinciale où il est privé de la croissance urbaine et intellectuelle et du mouvement social et politique. Il s'agit d'ouvrir les yeux sur la réalité du présent, sur l'imperfection, et de se donner à voir l'autre monde. Suivre le mouvement, c'est agir sur le monde actuel, telle est la vraie tentative de Rimbaud.

Enfin, le 29 août, Rimbaud quitte sa famille. Comme la ligne directe est coupée il passe d'abord par Charleroi (le 30 août) et descend vers Saint-Quentin. Il gagne enfin Paris (le 31 août):

> «Ce que vous me conseilliez de ne pas faire, je l'ai fait: je suis allé à Paris, quittant la maison maternelle! J'ai fait ce tour le 29 août. Arrêté en descendant de wagon pour

---

[339] Jean-Pierre RIOUX, «*La révolution industrielle (1780 - 1880)*», éd. du Seuil. P. 43.
[340] «*Morts de Quatre-vingt-douze et de Quatre-vingt-treize...*».OC, P. 20.

n'avoir pas un sou et devoir treize francs de chemin de fer, je fus conduit à la préfecture, et, aujourd'hui, J'attends mon jugement à Mazas!»[341].

Rimbaud est à Paris, mais à la prison de Mazas: dès son arrivée à la gare de l'Est, le jeune poète, sans billet, et qui n'a ni répondants, ni papiers, est arrêté: il avait l'air d'un garçon échappé d'un centre d'éducation surveillée.

Il se souvient tout de suite de son professeur aimé auquel il écrit et raconte sa situation misérable. Cette lettre révèle une sollicitation imminente: « *en payant ma dette! Faites tout ce que vous pourrez*»[342]. Izambard intervient[343]: il écrit au Procureur Impérial et envoie l'argent pour faire libérer Rimbaud.

En ce qui concerne la volonté d'être à la fois poète et journaliste[344] , il est certain que son voyage s'est révélé inutile, puisqu'il demeura à la prison de Mazas la plupart de son séjour à Paris, n'ayant aucune occasion de contacter les gens de lettres et les parnassiens. Mais en ce qui concerne l'influence politique et révolutionnaire, cette évasion lui apporte de la fierté, un esprit glorieux: «*C'est Paris qu'il a en vue, c'est en ce foyer des révolutions...*»[345].

Quelques jours plus tard, le jeune voyageur sort de Mazas, puis avant de regagner Charleville, il passe environ trois semaines chez les dames Gindre (amies de la famille Izambard) à Douai, où il commence à raconter ses aventures de Paris. Durant ce séjour, Rimbaud se trouve dans une chambre gaie où il lit et compose des poèmes.

Ses poésies qui portent des expressions sarcastiques sur la réalité sont directement

---

[341] Rimbaud à Georges Izambard, le 25 août [18]70. OC, P. 240.

[342] Rimbaud à Georges Izambard, le 5 septembre 1870. OC, P. 240.

[343] «Je fis tout... J'écrivis, j'expliquais, j'envoyai l'argent, priant qu'on le fît partir pour Charleville si la voie était encore libre, sinon pour Douai, chez moi». GIR, P. 67.

[344] En avril, Rimbaud trouve «réellement» un travail au «Progrès des Ardennes», mais sa carrière de journaliste ne dure qu'une semaine. Car ce journal cesse de paraître le 17 avril sur l'ordre des autorités d'occupation: «aujourd'hui, il est vrai, le journal est suspendu» (OC. P. 246.).

[345] DTR, P. 33.

influencées par la lecture des écrivains de son siècle comme Victor Hugo, Théodore de Banville et Jules Michelet... Ils ont déjà écrit avant Rimbaud sur le poids du malaise qui se reflète dans leurs Œuvres littéraires ou historiques, que ce soit par la dénonciation de la pauvreté et du malaise social, ou par la recherche d'une nouvelle forme d'expression littéraire.

Ainsi, la réalité et la littérature sont étroitement liées, comme deux miroirs opposés: le monde a changé et la poésie doit refléter ce mouvement politique, social et révolutionnaire pour trouver une nouvelle inspiration qui permettra de réformer ce monde moderne.

Autour des années de la première fugue de Rimbaud, nous trouvons des expressions fort sarcastiques dans ses poésies comme «Le Forgeron», «Les Assis», «Les Douaniers», «Accroupissements»; ou la vive description de la scène vue: «A la musique» et «Les Effarés», dans lesquelles Rimbaud décrit les bourgeois, la société et la politique comme des éléments à détruire. Cela signifie d'une part que le jeune poète a exactement suivi ce mouvement du siècle à travers ses poésies, utilisées comme instrument de révolte. D'autre part, écrire la poésie est pour lui une solution proprement personnelle, une possibilité d'échapper à sa vie malheureuse. Cette solution est urgente et nécessaire. Privé d'équilibre depuis son enfance, l'affection d'une famille lui manque de façon définitive, ainsi ce contexte familial a fait de lui un être vulnérable et l'a doté d'un caractère agressif et enclin au refus.

Nous avons brièvement vu la première fuite et les diverses anecdotes successives qui ont eu lieu entre la fin du mois d'août et de septembre 1870. Nous sommes sensible aux expériences du voyage qui entraînent le jeune poète vers le monde politique et révolutionnaire.

D'un point de vue psychologique nous pouvons affirmer que cette première tentative de fugue constitue le point de départ de nombreuses évasions successives. De surcroît, les nouvelles connaissances acquises au cours de sa fugue portent le germe des prochaines tentatives politiques, idéologiques et de la «littérature nouvelle» qui sont étroitement liées avec l'ambiance de cette période bouleversée, soutenue par l'espoir d'une nouvelle société. Le jeune poète bientôt ressentira le sentiment d'une mission à réaliser.

C'est ainsi que nous voyons naître chez Rimbaud, en rapport avec la révolte politique, sociale et idéologique, la nouvelle théorie de la poésie qui n'est plus une idée superficielle en soi, mais une action concrète, visant le monde actuel pour le transformer en un autre.

C. LE «petit» REVOLTE: Lettres de protestation et de réunion publique d'Esquerchin

En remontant le cours de la vie du poète, nous constatons une remarquable évolution de sa pensée politique durant l'année 1870. Les deux lettres que nous avons classés dans les textes «politiques», ont été écrits également dans le courant de cette année à Douai le 20 et 23 septembre. Malheureusement, ces textes ne possèdent ni le nom ni la signature de Rimbaud. Pourtant, devant le solide témoignage de George Izambard, nous ne doutons pas de l'identité de l'auteur: *«Le texte, tout entier de sa main, d'une écriture très appliquée, occupe deux pages et demie d'une grande feuille de papier écolier. Il n'y aurait plus grand intérêt à reproduire en entier cet autographe; il suffit de savoir qu'il existe, dans quelles conjonctures il fut rédigé, et que j'en garantis l'authenticité, d'ailleurs attestée par l'écriture»*[346]. Ensuite, le 23 septembre, le jeune républicain rédige le deuxième texte de «Réunion publique rue d'Esquerchin» dans le journal de Douai, «Le Libéral du Nord»: *«ça, du Rimbaud? direz-vous... ça suinte l'ennui, la suffisance mesquine et guindée, la platitude professionnelle du sous-reporter illettré qui se mire dans ses âneries!...»*[347].

Quelques jours après sa libération de la prison de Mazas, le jeune révolutionnaire

---

[346] GIR, P.119.
[347] GIR, P. 125.

arrive chez les Gindre à Douai. L'empire est tombé (le 4 septembre 1870) et les vacances d'été sont bouleversées par la guerre. A travers sa lettre du 25 août 1870 à Georges Izambard, nous avons remarqué non seulement le changement radical de sa vie, mais aussi son vif intérêt pour la politique et la révolution, sujets auxquels il s'intéresse certes, mais de façon passive:

«Moi, j'aime mieux la voir assise; ne remuez pas les bottes! C'est mon principe»[348].

Son séjour à Douai devient-il une occasion d'acquérir une expérience politique? En effet, ces deux textes nous ramènent à ce problème de la révolte politique et sociale contre le monde auquel Rimbaud avait ses réflexions dans des poésies aux cours des années précédentes: ces poésies écrites contre la réalité sont aussi un acte de révolte qui exprime la lutte contre le système en cours. Aujourd'hui, il désire s'engager dans ce mouvement: Rimbaud s'agite. L'engagement de Rimbaud n'est pas seulement une attitude d'intellectuel, mais une révolte; il prend conscience de son appartenance à la société et à son temps, renonce à son allure contemplative et commence à ses réflexions politiques au service d'une cause.

Nous allons constater dans la présente étude l'influence et la naissance des idées politiques et sociales chez Rimbaud.

Pendant son séjour à Douai le jeune révolutionnaire rédigea une «lettre de protestation» (le 20 septembre 1870) dont Izambard qui était le rédacteur en chef du «Journal de Douai» avait la responsabilité[349]. Rimbaud a écrit cette lettre contre le maire conservateur de Douai et l'a fait publier dans un petit journal douaisien, c'est-à-dire que le texte est écrit spécialement par Rimbaud pour être publié.

---

[348] OC, P. 238.

[349] «Je n'avais pas collaboré à ce chef-d'œuvre, ni demandé à Rimbaud de l'écrire. Mais il avait assisté, figurant ponctuel, à cette parade où le maire nous fit les honneurs de sa lettre. Il avait, en revenant de la revue, entendu les réflexions échangées par les mécontents, dont j'étais; on m'avait prié de rédiger une protestation que tous songeraient». GIR, P. 121.

«Nous soussignés, membres de la Légion de la Garde nationale sédentaire de Douai, protestons contre la lettre de monsieur Maurice, maire de Douai, portée à l'ordre du jour du 18 septembre 1870. Pour répondre aux nombreuses réclamations des gardes nationaux non armés, Monsieur le Maire nous renvoie aux consignes données par le ministre de la Guerre; dans cette lettre insinuante, il semble accuser de mauvaise volonté ou d'imprévoyance le ministre de la Guerre et celui de l'Intérieur.»[350].

L'intérêt de cette lettre est qu'elle exprime directement le patriotisme de Rimbaud et son engagement dans la société et dans le monde réel. L'atmosphère révolutionnaire lui donne une sorte de fraternité, lui a appris à dire «nous»: ce mot est triomphalement présent et sa prise de conscience devient plus politique:

«Sans nous ériger en défenseurs d'une cause gagnée, nous avons le droit de remarquer que l'insuffisance des armes en ce moment doit être imputée seulement à l'imprévoyance et à la mauvaise volonté du gouvernement déchu, dont nous subissons encore les conséquences»[351].

Dans cette lettre, le jeune poète développe une critique contre la décision de Monsieur Maurice, maire de Douai au nom des membres de la région de la garde nationale sédentaire de Douai. Rimbaud affirme la légitimité de la garde nationale d'avoir des armes; l'objectif de Rimbaud est clair:

«Non pas: ils ne veulent pas rester inutiles: il faut à tout prix qu'on leur trouve des armes»[352].

Cette affirmation est sans aucune ambiguïté; la motivation de sa rédaction est sans doute de critiquer la décision du Maire de Douai qui traite la garde nationale sédentaire de troupes «inutiles».

---

[350] OC, P. 241.
[351] OC, P. 241.
[352] OC, P. 242.

Ainsi, cette lettre montre nettement la connaissance, l'intérêt politique et les idées patriotiques de Rimbaud, en donnant des détails très précieux sur l'évolution de ses idées politiques à Douai pendant la guerre de 1870. Nous savons que le jeune révolté avait rapidement pris connaissance du mouvement politique de Douai et de la nation, devançant les autres et même son professeur G. Izambard qui félicite son élève pour l'exactitude de sa rédaction et l'étendue deses connaissances: «*Rentré rue de l'Abbaye-des-Prés, je me disposais à l'écrire, mais Rimbaud m'avait devancé. Quand il m'apporta la sienne, <u>je n'y vis rien à reprendre</u>; je le félicitai même, pour son coup d'essai dans le journalisme*»[353].

En outre, le second texte de la réunion publique rue d'Esquerchin possède non seulement un aspect politique mais aussi révolutionnaire. Cette lettre est rédigée avec des expressions étonnantes: les affirmations abondent en phrases courtes et révolutionnaires, les formules sont concises, les images nettes; le terme «citoyen»[354], dont le sens suggère l'atmosphère révolutionnaire: «*Le citoyen-président donne lecture de deux listes...*», «*Le citoyen Jeanin trouve...*» etc.

Ce texte n'est pas destiné à un individu; c'est plutôt un article descriptif qu'il adresse au public en le publiant dans le journal. Pourtant, il revêt un sens proprement politique et aussi révolutionnaire: à la fin de la lettre, il revendique pleinement les droits des citoyens au nom du « républicain démocrate»; Il sait bien que le pouvoir du citoyen n'est pas donné gratuitement, et qu'il faut la victoire contre les bourgeois qui s'occupent de tout en vieux conservateurs.

D'ailleurs, il est intéressant de voir le «petit» journaliste argumenter avec une façon syllogique pour avoir des prétentions sur le droit et le pouvoir du citoyen: Selon lui, citoyen = républicain démocrate = le droit aux citoyens. Rimbaud porte une grande amitié aux passants de la rue, «Réunion publique rue d'Esquerchin»: c'est par la rue

---

[353] GIR, P. 121.
[354] Ce mot apparaît huit fois de suite dans une même page de rédaction. Voir la table de concordances des lettres de Rimbaud.

qu'il veut rejoindre l'homme; à travers l'image des citoyens, il soulève le problème du droit devant les «listes électorales». La protestation du poète s'élève ainsi pour défendre les citoyens: «*Un citoyen fait remarquer que tout Français, aujourd'hui, doit être républicain démocrate; qu'en conséquence le titre de cette liste la recommande à tous les citoyens*»[355].

Rimbaud est-il le citoyen de Douai? Il est curieux de voir «un petit étranger» venant de Charleville participer passionnément aux réunions politiques de Douai. En plus, nous savons que sa conscience politique qui vient de naître[356], évolue rapidement pendant son séjour à Douai, non pas dans sa ville natale, mais dans la ville de son professeur: en général, pour être le citoyen d'une ville, il fallait que l'enfant lui-même ou leur parents naissent dans la ville. Peut - on considérer le jeune Rimbaud comme le fils spirituel de cette ville? Nous ne doutons pas que c'est par une relation intime avec son professeur Izambard, que Rimbaud peut rédiger ces lettres «politiques»: la passion partagée par les deux jeunes révolutionnaires est particulièrement intime, car G. Izambard est plus qu'un professeur, c'est aussi un ami. Cette amitié explique directement l'influence de G. Izambard sur Rimbaud.

Chez Rimbaud, ce mot «citoyen» ne peut se référer ainsi aux seuls citoyens de Douai (parce que lui-même n'est pas le citoyen de la ville), c'est un mot révolutionnaire désignant le républicain ou le peuple.

En ce qui concerne l'évolution des idées politiques et sociales de Rimbaud nous pouvonsconsidérer que c'est d'abord l'époque troublée qui donne une motivation et qui finalement réveille le «petit» en l'incitant à suivre le mouvement de l'époque.

Ainsi, la guerre devient une bonne occasion de souder son état d'âme dans la mesure où sa nature rapide, mouvementée et troublée par la politique ne lui laisse pas de temps de se consacrer à la réflexion littéraire; en revanche, cette politique stimule Rimbaud et lui donne l'occasion d'avoir une autre sorte de passions intellectuelles:

---

[355] OC, P. 243.

[356] A peine il y a un mois, il écrit à son professeur de ne pas s'engager dans le mouvement de l'époque, celle de la guerre, de la politique et de la révolution. Voir OC, P. 238.

par exemple, désirant être journaliste, il rédige des articles de journaliste. Ainsi, ce n'est pas par sa volonté mais plutôt à cause de l'ambiance de la guerre, de la politique et des événements du siècle que Rimbaud réagit et développe une tendance politique et révolutionnaire..

Dans ses deux articles, Rimbaud est amené à s'exprimer sur la représentation politique. Cette représentation signifie chez Rimbaud le début de son engagement pour aller plus loin vers la révolte qui, en un certain sens, est liée étroitement avec son attitude politique.

Plus tard, cette attitude traduira un désaccord entre la réalité (révolutionnaire) et son monde idéal (poétique); les événements extérieurs viennent enfin coïncider avec des besoins intérieurs, dès lors le jeune poète commence une autre révolution par sa théorie poétique «Par le dérèglement de *tous les sens*»[357], où le poète lie à la fois les circonstances extérieures et intérieures. Les unes et les autres amènent Rimbaud à se rendre solidaire de la révolte, de la résistance et de la révolution.

D. «Tous les ventres, qui, chassepot au coeur»: Révolte envers le conformisme du monde bourgeois

Nous savons par l'étude précédente l'étouffement et même la haine qu'éprouve Rimbaud envers sa ville, Charleville.

Si nous sommes d'accord que, sans motivation précise, personne ne déteste sa ville maternelle autant que Rimbaud, quelle serait donc sa médiocrité essentielle qui persécute l'adolescent, et qui devient le motif de sa révolte? Ainsi, ce chapitre est consacré au thème de la haine initiale de Rimbaud envers le conformisme du monde bourgeois.

---

[357] OC, P. 249.

Le «petit» révolté était bien d'accord avec la majorité patriote[358]. Mais il se borne à critiquer la confiscation du pouvoir par quelques élites[359] et notamment par les bourgeois. Rimbaud n'hésite pas à se moquer des bourgeois en s'exprimant dans un langage bien précis:

> «C'est effrayant, les épiciers retraités qui revêtent l'uniforme! C'est épatant, comme ça a du chien, les notaires, les vitriers, les percepteurs, les menuisiers, et *tous les ventres*, qui, chassepot au cœur, font du patrouillotisme aux portes de Mézières; ma patrie se lève!...»[360].

Dans ce passage, Rimbaud raille un des caractères essentiels de la morale bourgeoise, une sorte d'hypocrisie. Le portrait des petits-bourgeois que Rimbaud dresse dans la lettre à Georges Izambard est chargé de mépris. Il n'y a que l'apparence, rien n'est vrai: «*tous les ventres, qui chassepot au cœur, font du patrouillotisme*»[361]. Ils ne savent peut-être même pas manipuler les fusils.

D'ailleurs, l'aspect du «gros ventre» recèleun sous entendu capital qui est la graisse. C'est non seulement le reflet physique mais aussi moral:

---

[358] Les deux articles de protestation et «Esquerchin» que nous avons étudiées auparavant dévoilent son aspect nationaliste. «Le maire, en pareil cas, doit prendre l'initiative et, comme on l'a fait déjà dans mainte commune de France, il doit spontanément mettre en Œuvre tous les moyens dont il dispose, pour l'achat et la distribution des armes dans sa commune.».oc, p.242.
Et il est à côté du peuple ou du citoyen: «Un citoyen fait remarquer que tout Français, aujourd'hui, doit être républicain démocrate; qu'en conséquence le titre de cette liste la recommande à tous les citoyens». OC, P.243.
Rimbaud n'hésite pas de se moquer des bourgeois en s'exprimant dans un langage plus précis: «épatant», «chien», «ventres»... OC, P. 238.

[359] Nous l'avons déjà vu, comme par exemple, son intention politique contre le maire de Douai (lettre de protestation, le 20 septembre). OC, P. 241.

[360] OC, P. 238.

[361] OC, P. 238.

«Epatant sur son banc les rondeurs de ses reins,
Un bourgeois à boutons clairs, bedaine flamande,
savoure son onnaing d'où le tabac par brins,
Déborde - vous savez, c'est de la contrebande; -»[362].

Ainsi, chez Rimbaud le «gros» ventre ou plutôt le ventre «rebondi» est un signe de bourgeoisie et de mépris envers la classe laborieuse:

«Des rentiers à lorgnons soulignent tous les couacs:
Les gros bureaux bouffis traînent leurs grosses dames
Auprès desquelles vont, officieux cornacs,
Celles dont les volants ont des airs de réclames;»[363].

Les mots comme «rondeurs», «bedaine» et «grosses» caractérisent l'aspect des bourgeois qui sont laids de façon absolue. La raillerie du poète ne se limite pas seulement à la description physique, mais touche aussi l'aspect culturel diminuant la valeur de l'être humain: «les volants ont des airs de réclames».

Nous ne nous attardons pas sur le fait, pourtant frappant, que l'espace même du concert était le symbole de la division de la société en deux classes:

«- L'orchestre militaire, au milieu du jardin,
Balance ses schakos dans la valse des fifres:
- Autour, aux premiers rangs, parade le gandin;
Le notaire pend à ses breloques à chiffres:
(...)
Le long des gazons verts ricanent les voyous;
Et rendus amoureux par le chant des trombones,
Très naïfs, et fumant des roses, les pioupious
Caressent les bébés pour enjôler les bonnes...»[364].

---

[362] OC, P. 21.
[363] OC, P. 21.

Il y a donc deux espaces: celui de la bourgeoisie qui se constitue «aux premiers rangs», près de l'orchestre et celui du peuple qui se trouve au milieu du jardin, au «long des gazons verts»; la bourgeoisie occupe des places confortables mais totalement vaniteuses. Quant au peuple, ils se retrouvent dans un lieu «inférieur» pour écouter la musique, donc ils s'amusent eux-mêmes.

«A la musique» dresse un portrait peu flatteur des bourgeois: ils paradent, ils veulent en imposer par les effets d'argent et d'apparat. Ile viennent apprécier le concert militaire comme si c'était un concert de musique classique. Mais avant tout, leur intention est de se montrer ou de déployer leurs richesses.

Ainsi, tout est dans le paraître chez les bourgeois. Ceci est le reflet de leur laideur morale: ils ne vivent que pour manger, pour acheter et pour amasser les biens. En effet, le pouvoir de l'argent détermine leur façon de vivre, mais aussi leur apparence physique et leur bassesse morale.

Par les termes utilisés ici pour dépeindre les riches et les petits-bourgeois, ceux qui ont le pouvoir économique, Rimbaud établit un rapport de force entre les riches et les pauvres:

> «La foule épouvantable avec des bruits de houle,
> Hurlant comme une chienne, hurlant comme une mer,
> Avec ses bâtons forts et ses piques de fer,
> Ses tambours, ses grands cris de halles et de bouges,
> Tas sombre de haillons saignant de bonnets rouges:
> L'Homme, par la fenêtre ouverte, montre tout
> Au roi pâle et suant qui chancelle debout, Malade à regarder cela! »[365].

Cette description des aspects les plus misérables de la vie sociale est déterminée par la lutte des classes que reflète toute sa poésie:

---

[364] OC, P. 21.
[365] OC, P. 18.

«Oh! tous les Malheureux, tous ceux dont le dos brûle

Sous le soleil féroce, et qui vont, et qui vont,

Qui dans ce travail-là sentent crever leur front

Chapeau bas, mes bourgeois! Oh! ceux-là, sont les Hommes!

Nous sommes Ouvriers, Sire! Ouvriers! Nous sommes

Pour les grands temps nouveaux où l'on voudra savoir,

Où l'Homme forgera du matin jusqu'au soir,

Chasseur des grands effets, chasseur des grandes causes, Où, lentement vainqueur, il domptera les choses...»[366].

«Le Forgeron» n'est pas le reflet de la société dans laquelle vit Rimbaud, mais ce dernier s'inspire du siècle précèdent qui est le plus fort révolutionnaire, il s'agit de la grande révolution française. Le «Forgeron» s'exalte à l'idée de la révolution de 1789 et de la nouvelle dignité que les ouvriers ont revendiquée contre les bourgeois. Unis dans leur action de refus, ils forment une classe qui poursuit un même objectif: bouleverser la société, et détrôner la classe dominante.

Dans cette poésie «Le Forgeron», les différentes interventions du poète reflètent par ailleurs l'intention subversive sous le masque du forgeron de ses poèmes et signalent son idéologie. Rimbaud exprime ses idées de la révolte par l'intermédiaire du «je»: *«Mais je sais, maintenant!»*[367], *«Moi, je ne peux plus croire»*[368], *«Je suis un forgeron»*[369], *«Et je vais dans Paris, noir, marteau sur l'épaule, Farouche, à chaque coin balayant quelque drôle, Et si tu me riais au nez, je te tuerais!»*[370].

La deuxième personne du singulier «tu» signifie les bourgeois ou les riches: «toi, tu serais roi»[371], «Et tu te soûleras, tu feras belle fête»[372], «- Puis, tu peux y compter, tu

---

[366] OC, P. 19.
[367] OC, P. 16.
[368] OC, P. 16.
[369] OC, P. 18.
[370] OC, P. 17.
[371] OC, P. 16.
[372] OC, P. 16.

te feras des frais. Avec tes hommes noirs, qui prennent nos requêtes»[373].

Le «je» est en relation étroite avec les pauvres. Dans cette lutte des classes, le poète se rallie aux positions idéologiques de la classe défavorisée. En plus, Rimbaud s'exprime directement pour se lancer dans l'action de la lutte contre les bourgeois: «*Pour ne rien redouter, rien, que les baïonnettes...*»[374]. Ainsi, c'est la commisération pour les pauvres qui sera orientée vers une action de plus en plus concrète. Si sa poésie est étroitement liée à la classe défavorisée, c'est que celle-ci provient d'une vive connaissance de la vie des pauvres.

Les bourgeois que Rimbaud caractérise par la laideur, le mépris et la haine ont échappé à la misère du siège en consommant aux dépens des pauvres. A partir de là, le «petit» révolté, dénonce l'inégalité flagrante: il est bien évident que la lutte entre les bourgeois et les pauvres se retrouve en effet continuellement dans ses lettres et dans son œuvre de jeunesse, comme une obsession essentielle de la révolution.

Nous avons étudié chez Rimbaud la haine contre les bourgeois et ses idées révolutionnaires qui sont liées dans une osmose, traduisant son attitude de citoyen, de poète et d'homme qui lutte, parce que, Rimbaud, d'une part, prend possession de la vie des citoyens dans son acception la plus complète et objective (son écriture était une arme pour décrire les événements tels qu'ils sont), d'autre part, il désire embellir la réalité, hausser le réel à la mesure de son absolu, dans l'espérance d'un monde meilleur. Cette dualité est la force qui caractérise son engagement dans la vie actuelle, pour parler avec des hommes et combattre avec eux.

E. «Travailleurs meurent»:
Commisération pour les classes défavorisées

L'époque où vit Rimbaud est une période troublée par les événements idéologiques: malgré le travail excessif de la classe prolétaire, les ouvriers souffrent

---

[373] OC, P. 17.
[374] OC, P. 17.

essentiellement d'un manque d'argent. En revanche, la vie des bourgeois est toute oisive et confortable grâce à leur richesse qui provient de la souffrance du peuple. Les souffrances des pauvres sont subies à cette époque comme le destin et se trouvent donc légitimées par ceux-là mêmes qui en sont les victimes. Rimbaud le sait, il insiste certes sur la peine excessive des pauvres, et il fustige en termes très durs l'égoïsme des riches manifestant de la commisération pour les classes défavorisées, notamment pour les ouvriers. Depuis son enfance il a compris leur vie triste: «*Il vit un ouvrier pris de vin, étalé sur le trottoir. Autour de l'ivrogne, un cercle s'était formé, qui ricanait. Rimbaud, lui, n'a pas ri. Il a froncé le sourcil, il est devenu très rouge, et il s'est éloigné sans rien dire»*[375].

Rimbaud a su la vie des ouvriers qui boivent les liqueurs sans plaisir, mais pour se consoler et pour oublier la vie malheureuse: «*les ouvriers des manufactures songent peu au lendemain, surtout dans les villes (...). C'est aussi un fait bien connu, que, s'ils font ordinairement une grande consommation de provision de bouche, lorsqu'ils reçoivent de forts salaires, ils savent, dans les temps de détresse, supporter de dures privations. La plus pénible, pour un très grand nombre, paraît être celle du vin et des liqueurs fortes. On dirait même que, plus ils sont en proie à la misère et au chagrin, plus ils en cherchent l'oubli dans l'ivresse»*[376].

Comme dans ce passage, la description de Rimbaud prend souvent racine dans la rue pour souligner la tristesse des lieux comme «Les pauvres à l'église», ou bien personnifiée, ce qui accentue l'ironie mordante du poète comme «A la musique».

Les premières poésies qui sont écrites entre 1868 - 1871 sont souvent consacrées aux enfants malheureux, aux pauvres et plus tard aux ouvriers. Ce choix thématique n'est pas du au hasard. Au fait, la famille de Rimbaud est-elle si pauvre? Comme nous l'avons déjà vu dans les chapitres précédents, sa mère, Madame Rimbaud, possédait à Roche une ferme qui venait de ses ancêtres tenue depuis l'arrière-grand-

---

[375] «Introduction» de OC, P. XIII.
[376] «Tableau de l'état physique et moral des ouvriers».......... P. 387.

père du poète, et plusieurs fermes (à Fontenille, à Roche et à Chuffilly). Ce sont plutôt des petits-bourgeois terriens.

Rimbaud n'a aucune intention d'être comme ses parents, un petit-bourgeois depuis l'âge de dix ans:

> «Ah! saperlipotte de saperlipopette! sapristi moi je serai rentier; il ne fait pas si bon de s'user les culottes sur les bancs... saperlipopettouille!
> Pour être décrotteur, gagner la place de décrotteur, il faut passer un examen, car les places qui vous sont accordées sont d'être ou décrotteur ou porcher ou bouvier. Dieu merci, je n'en veux pas, moi, saperlipouille!»[377].

Des années plus tard Rimbaud exprime une profonde pitié dans ses poésies envers les gens malheureux et pauvres.

Il est question de savoir, dans quelle mesure l'enfant Rimbaud a été influencé par cette pitié, puisqu'il la met en scène continuellement comme l'issue de sa souffrance. Il apparaît que notre première question est étroitement liée à l'influence familiale, notamment à celle de ses parents: la solitude qu'il a vécue pendant l'enfance, (car quasi orphelin de père), sans grande chaleur «maternelle» et sans relation privilégiée avec son frère[378]. Il était toujours seul mais avec une solitude pesante et si profonde. Il était malheureux; il n'est pas étonnant que le poète s'occupe du thème de la commisération envers les gens isolés, défavorisés auxquels il s'identifie lui-même.

Nous faisons une remarque ici, il apparaît que chez Rimbaud la pauvreté et le malheur correspondent moins à l'insuffisance d'argent qu' à un manque de chaleur humaine, notamment d'amour des parents envers leur enfant.

C'est ainsi que «Les Etrennes des Orphelins» est inspiré par le reflet du poète: le souvenir de son enfance.

De nombreux rimbaldiens, jusqu'à nos jours, soutiennent que la naissance de sa

---

[377] OC, P. 174.
[378] «Frédéric, ennuyé d'assister aux rêveries de son frère...;». DTR, P. 63.

commisération envers les classes défavorisées vient de l'influence du romantisme, par sa lecture des Œuvres de l'époque: «*Rimbaud a tenu visiblement à se faire accueillir dans cette revue morale et bien-pensante. Elle avait, par exemple, donné Les pauvres gens de V. Hugo le 5 septembre 1869, et La Maison de ma mère de Marceline Desbordes-Valmore, le 7 novembre suivant. Rimbaud avait lieu de penser que ses vers seraient bien reçus*»[379].

Nous ne sommes pas tout à fait d'accord avec ce point de vue: tout d'abord, la mise en scène des enfants dans la poésie est effectuée avant l'apparition et la lecture de cette revue. Les trois texte de «Proses et vers françaises de Collège» (1864 - printemps de 1870) et cinq textes latins (6 novembre 1868 - 1870), mettent tous en scène des enfants «héros»[380].

Deuxièmement, «L'ange et l'enfant» est rédigé avant «Les étrennes orphelins» qui présente également le thème de la solitude, de l'absence des parents et du malheur de l'enfant: «*Mais que ta mère ne se couvre pas de voiles de deuil!*»[381] et «*mais le souffle vital ne les nourrit plus et ne leur donne plus la vie*»[382].

Enfin les poésies que nous venons de décrire possèdent intrinsèquement une perspective autobiographique: «Mon père était officier dans les armées du roi. [...] Ma mère était bien différente»[383], «TU SERAS POETE! Dans mes membres se glisse alors une chaleur extraordinaire»[384], «Charmant enfant qui me ressemble»[385].

---

[379] OC, P. 842.

[380] Notons quelques citations qui illustrent la mise en scène des enfants dans les poésies écrites jusqu'au début de l'année 1870: «Mes parents étaient peu riches», *Le soleil était...* 1864, (OC, P. 172), «Enfant, je ne cherchais pas que les vaines flâneries de la campagne», *Ver erat...*, 1868, (OC, P. 1031), «Charmant enfant qui me ressemble», *L'ange et l'enfant*, 1869, (OC, P. 1034), «Alors qu'enfant encore», *Combat d'Hercule et du fleuve Acheloüs*, 1869, (OC, P. 1038), «Celui-là est le petit-fils de Jugurtha!...», *Jugurtha*, 1869, (OC, P. 1038), « Tous ces pauvres enfants secs et noirs comme escouvillons », *Charles D'Orléans à Louis XI*, 1870, OC, P. 176.

[381] OC, P. 1035.

[382] OC, P. 1035.

[383] OC, P. 173.

[384] OC, P. 1032.

[385] OC, P. 1034.

Jusqu'à présent nous avons constaté que ces trois détails qui reflètent l'imagination et la rêverie du poète, sont liés très souvent à son propre problème et à ses souvenirs d'enfance. Ainsi, il est certain que ses poésies deviennent une sorte de champ autobiographique, c'est-à-dire que l'enfant Rimbaud se plongeait très souvent dans sa solitude ne pensant qu'à soi-même pour qu'il puisse sortir de sa triste vie et de son malheur. Ce sentiment se retrouve souvent dans ses poésies.

En ce qui concerne la naissance de la commisération de Rimbaud envers les classes défavorisées, il est possible que la lecture des Œuvres ou du romantisme aide Rimbaud à mieux présenter ou bien maîtriser ses idées concernant la composition poétique en tant que technique. Mais il est moins probable que cette lecture provoque la naissance de cette commisération., Elle provient plutôt du tempérament du poète qui le pousse naturellement vers les choses inférieures, les pauvres et les malheureux, et le sensibilise d'une manière plus générale à toutes les choses du monde.

Ainsi, dans ses poésies la dénonciation de la solitude et de la pauvreté n'est plus une attitude, mais correspond à une pitié sincère qui vient de sa nature:

«tous ces pauvres enfants secs et noirs comme escouvillons, qui ne voient de pain qu'aux fenêtres, que l'hiver emmitoufle d'onglée, ont choisi maistre François pour mère nourricière! Or nécessité fait gens méprendre, et faim saillir le loup du bois: peut-être l'Escollier, ung jour de famine, a-t-il pris des tripes au baquet des bouchers, pour les fricasser à l'Abreuvoir Popin ou à la taverne du Pestel? Peut-être a-t-il pipé une douzaine de pains au boulanger, ou changé à la Pomme du Pin un broc d'eau claire pour un broc de vin de Baigneux? »[386].

Dans ses premières poésies le personnage pour qui Rimbaud éprouve de la commisération est visiblement limité à l'enfant. Mais l'image de la pauvreté se diffuse progressivement jusqu'à l'année 1870, où sont mis en lumière les travailleurs

---

[386] OC, P. 176.

ou les ouvriers (Le Forgeron), puis les soldats (Bal des Pendus, Morts de Quatre-Vingt-Douze), enfin les malades.

En réalité, à partir de l'année 1871 cette commisération de Rimbaud est éprouvée essentiellement pour les ouvriers: cela témoigne de sa participation aux événements idéologiques vécus lors de son voyage à Douai.

Quant à l'intuition du jeune poète sur la nocivité de tout ordre social, elle s'est affermie, enrichie grâce à l'expérience, même si elle n'éclate pas encore avec ampleur et violence comme elle le fera plus tard dans sa lettre du [13] mai 1871, «*vers la bataille de Paris, - où tant de travailleurs meurent*»[387].

La profonde pitié de Rimbaud envers les pauvres ou envers les malheureux, existe depuis qu'il était enfant. Et la commisération envers les ouvriers est un motif politique qui est présenté comme l'issue de sa révolte: ainsi, la lettre du [13] mai 1871[388] dans laquelle Rimbaud révèle la terrible souffrance des ouvriers qui se révoltent contre la société.

Jusqu'à ce jour, la conception des rapports qui se nouent entre les riches et les pauvres restait évidente, mais on ne peut plus conservatrice: elle retrouve la vieille doctrine de la solidarité; celle-ci justifie le riche en le présentant comme l'instrument nécessaire de l'existence du pauvre, auquel il apporte le travail.

---

[387] Rimbaud à G. Izambard, [13] mai 1871: OC, P. 248.

[388] Le lendemain, Rimbaud repart toujours à pied pour la Commune de Paris où il séjourne à peine une semaine et regagne Charleville: Pendant son séjour à Paris, il est bien probable que Rimbaud voulait participer à la Commune: «alors que tout le portrait à Paris. Choqué par cette expérience violente, Rimbaud chercha refuge chez lui. Il y retourna toujours pour trouver quelque protection quand ses conditions de vie devenaient insupportables». E. STARKIE, «Rimbaud». P.101.

Mais, a-t-il conscience de son inadaptation aux valeurs sociale en tant qu'adolescent qui vient d'une ville provinciale? Ou bien est-il écoeuré, malgré le peuple passionné, par la grossièreté de la révolution? Il revient avec son «coeur volé» à Charleville: «Comment agir, ô coeur volé ». Voir la poésie de Rimbaud, «Le Coeur du pitre», datée en mai 1871 (OC, P. 47). D'après son activité politique à Douai nous connaissons l'état d'esprit enthousiaste et la sincère motivation qui le guidèrent. Evidemment, il se révolte contre sa société. Il y a pourtant plus qu'une simple approbation révolutionnaire dans ses agissements et sa pensée.

Ainsi, les ouvriers dépeints chez Rimbaud sont comme le symbole des pauvres, défavorisés et isolés dans la société, subissant l'exploitation comme un objet de charité, comme un mal nécessaire. Enfin, ils se groupent pour détruire le système social en ayant un but commun: créer un nouveau monde qui détruirait la classe dominante. L'apparition de l'industrie apporte un nouveau groupement d'hommes et de femmes présentant le même malheur de vie, et donne lieu à la naissance de cette classe, exploitée et qui pourtant a pris conscience de sa fraternité avec les peuples.

C'est l'époque où Rimbaud a dix-sept ans, époque troublée par la remise en question du pouvoir qui devient de plus en plus générale et violente, par la lutte contre les abus du capitalisme et contre la misère des classes prolétariennes. Dans la lutte des classes, Rimbaud se tient sur les positions politiques de la classe ouvrière. La poésie de cette époque (1870 - 1871) est étroitement liée avec le courant du mouvement idéologique. En effet, la classe ouvrière se réforme, prend une forme révolutionnaire et se trouve soutenue par une nouvelle lutte qui se répand à partir de Paris. Il s'agit de la Commune:

> «Quand tes pieds ont dansé si fort dans les colères,
> Paris! quand tu reçus tant de coups de couteau,
> Quand tu gis, retenant dans tes prunelles claires
> Un peu de la bonté du fauve renouveau,
>
> O cité douloureuse, ô cité quasi morte,
> La tête et les deux seins jetés vers l'Avenir
> Ouvrant sur ta pâleur ses milliards de portes,
> Cité que le Passé sombre pourrait bénir:»[389].

Le jeune révolté n'en est pas moins sensible à ceux qui sont les victimes, les ouvrières: il n'abandonne pas dans ses poésies et dans ses lettres ses idées révolutionnaires pour se lancer dans les actions politiques. Ce sont des événements

---

[389] OC, P. 48.

historiques qui l'ont orienté vers une participation de plus en plus active. Ainsi, chez Rimbaud, la pauvreté et la misère déterminent clairement toute l'orientation de la volonté révolutionnaire:

«Travailler maintenant, jamais, jamais; je suis en grève»[390].

Rimbaud est - il un ouvrier? Ou bien sa composition poétique correspond-t-elle au travail des ouvriers?, Il dénonce les bourgeois à la manière d'un gréviste. En tout cas, ce passage nous révèle clairement une sorte de camaraderie avec les ouvriers et sa volonté de participer au mouvement idéologique avec eux.

D'ailleurs, il nous apparaît réellement que la vie de Rimbaud n'est pas différente de celle des ouvriers: il est pauvre et souffre à cause du manque d'argent:

«Et remarquez bien que, si je ne craignais de vous faire débourser plus de 60 c. de port, — moi pauvre effaré qui, depuis sept mois, n'ai pas tenu un seul rond de bronze!»[391].

Malgré tout, peut-on croire que Rimbaud fait lui-même l'expérience de la pauvreté même s'il est fils de petit-bourgeois?

Nous nous souvenons de son expérience de la mendicité, à Paris au cour de sa deuxième fuite. *«la question du ravitaillement, la question du - manger - est la seule qui soit de nature à passionner le public, la seule qui pour longtemps au moins l'intéressera. Il lui donne dix francs. Cela épuisé, l'aventurier tenace erre dans les rues plusieurs jours, couche dans les bateaux à charbon, se nourrit des débris de nourriture que l'on dépose le matin devant les portes, enfin revient pédestrement à Charleville»[392].*

Il est pourtant difficile de comparer la pauvreté de Rimbaud à celle des ouvriers: celle-ci provient d'un travail pesant, irrésistible comme une souffrance fatale et plus durable que celle-là qui n'est qu'une aventure temporaire accompagnée d'une

---

[390] Rimbaud à Izambard, 13 mai 1870, OC, P. 248.
[391] Rimbaud à Paul Demeny, 15 mai 1871, OC, P. 252.
[392] DTR, P. 35.

difficulté financière. Quoi qu'il en soit, le sentiment qu'il éprouve pour les ouvriers n'est pas une légère pitié mais de la fraternité, en identifiant successivement son statut social à un travailleur. Ainsi en août 1871 Rimbaud écrit à Paul Demeny: «*Celui qui désire être ouvrier à quinze sous par jour s'adresse là, fait cela, vit comme cela*»[393]. Et «*je serais un travailleur*»[394]. Puis le sentiment de fraternité s'accroît encore dans la lutte révolutionnaire. De toutes manières, il est intéressant de voir chez Rimbaud que la classe prolétaire qu'il estime tant porte en elle la volonté et la puissance de détruire les bourgeois et de s'orienter vers un avenir nouveau. Nul doute que cette idée ne fût motivée par l'influence des troubles de l'époque: les abus du capitalisme et la vie médiocre des classes prolétariennes.

En effet, la poésie et la correspondance sont fortement marquées par ses options idéologiques, c'est pourquoi, elles correspondaient étroitement à l'atmosphère de lutte provoquée par le mouvement historique du siècle.

F. APRES LA GRANDE FIEVRE DE REVOLTE

Le jeune révolutionnaire est de retour à Charleville et écrit à son ancien professeur et à P. Demeny. Sa lettre à P. Demeny contient les trois poèmes «*Chant de guerre parisien*», «*Mes petites amoureuses*» et «*Accroupissement*» et elle suit de deux jours celle adressée la première à G. Izambard; Les deux lettres portent pourtant sur le même sujet. Ce sont les deux textes les plus remarquables de l'ensemble des lettres concernant sa théorie, du « voyant» et du « *je est un autre*»: « *Je dit qu'il faut être voyant, se faire voyant*»[395].

Au cours du XIXe siècle, en relation avec le positivisme et le scientisme, une nouvelle vision va dominer le monde en revendiquant le respect des faits matériels, en

---

[393] Rimbaud à Paul Demeny, [28] août 1871, OC, P. 259.
[394] Rimbaud à Georges Izambard, [13] mai 1870. OC, P. 248.
[395] Rimbaud à Paul Demeny, 15 mai 1871, OC, P. 251.

classant les hommes d'après leur comportement, et leur milieu; elle va se méfier du rêve, de l'imagination et de la métaphysique. Dans ces idées courantes, la nouvelle théorie poétique du «voyant» est établie par le jeune poète Rimbaud. L'influence de ces idées du siècle n'est pas négligeable sur le poète.

Nous allons analyser attentivement cette influence scientifique sur sa théorie poétique, sa notion du «voyant» et sur leur formation. Pourtant, nous proposons dans cette étude de nous intéresser uniquement à la motivation de la composition de la théorie du «voyant» qui correspond à notre thème de la révolte rimbaldienne.

Les deux lettres des [13] et 15 mai 1871, dites du «voyant», dans lesquelles Rimbaud exprime sa théorie poétique et ses idées à propos du poète présentent un intérêt majeur dans la littérature française.

Rimbaud se place souvent dans une perspective historique de la poésie, comme on l'a vu à propos de la poésie «grecque». Mais enfin il semble plutôt penser que sa propre génération, dans un esprit de recherche, n'est là que pour aller de l'avant, se tourner vers la poésie de «l'avenir». Nous pouvons observer dans ses lettres une forte qualité artistique, mais l'intérêt principal réside dans son écriture. A cet égard sa lettre à G. Izambard retient plus notre attention par sa hardiesse stylistique:

> «Je veux être poète, et je travaille à me rendre voyant: vous ne comprendrez pas du tout, et je ne saurais presque vous expliquer. Il s'agit d'arriver à l'inconnu par le dérèglement de tous les sens.»[396].

La théorie poétique du «voyant» conçue dans l'exaltation du poète a pourtant été ébauchée à la lumière de la littérature traditionnelle: la première étape consiste à effectuer un dérèglement, pour arriver à la seconde étape qui est la découverte de l'inconnu. Cette notion nouvelle s'exprime dans trois poèmes (inclus dans la lettre),

---

[396] Rimbaud à Georges Izambard, [13] mai 1870. OC, P. 249.

par l'abandon du vers régulier et l'emploi d'un raccourci qui annule les images intermédiaires. Ainsi, la méthode de la présentation devient de plus en plus inventive dans la langue poétique nouvelle: c'est la révolution poétique avec des mots scientifiques qui correspondent à la nouveauté des idées. Rimbaud semble vouloir dire par sa théorie - les idées ne doivent plus s'intégrer dans la structure poétique traditionnelle -, parce que les mots sont les seules puissances données au poète. En effet, la révolte de Rimbaud n'est pas terminée, ce n'est que le commencement d'une nouvelle vision poétique.

Les trois poésies qu'il inclut dans cette lettre sont écrites dans l'intention d'exposer ses nouvelles poésies «objectives»[397] représentatives de «l'avenir de la poésie»: - «Le cœur du pitre», «*Les poètes de sept ans*» et «*Les pauvres à l'église*» - ces deux dernières sont copiées tout au début de sa lettre et il donne un bref commentaire de cinq lignes en guise de présentation de ces deux nouvelles poésies. Il est intéressant d'y observer une double répétition, «ne vous fâchez pas». Est-t-il honteux ou veut-il rester modeste en essayant de convaincre un poète «publié»? En revanche, le correspondant Paul Demeny est ému et influencé par le jeune révolté qui vient de commencer à détruire sa doctrine poétique et ses propres poésies qu'il a composées auparavant:

> «J'ai trois prières à vous adresser brûlez, je le veux, et je crois que vous respecterez ma volonté comme celle d'un mort, brûlez tous les vers que je fus assez sot pour vous donner lors de mon séjour à Douai»[398].

C'est une des prières que Rimbaud adresse à P. Demeny: il doit «brûler» les 22 poésies du «recueil Demeny» qu'il a recopié soigneusement pendant son séjour à Douai de septembre à octobre 1870. Ainsi la lettre précédente du «voyant» et de la «nouvelle poésie» n'est écrite ni comme une plaisanterie ni comme une inspiration

---

[397] «Subjectif» et «Objectif» n'existaient pas dans le dictionnaire à l'époque où il écrivait, nous supposons que ces mots viennent de Hegel.

[398] Rimbaud à Paul Demeny, 26 mai 1871, OC, P. 255.

éclatante qui disparaît aussitôt. C'est une théorie que Rimbaud a longuement préparée. En novembre 1870, sa théorie du «voyant» est déjà imaginée, comme il le raconte à son ami Delahaye: «*Je n'en suis encore qu'à entrevoir le but et les moyens. Des sensations nouvelles, des sentiments plus forts à communiquer par le verbe. Je perçois, je ne formule pas comme je veux... Percevons, éprouvons davantage...*»[399]. Cela signifie que son engagement politique et social ne marque pas une séparation, mais un continu entre la poésie et la révolte.

Au moment où le jeune poète écrivait ses lettres du «voyant», son activité de révolte s'arrête. Est-ce l'échec de la Commune qui engendre une telle décision?

Nous ignorons si la participation de Rimbaud à la Commune est effective si ou elle n'est qu'une simple contemplation loin de la bataille. En effet, son intérêt passionné est attesté par son ami Delahaye: «Rimbaud parut avec des yeux étonnamment gais: - *Ça y est!*- dit-il. Ça y était bien, en effet: la révolution triomphante, les troupes régulières sorties de la capitale, tous les ministères abandonnés, le Comité central installé à l'Hotel-de-Ville, enfin une victoire aussi complète, jugions-nous, que celles de 1830 et 1848. Nous poussâmes une balade jusqu'à Charleville, pour voir les têtes des gens... Nous avions la cruauté satanique de proférer ces paroles affreuses: - *L'ordre... est vaincu!...*-»[400].

Malheureusement, cet événement glorieux ne dure qu'un moment; bientôt, les communards sont constitués prisonniers. Et l'immense espoir révolutionnaire que Rimbaud a placé dans cette tentative politique et sociale de changer le monde est aussi fait prisonnier. Dans sa même lettre du «voyant» à G. Izambard, Rimbaud exprime sa colère intense pour lutter contre le désespoir:

---

[399] DTR, P. 81.
[400] DTR, P. 103.

«— Je serai un travailleur: c'est l'idée qui me retient, quand les colères folles me poussent vers la bataille de Paris, — où tant de travailleurs meurent pourtant encore tandis que je vous écris !»[401].

A l'âge de dix-sept ans, l'échec de la première tentative de la révolte lui donne sans doute une valeur de démonstration dans la prise de conscience du monde. Ainsi cet échec sera l'occasion la plus éclatante de la composition poétique de Rimbaud, c'est elle qui sera la cause d'un lien désormais indestructible entre sa nouvelle démarche poétique et son engagement réel dans ce monde. Sa première révolte a germé dans l'esprit de Rimbaud à cause des visions insupportables de souffrances physiques et morales, mais elle a représenté également un besoin de partage et d'union avec les autres gens. Désormais Rimbaud veut hâter la libération de l'homme et il a aussi le sentiment que seule la poésie révolutionnaire peut lui en fournir le moyen, c'est-à-dire qu'il s'est livré définitivement à l'activité révolutionnaire et qu'il remettra en question cette activité à travers la composition poétique.

Après sa grande fièvre de révolte, tous ses efforts tendront à composer sa poésie. Un nouveau Rimbaud est né en 1871, qui ne renie pas l'ancien mais veut le dépasser, à travers une poésie agissante et fraternelle. La voix du poète se fait alors plus universelle: elle exprime la douleur devant l'échec de «changer le monde». Ainsi, sa tentation politique et sociale sera remplacée par la poésie revendiquant une méthode personnelle *par le dérèglement de tous les sens*.

Dans une telle situation qui met en cause le langage comme le moyen d'expression des idées, le poète compose les poésies et écrit à son correspondant pour exprimer son sentiment de révolte. De même, tout au long du questionnaire, Rimbaud s'intéroge aussi sur la situation poétique en tant que poète. Ses deux idées principales nous livrent alors une vue des événements historiques affirmée, réfléchie et surtout passionnée qui peut se révéler étonnante pour un adolescent à peine sorti de l'enfance.

---

[401] Rimbaud à Georges Izambard, [13] mai 1870. OC, P. 248.

En effet, le graphe iconographique qu'il va présenter nous donne un plus juste aperçu des deux thèmes qui avaient préoccupé Rimbaud: dans une vue d'ensemble, nous allons tout d'abord mesurer la richesse lexicale et le nombre d'occurrences des mots «poète» et «citoyen» qui correspondent à notre sujet.

\<Tableau Ⅰ\>[402]

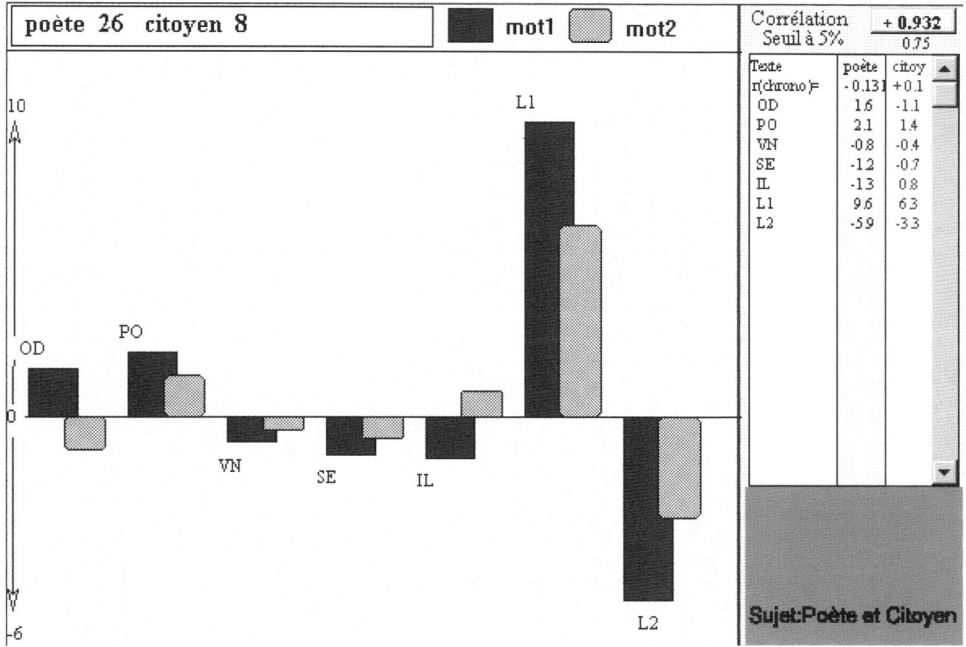

En ce qui concerne la lecture du table iconographique, *«Les bâtons de l'histogramme se répartissent de part et d'autre de la ligne médiane qui représente la valeur 0 de l'écart réduit. Chacun de ces bâtons est explicité par le titre du texte correspondant. Si la série représentée se limite à une seule forme, les effectifs absolus*

---

[402] *OD: Œuvres diverses. *PO: poésies, 1869-1871. *VN: vers nouveaux et chansons, fin 1871-1872. *SE: «une saison en enfer». *IL: «illuminations». *L1: lettres de Rimbaud (I), 1870 - 1875. *L2: lettres de Rimbaud (II), 1876 - 1891.

sont détaillés sur la marge droite, la colonne voisine détaillant les écarts réduits qui servent d'abscisses à la représentation graphique»[403].

La fréquence des mots nous livre rapidement deux résultats: <u>OD</u> montre d'abord les idées du jeune poète orientées uniquement vers la poésie, ensuite <u>PO</u> et <u>L1</u> qui nous fait connaitre la naissance et le processus du sentiment de révolte qui accompagnent les idées «poétiques» de Rimbaud. D'ailleurs, à la droite de la table graphique, la «Corrélation» signifie que nous les retrouvons ensemble dans la même phrase ou dans le même paragraphe: un coefficient de 0,932 désigne donc une relation intime entre ces deux mots.

La correspondance de Rimbaud nous donne plus clairement, à cet égard de ses préoccupations:

<Tableau Ⅱ>

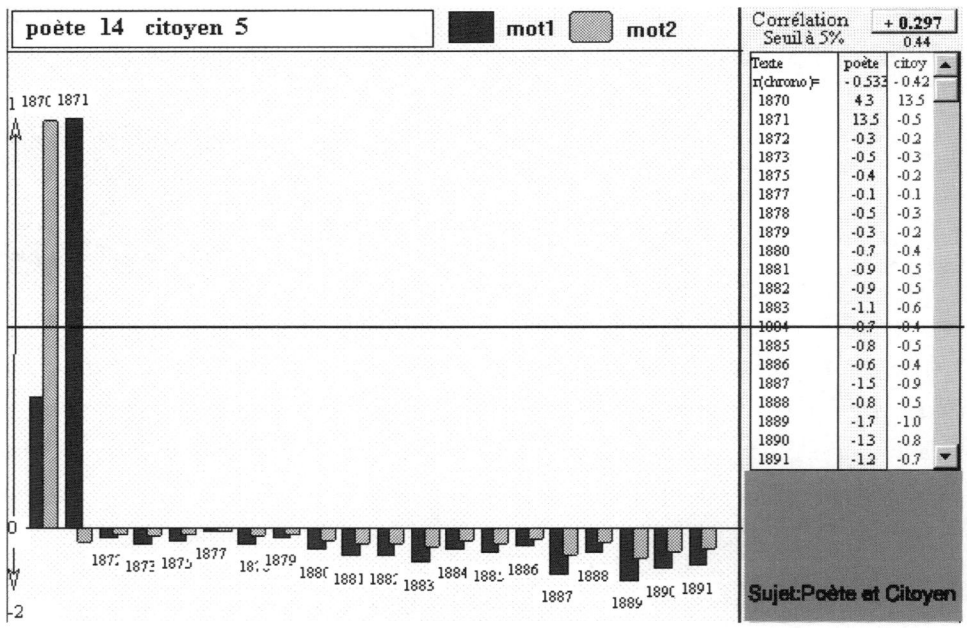

---

[403] BRUNET Etienne, *Manuel de référence de Hyperbase*, Laboratoire CNRS, 1998, P. 43.

La fréquence des deux termes montre une chute immédiate à partir de l'année 1872, mais cela ne signifie pas que le sentiment de révolte du jeune poète disparaît immédiatement. Nous avons consacré une étude afin de mieux préciser sur ce point de vue.

En vue d'approfondir notre étude de la révolte politique et sociale, nous allons tenter de relever les occurrences des mots qui correspondent au sens purement poétique et révolutionnaires; il s'agit des mots poétiques: - poète, poésie, poème, prose, littérature - et des mots révolutionnaires: - Commune, peuple, citoyen, bourgeois, ouvrier -. Nous avons vu ces mots dans des textes poétiques et épistolaires, autour de deux thèmes principaux: la poésie, la révolte.

Le tableau ci-dessous présente successivement chacun des thèmes cités dans la poésie et la correspondance en indiquant le nombre d'occurrences des mots sélectionnés dans les textes où ils apparaissent. Cette analyse de fréquence comprend tous les mots que Rimbaud a employés à partir de sa première poésie (sauf les textes latins) et de sa première correspondance jusqu'au 14 octobre 1875 où Rimbaud a inséré dans cette lettre les dernières poèmes de sa vie: la période de la grande fièvre de Rimbaud commence à partir de la guerre et jusqu'à la fin de la Commune: du 19 juillet 1870 au 12 mai 1871 (avant la lettre du «Voyant», le [13] mai 1871).

<Tableau Ⅲ >[404]

	Mots	Provenance	A[405]	B[406]	C[407]	TOTAL
Mots Poétique	Poète:	(Poésie)	10	0	8	**18**
		(Lettre)	7	1	15	**23**
	Poésie:	(P.)	8	0	2	**10**
		(L.)	0	1	12	**13**
	Poème:	(P.)	0	0	3	**3**
		(L.)	0	2	3	**5**
	Prose:	(P.)	3	0	1	**4**
		(L.)	0	0	5	**5**
	Littérature:	(P.)	0	0	2	**2**
		(L.)	0	2	1	**3**
Mots de la révolte	Commune:	(Poésie)	2	0	0	**2**
		(Lettre)	0	2	0	**2**
	Peuple:	(P.)	4	2	12	**18**
		(L.)	0	1	0	**1**
	Citoyen:	(P.)	1	3	1	**5**
		(L.)	0	8	1	**9**
	Bourgeois:	(P.)	1	4	0	**5**
		(L.)	0	0	0	**0**
	Ouvrier:	(P.)	1	3	5	**9**
		(L.)	0	0	2	**2**
TOTAL	10 mots	2 provenances	28+9=37	6+23=29	52+21=73	**86+53=139**

Cette première approche révèle une grande différence dans la fréquence des mots entre les thèmes de la «poésie» et de la «révolte»: avant la guerre de 1870 et la révolution de 1871 il n'apparaît qu'une fois dans les poésies un mot exprimant le sens de la révolte. En revanche, pendant la période troublée les mots de la «révolte» apparaissent progressivement dans la poésie et aussi dans les lettres.

---

[404] Voir la «Table de concordances des lettres d'Arthur Rimbaud» de notre second tome.
[405] Avant le mois de juillet 1870.
[406] Entre le mois de juillet 70 et de mai 1871.
[407] Apartir du mois de mai 1871 jusqu'à 1875.

<Tableau Ⅳ>

	Provenance	Avant	1870-1871	Après
Mots	(Dans la poésie)	(-+)	(-+)	(++)
poétique	(Dans les lettres)	(-+)	(-+)	(++)
Mots	(Dans la poésie)	(--)	(++)	(++)
de la révolte	(Dans les lettres)	(--)	(++)	(--)

Le tableau précédent est une vue synoptique des mots apparus dans ses œuvres de jeunesse. Il est intéressant de voir, à travers les lettres, une diminution rapide des mots révolutionnaires après l'échec de la Commune (de juillet 1870 - mai 1871). En revanche, à travers ses Œuvres ces mots apparaissent continuellement.

Si nous sommes d'accord que la correspondance est un texte plus réel que la poésie: c'est à dire quecelle-ci n'est pas toujours rédigée pour décrire des événements réels, mais celle-là est écrite pour s'adresser à quelqu'un et la narration épistolaire correspond souvent à une description de la vie réelle. La longévité d'une forte fréquence des mots révolutionnaires dans les Œuvres signifie une sorte de continuité dans sa révolte, non pas par la participation réelle, mais par la recherche des formes nouvelles à travers la composition poétique.

Son but de «changer la société dominante» se transforme en cet autre motif de «changer la vision poétique»: il recherche maintenant par le dérèglement de tous les sens une réalité différente. Il désire être un poète idéal «voyant» créateur d'une nouvelle poésie de l'avenir. Cette remarque est confirmée par l'augmentation de la fréquence des mots «poétiques» et «révolutionnaires» après la période de sa révolte réelle.

En effet, la fréquence des mots relatifs aux thèmes cités correspond exactement aux événements de la vie du poète. La poésie de Rimbaud est donc étroitement associée au mouvement même de la vie, et de l'expérience, à l'idée qu'elle est partout, qu'elle appartient à tous, qu'elle s'exerce à tout moment, qu'elle a ni commencement ni fin. Le dernier tableau ci-dessous montre la vie de Rimbaud en rapport avec l'œuvre et la révolte dans la réalité.

<Tableau Ⅴ>

	Thèmes	Avant	De juillet 70 - A mai 71	Après
Extérioriser	I II			
Intérioriser	III IV			

* I. Poésie: il s'agit de son activité de la composition poétique.

* II. Poésie de la révolte: son intérêt de la révolte dans ses poésies.

* III. Révolte politique et sociale: sa participation à la révolte réelle dans la société.

* IV. Révolte poétique: il s'agit de sa révolte par la poésie après sa participation réelle.

En conclusion, nous avons jusqu'à présent étudié les motivations de la fugue et de la révolte en respectant l'ordre chronologique de la vie du poète: tout d'abord, c'est l'étouffement «explosif» de sa ville qui a motivé la première fuite, en plus du climat de guerre, ensuite sa commisération particulière envers les classes défavorisées devient l'issue de sa révolte pour créer un nouveau monde bouleversant la société déprimée. Donc l'évolution des idées politiques et l'évolution de ses idées révolutionnaires sont liées et se développent successivement l'une après l'autre.

En ce qui concerne son activité, comme nous l'avons vu à travers ses lettres, sa tentative politique et révolutionnaire est passionnée surtout pendant son séjour à Douai (au début de la guerre). Pourtant, après le [28] août 1871 (lettre à Paul Demeny) Rimbaud ne reprend ni le sujet de la politique ni celui de la révolution, ni celui de la souffrance des ouvriers. Son espoir de transformer la société et de la délivrer de l'oppression et de la pauvreté par la volonté de tous se concentre uniquement dans la composition poétique. Ainsi, son activité révolutionnaire dure à peine un an.

La perspective réaliste du poète que nous allons décrire maintenant propose une réponse positive: avant la guerre, c'est-à-dire pendant la période «calme» il voulait être un poète «entre les Parnassiens» ou un journaliste. Ensuite, il désirait être républicain et ouvrier en espérant participer aux événements révolutionnaires Il devient rapidement déçu et bouleversé de nouveau par l'échec de la Commune. Rimbaud est notamment découragé de constater que la Commune ne se déroulait que dans la capitale et non pas dans sa ville de province qui suivait ces événements avec très peu d'intérêt. Désormais, Rimbaud ne se préoccupe plus des agissements révolutionnaires, mais s'attache essentiellement à la composition poétique bâtissant une théorie nouvelle de la poésie: la théorie du «voyant». C'est donc à travers la poésie que Rimbaud s'engage dans la révolution; elle reste son seul mode d'expression et sa seule manière de vivre.

Jusqu'à présent, l'analyse chronologique permet de mieux comprendre l'atmosphère politique et sociale de l'époque de la guerre de 1870 et de la révolution de 1871, et par là la participation de Rimbaud. En effet, cette analyse nous a permis de mieux connaître les deux aspects principaux de Rimbaud: sa création poétique et son adaptation à la vie. D'abord, la création poétique, a consacré en même temps l'antagonisme et l'union du réalisme et de l'idéalisme, du réel et de l'imaginaire. Elle repose sur une révolte politique et sociale qui s'applique à la réalité et sur une révolte idéaliste qui exalte le désir et la liberté. Elle définit ainsi les deux aspirations cardinales de l'œuvre de la jeunesse de Rimbaud: la liberté et la poésie.

Ensuite, l'adaptation particulière que Rimbaud a suivie signifie, d'un côté, sa nature favorable à la nouveauté et d'un autre côté, une sensibilité au mouvement de la vie. Ainsi, Rimbaud est non seulement rêveur mais aussi un homme solidement attaché à la vie, à son siècle et au réel.

Chapitre III
THEMATIQUE DU MOUVEMENT
A PARTIR DE L'ESPACE

Verlaine appela Rimbaud «*L'homme aux semelles du vent*». Cette périphrase poétique illustre nettement le perpétuel but du désir, la quête d'un mouvement repoussé ou bien le ferment d'un imaginaire nourri par la multiplicité des espaces parcourus. C'est pourquoi nous nous sommes intéressés aux rapports qu'entretiennent les analyses du mouvement à partir de l'espace rimbaldien, à travers sa poésie et sa correspondance. Car la thématique du mouvement est au coeur de l'Œuvre poétique, de la correspondance et de la propre vie de Rimbaud: ses poésies mettent en scène des héros hantés par le désir de l'évasion, et sa correspondance exprime de façon directe la tentation de fuite du poète.

Sur ce plan thématique du mouvement, nous ne pouvons méconnaître les relations qu'entretiennent la poésie et la correspondance, puisque toutes deux appartiennent au même monde d'écriture de Rimbaud. C'est pourquoi il peut s'avérer lucratif de mettre en lumière les moments de rencontre entre la poésie et la correspondance.

Nous pouvons maintenant, après ces brefs propos, entrer dans l'étude, qui va s'articuler selon les trois «longs» axes fondamentaux: «-Assez vu- ou Espace poétique», «-Assez eu- et -Assez connu - ou Espace épistolaire», «- Départ - ou

Espace du mouvement rimbaldien».

Avant d'aborder l'analyse spatiale, Nous allons tout d'abord en définir le fil directeur. Il s'agit de l'image du «Départ» rimbaldien.

«DEPART:
Assez vu. La vision s'est rencontrée à tous les airs.
Assez eu. Rumeurs des villes, le soir, et au soleil, et toujours.
Assez connu. Les arrêts de la vie.--- O Rumeurs et Visions!
Départ dans l'affection et le bruit neuf!»[408].

A travers ce bref quatrain, Rimbaud redonne aux mots leur pouvoir en jouant sur la multiplicité de leur valeur sémantique, du sens propre au sens figuré des verbes. En plus, le mot «Départ» qui est contenu dans le titre même de cette poésie des «Illuminations», signifie directement une extension de l'espace rimbaldien.

Notre présentation analytique se déroule à partir de cette conception du «Départ». Nous allons tout d'abord définir la catégorie de ces trois titres sur le plan du vocabulaire: Voir, Avoir, Connaître et le Départ.

La présence du verbe Voir suggère un lent et minutieux cheminement du regard. Ce regard peut revêtir deux formes: réelle et imaginaire. Le Voir «réel» implique le déplacement. En revanche, l'autre Voir «imaginaire» ignore le changement de lieu , sans bouger, sans quitter l'endroit où il est. Ce que nous appelons la vision, c'est le moyen qui conduit à une évasion temporelle hors de la vie réelle et qui peut s'effectuer également à l'aide de l'alcool ou de la drogue pour conduire jusqu'à la folie.

Cette vision imaginaire s'est souvent imposée dans la composition poétique, par exemple dans «Le Bateau Ivre»[409]: le bateau, la mer, le flot... Ce sont des éléments, des mots qui sont déjà des mouvements, qui traduisent le passage visible. La poésie privilégie ainsi tout ce qui est mouvement et tout ce qui déforme.

---

[408] OC. P. 129.
[409] Rimbaud n'a jamais vu la mer, quant il écrit « Le Bateau Ivre ».

Ainsi, chez Rimbaud ce Voir se révèle dans un monde imaginaire et insaisissable. Il s'agit de la rêverie dans les «airs» attachée à l'idéal du début de sa jeunesse et de sa carrière littéraire. C'est pourquoi nous avons classé, sous l'angle d'une poétique de l'espace, ce Voir dans la première catégorie de notre présentation.

Dans une première étude, intitulée « -Assez vu- ou Espace poétique » nous verrons comment un certain lieu rimbaldien se manifeste dans   un dynamisme spatial. Cette étude de l'espace éclaircira le souvenir de l'enfance dans lequel elle va s'articuler les lieux de la poésie et les lieux de l'écriture. Précisons toutefois qu'analyser l'espace n'est pas limiter cette étude à la simple évocation géographique des lieux: notre analyse spatiale entend restituer les événements, les itinéraires, de même que   les faits et gestes du poète et l'environnement dans lequel il évolue.

Ensuite, la présence des verbes Avoir et Connaître ne suggère plus un simple regard (réel ou imaginaire), mais une impatience et une envie: agir. Le lieu réel où demeure Rimbaud devient une sorte d'espace clos. Il faut alors se déplacer, et cela consiste d'abord à s'évader des «Rumeurs des villes», des «arrêts de vie» et aller, parcourir le monde pour avoir une nouvelle connaissance. C'est une expansion réelle de l'espace vers l'horizon, vers un «ailleurs» brisant le passé et plongeant l'être physiquement et mentalement dans l'inconnu.

Dans le passage du Départ, l'emploi du participe passé «eu» et «connu»[410] insiste sur le temps qui n'en finit pas et qui, pourtant, est déjà fini en imposant une suggestion majeure: il s'agit de se souvenir des événements particuliers. En outre, la présence de l'adverbe de manière: «assez», soutenue par le verbe avoir et connaître, joue un rôle singulier en faisant référence à des choses connues «suffisamment», qu'il n'est pas nécessaire d'«avoir» et de «connaître» plus: elle suggère un désir intensif de l'évasion, un fol regard vers un «ailleurs».

---

[410] Ici, ces participes passés sont considérés en tant que comme «forme adjectivale»: «Dans tous les autres cas, où le participe passé n'a pas de sujet propre, il sera considéré comme forme adjectivale». Voir «Grammaire du verbe français: des formes au sens» de Danielle LEEMAN-BOUIX, éditions Nathan, 1994. P. 26.

En ce qui concerne la deuxième étude, «-Assez eu- et -Assez connu - ou Espace épistolaire», consacrée à l'espace du «ici» de Rimbaud, le changement de situation dans l'espace signifie effectivement le mouvement. L'évolution psychologique ou morale du poète est étroitement liée dans la réalité à la mobilité qui pour Rimbaud correspond à la fuite ou à l'évasion des lieux actuels. Nous adopterons alors comme clef de lecture la correspondance, à savoir l'espace rimbaldien qui chemine enfin vers le mouvement, le départ.

Il nous reste la dernière définition de notre présentation, «le Départ dans l'affection et le bruit neuf!». Cette étude se présente comme une conclusion de notre champ analytique de l'espace. Il s'agit du mouvement rimbaldien: le départ infini. Ainsi, nous étudierons, à travers la correspondance la vision qui porte sur un large horizon qui comprend non seulement le lieu géographique - Paris, l'Europe, la Chine et le Japon - mais aussi le cheminement de la vie jusqu'à la mort comme la poursuite d'une autre partie du globe ou du mouvement infini: il s'agit de l'obsession constante d'élargir l'horizon, jusqu'à l'espace de la mort.

Dans la dernière étude du «- Départ - ou Espace du mouvement rimbaldien», nous déboucherons alors sur la question du mouvement spatial chez Rimbaud à partir de l'étude lexicale. Nous nous bornerons à décrire le mouvement rimbaldien afin de ne pas surcharger les deux catégories spatiales, les (imaginaires et réelles) plus remarquables parmi celles qui entrent en jeu dans l'expérience du lieu en mouvement.

En effet, si l'espace poétique s'est imposé comme le cadre a priori d'une action des personnages à venir, l'espace de la correspondance consiste à enregistrer des mouvements spatiaux qui correspondent aux mouvements affectifs de Rimbaud; ce caractère spatial a souvent été exploré dans la réalité de la fuite ou de nouvelles dimensions restent à découvrir.

L'espace est non seulement une réalité appréhendée par nos sens mais aussi le lieu où se projette la personnalité.

A. «- Assez vu» OU ESPACE POETIQUE

«Où l'homme peut-il vivre en harmonie avec son espace? Là où il est parti de son entourage, ce qui dans le monde moderne n'est pas réalisable»[411].

Le mouvement ne saurait se définir tout seul, car il implique nécessairement un espace dans lequel il s'inscrit: la chambre pour des orphelins, la mer « imaginaire » pour le bateau... Plus ou moins clairement délimité au début de chaque Œuvre de Rimbaud, l'espace est l'objet là une proposition que la présente étude aura pour but d'éclairer davantage.

Dans l'Œuvre de Rimbaud, le vécu et l'imaginaire, l'espace réel et fictif, l'«ici» et l'«ailleurs» s'entremêlent de façon intime, au point que nous nous retrouvons devant une tâche extrêmement complexe lorsque nous voulons les démêler. Nous allons alors simplement rappeler qu'il est indispensable, pour une lecture pertinente de l'espace poétique dans les Œuvres de Rimbaud, de tenir compte des divers niveaux de la compréhension de l'espace dans sa correspondance.

L'analyse de l'Œuvre et même de la correspondance exige le respect de la chronologie. En effet, l'étude diachronique présente la possibilité de révéler plus particulièrement l'évolution de l'état d'âme de l'auteur, d'en saisir les moments de rupture ou les élans. En revanche, l'approche synchronique est pertinente quand il s'agit d'analyser dans différents textes comment les puissances de l'imagination se développent au fur et à mesure des événements. Si nous ignorons les variations chronologiques, nous attirerons l'attention sur la permanence des mouvements qui traversent le texte et le fondent. Sans perdre de vue les ressources de l'étude synchronique, notre analyse va se fonder sur l'aspect diachronique de l'Œuvre et de la correspondance rimbaldienne.

---

[411] Gisela PANKOW, «L'homme et son espacé vécu», éd. Aubier, 1986. P.15.

1). Lieux clos

Au coeur de la thématique de l'espace surgissent les images du bateau, de la mer, de la ville et de la nuit. Ce sont donc des images d'espaces illimités, de lieux clos, de gouffres, mais aussi de ciel, de nature et d'horizon qui s'installent dans la poésie et dans les lettres oscillant entre l'imaginaire et le réel.

Des formes variées de lieux topographiques s'inscrivent dans les Œuvres de Rimbaud. Pourtant, notre première analyse ne s'étend pas sur les diverses significations allégoriques de l'espace, mais se focalise plutôt sur un seul thème principal: les lieux clos et ouverts. Ces deux types d'espace s'opposent par leurs caractéristiques respectives: tandis que le premier est lié au pessimisme le plus «atroce» (d' «ici») le second est lié au libre développement de la nature humaine (l'«ailleurs»).

Dans un premier temps, nous allons nous intéresser au décor dans lequel se déroule la narration poétique de Rimbaud. Il est constitué d'un ensemble organisé de lieux formant le milieu dans lequel évoluent les personnages.

Tout d'abord, nous étudierons le thème des «lieux clos» à travers les «Etrennes des orphelins». En effet, les personnages qui sont des enfants s'expliquent principalement par les lieux, le milieu dans lequel ils se trouvent placés. L'univers rimbaldien accorde une importance à la présence d'une maison fermée vis à vis de l'extérieur.

C'est ici la fonction particulière, et en fin de compte, le sens de l'imagination spatiale car non seulement les paysages rimbaldiens, mais aussi le lieu privilégié disposé par le regard, le mouvement interne de l'espace qui définissent pour le poète un rapport fondamental au monde, un lieu réel et imaginaire.

L'espace est un milieu indissociable de nous-mêmes; il est donc présent à travers le poète et les sollicitations de la fuite, de l'ouverture ou de la clôture, de la patience et de l'impatience, de l'«ici» et de l'«ailleurs», que nous possédons ou laissons aller, que nous atteindrons ici ou perdrons là-bas.

En abordant le genre poétique, l'intention de Rimbaud était d'espérer un espace plus réel, un espace concret. Cette volonté implique une forte charge émotive, ce qui nous donne l'occasion d'analyser, d'une part, l'imprégnation effective psychique de l'espace rimbaldien et d'autre part, ce que cet espace doit à la réalité et aux événements qui conditionnent une certaine vision. D'une manière générale, nous allons exposer tout d'abord cette présence de l'espace à travers les Œuvres. Ensuite nous élargirons la recherche au domaine analytique, pour étudier l'évolution de l'espace réel dans la correspondance de Rimbaud. Cette étude des lieux conduira enfin vers le thème du mouvement rimbaldien.

L'espace clos est l'image même des paysages de l'enfance qui s'articulent autour de la tristesse et de l'isolement. Il est significatif, à cet égard, de constater que la longue description de la chambre des «Etrennes des Orphelins» est faite par le poète:

«La chambre est pleine d'ombre; on entend vaguement
De deux enfants le triste et doux chuchotements.
Leur front se penche, encore alourdi par le rêve,
Sous le long rideau blanc qui tremble et se soulève...»[412].

Cet extrait des «Etrennes des Orphelins» qui se situe tout au début du texte nous porte à l'étude des lieux qui jouent un rôle important dans la structure spatiale rimbaldienne. La chambre est la pièce du repos où l'on découvre la joie de vivre. Pourtant, cet espace intime devient le théâtre du malheur, un lieu privé de luminosité et de chaleur. A cause du «long rideau blanc», l'espace extérieur ne peut pénétrer dans «la grande maison de vitres encore ruisselantes»[413].

Les murs de la chambre disparaissent bien vite aux yeux du personnage qui peut contempler l'extérieur comme s'ils n'existaient plus. Et pourtant, ils existent toujours pour protéger le personnage contre le froid et les autres dangers. Mais, ici l'image du «froid» et du «sombre» décrit l'espace type d'une chambre à l'intimité noire prédisant

---

[412] OC. P. 3.
[413] OC. P. 121.

un amour malheureux, qui s'est étaint: «*On sent, dans tout cela, qu'il manque quelque chose...* - Il est donc point de mère à ces petits enfants, de mère au frais sourire, aux regards triomphants?»[414], «J'étais dans une chambre très sombre», «Moi j'étais abandonné, dans cette maison de campagne sans fin»[415].

Au centre des espaces clos se situent les paysages sombres représentés par la chambre qui est «un lieu éloigné de tout curieux». Elle est le symbole de la solitude, de l'isolement.

Le vocabulaire choisi l'annonce. Tout d'abord, les expressions telles que «pleine d'ombre», «une nuit obscure» et «glacée» illustrent la tristesse lourde de cet espace où les orphelins ont froid, représente le revers sombre: il est une allégorie à la fois de l'angoisse et du malheur.

A l'extérieur de la chambre apparaît un autre espace clos qui est le jardin. Celui-ci ne représente pas non plus un lieu de refuge dans lequel on se sent à l'aise et à la fois libre de tout, mais un espace glacé et couvert d'ombre:

> «- Au dehors les oiseaux se rapprochent frileux;
> Leur aile s'engourdit sous le ton gris des cieux;
> Et la nouvelle Année, à la suite brumeuse,
> Laissant traîner les plis de sa robe neigeuse,
> Sourit avec des pleurs, et chante en grelottant...»[416].

> «C'est le nid cotonneux où les enfants tapis,
> Comme de beaux oiseaux que balancent les branches,
> Dorment leur doux sommeil plein de visions blanches!... – Et
> là, - c'est comme un nid sans plumes, sans chaleur,

---

[414] OC. P. 3.
[415] OC. P. 160.
[416] OC. P. 3.

Où les petits ont froid, ne dorment pas, ont peur;
Un nid que doit avoir glacé la bise amère...»[417].

La présence du mot «aile» et «nid» est significative: il s'agit des oiseaux: «Quelque nid, d'où s'échappe un petit frisson d'aile: - Un chant mystérieux tombe des astres d or», «Et dans les bois sacrés, dans l'horreur des grands arbres, majestueusement debout, les sombres Marbres, les Dieux, au front desquels le Bouvreuil fait son nid», «Embrassant la Léda de la blancheur de son aile».

Les oiseaux s'envolent librement de la terre vers le ciel, d'ici jusqu'à là. Ils possèdent un trait caractéristique dans une double dimension: horizontale et verticale: *«Le vol des oiseaux les prédispose, bien entendu, à servir de symboles aux relations entre le ciel et la terre»*[418]. Ils procurent, par la même, une double sensation: celle d'être à la fois protégé et aussi libéré de toute contrainte.

Ce sentiment trouve toute son ampleur à travers l'image des oiseaux et de ailes qui contribuent à élargir un espace. Notons que plus tard, ces oiseaux se métamorphoseront en bateau dans «Le Bateau Ivre».

D'autre part, cet oiseau est l'objet d'un désir qui s'aiguise dans la douleur de l'absence et qui ne laisse sur les ailes «glacées» que la sensation désespérante d'un bonheur passé, à mesure que l'on croit le saisir à travers un vol ou une chanson; le désir s'est consumé par l'attente durable et peut-être infinie dans un nid gelé: *«Où les petits ont froid, ne dorment pas, ont peur; Un nid que doit avoir glacé la bise amère...»*[419].

Ainsi, l'image de ces oiseaux signifie l'état d'âme des enfants qui veulent s'échapper du lieu malheureux symbolisé par la chambre et par le jardin c'est-à-dire loin du froid et de la tristesse. Mais, l'aile «s'engourdit» par le froid de l'hiver et le

---

[417] OC. P. 4.

[418] «Dictionnaire des symboles» de Jean EVALIER et Alain GHEERBRANT, éd. Jupiter, 1982, P. 695.

[419] OC. P. 3.

désir des enfants se dissipe comme «l'horizon s'enfuit d'une fuite éternelle!...»[420].

La porte est l'élément qui permet, en s'ouvrant, le passage vers l'extérieur et qui protège aussi, en se fermant, des dangers multiples de l'extérieur. cette porte se trouve fermée chez les orphelins qui se situent, par ce fait, à la frontière de deux mondes[421]: ce logis est fermé comme un lieu clos. Pourtant, elle n'est pas complètement fermée pour que les orphelins ne puissent se protéger du froid de l'extérieur:

«Elle n'a point prévu la froideur matinale
Ni bien fermé le seuil à la bise hivernales?...»[422].

Il est vrai que Rimbaud n'a jamais dit directement ce mot «la porte fermée». Pourtant, l'état de cette porte est bien imagé par l'occurrence du mot: «Ni bien fermé». Aussi, l'idée du seuil s'affirme comme la frontière «froide». Dans le passage des «Etrennes des Orphelins», ce lieu se situe réellement sur le seuil de cette porte, ici mi-ouverte permettant l'entrée de la «bise hivernale» dans la pièce ce démon du bonheur qui pénètre sous l'image de la douleur. Néanmoins, cette porte fermée à laquelle nous constatons un aspect d'alternance (ouverte / fermée) présente une image de «décroissance». qui correspond à l'affaiblissement successif et à la cruelle chute, sur le plan moral, des enfants: le désespoir.

Ce désespoir est le reflet de l'enfance du poète. C'est un mal que Rimbaud a souvent ressenti quand il était tout jeune. En effet, il a cruellement souffert d'une part de la solitude et d'autre part, d'un manque d'amour, notamment de la part de «la mère du devoir». Arthur prend l'habitude de marcher et de se promener longuement aux

---

[420] OC, P. 9.

[421] «La porte symbolise le lieu de passage entre deux états, entre deux mondes, entre le connu et l'inconnu, la lumière et les ténèbres, le trésor et le dénuement. La porte ouvre sur un mystère. Mais elle a une valeur dynamique, psychologique; car non seulement elle indique un passage, mais elle invite à le franchir. C'est l'invitation au voyage vers un au-delà...». Voir Dictionnaire des symboles» de Jean CHEVALIER et Alain GHEERBRANT, éd. Jupiter,1982,P. 779.

[422] OC, P. 4.

alentours de la Meuse, afin de se consoler et de s'éloigner de tout. Cette habitude traduit ainsi une sorte de liberté qui a meilleur goût lorsqu'elle est conquise. Ce qui n'est qu'une sortie devient, par le franchissement du mur, une évasion vers la découverte qui satisfait l'imagination de l'enfant s'assimilant ainsi au «Moi-bateau» car elle lui procure un sentiment de puissance qui contribue à l'affirmation de sa personnalité. Cela équivaut à une évasion «imaginaire».

Il espère créer un moi heureux par le plaisir de la lecture et la composition poétique et ce souhait aboutit à chercher les sensations par la rêverie. Ceci est présenté dans plusieurs poèmes de l'époque des «Etrennes des Orphelins». Tout l'espace de Rimbaud s'organise comme dans ses poèmes: autour de la maison et des trésors qui y sont enfermés: *«Garnier où... j'ai connu le monde»*[423]. Cette habitude continuera toujours jusqu'à l'époque des «Illuminations». Rimbaud finira par se laisser aller dans les sensations hallucinatoires du désir sans quitter la maison qui est un schéma fondamental: «le lecteur est sans cesse ramené au lieu central de l'imagination rimbaldienne, (...) cette chambre de travail intérieure et idéale (...), et qui s'ouvre sur la mer, le ciel, sur l'harmonie cosmique:

La maison, selon une dualité que l'on retrouve souvent dans les ouvrages de Rimbaud, ou selon une symbolique qui lui est chère, perd sa valeur de séparation pour devenir l'autre de l'homme «libre».

Ainsi, des mots retirés dans «Les Etrennes des Orphelins» reflètent l'angoisse de l'enfance qui torture l'âme et le corps du poète.

Jusqu'à présent, nous avons révélé des significations de l'espace clos rimbaldien dans «Les Etrennes des Orphelins» Notre prochaine étude portera sur l'analyse de l'initiation de l'espace ouvert: à l'inverse du lieu clos et sombre, un autre espace s'est ouvert à travers la «lèvre mi-close» des orphelins. Il s'agit à la fois d'un espace ouvert et d'un monde imaginaire, du rêve.

---

[423] Albert Py, «Illuminations», éd. Droz, 1967, P. XXX.

2). Lieux ouverts

Le rêve permet d'accéder à un nouvel univers, un espace qui n'est plus le monde réel d'«ici», mais celui de l' «ailleurs». Ce rêve consiste chez les petits héros et même pour le poète, en une sortie de la chambre, une fuite loin de la solitude, loin du malheur et loin de la réalité.

En outre, le rêve transforme le logis des Orphelins en un refuge idéal, metamorphose le jardin en un espace de communion avec les éléments et la cellule familiale. Ainsi, ce qui apparaît à propos du rêve dans les premières poésies - (principalement dans «Les Etrennes des Orphelins», «Les Poète de Sept ans», «L'Ange et l'Enfant») - c'est cette faculté de rêver que l'enfant possède de façon innée: un privilège qui n'appartient qu'à lui et à lui seul:

> «Il est couché dans son berceau de plumes; son hochet sonore gît à terre près de lui, il se le rappelle, et fait un rêve heureux; et, après les cadeaux de sa mère, il reçoit ceux des habitants du Ciel. Sa bouche s'entr'ouvre, souriante; ses lèvres à demi ouvertes paraissent invoquer Dieu. Près de sa tête un Ange et tient incliné vers lui: il épie les faibles murmures d'un coeur innocent, et, suspendu lui-même à son image, contemple ce visage céleste; il admire les joies de son âme, et cette fleur que n'a point touchée le vent du sud ».[424]

Aux heures où l'angoisse se fait plus forte, Rimbaud cherche un refuge dans un temps plus ancien: au «paradis des enfants». Pour Arthur, l'enfance se situe dans un paradis antérieur à la connaissance, au péché.

C'est peut-être à cause de cet espace fabuleux qu'est le paradis que le domaine de l'enfance est entouré dans «Les Etrennes des Orphelins» aussi bien que dans «L'Ange et l'Enfant» par d'une atmosphère de légende. Il s'agit d'un autrefois, un lointain, un «ailleurs» où l'enfant vit, agit et crée à sa guise un monde différent: le rêve.

> «Et dans ce lourd sommeil met un rêve joyeux,
> Un rêve si joyeux que leur lèvre mi-close

---

[424] OC, P. 1034

Souriante, semblait murmurer quelque chose...
- Ils rêvent que, penchés sur leur petit bras rond,
Doux geste du réveil, ils avancent le front,
Et leur vague regard tout autour d'eux se pose...
Ils se croient endormis dans un paradis rose...
Au foyer plein d'éclairs chante gaîment le feu...
Par la fenêtre on voit là-bas un beau ciel bleu;
La nature s'éveille et de rayons s'enivre...»[425].

Ce rêve est permis par la fenêtre qui semble constituer le type même de la frontière entre l'espace clos et ouvert. Car la fenêtre n'est pas seulement rattachée à la maison, elle offre un regard vers l'extérieur: par exemple, vers le ciel: «par la fenêtre on voit là-bas un beau ciel bleu...»[426].

L'idée de la fenêtre s'affirme comme la réceptivité de la nature; dans le fragment des «Etrennes des Orphelins», cette réceptivité se situe «imaginairement» sur la fenêtre de cette chambre, maintenant ouverte vers le monde où «un beau ciel bleu» et «le chant de la nature» semblent s'éveiller pour remplir des espoirs «lumineux» la chambre sombre remplie par le désespoir et la tristesse de la mort. Grâce à la fenêtre qui permet à la clarté du rayon du soleil de pénétrer, la mort même ne semble ni triste, ni douloureuse aux yeux des enfants:

«Les enfants, tout joyeux, ont jeté deux cris...
Là, Près du lit maternel, sous un beau rayon rose,
Là, sur le grand tapis, resplendit quelque chose...
Ce sont des médaillons argentés, noirs et blancs,
De la nacre et du jais aux reflets scintillants;
Des petits cadres noirs, des couronnes de verre,
Ayant trois mots gravés en Or: --- A NOTRE MERE»[427].

---

[425] OC, P. 5 - 6.
[426] OC, P. 6.
[427] OC, P. 6.

Mais cette lumière présente une ambivalence: elle est ou éclatante ou lumière qui s'éteint, elle est la mort et la vie, et ce double aspect de la lumière est aussi présent dans la nature:

«La terre, demi-nue, heureuse de revivre,

A des frissons de joie aux baisers du soleil...

Et dans le vieux logis tout est tiède et vermeil:

Les sombres vêtements ne jonchent plus la terre,

La bise sous le seuil a fini par se taire...

On dirait qu'une fée a passé dans cela!...»[428].

Cette nature fait partie de l'espace ouvert. Un des plus grands éléments de cette nature est la terre qui se substitue à la mère: «La terre, demi-nue, heureuse de revivre...». Cette affirmation illustre clairement que l'image conceptuelle de la terre se métamorphose en mère[429]. Cette mère est libérée de la souffrance et de la douleur de l'hiver et de la mort, elle est aussi l'image solaire de la femme. La rayon éclaire tristement la mort de son fils:

«Un soldat jeune, bouche ouverte, tête nue,

Et la nuque baignant dans le frais cresson bleu,

Dort; il est étendu dans l'herbe, sous la nue,

Pâle dans son lit vert où la lumière pleut»[430].

La mystérieuse forme de la terre «demi-nue», «sous la nue», que Rimbaud implore, symbolise en fait le désir de rentrer dans l'harmonie de la nature et de l'enfance. La

---

[428] OC, P. 6.

[429] Voici, avec J. Chevalier et A. Gheerbrant, l'idée de cette terre, signifie comme une mère: «La terre symbolise la fonction maternelle: Tellus Mater. Elle donne et reprend la vie. Se prosternant sur le sol, Job s'écrie: Nu, je suis sorti du sein maternel; nu j'y retournerai [...], assimilant la terre mère au giron maternel». Voir «Dictionnaire des symboles» de Jean CHEVALIER et Alain GHEERBRANT, éd. Jupiter, 1982, P. 432.

[430] OC, P. 32.

terre conçoit une vision transcendante de l'harmonie, et est à l'image des conformités maternelles: «berce-le chaudement» qui signifie le sentiment mystique de l'univers fondé sur la nature.

Un élément majeur de l'espace ouvert, que nous venons d'étudier, est la terre remplie de végétation de toute sorte, de l'air vif et du «beau rayon rose». Les éléments de cette nature sont variés: le ciel bleu, le soleil éclatant et aussi un espace immense; la mer.

Dans «Le Bateau Ivre», nous retrouvons la thématique de l'ouverture à laquelle se rattachent les motifs du mouvement, de l'infini et de la liberté qui sont présents dans le texte sous la forme d'un récit d'exploration. S'il est le voyage d'un personnage poétique, il est aussi le voyage de son auteur, en ce sens que Rimbaud progresse en même temps qu'il fait progresser tout le long d'un itinéraire son protagoniste qui n'est pas ici le corps humain, mais celui d' «un bateau frêle comme un papillon de mai».

Ainsi, cette longue poésie va être entièrement placée sous le signe d'un «large» déplacement. Notons à ce propos «je descendais», «je ne me sentis plus guidé» qui soulignent, avant même le début de la poésie, un grand mouvement spatial qui va sous-tendre toute la narration poétique:

> «Comme je descendais des Fleuves impassibles,
> Je ne me sentais plus guidé par les haleurs:
> Des Peaux-Rouges criards les avaient pris pour cibles
> Les ayant cloués nus aux poteaux de couleurs.
>
> J'étais insoucieux de tous les équipages,
> Porteur de blés flamands et de cotons anglais.
> Quand avec mes haleurs ont fini ces tapages
> Les Fleuves m'ont laissé descendre où je voulais».[431]

Dans ce passage, l'ouverture de l'espace est réalisée dans le Moi-bateau qui

---

[431] OC, P. 66.

indique les premières tentatives d'évasion, de voyage et de dynamisation, qui aboutissent à l'éclatement.

Dans un premier temps, le thème de l'ouverture aboutissait à un état d'équilibre euphorique, qui provient de la parfaite coïncidence du Moi-Bateau et de son espace. Le thème débouche sur non coïncidence la dangereuse de l'espace. Ce danger est connoté par les notions de la dureté, de l'espoir et de l'emprisonnement. Mais bientôt, la poésie se déroule vers l'immensité à l'énormité dangereuse. Celle-ci apparaît dans le réalisme auquel correspond le nouveau visage du poète aventureux.

La mer qui porte une image violente s'allie pour tuer, non plus le paysage, mais le Moi-Bateau en tant que tel. Sa coalition conduit à lui faire perdre la notion d'être libre, d'entité. Les vagues violentes sont le principe de la mort qui avec la lumière du ciel, dispersent le bateau aux quatre coins du paysage. La force de la mer n'est plus interne: elle enveloppe et éparpille le bateau:

> «Je sais les cieux crevant en éclairs, et les trombes
> Et les ressacs et les courants: Je sais le soir,
> L'aube exaltée ainsi qu'un peuple de colombes,
> Et j'ai vu quelques fois ce que l'homme a cru voir! »[432].

Le Moi-Bateau, battu des «ressacs» et des «courants», abruti des «éclairs». Ses puissances sensationnelles, trop fortes pour être longtemps supportées dépassent le domaine du sensible et font perdre l'équilibre:

> «J'ai heurté, savez-vous, d'incroyables Florides
> Mêlant aux fleurs des yeux des panthères à peaux
> D'hommes! Des arcs-en-ciel tendus comme des brides
> Sous l'horizon des mers, à de glauques troupeaux! »[433].

---

[432] OC, P. 67.
[433] OC, P.67.

Pourtant, la navigation heureuse va durer; la mer était violente comme la mère en colère, mais aussitôt apaisée, elle redevient sereine et amie. La sensualité de Rimbaud s'éveille: cet immense espace liquide fait référence à l'image de la terre à savoir la femme. D'abord vue de l'extérieur, la douceur se fait bientôt pénétrer dans son intimité:

> «Plus douce qu'aux enfants la chair des pommes sures,
> L'eau verte pénétra ma coque de sapin
> Et des taches de vins bleus et des vomissures
> Me lava, dispersant gouvernail et grappin»[434].

Cet espace prend un aspect nouveau; dépouillée de sa cuirasse sauvage et violente, la mer se fait douce et secourable, maternelle. Jusque-là métaphorisée, c'est elle qui fait naître désormais les images d'une mère, d'une mer féminine: «De la Mer, infusé d'astres, et lactescent». La mer devient le symbole de l'onde qui désaltère, qui rafraîchit, qui berce comme le rythme de la musique:

> «Où, teignant tout à coup les bleuités, délires
> Et rythmes lents sous les rutilements du jour»[435].

Ici, la mer représente l'élément premier de la vie: le liquide amniotique dans lequel baigne le Moi-bateau. Ainsi, la mer soutient le bateau pour qu'il puisse naviguer: *«L'enfant-bateau revient à la mer, une autre mère»*[436]. Le mouvement du Moi-bateau le conduit en dernier lieu à l'eau devenue ici le symbole «maternel», zone de l'intimité et de l'amour du poète-enfant.

Le bateau est pourtant jeté en plein air par le vent violent, mais il est toujours ivre de la mer:

> «Or moi, bateau perdu sous les cheveux des anses,
> Jeté par l'ouragan dans l'éther sans oiseau,

---

[434] OC, P. 66.
[435] OC, P. 67.
[436] Michel BUTOR, «Improvisations sur Rimbaud», éd. de la Différence. 1989. P.107.

Moi dont les Monitors et les voiliers des Hanses

N'auraient pas repêché la carcasse ivre d'eau»[437].

Le ciel n'empêche plus la navigation, plutôt il peut être, comme la mer, un immense espace bleu grâce auquel le «Bateau Ivre» se projette à travers l'horizon «comme un bohémien». Ainsi, il ira loin, bien loin:

«Libre, fumant, monté de brumes violettes,

Moi qui trouais le ciel rougeoyant comme un mur

Qui porte, confiture exquise aux bons poètes,

Des lichens de soleil et des morves d'azur; »[438].

Le Moi-bateau est engagé dans le mouvement vers des pays lointains, dont le caractère exotique est signalé par des noms propres «Monitors [...] des Hanses». Le Moi-bateau se glisse vers la mer immense. Dans les passages tirés du «Bateau Ivre», l'énumération de mots comme «Peaux-Rouges», «flamands», «anglais», «Océans», «Floride», «Monitors», «Hanses» et «Maelstroms» dénotent une volonté de précision de la part du poète. Or, cette narration poétique prend en effet ses distances par rapport à ce réalisme, car paradoxalement, elle réussit à dévoiler certains espaces tout en les laissant en partie dans l'ombre.

Derrière ce choix particulier des mots ou des espaces «originaux», Rimbaud dissimule son humour: il s'amuse en quelque sorte à révéler un passage de l'histoire et un lieu réel dans le but de démystifier un pays inconnu, de le présenter d'une façon réaliste.

Le bleu du ciel et de la mer est entièrement issu de la nature, symbole d'un lieu ouvert par où le «Moi-Bateau» se confie à un ultime mouvement d'expansion vers un espace sans limites. D'ailleurs, cette aventure poétique de Rimbaud a consisté en une tentative d'évasion et une succession de départs «imaginaires». Un des éléments de la

---

[437] OC, P. 68.

[438] OC, P. 68.

nature, nous permet de définir l'image principale de l'espace ouvert. Car pour Rimbaud l'étendue maritime n'est ni l'eau «stagnante», ni «courante», ni «jaillissante» comme chez Bachelard, mais avant tout un élément spatial: un espace immense sans fin.

En effet, la mer n'est pas un décor extérieur, mais un milieu ambiant qui influe sur les sentiments aventureux du jeune poète. Cet élément est directement lié à un espoir: celui d'un espace type où le bonheur pourrait enfin éclore et se concrétiser, d'où l'importance considérable de l' «ailleurs», de l'espace sur l'être. L'optimisme aidant, nous pouvons percevoir cet espace extérieur comme un lieu où un bonheur, qui sera infini, peut éclater. Cette vision optimiste se retrouve à travers les Œuvres de Rimbaud, notamment dans ses premières poésies (entre 1870 - 1871): «Les Etrennes des Orphelins» «Sensations», «Soleil et Chair», «Ophélie»... et «Le Bateau Ivre».

Est-ce la croissance du corps qui, élevant progressivement un regard au-dessus des murs, lui fait embrasser chaque jour un horizon plus large? Rimbaud va bientôt jeter son corps dans une immense mer quittant l'«ici» parce que «D'ailleurs il n'y a rien à voir la dedans»[439].

Le lieu fermé et ouvert n'est qu'un champ «imaginaire» dans les poésies de Rimbaud. Autrement dit, le poète, cloîtré dans sa chambre ne se déplace pas réellement par un voyage, car l'espace «poétique» s'ouvre, chez lui, d'une façon imaginaire: c'est-à-dire que le rêve lui permet de quitter sa chambre. Ce rêve reflète, en partie, l'enfance, le premier modèle de l'espace «malheureux» rimbaldien que nous avons analysé; la rêverie poétique l'a entraîné vers un autre lieu «heureux» où l'harmonie esthétique des perfections architecturales et musicales, le bonheur du mouvement, la discipline artistique imposée aux éléments naturels du décor et la collaboration simultanée de toutes les sensations, semblent apporter la solution au «malheur» évoqué dans le cycle réel.

Nous avons exposé, de manière générale, la conception de l'espace rimbaldien à travers des éléments constitutifs de l'espace figurant dans ses premières Œuvres.

---

[439] OC, P. 123.

Pourtant, cette étude n'est qu'une première étape pour mieux orienter notre analyse de l'espace réel à travers la correspondance de Rimbaud.

B. «*Assez eu*» ET «*Assez connu*»: ESPACE EPISTOLAIRE

«Assez eu, assez connu», c'esi révélateur de l'idée d' «expansion spatiale» inhérente à la correspondance de Rimbaud. Ici, cette étude ne va plus porter sur l'espace «imaginaire» de Rimbaud, mais sur l'espace «géographique» à travers la correspondance: c'est à dire que nous effectuerons une analyse portant plus spécifiquement sur l'espace «réel». Nous nous interrogerons sur les compléments ou les modifications que Rimbaud apporte au mouvement précédemment évoqué, en insistant du déplacement «réel» et «géographique».

1). Ouverture du «Départ»

Dans «Les Etrennes Orphelins», le rêve se révèle comme un moyen de refuge idéal, permet de quitter l' «ici» pour l'«ailleurs», symbole d'un univers inconnu où la nouveauté et le danger se mélangent aux élans de l'âme. Rimbaud n'était jamais satisfait du lieu réel (la réalité) où il se trouvait. Aussi, il se révolta et, en 1870 , s'enfuit de son nid sombre, espace fermé. Il s'agit de sa ville natale:

> «Vous êtes heureux, vous, de ne plus habiter Charleville! - Ma ville natale est supérieurement idiote entre les petites villes de province. Sur cela, voyez - vous, je n'ai plus d'illusions. Parce qu'elle est à côté de Mézières, - une ville qu'on ne trouve pas,- parce qu'elle voit pérégriner dans ses rues deux ou trois cents de pioupious, cette benoîte population gesticule, prudhommesquement spadassine, bien autrement que les assiégés de Metz et de Strasbourg!»[440].

---

[440] OC, P. 238.

La phrase «*Ma ville natale est supérieurement idiote*» représente l'espace clos chez Rimbaud: il correspond à l'image de la chambre dans «Les étrennes des orphelins».

L'adjectif «Idiote» est particulièrement significatif: cette ville engourdie empêche quiconque d'agir. Cet étouffement explique l'aversion dont fait preuve Rimbaud envers le provincial qui, à l'image des paysages qu'il a sous les yeux, reste figé dans un univers fermé:

> «Je suis dépaysé, malade, furieux, bête, renversé; j'espérais des bains de soleil, des promenades infinies, du repos, des voyages, des aventures, des bohémienneries enfin; j'espérais surtout des journaux, des livres... Rien! Rien! Le courrier n'envoie plus rien aux libraires Paris se moque de nous joliment: pas un seul livre nouveau! c'est la mort!»[441].

Certains lieux, comme la chambre, la maison ou la ville Charleville, s'imposent et remplissent l'espace de telle manière qu'ils le rendent étouffant. Les adjectifs et les locutions nous permettent de saisir l'atmosphère lourde et oppressante d'une ville provinciale. Cette ville renferme, à elle seule, les caractéristiques de cette nature étouffante.

Les quelques détails qui vont suivre désignent l'exaltation de sa jeunesse et son séjour parisien. Et, Charleville symbolise toujours autant sa solitude spirituelle et ses espoirs réduits à néant. Enfin, Rimbaud est à Paris. De la fenêtre, à trois heures du matin, il contemple la ville et la vie «extérieure»:

> «Prince, donnait sur un jardin du lycée Saint-Louis. Il y avait des arbres énormes sous ma fenêtre étroite. A trois heures du matin, la bougie pâlit: tous les oiseaux crient à la fois dans les arbres: c'est fini. Plus de travail. Il me fallait regarder les arbres, le ciel, saisis par cette heure indicible, première du matin. Je voyais les dortoirs du lycée, absolument sourds. Et déjà le bruit saccadé, sonore, délicieux des tombereaux sur les boulevards. - Je fumais ma pipe-marteau, en crachant sur les tuiles, car c'était une mansarde, ma chambre»[442].

---

[441] OC, P. 238.
[442] OC. P. 266.

A travers cette correspondance, des paysages et des espaces sont exposés de manière très précise. Le poète nous décrit son logis et sa vie à la manière d'un étranger, comme s'il vivait à l'extérieur de la société. En plus, il est seul comme un unique bateau qui navigue sur l'océan. Dans cette description, deux mondes et deux types d'espace sont en contraste: un fermé et l'autre ouvert, comme l'image de la chambre et du jardin que nous avons déjà vu dans les Œuvres poétiques. C'est un curieux rapprochement qui nous est imposé lorsque nous lisons cette correspondance.

Pourtant, les caractères respectifs restent liés, l'un à la clôture d'un monde: «la bougie pâlit» et l'autre à l'ouverture sur un autre monde: «tous les oiseaux crient». Ces deux espaces, dans leur approche esthétique et leur contraste, constituent un écart: la vie personnelle et sociale.

Tout d'abord, l'élément «une mansarde», par sa dimension verticale, correspond à «La plus haute tour» qui représente chez Rimbaud un espace exilé et une aliénation à la vie sociale:

> «Oisive jeunesse
> A tout asservie,
> Par délicatesse
> J'ai perdu ma vie.
> Ah! Que le temps vienne
> Où les coeurs s'éprennent»[443].

Ensuite, «Première du matin» signifie l'aube, le moment où tous les êtres se réveillent et donc de l'espoir, puisque c'est l'heure du départ vers l'inconnu. Mais, l'aube est vécue de façons différentes: les autres y trouvent une source de bonheur intense: *«tous les oiseaux crient à la fois dans les arbres»*. C'est l'heure d'un renouveau où tout semble possible et promis. Mais, le poète, ne voit «pas le matin» qui lui évoque une obscurité totale, un désespoir. Ainsi, pour Rimbaud, le lever du soleil à Paris correspond à l'heure du coucher après s'être enivré de vin:

---

[443] OC, P. 77-78.

«C'est l'heure de se soûler chez les marchands de vin, pour moi. Je rentrais manger, et me couchais à sept heures du matin, quand le soleil faisait sortir les cloportes de dessous les tuiles»[444].

L'aube, qui sera toujours présente pour le poëte, se fera nostalgie légère, tristesse, découragement.

Tout comme l'aube, le crépuscule est un élément équivoque et un espace privilégié du poëte: si le lever du soleil est «le premier matin en été»[445], son coucher en est peut être «le soir de décembre».

Le poëte n'hésite pas à mettre en parallèle avec la rue, autre face de l'univers parisien où se déploie une vie «normale», le jardin qui est un élément bienfaisant et porteur d'équilibre de la nature. La «fenêtre étroite» borne cet espace clos. Elle marque une ouverture vers le monde extérieur auquel le poëte ne participe que par la vue («fallait regarder»). Ainsi, cet étranger ne tardera pas, en tout cas, à mépriser «en crachant» ce monde insociable.

> «j'ai une chambre jolie, sur une cour sans fond mais de trois mètres carrés. - La rue Victor-Cousin fait coin sur la place de la Sorbonne par le café du Bas-Rhin, et donne sur la rue Soufflot, à l'autre extrémité. Là; je bois de l'eau toute la nuit, je ne vois pas le matin, je ne dors pas, j'étouffe. Et voilà»[446].

«j'étouffe» exprime clairement chez Rimbaud le besoin d'un évasion, d'un déplacement immédiat: nous avons déjà vu, dans l'étude précédente, que cet étouffement l'entraîne, afin d'aboutir à l'espoir, vers Paris, ville où semble exister une autre vie de la nature humaine.

Bientôt, il ne supporte plus sa vie parisienne et part de Paris (le 7 juillet 1872) en compagnie de Verlaine pour gagner Londres, via Bruxelles où, l'année suivante (le

---

[444] OC, P. 226.

[445] «Le premier matin en été, et les soirs de décembre, voilà ce qui m'a ravi toujours ici». OC, P. 266.

[446] OC, P. 266.

10 juillet 1873), les deux compagnons connaîtront le drame - le coup de revolver tiré par Verlaine -: *«Rumeurs des villes, le soir, et au soleil, et toujours»* et *«Les arrêts de la vie. - O Rumeurs et Visions»*[447].

Rimbaud séjourne de nouveau à Londres en 1874 non pas avec Verlaine, mais avec le poète G. Nouveau. Ensuite, en 1875, il part plus de deux mois pour Stuttgart. Sans anticiper sur l'analyse qui suivra, nous pouvons déjà signaler que ces périodes de fugues et de voyages sont en corrélation très étroite à une évasion et à un désir de découvrir un autre espace.

Le poète adresse à E. Delahaye une lettre comprenant le «Rêve» et la «Valse», qui sont ses derniers poèmes écrits. Et à partir de ce moment, le nouveau départ de Rimbaud commence.

> «On a faim dans la chambrée -
> C'est vrai...
> Emanations, explosions. Un génie:
> «Je suis le gruère! -
> Lefêbvre: «Keller!»
> Le génie: «Je suis le Brie! -
> Les soldats coupent sur leur pain:
> - «C'est la vie!
> Le génie. - «Je suis le Roquefort!
> - «Ca s'ra not' mort!...
> - Je suis le gruère
> Et le Brie!... etc.»[448].

De quoi s'agit - il dans ce «Rêve»? Nous avons déjà vu, à travers l'étude des poésies que chez Rimbaud, le rêve est directement lié au bonheur: c'est une tentative de fuite, plus précisément un désir d'évasion de Rimbaud. Ce poème décrit la vie

---

[447] OC, P. 129.
[448] OC, P. 299.

militaire. Cela représente un certain état psychologique de Rimbaud qui est préoccupé par l'appel de la deuxième «portion» du «contingent» de la classe 74, prévu le 3 novembre prochain.

Ainsi, même le titre n'est pas rédigé fortuitement, car ce mot comporte un autre monde dans l'«ailleurs»: la caserne où le poète aura une nouvelle vie en tant que soldat. Ici, «la chambrée» évoque encore le lieu clos de la chambre des «Orphelins», sombre et lourde de désespoir. Pourtant, ces courtes phrases représentent d'une certaine manière une consolation de lui-même afin que Rimbaud puisse accepter la réalité devant lui: «C'est vrai...», «c'est la vie» et «ça s'ra not' mort!».

Nous avons jusqu'à présent observé que les aventures se succèdent l'intention permanente de fuir la réalité. Le voyage du premier Rimbaud est une forme d'évasion de la réalité. Cette vocatrice libératoire se trouve clairement énoncée dans ces premières lettres. Mais, après le moment où il écrit à E. Delahaye cette lettre du «Rêve», ces voyages ne semblent plus motivés exclusivement par le désir d'évasion du premier Rimbaud: nous avons déjà révélé, sur ce point de vue, sa préoccupation de l'armée et de la préparation de son «bachot» ès sciences.

Dorénavant, Rimbaud n'est plus comme avant: il n'est plus celui qui ne pense qu'à fuir, hésitant à s'intégrer à la société. Mais, il se donne immédiatement à l'avenir, *«la réalité rugueuse à étreindre»*[449]. En janvier 1876 il s'engage dans l'armée coloniale hollandaise; il est conduit à Batavia puis déserte et revient en France. De 1878 à 1880 il est à Chypre puis cherche du travail dans tous les ports de la Mer Rouge; de 1880 à 1891 il est au Harar où il exerce en particulier le métier de négociant de café.

2). GRAND «Départ»

«La route est en neige jusqu'à plus de trente kilomètres du Gothard. A trente k[ilomètres] seulement, à Giornico, la vallée s'élargit un peu. Quelques berceaux de

---

[449] OC. P. 116.

vignes et quelques bouts de prés qu'on fume soigneusement avec des feuilles et autres détritus de sapin qui ont dû servir de litière. Sur la route défilent chèvres, bœufs et vaches gris, cochons noirs. A Bellinzona, il y a un fort marché de ces bestiaux. A Lugano, à vingt lieues du Gothard, on prend le train et on va de l'agréable lac de Lugano à l'agréable lac de Como. Ensuite, trajet connu»[450].

La route toute entière semble impliquée dans un espace de rencontre, dans lequel la vue se perd à l'infini sur un horizon. Malgré l'hiver, le temps ne se manifeste pas comme chez les «Orphelins» où tout est glacé à cause de «la bise hivernale». Les hommes travaillent dans les champs et les animaux «défilent» sur la route. Cette description vive est une influence de la nature et surtout de l'espace ouvert, enclin à l'espérance morale et physique de Rimbaud née du mouvement.

La route est ainsi un lieu ouvert où l'importance de l'extérieur est considérable, car porteuse de vie et du bonheur. Sur la route, Rimbaud découvre des paysages, des mœurs et des opinions différentes. Il accepte de se dépayser et compare, réfléchit. Et sur la route, il entend aussi le matin, l'appel du soleil, de la montagne et de la neige sur laquelle le bonheur semble éclater comme les éclats clairs. Rimbaud est friand, dans ses descriptions, d'adjectifs qualificatifs, «merveilleuse», «agréable»... qui expriment la délicatesse des sensations éprouvées par la rencontre des différents paysages et des nombreux espaces ouverts comme la route.

Par conséquent, c'est la présence de nombreux adjectifs qualificatifs qui restitue à cet espace, et à ces routes, l'envie, tant recherchée par le poète, de parcourir le monde:

«Moi je suis surveillant d'une carrière au désert, au bord de la mer: on fait un canal aussi. Il y a aussi à faire l'embarquement des pierres sur les cinq bateaux et le vapeur de la Compagnie. Il y a aussi un four à chaux, briqueterie, etc...,»[451].

---

[450] OC. P.306.
[451] OC, P. 308.

La vision de Chypre est accentuée par la présence du désert. En plus, «une carrière», «des pierres» «briqueterie» et «rocs» sont les images visiblement sèches comme le sont les éléments du désert. Malgré, l'immensité du désert, immense, ce lieu projette en réalité une image de la chambre: il s'agit des «Désert[s] de l'Amour» qui symbolisent un espace du «désespoir» et de la «tristesse». D'ailleurs, avec les éléments des «cinq bateaux», «le vapeur», «la rivière», «la mer», ce lieu devient comme une «île», bien qu'elle figure un espace clos et isolé du monde: «le premier village est à une heure de marche». En effet, l'aridité du désert occupe la place du «vide»: ce désert désigne l'image torride et les lieux inhabitables:

> «La chaleur est très forte. On fauche le grain. Les puces sont un supplice affreux, de nuit et de jour. En plus, les moustiques. Il faut dormir au bord de la mer, au:désert»[452].

> «Tous les Européens ont été malades, excepté moi. Nous avons été ici vingt Européens au plus au camp. Les premiers sont arrivés le 9 décembre. Il y en a trois ou quatre de morts»[453].

Ces extraits sont entièrement impliqués dans le désespoir d'un horizon sans fin, auquel la vie ne peut se raccrocher.

Va-t-il «étreindre» cette «réalité rugueuse»? Rimbaud s'interroge plus qu'il n'interroge les siens: «Préféreriez - vous que je rentre?». OC, P. 308. Rimbaud regrette désormais d'avoir entrepris ce voyage dans cet espace rugueux et désire retourner dans sa ville qui, malgré tout, l'étouffait auparavant. Cela signifie qu'il n'a pas confiance en lui: à travers l'approche psychologique, il semble que Rimbaud a une hésitation «embarrassante», une sorte de désespoir. Car jusqu'à cet instant, Rimbaud n'a jamais osé demander à autrui un quelconque conseil au sujet de ses pérégrinations.

Et cette indécision entraîne une angoisse fortement ressentie par le poète qui, au

---

[452] OC. P. 309.
[453] OC. P. 308.

choc des deux univers (entre l'ailleurs «imaginaire» / «réel» et sa ville / le désert), reste impuissant et voué à l'incertitude. Il eprouve de la douleur dans le désert, et de la peine, car ce moment d'hésitation constitue son échec capital de la tentative d'évasion: «Je pense que je vais revenir, mais je voudrais, avant que vous me donnassiez des nouvelles»[454].

Rimbaud, ainsi que son espace «réel», vit sa vérité dans ces terres dangereuses; et les portes de la «contre-réalité» désormais restées ouvertes lui permettent, comme il le désire, de retourner dans sa ville natale, Charleville. Mais, ce choix de vivre à Charleville n'est qu'une action temporaire, car au moment où il rejoint sa quête, il est saisi par un autre voyage.

> «Je n'ai rien trouvé à faire en Egypte et je suis parti pour Chypre il y a presque un mois. En arrivant j'ai trouvé mes anciens patrons en faillite. Au bout d'une semaine, j'ai cependant trouvé l'emploi que j'occupe à présent. Je suis surveillant au palais que l'on bâtit pour le gouverneur général, au sommet du Troodos, la plus haute montagne de Chypre [2100 mètres]»[455].

«La plus haute montagne de Chypre [2100 mètres]» désigne l'espace vertical qui constitue dans la correspondance de Rimbaud un thème non négligeable de sa démarche spatiale: comme nous l'avons déjà mentionné dans notre étude précédente, l'image de ce «lieu haut» symbolise un espace d'aliénation que définissent «une mansarde» et «la plus haute tour».

Ainsi, cet espace «haut» ne met pas à l'honneur la luxuriance végétale: *«Il n'y a sur la montagne que des sapins et des fougères»*[456]. Ces sapins et ces fougères remplissent l'espace de la montagne dans une double dimension: à la fois horizontale et verticale. Ils procurent, par là même, une double sensation: celle d'être à la fois éloigné de la société et aussi libéré de la vie réelle. Ce sentiment se retrouve à travers

---

[454] OC, P. 309.
[455] OC. P. 310.
[456] OC. P. 311.

l'image des sapins qui a un aspect «mince». Cette image «pointue» est importante puisque les sapins, par leur ramures et leurs feuillages aciculaires, donnent l'impression que leurs aiguilles constituent un rempart contre le danger extérieur. La vie des hommes à la montagne n'est guère différente de celle du sapin: il faut se protéger contre le froid, le vent et les autres dangers.

Rimbaud a su à travers cette image de végétation maigre et du climat atroce traduire à la fois l'atmosphère oppressante de cet espace et la vie rigoureuse au sommet de la montagne:

«De plus, tandis qu'on a très chaud dans les plaines, à cette hauteur-ci il fait, et fera encore pendant un mois, un froid désagréable; il pleut, grêle, vente à vous renverser»[457].

L'image que dégage cet espace du «froid désagréable» est celle du danger; ce dernier se concrétise parfaitement par la présence de la pluie et du froid. Et l'arrivée du Mont-Troodos est profondément marquée par l'image du danger. Il y a une atmosphère nettement menaçante: «(il) vente à vous renverser». De plus, il supporte très mal une vie verticale, en haute altitude: «Je me porte mal; j'ai des battements de coeur qui m'ennuient fort». Ce lieu gelé n'évoque plus jamais l'heureuse intimité entre les humains et la nature, «les transports sont difficiles, les villages très loin, la nourriture très chère».

Ainsi, ce lieu est désert inhabitable extrêmement froid. Cet espace humide et engourdi empêche quiconque d'agir: cela peut signifier l'aversion dont fait preuve Rimbaud envers les gens du Mont-Troodos qui, à l'image de ses paysages, restent figés dans un univers fermé. C'est l'image de la chambre et de l'espace cloisonné qui va forcément entraîner Rimbaud vers un espace plus large; l'illustration est d'ailleurs évidente dans les Œuvres et dans les lettres.

Rimbaud n'hésite presque plus à pénétrer l'espace froid-chaud et haut-bas, tant son esprit et son corps sont imprégnés de l'esprit du mouvement «spatial». Toutefois, l'arrivée à la montagne de Chypre ne constitue que la première étape d'une longue initiation. C'est la raison pour laquelle Rimbaud rencontrera encore les

---

[457] OC. P. 311.

caractéristiques et les sensations les plus variées. Cette fois-ci, nous retrouvons, tout au long de la description d'un «trou» de la montagne, l'idée d'un creusement et aussi d'un enfoncement: il s'agit de la ville Aden. au cours de sa description des passages, nous trouvons une autre atmosphère de la montagne renfermant à elle seule les caractéristiques de cette nature étouffante:

«Il n'y a aucun arbre ici, même desséché, aucun brin d'herbe, aucune parcelle de terre, pas une goutte d'eau douce. Aden est un cratère de volcan éteint et comblé au fond par le sable de la mer. On n'y voit et on n'y touche donc absolument que des laves et du sable qui ne peuvent produire le plus mince végétal. Les environs sont un désert de sable absolument aride. Mais ici, les parois du cratère empêchent l'air d'entrer, et nous rôtissons au fond de ce trou comme dans un four à chaux»[458].

Les expressions telles que «cratère de volcan», comblé par le sable, et «fond de ce trou», expriment l'idée d'enfoncement et de creusement qui correspondent spécialement à un détail désagréable de l'espace clos. Ce n'est pas le Rimbaud-écrivain qui a placé son personnage dans un lieu défavorable de la nature, mais bien parce que Rimbaud lui-même est renfermé et prisonnier dans ce lieu réel. En effet, ce passage nous renseigne sur le côté «écorché vif» de Rimbaud, extraordinairement réceptif à toutes les sensations:
- visuelle: «On n'y voit... donc absolument que des laves et du sable», «Les environs sont un désert de sable absolument aride».
- Tactile: «Nous rôtissons au fond de ce trou comme dans un four à chaux».
- Gustative: «comblé au fond par le sable de la mer», (ici, le «sable de la mer» symbolise le sel).

Dans ce dernier passage la description s'inscrit dans le temps: les contours, la forme et l'aspect de l'objet décrit se précisent peu à peu à mesure que le correspondant arrive à voir clair dans ses sensations. Ce passage ne semble pas d'une exquise facture impressionniste, mais une description sensorielle des paysages réels éprouvés pendant son séjour à Aden.

---

[458] OC. P. 402.

La réalité, devant lui, est non pas «un réel cauchemar», mais un enfer[459]: la ville Aden est entourée de parois, du désert, du sable, éléments qui indiquent clairement que les habitants *«rôtissent au fond de ce trou»* et qu'ils n'ont aucune occasion et aucune chance de rapprochement avec l'extérieur; c'est un enfermement total dans le milieu: la végétation disparaît, étouffée par la chaleur et seuls les rochers subsistent dans ce décor naturel.

La fermeture est liée ici à son extrême étouffement et caractéristique de Rimbaud qui, par ce moyen, voulait signifier son désir de se débarrasser des intérieurs puritains qui l'étouffaient. En effet, la clôture de cette ville lui rappelait la clôture morale qui l'a fait terriblement souffrir durant son séjour à Aden.

L'atmosphère étouffante exprime également l'impossibilité de goûter le présent, et parallèlement un désir de fuite, un élan vers l'«ailleurs» *«L'Inde est plus agréable que l'Arabie. Je pourrais aussi aller au Tonkin»*[460].

Celle-ci est décrite par un élément local: le climat en Arabie, qui semble aussi atroce que le paysage. En effet, la pluie et le froid (Mont-Troodos) ou bien l'extrême chaleur (Aden), que nous venons d'étudier, prévalent dans la correspondance. Le rôle du climat, le froid et le chaud surtout, est essentiel. Le froid, pour Rimbaud, correspond à la douleur. Effectivement, la pluie et la neige signifie la stérilité, le néant du monde: elles ont rendu la montagne *«stérile»* puisqu'elle est *«un désert gelé»*: *«Il pleut, grêle, vente à vous renverser»*. Ce climat marque aussi un arrêt du temps, un resserrement de l'univers: il renferme dans la chambre les deux enfants en les écartant encore plus du monde (Les Etrennes des Orphelins). D'ailleurs, ce mauvais climat entraînera encore Rimbaud vers un autre lieu, *«J'ai toujours horreur de la pluie, de la boue et du froid»*[461]. Ainsi, ce froid devient une vive motivation pour s'évader vers le beau temps.

Notons toutefois l'intéraction qui existe entre l'environnement et le moral de Rimbaud: suivant l'état d'âme du poète, les paysages et les climats se rencontrent tout

---

[459] Dans sa correspondance, Rimbaud a prononcé ce mot «enfer», pour la première et la dernière fois, en décrivant le paysage d'Aden. Voir OC, P. 402.

[460] OC, P. 403.

[461] OC. P. 358.

au long de ses voyages:

- De Massaoua à Aden: «J'ai 40 degrés de chaleur ici, à!à maison: on sue des litres d'eau par jour ici. Je voudrais seulement qu'il y ait 60 degrés, comme quand je restais à Massaoua!»[462].

- D'Aden à Harar: «Je suis toujours mieux ici qu'à Aden [...] bien plus d'air, de verdure, etc...»[463].

- De Harar à Ogadine: «son climat est donc plus chaud que celui du Harar»[464].

- De nouveau, d'Aden à Tadjoura: «Je suis heureux de quitter cet affreux trou d'Aden où j'ai tant peiné. [...]. Mais en Abyssinie le climat est délicieux, il ne fait ni chaud ni froid...»[465].

En revanche, il y a une merveilleuse image du paysage africain qui évoque à Rimbaud la Suisse découverte lors d'un voyage précédent:

«Parmi les monts de l'Abyssinie, qui est la Suisse africaine, sans hivers et sans étés: printemps et verdure perpétuelle, et l'existence gratuite»[466].

Ce paysage, tout teinté de la couleur verte, est dépeint par le poète comme un pays de rêve. Nous voyons, entre autre, la riche végétation, l'air sain: toute une atmosphère, en somme, où le moment du voyage se mêle à la beauté du paysage.

Rimbaud a également retranscrit les sensations, créées autour des couleurs particulières, d'un point de vue spatial. Il est particulièrement sensible aux couleurs; cette couleur verte apparaît dans les «Voyelles»:

«U, cycles, vibrements divins des mers virides, Paix des pâtis semés d'animaux, paix des rides Que l'alchimie imprime aux grands fronts studieux;»[467].

---

[462] OC. P. 315.

[463] OC. P. 364.

[464] OC. P. 376.

[465] OC. P. 407.

[466] OC. P. 415.

[467] OC. P. 53.

Dans ces deux derniers passages (celui des «Mont de l'Abyssinie» et des «Voyelles»), la couleur verte est accentuée par la présence de trois éléments:

Le «Vert»: - Poésie: - «U» = Mer = Pâtis.
　　　　　 - Correspondance: - Suisse = Printemps = Verdure.

Dans sa poésie, Rimbaud s'est appuyé sur les éléments de la nature pour chercher sa propre définition de la couleur verte. Dans la plupart de ces éléments y prédomine une couleur: le vert, omniprésent dans les descriptions du paysage, évoque tour à tour des espaces ouverts, notamment à travers la description de la végétation. Dans ce sens, la signification de la couleur bleue est similaire à celle de la couleur verte - par le symbolisme rimbaldien -, car la mer est un élément commun à la nature et également aux espaces ouverts. Dans les «Voyelles», le bleu de la mer n'est pas à priori utilisé de manière originale, c'est à dire que cette couleur rend plus apte à situer la fluidité ou plutôt la mobilité, «Cycles», «Virements». Il s'agit du mouvement.

Dans le passage tiré de la correspondance, la «Suisse» et le «Printemps» sont des noms qui n'appartiennent pas au champs lexical de la couleur. Pourtant, ces deux éléments sont rattachés à la couleur verte par la présence du mot «Verdure perpétuelle». Il s'agit de la verdure de la montagne suisse et de la verdure pure du printemps. Le vert est la couleur du commencement d'une saison, de l'espérance, de l'amour au printemps. Le commencement du printemps, saison du renouveau, de la vie et qui fait disparaître l'hiver explose dans les couleurs tendres. Le printemps est le bijou précieu de la saison. Quant à la lumière verte, elle est l'eau précieuse de nacre renfermée au fond du grand bleu, au sein de la mer et du ciel comme un bijou dans un écrin. Cette description est non seulement une image poétique, mais aussi une vision globale de la réalité. Lorsque l'horizon est large, la «verdure perpétuelle» apparaît comme une image de la mer libre de l'étreinte et de l'immobilité.

En effet, le jeu de la couleur verte dans le cadre merveilleux de la nature est un plaisir dont Rimbaud est d'autant plus friand: les espaces ouverts sont à ses pieds.

D'ailleurs, Rimbaud est aussi sensible aux couleurs «sans hiver» qu'à celles sans «été»; mais Rimbaud va ressentir ce printemps qui accélère le processus vital comme la saison de la la beauté même d'une vie saine, de la fraîcheur et de la renaissance, parce qu'il va s'installer dans un monde au doux climat:

> «On pourrait faire là un petit commerce; je pourrais peut-être y acheter des jardins et quelques plantations et essayer d'y vivre ainsi. Car les climats du Harar et de l'Abyssinie sont excellents, meilleurs que ceux de l'Europe, dont ils n'ont pas les hivers rigoureux; et la vie y est pour rien, la nourriture bonne et l'air délicieux»[468].

Le climat du printemps est une flèche qui va de la mort à la vie à savoir de la désolation hivernale à la plénitude estivale. Toute la nature s'anime: les fleurs poussent, les oiseaux recommencent à chanter et même ce qui paraissait mort renaît.

Ainsi, ce climat doux fascine Rimbaud comme un «séducteur» qui, finalement, provoque son désir de voyage, du nord vers le sud, de l'hiver au printemps, du froid au chaud.

Il est particulièrement intéressant que Rimbaud évoque les monts de l'Abyssinie comme une «Suisse africaine»: cette évocation n'est pas gratuite; elle est directement liée à l'état d'âme de Rimbaud qui désire aller dans un pays où il n'y a qu'un climat agréable. Le poète est passé au moins trois fois dans ce beau pays, la Suisse, où tous les romantiques français ont déjà voyagé; Tous[469] y sont allés voir le paysage pittoresque, soit en guise de refuge contre la persécution, soit comme lieu de recueillement.

Malgré tout, nous ignorons pour quelles raisons Rimbaud est passé plusieurs fois[470]

---

[468] OC, P. 385.

[469] Rousseau, Hugo, Michelet etc.

[470] Rimbaud passe, après quelques mois passés à Stuttgart (vers la fin d'avril 1875), la Suisse et les Alpes, et ensuite arrive à Milan en Italie. Le deuxième passage en Suisse a eu lieu au début de l'année 1878. Et Le troisième voyage a été attesté par sa lettre du 17 novembre [18]78: «sur la ligne droite des Ardennes en Suisse». OC, P. 303.

par la Suisse. En tout cas, il est notable que le poète n'a pas été indifférent aux charmes du paysage helvétique de la Suisse: nous avons déjà vu dans notre étude précédente la délicatesse des sensations éprouvées à travers le paysage de Gothard, de Bellinzona... On peut juger du vrai sens de ce voyage à la fois par la satisfaction que Rimbaud en tire, et à l'association qu'il fait de la Suisse à l'image de la «vraie» nature. Cette nature - nous l'avons remarqué à propos du soleil éclatant et de la mer immense dans les Œuvres de Rimbaud - est souvent identifiée à un espace ouvert; c'est l'image d'un endroit paradisiaque. Aussi, il est évident que dans la description que Rimbaud fait de la Suisse, c'est cette vision de la nature qui nous est proposée.

Nous ne saurions exprimer plus clairement le charme irrésistible de la Suisse. Ce pays est donc une terre magnifique revêtant une signification particulière pour Rimbaud.

Nous avons, jusqu'à présent, étudié la conception, la signification et l'évolution de l'espace rimbaldien à travers la correspondance. Tout au long de ce chapitre, nous avons révélé l'image de l'espace qui n'est pas un décor extérieur, mais un milieu ambiant qui influe sur lui, ses sentiments et même son caractère. Ainsi, cet espace est au coeur même de l'écriture du poète: qu'ils soient clos ou ouverts, les espaces y sont explorés avec toute la curiosité intensive et angoissée du voyageur qu'était Rimbaud.

En ce qui concerne les passages descriptifs sur le paysage, Rimbaud a toujours su embellir ce qu'il fallait lorsqu'il s'agit de décrire les lieux qu'il a connus et surtout les espaces où il a vécu. En outre, il n'oublie jamais de comparer le vécu et le moment présent afin que ses correspondants puissent mieux suivre sa description des paysages.

C. «Le Départ» OU ESPACE DU MOUVEMENT RIMBALDIEN

1). Verbes du mouvement

Nous avons, jusqu'à présent, étudié l'espace rimbaldien d'une façon chronologique:

de son enfance à sa jeunesse, de son voyage imaginaire à son voyage réel, ou encore de son espace poétique à son espace épistolaire. La présente étude, «Départ», est consacrée à la thématique du mouvement rimbaldien. Par cette étude, nous appréhenderons d'une part, la valeur de l'espace rimbaldien dans le mouvement. Et d'autre part, l'évolution de ses idées spatiales qui le pousse à faire des voyages sans fin vers l' «ailleurs». Pour caractériser les différents mouvements, nous nous sommes interrogé sur des verbes qui sont à la fois des références à des mouvements concrets et des occupations de l'espace abstrait. Rester: pour immobiliser l'espace, Partir pour le faire avancer.

De nombreux verbes qui sont inscrits dans la correspondance de Rimbaud expriment soit directement, soit indirectement le sens du mouvement. Ces verbes du mouvement nous montrent la persistance d'un «départ» obsessionnnel: Aller, Partir, quitter, se rendre, venir etc... Nous ne parviendrons pas bien sûr à une analyse de tous ces verbes, mais nous proposons d'établir certaines révélations du mouvement avec deux verbes principaux: Aller et Partir. Les verbes qui indiquent l'action d'aller, de partir, sont extrêmement fréquents par rapport aux autres verbes qui portent le sens du mouvement. La plupart des lettres sont entièrement rythmées par ces deux verbes, tel des leitmotivs invitant le correspondant à parcourir l'espace avec le poète.

Ainsi, le choix de ces deux verbes s'explique d'abord par le sens spatial, ce qui correspond à notre sujet, la thématique du mouvement, et ensuite par la fréquence de ces occurrences après avoir calculé toutes les lettres de Rimbaud. Avant d'engager totalement notre étude dans cette direction, nous voulons tout de suite présenter un histogramme qui correspond au total de la fréquence des occurrences de l'infinitif d' «Aller» et de «Partir», qui nous permette de suivre facilement la distribution de ces verbes:

<Tableau VI>

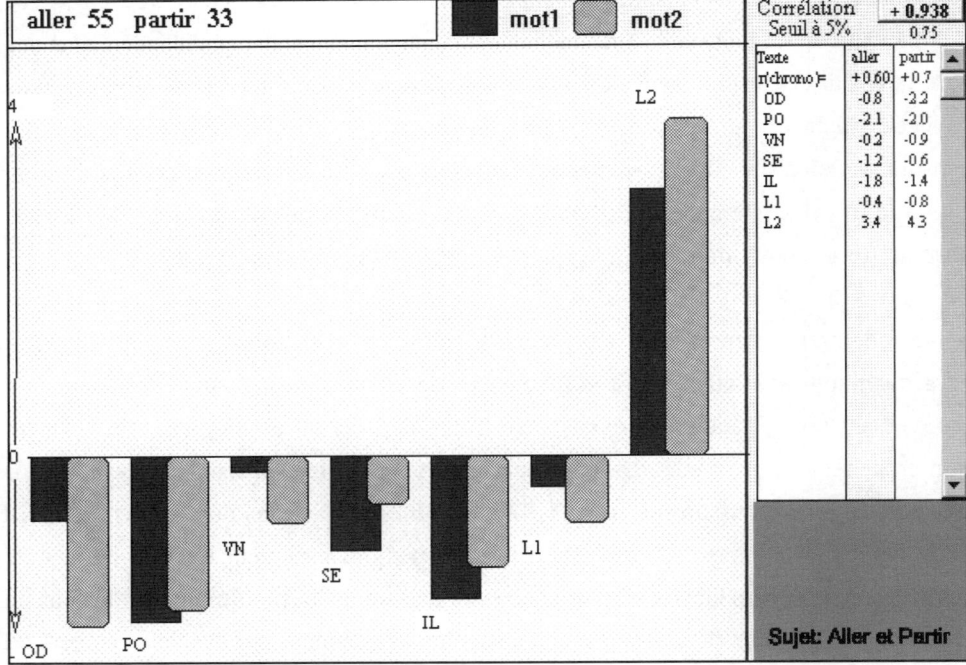

En effet, la langue que le poète a employée dans les œuvres et les lettres refléte l'évolution de ses idées du mouvement: le dépouillement des textes nous permet d'abord de connaître l'usage fréquent dans la correspondance, ensuite, le coefficient de 0,938 explique une relation étroite entre cec deux mots. Pour révéler plus précisément leur usage caractéristique, notre étude lexicale aborde uniquement les textes épistolaires:

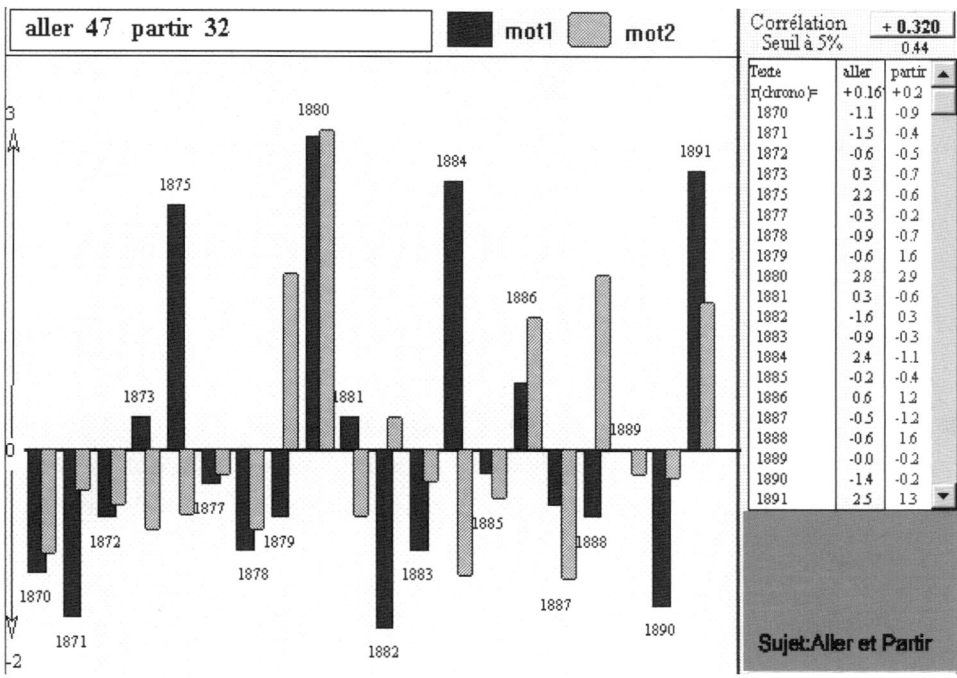

| aller 47 partir 32 | ■ mot1 | ▢ mot2 | Corrélation Seuil à 5% | + 0.320 0.44 |

Texte	aller	partir
r(chrono)=	+0.16	+0.2
1870	-1.1	-0.9
1871	-1.5	-0.4
1872	-0.6	-0.5
1873	0.3	-0.7
1875	2.2	-0.6
1877	-0.3	-0.2
1878	-0.9	-0.7
1879	-0.6	1.6
1880	2.8	2.9
1881	0.3	-0.6
1882	-1.6	0.3
1883	-0.9	-0.3
1884	2.4	-1.1
1885	-0.2	-0.4
1886	0.6	1.2
1887	-0.5	-1.2
1888	-0.6	1.6
1889	-0.0	-0.2
1890	-1.4	-0.2
1891	2.5	1.3

Sujet:Aller et Partir

La distribution ne présente pas un grand écart entre ces deux mots qui, tous deux, sont apparus assez régulièrement, surtout pendant la deuxième période. Mais, la corrélation de 0,320 désigne un écart dans leur intimité. En effet, cette différence que nous abordons dans notre étude lexicale à travers la forme verbale, montre l'usage et l'inspiration particulière de Rimbaud éffectués par ses verbes.

- Aller

Nous réunissons sous ce titre des verbes qui correspondent aux sujets du déplacement ou à un changement de la situation: Aller. Le point de départ de cet «aller» est la notion du mouvement que comporte ce verbe par rapport à un autre verbe tel que «venir» Aller indique le déplacement, l'action de se déplacer, de se rendre dans un autre lieu. Pour notre analyse du verbe «aller», nous allons étudier l'aspect de ce verbe purement «dans le sens du déplacement spatial».

Nous avons constaté que ce verbe, qu'il soit à l'infinitif ou conjugué, apparaît 121[471] fois dans sa correspondance. Parmi ces occurrences; 51 occurrences, soit 42 % concernent le mouvement rimbaldien: l'action d'aller.

- Vais.

La forme la plus productive du verbe «aller» est celle de l'indicatif présent à la première personne du singulier: «Vais». Cette forme apparaît 61 fois dans toute la correspondance. Pourtant, tous ces modèles de conjugaison ne se rapportent pas au mouvement rimbaldien: la plupart des «Vais» constituent des constructions auxiliaires, semi-auxiliaires ou de modalité avec l'infinitif.

---

[471] Infinitif, «Aller»: 47 fois. Participe présent, «Allant»: 1 fois. Participe passé, «Allé»: 4 fois. Indicatif présent, «(Je) Vais»: 61 fois. Indicatif imparfait, «(J') Allais»: 3 fois. Indicatif passé simple «(J') Allai: 0 fois. Indicatif futur, «(J') Irai»: 4 fois. Subjonctif présent, « (J')Aille»: 1 fois. Subjonctif imparfait, «(J') Allasse»: 0 fois. Total 120 fois. D'autre part, à l'exception de ces 51 verbes, à travers 69 verbes conjugués et infinitifs sont coordonnés par le prénom personnel des autres personnages, soit à travers la formule de politesse, soit au sein des nombreux emploi du semi-auxiliaires comme un futur proche: «ce pauvre diable (M. Dubois) se plaignant d'aller nu-pied», «Je vais bien», «Je vais bientôt être payé». Mais, parmi les verbes du semi-auxiliaire, lorsqu'il s'agit d' «Aller + inf» qui indiquent l'action de Rimbaud nous l'avons classé dans les verbes du mouvement rimbaldien: «Je (Rimbaud) vais aller». Nous avons, en effet, classé ces nombreux verbes selon les formes en vue de mieux connaître l'emploi verbal de Rimbaud:
- INFINITIF.
1) Aller + à: 3 fois. 2) Aller + inf.: 8 fois. 3) Aller + Aller: 1 fois. 4) Tacher + Aller: 1 fois. 5) Avoir + à + Aller: 1 fois. 6) S'en + Aller:1 fois. 7) Pouvoir + Aller: 2 fois. 8) N'Aller...: 8 fois.
- INDICATIF PRESENT.
1) Aller + inf.:10 fois. 2) Aller + à: 3 fois. 3) Aller + Aller:1 fois. 4) Aller + inf. + inf.: 2 fois. 5) S'en + Aller: 2 fois. 6) Aller + pour:1 fois.

En effet, seules 17[472] formes sont directement liées au mouvement rimbaldien: «Je ne rentre pas chez ma mère. Je vais à Paris, je tâcherai d'être parti lundi soir»...

«Aller à» indique une destination que nous nous disposons à rejoindre: «Il s'applique aux personnes et aux choses et s'emploie soit seul. [...], soit suivi d'un complément. Aller à Rome, en Espagne, aux Indes. Aller à la ville, à la campagne».

Ce verbe à l'indicatif présent est actif; néanmoins, il utilise la préposition «à», pour indiquer le lieu où Rimbaud désire se rendre: Paris.

En revanche, nous voyons, au cours de notre étude, plusieurs formes conjuguées qui n'indiquent aucune destination concrète, ni aucun sens du mouvement: «Je vais rester une semaine encore». Ils sont employés comme semi-auxiliaires perdant leur propre sens du mouvement spatial dans l'espace et leur valeur d'élan. Ce mode «vais» conjugué avec un infinitif ne signifie qu'un futur proche,: «A l'indicatif présent, il marque souvent un futur proche, parfois aussi un futur relativement lointain mais considéré comme inéluctable».

Par ailleurs, cet indicatif présent conserve sa valeur sémantique du mouvement, transposé sur la ligne métaphorique du temps « bientôt », puisqu'il n'y a plus de déplacement de lieu.

---

[472] Voir la «Table de concordances des lettres de Rimbaud»: Parmi ces 40 occurrences, les 11, «Vais + inf» correspondent à notre étude du mouvement, en plus il y a les 6 «Vais» aussi concernent le mouvement de Rimbaud.

2 OC, P. 272.

Dictionnaire de l'Académie Française (8éme éd. T.1.),éd. Slatkine Reprints, 1978. P. 41.

4 OC, P. 275.

5 Voir le concept de semi-auxiliaires: «On appelle semi-auxiliaires des verbes qui, construits avec un infinitif, parfois avec un participe ou un gérondif, perdent plus ou moins leur signification propre et servent à exprimer diverses nuances de temps, d'aspect ou de mode».

« Bon Usage: Grammaire française» de Maurice GREVISSE, éd. Duculot, 1988. P.1230.

Voir «Aller» comme semi-auxiliaires, «Bon Usage: Grammaire française» de Maurice GREVISSE, éd. Duculot, 1988. P.1230.

- Aller

L'emploi du verbe aller à l'infinitif est moins productif que celui de l'indicatif présent; parmi 47 formes de l'infinitif, 25 sont directement liées au mouvement: «Je vais aller»[473].

«Je pense que j'aurai à aller plus en avant prochainement»[474].

L'infinitif «aller» est le verbe «le plus important pour le sens du texte»[475]: «Aller» indique, comme la plupart des verbes de mouvement à l'infinitif le but en déployant la plénitude de son sens lexical.

«Aller» suivi de la préposition «en exploration» conserve non seulement le sens de sa valeur d'action (voyage), mais aussi, marque le mouvement duratif, la continuité de son voyage. Par conséquent, cet infinitif «aller», avec le verbe conjugué «vais» indique le double sens du départ et de l'évasion (comme nous l'avons déjà dit, ce «vais» possède pourtant une valeur de mouvement). En plus, la modalité de la représentation d' «aller + infinitif» traduit l'impatience du poète: l'infinitif «aller»

---

[473] Dans cette phrase, l'indicatif présent, le «vais» n'est qu'un verbe conjugué, semi-auxiliaire. C'est un déterminant qui s'étend à l'infinitif.«aller»: ce «vais», «suivi d'un infinitif, sert encore à marquer qu'une chose est sur le point d'être faite, d'avoir lieu».

[474] OC. P. 321.

[475] Voir la position importante de l'infinitif dans une phrase: «Si on compare la répartition de l'information entre le verbe conjugué et l'infinitif qui lui est associé, leur rapport se présente de la façon suivante: du point de vue sémantique, l'infinitif est le plus souvent l'élément le plus important pour le sens du texte. II indique l'action proprement dite, tandis que le verbe conjugué qui le précède en amont ne fait souvent que délimiter une modalité qui prépare l'action. Ces verbes conjugués sont parfois réduits à une liste très limitée de traits sémantiques. Information lexicale et information syntaxique sont donc réparties de manière inversement proportionnelle sur le verbe conjugué et sur l'infinitif». WEINRICH Harald, Grammaire Textuelle du Français, traduit par DALGALIAN Gilbert et MALBERT Daniel, éd. Didier/Hatier, P.189.

WEINRICH Harald, Grammaire Textuelle du Français, traduit par DALGALIAN Gilbert et MALBERT Daniel, éd. Didier/Hatier, P. 41.

indique le fait de quitter immédiatement l'espace où il était.

Nous venons de voir le verbe de modalité «aller» qui indique un intérêt principal pour l'action du mouvement. Pourtant, ce verbe n'est pas toujours utilisé avec le sens du mouvement spatial; cette modalité de la représentation ne correspond pas constamment à notre sujet du mouvement: Particulièrement, ce verbe est employé souvent comme une formule de politesse[476] dans le texte épistolaire de Rimbaud: «je vais bien», «je vais bien tout de même», «je vais mieux»...

D'ailleurs, nous employons, souvent, le verbe «être» au lieu d' «allé»: «je fus», «j'étais», «j'ai été»...

- Partir

Par contre, le verbe «partir»[477] nous semble avoir dans la langue «spatiale» un sens plus précis que le verbe «Aller»: celui de «quitter un lieu pour un autre». Chez Rimbaud nous trouvons ce verbe «Partir» avec un pur sens de mouvement. Ce sens est bien la première extension spatiale qui dépasse le sens d'«Aller»: cela s'explique par la hâte avec laquelle Rimbaud désire quitter l'endroit où il était, pour se rendre à un autre.

Ainsi, nous prendrons en compte, dans son ensemble, le sens que nous avons défini et qui paraît s'imposer: Voici les trois exemples qui semblent le plus probants: '

---

[476] L'emploi de ce verbe de modalité est fréquent, il s'agit de 12 verbes infinitifs «aller» qui relèvent de cette formule politesse. Voir la «Table de concordances des lettres de Rimbaud».

[477] Nous pouvons définir délicatement la nuance différente entre les deux verbes; tout d'abord,; «aller» signifie se mouvoir ou s'avancer vers... donnant une importance à la future destination. En revanche, «partir» exprime plutôt l'idée de se retirer ou de quitter quelque lieu. Il signifie aussi l'action de se mettre en chemin ou de bouger d'un endroit à un autre; comme «partir pour», «partir à» qui indiquent le motif ou la fin de l'action en fonction du verbe «aller pour» «aller à»: se rendre d un lieu à celui où I on voulait aller.

«Je pars très prochainement»[478].

«J'aime mieux partir que me faire exploiter»[479].

«Je devrai partir d'ici»[480].

Sur le plan quantitatif, la fréquence de ce verbe atteint 79 occurrences[481]. Parmi celles-ci, sur le plan qualitatif[482], c'est le verbe de mouvement rimbaldien qui attire notre attention: 54 occurrences. C'est-à-dire, 68 % des verbes conjugués[483] sont directement liés à l'action «spatiale» de Rimbaud.

- Pars.

«Je pars en janvier 188 , au Harar, pour le compte de la maison»[484].

«Je pars d' Aden, ce sera probablement au Compte de la Compagnie»[485].

«Je pars dans un mois pour l'Afrique»[486].

---

[478] OC. P. 339.

[479] OC. P. 315.

[480] OC. P. 639.

[481] 4 Infinitif, «Partir»: 32 fois. Participe présent, «Partant»: 4 fois. Participe passé, «Parti»: 13 fois. Indicatif présent, «Pars»: 16 fois. Indicatif imparfait, «Partais»: 2 fois. Indicatif passé simple «Partis»: 0 fois. Indicatif futur, «Partirai»: 10 fois. Subjonctif présent, «Parte»: 2 fois. Subjonctif imparfait, «Partisse»: 0 fois Total 79 fois. 5 Infinitif, «Partir»:17 fois. Participe présent, «Partant»: 2 fois.. Participe passé, «Parti»: 5 fois. Indicatif présent , «Pars»: 16 fois. Indicatif imparfait, «Partais»: 2 fois. Indicatif futur, «Partirai»: 10 fois. Subjonctif présent, «Parte»: 2 fois. Total 54 fois. D'autre part, à l'exception de ces 59 occurrences, à travers 25 verbes conjugués et infinitifs sont coordonnés par le prénom personnel des autres personnages, soit à travers la formule de préposition: «à partir de». Voir la «Table de concordances des lettres d'Arthur Rimbaud».

[482] En effet, la quantité des occurrences n'explique pas toujours la qualité. C'est-à-dire, les nombreuses et diverses occurrences du verbe «Aller» (121 fois de l'apparition) ne sont pas toujours d'un intérêt remarquable vis-à-vis du mouvement rimbaldien.

[483] Voir la «Table de concordances des lettres de Rimbaud»: Ces verbes étant pris au sens propre, s'articulent d'une manière tout à fait ordinaire, avec personne «je», qui sert évidemment à marquer la première personne Rimbaud.

[484] OC, P. 353.

[485] OC. P. 353.

Dans ces trois exemples, ce verbe est conjugué à la première personne du singulier, «Je». Il s'agit de l'action de se déplacer de Rimbaud. L'usage de ce verbe explique deux fonctionnements caractéristiques: le fait de s'éloigner d'un lieu et l'action de quitter un lieu pour une autre destination; dans la troisième phrase, «partir pour»[487], indique le fait de se rendre à l'autre lieu où il ira prochainement. Ces phrases sont construites avec le verbe à l'indicatif présent suivi d'une préposition.

En revanche, dans la deuxième phrase, l'adjonction de la préposition «de» exprime l'idée d'un déplacement à partir du lieu où il est actuellement; une autre préposition «à» que nous venons de rencontrer dans la première phrase sert à affirmer la destination du lieu où il sera «bientôt».

Ces phénomènes sont donc considérés comme effectuant étroitement l'action du sujet.

D'ailleurs, l'emploi des prépositions est convenable avec les verbes qui indiquent le mouvement rimbaldien: ces prépositions et ces verbes sont utilisés dans un sens net et simple, puisqu'ils n'ont subi aucune transposition, aucun amenuisement sémantique. De plus, il n'y a pas un mot inutile, pas un détail descriptif qui viennent alourdir la phrase.

Par conséquent, cette écriture, à la fois concrète et simple, explique le choix de la forme épistolaire. En effet, utilisant des expressions simples Rimbaud évite ainsi à ses correspondants toute ambiguïté dans la compréhension.

- Partir.

L'infinitif est la forme la plus occurrente du verbe «partir»: 17[488] infinitifs sur 32

---

486 OC, P. 356.

487 Voir la «Table de concordances des lettres de Rimbaud»: la construction de ces phrases; Partir + De + Complément.

488 Voir la «Table de concordances des lettres d'Arthur Rimbaud».

sont utilisés dans le mouvement de la première personne: Rimbaud qui raconte ou celui écrit:

«Je compte partir prochainement, ce sera pour retourner au Harar, ou descendre à Zanzibar»[489].

«Je compte partir, à la fin de l'année, pour le continent africain, non plus pour le Harar, mais pour le Choa (Abyssinie)»[490].

«Je compte définitivement partir pour le Choa, fin septembre»[491].

Nous constatons que les premiers membres de phrase sont intéressants pour l'emploi du verbe «compter». Cela dénote d'abord que le procès n'a pas encore commencé. Ce «compter + partir» indique un intérêt pour l'action de partir ou de se disposer à partir. Rimbaud désire partir le plus tôt possible, mais il ne peut pas toujours sauter le pas immédiatement. Ainsi, le verbe «partir» est un prolongement de son regard qui porte, d'abord, sur le lointain, puis sur l'horizon et toujours le plus loin possible. comme une obsession. Et la phrase suivante indique sa situation actuelle, dans laquelle Rimbaud réconcilie le désir, contenu dans «je compte partir», et la réalité «à la fin de l'année». L'idée de ce «départ», chez Rimbaud, n'est pas un voyage dans le temps, mais dans l'espace, elle signifie une élargissement spatial.

Pourtant, il y a dans le départ, la recherche d'un accord entre le poète et le non poète, entre le moi et le monde, entre le corps et le paysage; il cherche une forme d'union entre le mouvement du corps en départ et le mouvement du temps qui s'écoule. Le départ permet au moi de se glisser dans le mouvement de l'écoulement. Certainement, cet écoulement est aussi le départ vers la mort:

---

[489] OC. P. 347.
[490] OC. P. 351.
[491] OC. P. 423.

«Je vais atteindre les 30 ans (la moitié de la vie!) et je me suis fort fatigué à rouler le monde, sans résultat»[492].

Mais, ce départ est aussi un acte de soumission au temps; car le départ, il n'y a pas de révolte, pas de fuite, pas d'immobilité, mais un accompagnement de l'écoulement.

Ce passage, que nous venons de citer, accompagne ainsi l'écoulement du temps. Rimbaud ressent un désespoir en évoquant, durant des années, la vie «ailleurs» II ne s'agit pas de cette souffrance qui provient du temps écoulé ou de sa vie vagabonde. Ce désespoir profond est évoqué par le moi «non réussi» ou «sans résultat» comme s'il gaspillait le temps. Pourtant, Rimbaud se contente de sa vie comme si la vraie vie n'existait que dans la liberté offerte par la vie vagabonde, «je partirai, en serai bien aise»:

«Je voudrais faire ceci et cela, aller ici et là, voir, vivre, partir: impossible, impossible au moins pour longtemps, sinon pour toujours!»[493].

Dans ce passage, le verbe «aller» donne certainement une vivacité à la phrase. En plus, les adverbes: «ici» et «là» n'ont plus ce sens des adverbes déterminés; car «ici» et «là» indiquent finalement «partout». Ils connotent la liberté. Ainsi, ce passage se convertit en un espace de l'élargissement où nous progressons au rythme des pas de Rimbaud, où nous sommes entraînés à «aller» parcourir avec lui les espaces connus et inconnus les paysages extérieurs et intérieurs du monde. C'est pourquoi ce verbe ne suggère plus un lent et minutieux cheminement du regard comme le verbe «voir» mais devient C'est un verbe «actif».

D'ailleurs, iI est intéressant de constater que la série de verbes juxtaposés permet une vision autonome, du fait que la ponctuation individualise successivement chaque verbe qui se réfère cependant à un même sujet. Dans ce sens, «partir» ou «aller»

---

[492] OC. P. 385.
[493] OC. P. 687.

permettent de «voir» d'autres paysages et de «vivre» dans un lieu inconnu où se rencontre la nouveauté ou une vie différente. Mais chez Rimbaud, le verbe «partir», de même que les mots appartenant au champ sémantique du «Départ», se situent constamment à la fin de phrase: « Assez <u>vu</u>. [...]. Assez <u>eu</u>. [...]). Assez <u>connu</u>. [...]. <u>Depart.</u>

Cela peut s'expliquer par la psychologie de Rimbaud: son enfance reflète l'image des «Orphelins» et des enfants abandonnés dans un espace clos, à savoir la chambre sombre. Par conséquent, le domaine infini, merveilleux et même désespéré ne peut exister sans le regard de Rimbaud enfant. Le «départ» rimbaldien se réalise dans cette forme d'évasion «improvisée» qui diffère du voyage «ordinaire» (necessitant un certain temps de préparation): découvrir une autre nature, des cultures différentes, etc... Mais le voyage de Rimbaud correspond à une fuite, au refus de l'immobilité, de rester, d'accepter la vie quotidienne, et à la volonté de s'éloigner immédiatement d'un lieu vers un autre.

L'origine de ce voyage est la construction psychologique de Rimbaud enfant enfermé et étouffant dans une ville provinciale, à l'intérieur d'une chambre obscure où il n'y a rien à espérer: «Je suis dépaysé, malade, furieux, bête, renversé». En effet, la fuite existe dans le coeur de Rimbaud comme le dernier but à réaliser.

Dans le passage suivant, la crise de Rimbaud éclate:

«impossible, impossible au moins pour longtemps, si non pour toujours!»[494].

Cette phrase signifie le plus profond désespoir «*si non pour toujours*» donne une image de l'«immobile» éternel. Il s'agit de la mort. En ce qui concerne le thème de la mort, nous essaierons, dans l'étude suivante, de montrer l'état d'âme du poète devant la mort.

En effet, nous avons étudié jusqu'à présent l'emploi particulier des verbes élémentaires qui ne traduisent que le mouvement et qui expriment directement ses

---

[494] OC. P. 687.

idées obsédantes d'élargissement spatial et, par extension, un désir de fuite, un élan mélancolique vers le ciel de l'enfance.

Nous pourrons souligner finalement l'intérêt de notre étude de deux verbes sur deux aspects; d'une part ces verbes adhèrent étroitement au rythme du mouvement spatial du poète. et d'autre part, ils introduisent successivement, par l'intermédiaire de prépositions diverses: «à, pour, de» de nombreuses destinations de manière successive. Ainsi, ils limitent l'espace géographique avec précision. Et ces circonscriptions spatiales exprimées par ces verbes, nous permettent de suivre plus facilement les déplacements de Rimbaud. Dans ce sens, ces verbes sont des évocateurs «géographiques», témoins de l'itinéraire rimbaldien.

2). Vers l'«ailleurs»

Par notre étude précédente, nous savons que l' «espace» rimbaldien se compose de deux formes principales du voyage: d'abord l'imagination et la marche. Ensuite, son corps est rejeté dans un mouvement réel, la fuite, afin qu'il connaisse et accepte une autre vie sans avoir besoin du poète qu'il est, ni participation active du poète, ni composition poétique. Il considère en effet «le moi passé» dans un «ailleurs» qui se trouve plus loin qu'il n'imaginait, perdant le mythe de sa vie antérieure.

En mai 1891, Rimbaud est amputé «On m'a coupé la jambe il y a six jours». Malgré tout, son désir de partir vers «ailleurs» ne s'estompera jamais; pourtant, il est étonnant que sa vision se fasse si lointaine et qu'il puisse se tourner vers un mystérieux «ailleurs». Sa soeur Isabelle décrit:

> «Devrai - je Devrai - je aller avec lui, soit à Alger, ou à Nice, ou bien encore à Aden ou Obock? S'il veut partir je doute qu'il puisse supporter le voyage à l'état où il est; le laisser aller seul c'est le condamner à mourir sans secours. et à perdre son argent sans rémission: s'il veut absolument s'en aller que dois-je faire?»[495].

---

[495] OC. P. 701 -702.

Le moment est venu; personne ne peut l'empêcher de partir, même sa fidèle compagne, sa soeur Isabelle. Il ne va partir ni pour Alger ni pour Nice;ni pour Aden, mais plus loin; c'est le plus grand départ pour un autre «ailleurs», vers l'au-delà: la mort. Et nous pouvons donc encore ajouter une image de l' «ailleurs» rimbaldien: l'au-delà.

Ainsi, l'«ailleurs» se situe maintenant dans l'image évocatrice du mouvement; cette image se présente sous la forme de la mort. Nous allons étudier dans ce chapitre l'«ailleurs» qui est évoqué comme un déplacement dans l'espace de l'au-delà.

«Je suis complètement paralysé: donc je désire me trouver de bonne heure à bord. Dites-moi à quelle heure je dois être transporté à bord...»[496].

Cette lettre est écrite, par l'intermédiaire de sa soeur Isabelle, la veille de sa mort, le 9 novembre 1891. Ce texte n'est pas cohérent du point de vue de la description narrative, à cause du délire de Rimbaud. Pourtant, ce passage nous permet de révéler l'état d'âme du poète, qui, même inconscient, est, préoccupé par le départ.

Dans ce contexte, nous noterons un élément essentiel: le «bord», la présence de la mer, rappelant le désir du départ exprimé par le poète dans le «Bateau Ivre». En ce qui concerne la mer, elle est une présence obsédante vers laquelle s'ouvrent les espaces rimbaldiens: le Moi-bateau se met à descendre à partir des «Fleuves impassibles», puis arrive jusqu'à la mer. L'aspect de cette mer est un horizon infini, bienfaisant. La mer est alors, au départ, un espace immense de symbiose.

Le Moi-bateau se livre à un ultime mouvement d'exploration: «J'ai vu des archipels sidéraux! et des îles, Dont les cieux délirants sont ouverts au vogueur».

Pourtant, nous n'ignorons pas dans ce poème l'image de la mort, ou plutôt l'ouverture au désir de la mort du Moi-bateau:

---

[496] OC. P.708.

«Mais, vrai, j'ai trop pleuré! Les Aubes sont navrantes. Toute lune est atroce et tout soleil amer: L'âcre amour m'a gonflé de torpeurs enivrantes. O que ma quille éclate! O que j'aille à la mer!»[497].

«Si je désire une eau d'Europe, c'est la flache Noire et froide où vers le crépuscule embaumé   Un enfant accroupi plein de tristesses, lâche Un bateau frêle comme un papillon de mai...»[498].

L'image de la mer «d'Europe» devient la substance liquide d'ennui, de mélancolie et d'obscurité qui recouvre le paysage; la structure générale de l'image est celle de la mer horizontale sur laquelle tombe le jour et d'où vont s'élever les ténèbres. Et cette sombre image est plus obscure encore par la couleur «noire» et plus douloureuse par la temperature froide. Cette mer «noire» et «froide» entraîne le bateau-moi, fatigué et découragé, dans une sorte de rêverie interrompue où les souvenirs pénibles se diluent lentement. Cela correspond à une dynamique sombre et gelée: il s'agit de l'arrêt du mouvement:

«Je ne puis plus, baigné de vos langueurs, ô lames,   Enlever leurs sillages aux porteurs de cotons, Ni traverser l'orgueil des drapeaux et des flammes,   Ni nager sous les yeux horribles des pontons.»[499].

Les passages «paralysés» présentent, parallèlement une image de l'immobilisation et de l'arrêt du mouvement, qui, toutes les deux, symbolisent, chez Rimbaud, la mort:

«Pour moi, je ne fais que pleurer jour et nuit, je suis un homme mort, je suis estropié pour toute ma vie»[500].

---

[497] OC. P. 69.

[498] OC. P. 69.

[499] OC. P. 69.

[500] OC. P. 671.

La frontière entre la vie et la mort s'est présentée clairement à lui: bouger ou ne plus bouger, partir ou ne plus partir. L'«estropié» est condamné à une éternité immobile et ainsi, Rimbaud croit qu'il est déjà mort: « Rimbaud qui a rêvé de liberté libre [sic], couru après toutes les autonomies, se trouve dans une totale dépendance. Pour cet esprit mobile, pour ce chemineau inlassable, comment imaginer un esclavage plus douloureux que cette immobilité? Le voilà son enfer!»[501].

Dans l'enfer, cette clôture désigne directement l'impossibilité du départ, la réclusion dans un espace fermé. La mort ou l'enfer même ne sont pas l'origine de son angoisse, mais c'est l'impossibilité de marcher et de partir qui représente une souffrance insupportable: « *il a des rêves effrayants et quelquefois quand il se réveille il est raide au point de ne pouvoir plus faire un mouvement, le veilleur de nuit l'a déjà trouvé en cet état, (...) il pleure toujours* »[502]. Alors privé de liberté, Rimbaud envisageait la mort même par le suicide qu'il semble considérer comme un refus de l'immobilisation. Voici, écrite par Isabelle, la douleur de son frère devant l'immobilisation et la solitude:

> «je ne peux quitter ce pauvre malheureux qui, du matin au soir, se plaint sans discontinuer, qui appelle la mort à grands cris, qui me menace, si je le quitte, de s'étrangler ou de se suicider n'importe comment, - et il souffre tant que je crois bien qu'il le ferait comme il le dit!»[503].

La mort est présente dans tous ses souvenirs «noirs» rappelée par une obscurité, un espace clos et surtout un «enfer/mement» total:

> «En se réveillant, il regarde par la fenêtre le soleil qui brille toujours dans un ciel sans nuages, et se met à pleurer en disant que jamais plus il ne verra le soleil dehors. - J'irai sous la terre, me dit-il, et toi tu marcheras dans le soleil! - Et c'est ainsi toute la journée un désespoir sans nom, une plainte sans cesse»[504].

---

[501]   Xavier GRALL, « Arthur Rimbaud, La Marche au Soleil», éd. Calligrammes. 1989. P. 22.
[502]   Lettre d'Isabelle Rimbaud à sa mere, le mardi 22 septembre 1891. OC. P. 699.
[503]   Lettre d'Isabelle Rimbaud à sa mere, le mardi 22 septembre 1891. OC. P. 699.
[504]   Lettre d'Isabelle Rimbaud à sa mere, le 4 octobre 1891. OC. P. 704.

Il essaie sincèrement d'imaginer la mort qui, pour lui, n'apporte pas la sérénité, la paix, malgré sa vie tragique. C'est une peur, un désespoir et finalement une résignation. Rimbaud se soumet au cruel destin, la mort. Rien ne peut donc le sauver de la tragique fatalité.

Dans ce passage, la présence de «sous la terre» et de «dans le soleil» rend plus subtile la différence entre la mort et la vie. La terre est ainsi présentée, aux yeux de Rimbaud, sous deux niveaux différents: extérieur et intérieur. Dans le sens général, la terre «extérieure» ou la surface de la terre est, pour nous, la raison d'être de la nature comme dans l'Œuvre et la correspondance de Rimbaud; la terre est le cadre naturel où vivent en symbiose des arbres, des plantes, des fleurs, des sables, des déserts... qui sont des éléments de la terre dont nous avons révélé les images dans l'étude précédente. C'est le lieu de la mer, de la liberté et de la vie éclairé par le soleil permettant ainsi la contemplation de ce monde vivant.

Par contre, la terre «intérieure» renvoie au «sous terre». Ce sous-sol ne signifie pas un lieu déterminé, un espace marqué de l'étendue, mais une image tactile, «rude», «froide», «noire» associée très fortement à l'image de la mort; Rimbaud ne retient du «sous-terre» que ses sources douloureuses et son affirmation de la mort, representant non seulement l'expression de sa mort, mais aussi l'espace de la destruction et du néant. Affirmer sa mort, c'est, selon lui, diriger un regard vers les profondeurs de la terre, les ténèbres.

Dans ce contexte, se croisent deux éléments opposés: la terre et le «soleil», la lumière et l'ombre, celui qui va «sous terre» et celui qui marche «dans le soleil».

Différentes occupations de l'espace coexistent dans l'imaginaire de Rimbaud qui, toutes, peuvent constituer des tentatives de réponses à son angoisse devant la mort. Nous avons pu mettre en lumière deux attitudes différentes vis à vis de la mort et la vie, dont l'une consiste à accepter l'éternité de l'immobilisation, en niant le mouvement, et l'autre à continuer à marcher dans un élan de conquête, en élargissant l'espace pour nier l'immobilité.

Mener jusqu'à son terme la «vie amputée» conduit à l'immobilisation et à l'enfermement. C'est une évolution qui se repère surtout dans les derniers temps où l'attente de la mort gagne l'imagination de Rimbaud. Rimbaud a envie de marcher, de voir et de partir sous le soleil éclatant pour toujours: «*Son idée fixe est de quitter Marseille pour un climat plus chaud, soit Alger, soit Aden, soit Obock. Ce qui le retient ici, c'est la crainte que je ne l'accompagne pas plus loin [...]*»[505].

Le désir de ce mouvement était traduit dans le poème «Sensation» par le fait de sentir «la fraîcheur à mes pieds», de laisser «le vent baigner ma tête nue», et tout cela dessine les contours d'un espace. Son désir de sentir la nature est vif, comme sa description dans la poésie. Mais, maintenant, en sortant du rêve, ce désir bute sur la dure réalité de la mort, qui pénètre insidieusement dans le coeur du poète sous la forme du vide et de l'absence totale. Ainsi, son désir s'atténue en un regret « *en disant que jamais plus il ne verra le soleil dehors*».

Malgré tout, Rimbaud n'était pas un poète des espaces clos, comme le prouvent ses poèmes ouverts vers l'«ailleurs», dans l'imaginaire et dans la vie réelle; Il est celui qui s'évade, fuit, essaie de retrouver constamment le Moi- ailleurs; il est celui qui cherche à connaître tout l'aspect du monde, celui qui désire «étreindre» la réalité.

Maintenant, il dicte à Isabelle une lettre au Directeur des Messageries Maritimes pour qu'il puisse confirmer son embarquement à bord. Car Rimbaud a «Assez vu». Sa vision devient étroite puisqu'elle se restreint à l'hôpital de la Conception; il a «Assez eu» car il souffre de l'immobilité, «le soir, et au soleil, et toujours». Enfin, il a «Assez connu. Les arrêts de la vie»: la mort. - O Immobilité et Mort! «Départ dans l'affection» et ailleurs nouveau!

De nouveau, il se révolte contre l'immobilisation, contre l'enfermement; c'est ce que démontre cette phrase: «*Non! Non! à présent je me révolte contre la mort!*». Donc même la mort ne peut pas empêcher son départ immédiat. Car à ses yeux délirants se présente, la tentation, le bonheur échevelé et bruyant des départs: «*je désire me trouver de bonne heure à bord*»..

---

[505] Notes d'Isabelle Rimbaud, le 4 octobre. OC. P. 703.

En conclusion, l'espace rimbaldien ne concerne pas uniquement les lieux, mais aussi, et en grande partie, le mouvement. Nous avons mis l'accent en premier lieu sur le fait que, dans ses Œuvres notamment les «Etrennes Orphelins», dans le «Bateau Ivre»... et dans sa correspondance, l'espace est double, en ce sens qu'il est présent au niveau des narrations poétiques, et également au niveau de l'écriture même.

Après notre première étude de l'«- Assez vu - ou Espace poétique», la conception de l'espace et de l'image élémentaire semble se situer dans les évocations d'un passé angoissant de Rimbaud. Cet espace de l'enfance, nous a conduit vers un jeu complexe de surimpressions dévoilant le passé du poète, ses moments de tristesse, son angoisse et son désir d'être libre.

Ensuite, l'analyse de l'« - Assez eu - et - Assez connu, ou Espace épistolaire», nous oriente vers un champ de comparaison entre l'espace imaginaire / réel, et poétique / épistolaire. Nous nous sommes efforcé de rendre compte, ainsi que le proposait notre sujet, de l'importance de la thématique de l'espace et de l'image spatiale dans la correspondance de Rimbaud. Nous avons vu, à travers des écrits de Rimbaud, l'image des paysages abyssins et africains qui connotent directement aves le moral de Rimbaud,.Nous avons également remarqué que le poète donne une direction pour tel type d'image, puis considère d'autres critères pour tel autre, en se fondant uniquement sur les composantes formelles. En effet, les lieux se trouvent soumis à une conception essentielle, à savoir l'intimité entre l'espace et le mouvement.

Dans notre dernière étude intitulée «Départ», nous avons, d'abord, été frappé par la force des deux verbes de mouvement, Aller et Partir. Car le dynamisme spatial qui en découle est largement explicité dans ces deux verbes «jumeaux»; la fréquente apparition des verbes correspond, soit directement, soit indirectement, au mouvement réel et aussi au désir «interne» du déplacement dans la psychologie du poète. Plus précisément, par ces verbes élémentaires. nous avons vu, en dernier lieu, la conception de son départ obsédant qui le conduit vers l' «ailleurs»; Ainsi, malgré un immobilisme proche de la paralysie, qui plonge le poète dans une sorte d'apathie, son dynamisme intérieur n'a jamais été altéré en lui. Cette conception de l' «ailleurs» rimbaldien consiste en une marche vers lla mort: car, l'amputation de la jambe est le signe d'immobilisation. Il s'agit de la mort pour «l'homme aux semelles du vent».

Ainsi, s'il ne peut pas marcher dans la réalité, il marchera vers l'autre monde.

L'espace rimbaldien se compose ainsi chronologiquement de trois éléments spécifiques: l'«imaginaire», le «réel» et la «mort». L'espace semble directement lié, chez Rimbaud, au mouvement même de la vie, à l'acte de partir qui ne cesse qu'avec la mort - nous nous sommes attaché à définir le cheminement qui conduit à un départ infini. La persistance de tous ces mouvements montre à quel point A. Rimbaud était obsédé par le mouvement spatial, surtout par le voyage de type «épistolaire». Cette analyse du mouvement est aussi étroitement liée à la genèse de notre sujet «Le réalisme de Rimbaud» qui a pour but d'étudier une perspective réaliste de Rimbaud. Car le mouvement est un acte «réel».

Rimbaud rendu à la réalité

Chapitre I
RIMBAUD ET LA VOLONTE DE MAITRISE SCIENTIFIQUE ET TECHNIQUE DU MONDE

Ce chapitre est consacré à l'esprit positif de Rimbaud à partir des lettres du «voyant» jusqu'à sa pratique technique dans la réalité. Il ne faut pas oublier que cet esprit ne désigne pas que la conception philosophique[506], mais la réalité: chez Rimbaud les idées positivistes ne se manifestent pas dans une façon de «Discours» comme chez Auguste de Comte, mais dans la réalité où Rimbaud démontre son existence positiviste attachée au réel, en pratiquant la connaissance scientifique et technique. Ainsi, Rimbaud est un «post-positiviste», à savoir un positiviste plus avancé à la réalité par l'esprit scientifique. Dans la présente étude nous allons étudier cet aspect «inconnu» de Rimbaud. Il s'agit d'abord d'une analyse de l'influence scientifique sur la théorie rimbaldienne et pour préciser cette approche, nous aborderons la mise en pratique de ces idées scientifiques apparues dans la correspondance de Rimbaud.

Nous saurons par cette étude, comment l'influence du siècle se manifeste dans la théorie poétique du «voyant» et comment Rimbaud a introduit les idées scientifiques et techniques du siècle dans sa propre vie. Notre but est de donner l'image la plus

---

[506] «Nécessité d'intégrer les connaissances astronomiques dans le nouveau système de philosophie générale caractérisé par la prépondérance du point de vue historique et social». P. 20. Auguste Comte, «Discours sur l'esprit positif», présentation et note par Paul Arbousse-Bastide, Union générale d'édition, coll. 10/18, 1963.

proche de ce que représentait l'aspect scientifique de Rimbaud vis à vie de la science actuelle au cours du XIXe siècle.

Jusqu'à nos jours, de nombreux rimbaldiens ont émis deux hypothèses pour expliquer la motivation de l'abandon de la poésie de Rimbaud: ils ont tenté de l'expliquer par l'insuffisance d'argent donnant une image d'une personne qui essaie de «changer de vie» par le désespoir d'«une certaine limite»[507] dans la composition poétique. Or, ces deux hypothèses ont le défaut d'avoir négligé un fait important: le vif intérêt de Rimbaud devant la science actuelle de son siècle.

Nous croyons vrai le fait que la poésie ne pouvait lui permettre de «bien» gagner sa vie en tant que carrière professionnelle et qu'elle n'est plus capable de donner un sens ou des émotions singulières à la vie de Rimbaud; le poète la croyait comme «un moyen»[508] et cherchait souvent en elle une valeur compensatoire qui lui est apparue dès le début, lorsque la lecture et la composition des Œuvres poétiques lui permettent d'oublier sa vie triste, et plus tard, il en attendait un certain statut social[509] parmi les poètes. C'est ainsi qu'il en est venu à s'enthousiasmer pour ses possibilités et pendant quelques années à les explorer, parti ainsi à la découverte de «l'inconnu», dont il parle dans ses lettres du «Voyant». Ensuite, ce renoncement soudain à la composition

---

[507] Dans «Le texte de la correspondance africaine de Rimbaud», Livius CIOCARLIE estime que Rimbaud avait eu «le sentiment d'arriver à une impasse du langage» en écrivant ses poèmes. Voir «A. Rimbaud 3, problèmes de langue», Ed. Lettres Modernes, 1976, P. 26. Mais, voir aussi dans Rimbaud de ETIEMBLE René et GAUCLERE Yassu, ces derniers soutiennent notre idée:«S'il a écrit en prose les *Illuminations*, ce n'est pas sans doute par incapacité de se plier aux règles de la versification, ni par épuisement de sa veine». Paris, éd. Gallimard, 1950. P. 243.

[508] C'est à dire, pour Rimbaud la poésie est une sorte de «moyen» pour réussir à sa vie. Voir «La poésie est un moyen» de ETIEMBLE René et GAUCLERE Yassu, dans Rimbaud, Paris, éd. Gallimard, 1950. P. 145.

[509] Le 24 mai 1870, Rimbaud écrit à Théodore de Banville: «Vous me rendriez fou de joie et d'espérance, si vous vouliez, cher Maître, Faire Faire à la pièce Credo in unam une petite place entre les Parnassiens... Je viendrais à la dernière série du Parnasse: cela ferait le Credo des poètes!...».

poétique est définitif chez Rimbaud, déterminant pour sa vie à venir.

Ainsi comme nous l'avons signalé, le désespoir de ses limites dans la carrière littéraire n'est pas la cause essentielle au renoncement de Rimbaud pour la poésie. C'est l'intérêt scientifique et technique du siècle qui attire l'attention du poète et devient une vive motivation au renoncement à la création poétique. En tant qu' homme du XIXe siècle, Rimbaud a suivi l'influence de la science et connu particulièrement sa valeur.

En 1871, le poète batît une théorie du «voyant» constitué par cette idée scientifique, quelques années plus tard il se convertira à l'étude de la science:

> «Un petit service: veux-tu me dire précisément et concis — en quoi consiste le « bachot » ès sciences actuel, partie classique, et mathém., etc. — Tu me dirais le point de chaque partie que l'on doit atteindre: mathém., phys., chim., etc., et alors des titres, immédiat, (et le moyen de se procurer) des livres employés dans ton collège; par ex. pour ce « Bachot », à moins que ça ne change aux diverses universités»[510].

Ici, se place la lettre du 14 octobre [18]75 de Rimbaud à E. Delahaye, qui s'éclaire, pour le poète, d'une lumière particulière: il s'agit de sa volonté de maîtrise scientifique et technique du monde. Son intérêt pour la pratique scientifique naît quasi en même moment que le détournement de sa composition poétique. Il dit à son ami Delahaye «Je ne pense plus à ça»[511], comme intellectuelle et d'un esprit qui ne se laissait pas conduire uniquement par la seule poésie.

Le rapport entre Rimbaud et la volonté de maîtrise scientifique et technique du monde sera envisagé de deux points de vue différents. Nous étudierons d'abord dans ses deux lettres du «Voyant» de nombreux influences du siècle - Quels sont, développés par Rimbaud, les thèmes principaux de la réflexion suscitée par la science ou ayant quelques rapports avec elle? - Ensuite, l'époque où Rimbaud vivait, en mettant l'accent sur ses volontés scientifiques et sur sa pratique acquise sur place, en Afrique.

---

[510] Voir la lettre du 14 octobre [18]75 de Rimbaud à E. Delahaye. OC. P. 299.
[511] DTR. P. 52.

A. IDEES SCIENTIFIQUES DE RIMBAUD A TRAVERS DES LETTRES DU «VOYANT»

La maîtrise scientifique et technique est pour le jeune poète non seulement une source d'image et de thèmes descriptifs, mais elle est un objet de réflexion, elle le conduit à une interrogation plus large sur la vie à venir. Le jeune poète sait voir, fixer dans sa connaissance et reproduire dans sa théorie poétique, la science et la poésie. Entraîné par lui-même, le réel garde toute son épaisseur, sa complexité et son abondance. Le souci fondamental de Rimbaud consiste à rendre toutes les réalités matérielles: aucun détail ne lui paraît trop bas ou très vulgaire. Il s'agit d'ouvrir la voie de la poésie selon la méthode scientifique.

Pourtant, Rimbaud n'est pas le premier poète qui cherche un accord entre la poésie et la science, il y avait antérieurement à son siècle, notamment au XIXe siècle: Sully Prudhomme, Verhaeren, Leconte de Lisle etc. qui ont essayé de trouver cette harmonie. Dans sa thèse Smith exprime ainsi la relation étroite entre la poésie et la science du XIXe siècle: «*Ma tache est de trouver un accord de la science et de la poésie tel que ces deux éléments si différents se réunissent dans une Œuvre d'art sans se nuire l'un à l'autre, et il m'a semblé plus clair et plus pratique d'exposer mes recherches sur ce sujet par un examen des diverses tentatives de poésie scientifique entre 1850 et 1900, que d'examiner dans un ordre chronologique l'Œuvre des poètes qui, à cette époque, se sont inspirés des données et des découvertes de la science*».[512]

Pourtant, ce qui différencie l'aspect scientifique de Rimbaud de celui des autres, c'est que ces derniers tentent d'exprimer l'idée scientifique dans une façon «scrupuleuse» à travers seulement leurs Œuvres poétiques, alors que Rimbaud annonce ces idées notamment par sa théorie poétique qui équivaut à une sorte de plan de ses poésies à venir. D'autre part, cette influence sur Rimbaud ne concerne pas uniquement sa composition poétique: elle se manifeste dans la réalité au cours de sa

---

[512] SMITH (N), «L'Accord de la science et de la poésie dans la seconde moitié du XIXe siècle et spécialement dans l'Œuvre de Leconte de Lisle», thèse de l'université de Poitiers, 1928, P. 33.

propre vie. Il va bientôt pratiquer non seulement ses idées scientifiques mais aussi techniques.

En effet, la déclaration de Rimbaud est bien plus claire, objective et concrète. Dans «Une Saison en Enfer», le poète décrit explicitement son intérêt pour la science:

> «La science, la nouvelle noblesse! Le progrès. Le monde marche! Pourquoi ne tournerait-il pas?»[513].

Les mots doivent donc s'adapter non seulement à la préoccupation du poète, mais encore à la réalité sous tous ses aspects, et pouvoir transmettre son expérience de dépassement des apparences.

Le mot de «Progrès» dans cette citation de Rimbaud signifie une transformation de l'esprit, élévation de l'esprit du siècle. Cette élévation peut être exclusivement entendue au sens scientifique du terme: «*C'est la vision des nombres. (...) C'est très-certain, c'est oracle, ce que je dis*»[514].

Dans ce sens, il nous faut concevoir une nouvelle vision des «Lettres du Voyant» où nous pouvons déceler les premières influences de la science de l'époque: dans la théorie de sa poésie de l'avenir, Rimbaud ne reste pas prisonnier de la pensée de la science, il définit sa propre idée par les mots de son siècle. Il s'agit des notions scientifiques de «développement», de «progrès», de «nombre», de «harmonie», de «quantité», d' «inconnu», d' «objectif», de «nouveau» etc...

Parmi ces mots variés, nous allons d'abord définir ceux qui sont proches du sens scientifique du terme en prêtant attention à leur signification en rapport avec la notion du «voyant»: «progrès», «objectif», «nombre», «harmonie» et «inconnu». C'est par ces mots «scientifiques» que nous pourrons aborder jusqu'à la conception du «voyant», car ils sont les éléments de cette théorie du «voyant». Ensuite, afin de

---

[513] OC. P. 95.
[514] OC. P. 95.

mieux comprendre comment la théorie poétique de Rimbaud se lie étroitement à l'esprit scientifique, nous envisagerons tour à tour leur évolution et leur formation à partir de ces mots «scientifiques» jusqu'à la notion du «Je est un autre» et du «voyant».

1). «Progrès»

La notion de progrès peut être prise dans son sens latin: «progrès» provient de «progressus» signifiant: «action d'avancer»[515], ou s'avancer vers un degré supérieur. Au XIXᵉ siècle le mot «progresser» exprime *le fait de se développer, d'évoluer, le plus souvent en mieux (1834), en particulier le fait d'acquérir de nouvelles connaissances (1836)»*[516]. Le sens du «progressisme» est proche d'une idée de cheminement et c'est en ce sens que Rimbaud parle de «progrès» en tant que: progrès politique, social, économique qui tend à la réformation du monde réel vers un idéal, par des nouvelles connaissances. En effet, vers l'année 1870 le «progressisme» signifie souvent dans le sens d'une «évolution» scientifique et technique.

Rimbaud semble introduire ce mot dans sa théorie poétique comme une «évolution successive»;. avec un autre mot, «développement», tiré également du texte le «voyant», la signification des mots est solidement soutenue dans le sens du développement rapide de la science et la technique industrielle du XIXᵉ siècle. Ces deux mots possèdent quasiment le même sens, désignant le chemin pour «arriver à l'inconnu», pourtant la nuance est perceptible dans utilisation qu'en fait Rimbaud: le «développement» est en relation avec le sens temporel «en tout cerveau s'accomplit un développement». En revanche, le «progrès» avec une majuscule «P» désigne le progrès veritable, le fait d'arriver «à l'inconnu» pour être «voyant».

---

[515] «Dictionnaire étymologique et historique du français», Larousse, 1994, P. 620.

[516] «Le Robert, Dictionnaire historique de la langue française», sous la direction de Alain REY. Ed. Dictionnaires Le Robert, 1995, P.1664.

Lorsqu'il s'agit de définir ce «développement naturel» rimbaldien, il est facile de se rappeler la grande théorie scientifique de son siècle, le «développement naturel» de Darwin. Mais, le «développement» ou le «progrès» rimbaldien sont en fait éloignés: celui-ci décrit les faits dans la nature, celui-là est une recherche dans l'âme qui correspond plutôt au «progrès intellectuel».

A partir de la propre volonté de se connaître, l'intelligence se met à progresser naturellement vers le «progrès intellectuel»:

> «La première étude de l'homme qui veut être poète est <u>sa propre connaissance</u>, entière; il cherche son âme, il l'inspecte, il la tente, l'apprend. Dès qu'il la sait, il doit la cultiver; cela semble simple: en tout cerveau s'accomplit un développement naturel; tant d'*égoïstes* se proclament auteurs; il en est bien d'autres qui s'attribuent leur <u>progrès intellectuel</u>!»[517].

Ici, la connaissance du moi ne correspond ni à «l'exigence morale du - connais-toi toi-même - de Socrate»[518], ni «à la découverte de la force vitale aveugle, amorale»[519], mais elle désigne un ordonnancement des connaissances en soi, car à partir de cet arrangement de son âme le cerveau prend le chemin étape par étape vers «le progrès intellectuel». Ici, nous pouvons comprendre que le poète a tout à apprendre de l'âme par les efforts de se changer. Car c'est le travail sur lui-même qui est le point de départ de la théorie du «Voyant».

Dans sa conception nouvelle, ce progrès s'est orienté dans deux voies différentes: «intérieur» et «extérieur». D'abord, celui-ci concerne le monde réel où Rimbaud vit, sa volonté de le transformer à partir de la pensée systématique et de la connaissance scientifique; Rimbaud semble espérer améliorer la qualité de vie des hommes dans le

---

[517] OC. P. 251.
[518] Voir «Sous la lumière de Nietzsche: Rimbaud ou le corps merveilleux» de Paule PLOUVIER, éd. Théétète, P. 34.
[519] Idem.

monde actuel à l'aide de l'introduction des techniques: ce progrès «extérieur» est lié à des événements industriels ou économiques: «Amélioration des moyens de production, grâce surtout au perfectionnement des machines et à la mécanisation du travail»[520]. D'autre part, c'est le progrès «intérieur», en relation avec la composition poétique et la condition du poète. Ce progrès est tourné vers une transformation intérieure des idées humaines et notamment des poètes: «Processus évolutif orienté vers un terme idéal», portant une signification du *progrès infini de l'homme; progrès moral, spirituel; progrès des lettres, des lumières*»[521].

Chez Rimbaud, le progrès poétique évoque «une transformation de l'âme» qui prend tout son sens notamment en fonction de la composition poétique. La vision transforme l'âme à mesure que l'intelligence pénètre dans l'inconnu, le traverse et en ramène «toutes les formes d'amour, de souffrance, de folie». Dans la seconde «lettre du voyant» à Paul Demeny, Rimbaud explique clairement les différences entre l'intelligence et «l'intelligence universelle» qui s' introduite ici comme une «intelligence borgnesse», cela signifie une connaissance banale ou sans valeur:

> «L'intelligence universelle a toujours jeté ses idées, naturellement; les hommes ramassaient une partie de ces fruits du cerveau: on agissait par, on en écrivait des livres: telle allait la marche, l'homme ne se travaillant pas, n'étant pas encore éveillé, ou pas encore dans la plénitude du grand songe. Des fonctionnaires, des écrivains: auteur, créateur, poète, cet homme n'a jamais existé!»[522].

Le terme de «progrès» tel que nous l'avons vu renvoie dans deux conceptions de l'extérieur et de l'intérieur, à une transformation du monde réel et de l'âme poétique. Cette transformation du monde est tournée vers un changement de la conduite de l'existence humaine, par une élévation de l'intelligence scientifique. Et la transformation poétique est dirigée par la théorie du «voyant», celui qui arrive par

---

[520] «Trésor de la langue française, Dictionnaire de la langue du XIXe et du XXe siècle», T. Treizième, Ed. Centre National de la Recherche Scientifique, 1988. P. 1286.

[521] idem.

[522] OC. P. 250 - 251.

«l'éveil» à «l'inconnu» qui peut élever l'âme à l'unité des sens et avoir la connaissance de l'invisibilité de l'être. Le poète a pour mission de s'éveiller soi-même et ensuite d'éveiller l'homme à toute la puissance non révélée qui dort en lui. Il en résulte de la part de Rimbaud une grande considération pour le métier du poète.

Il est certain que la science n'a pu réussir jusqu'ici à éveiller l'homme. Pourtant, Rimbaud essaie de composer «objectivement» avec sa théorie poétique pour arriver jusqu'au «progrès intellectuel» des hommes.

2). «Objectif»

En ce qui concerne «Objectif», ce mot est un emprunt du XVIIᵉ siècle, l'époque classique, au latin médiéval: «objectivis» désigne ce *qui appartient à l'objet de la pensée*. Chez les philosophes au XIXᵉ siècle, il correspond à ce «qui existe en soi, indépendamment du sujet pensant»: *il faut nous prononcer sur la réalité objective des conceptions rationnelles, établir l'équation des idées et des choses*[523].

Dans l'usage courant, «objectif» signifie *une chose valable pour tous les êtres pensant et pouvant faire l'objet d'une connaissance universelle*[524]. C'est ensuite que la notion d'«objectif» se définit plus précisément en rapport avec la technique et la science: d'abord, dans l'usage technique, ce mot peut être par «ellipse de verre objectif»: «en optique où il qualifie un verre destiné à être tourné vers l'objet que l'on veut voir»[525]. En plus, il a été introduit par la science pour désigner l'expérience et l'observation des réalités extérieures: «La science est une connaissance réelle»[526]. Le sens dernier de la science et la technique est proche de l'idée de cheminement et c'est

---

[523] «Trésor de la langue française, Dictionnaire de la langue du XIXᵉ et du XXᵉ siècle», T. Treizième, Ed. Centre National de la Recherche Scientifique, 1988. P. 334.

[524] «Le Robert, Dictionnaire historique de la langue française», sous la direction de Alain REY. Ed. Dictionnaires Le Robert, 1995, P.1344.

[525] Idem.

[526] «Trésor de la langue française, Dictionnaire de la langue du XIXᵉ et du XXᵉ siècle», T. Treizième, Ed. Centre National de la Recherche Scientifique, 1988. P. 335.

en ce sens que Rimbaud utilise «objectif».

Dans sa première «lettre du voyant», Rimbaud écrit à Izambard:

> «Sans compter que votre <u>poésie subjective</u> sera toujours horriblement fadasse. Un jour, j'espère, — bien d'autres espèrent la même chose, — je verrai dans votre principe <u>la poésie objective</u>, je la verrai plus sincèrement que vous ne le feriez!»[527].

La «poésie objective» s'oppose à la «poésie subjective» qui correspond aux «produits de leur intelligence borgnesse» et qui qualifie le lyrisme impénitent et la poésie traditionnelle, c'est à dire aux Romantiques et Parnassiens. Rimbaud écrit *«votre poésie subjective sera toujours horriblement fadasse»* à Izambard qui aime les Romantiques et les Parnassiens:

> «Si les vieux imbéciles n'avaient pas trouvé du moi que la signification fausse, nous n'aurions pas à balayer ces millions de squelettes qui, depuis un temps infini, ont accumulé les produits de leur intelligence borgnesse, en s'en clamant les auteurs!»[528].

Dans ce cas, la poésie «objective» s'applique à la poésie nouvelle ou révolutionnaire. Il s'agit de la poésie de «l'inconnu» qui désigne le langage parvenu au degré de libération et d'autonomie les plus achevées dans les «quintessences» de la pensée inspirée: cette conception de l' «objectif», qui commande le choix de la poésie et sa défense, correspond chez Rimbaud à son propre cheminement intellectuel et moral vers la poésie idéale. Cet «objectif» désigne une nouvelle vision qui entraîne pour «arriver à l'inconnu». C'est en effet avec la vision objective que le poète peut accéder à l'«inconnu». L'«objectif» sera désormais au centre de la vision du monde nouveau.

Nous voyons que chez Rimbaud la théorie poétique est bien autre chose qu'une simple contemplation du soi. Elle est un fruit de l'observation rigoureuse des

---

[527] OC. P. 248.
[528] OC. P. 250.

phénomènes. De là l'idée d'attendre une nouvelle poésie, c'est à dire dans un premier temps établir des observations «objectives» multipliant une peinture des choses dans leur réalité, pour, dans un deuxième temps, s'en servir comme tremplin afin de s'elever jusqu'au voyant. La poésie dès lors dépasse les limites des genres traditionnels. Elle est une manière d'interpréter le monde, un moyen de le connaître, et aussi une arme pour le changer. Cette nouvelle conception de la poésie la rattache à la poésie révolutionnaire, qui est pour lui la forme scientifique de l'époque; cette conception est l'aboutissement d'une réflexion personnelle.

Ici, la conception de la «poésie objective» ne paraît pas étroitement proche de la mesure au sens scientifique , elle est plutôt contre la science: elle ne s'engage pas sur un calcul numérique, le poète laisse sa pensée s'éveiller, évoluer jusqu'à ce qu'elle semble exploser d'elle-même, jaillir sans aucune interprétation des autres. En effet, la notion de «objective» n'est qu'un des fruits du «voyant» qui s'impose une vision plus profonde désignant une pensée la plus achevée.

Par conséquent, la conception de la «poésie objective» se différencie ainsi de la science. Pourtant, on ne peut pas ignorer le fait que Rimbaud compose cette théorie avec le langage scientifique «objectif». Il suit la pensée de l'époque et est étroitement lié à la vision dominante de la science.

3). «Nombre» et «Harmonie»

Le sens des mots poétiques chez Rimbaud s'oppose donc dans sa forme à la réalité et à la science. Car, Rimbaud définit encore sa poésie idéale ou celle de «voyant» avec des termes fort réels et scientifiques: «Nombre» et «Harmonie».

«— Toujours pleins du *Nombre* et de l'*Harmonie*, ces poèmes seront faits pour rester. — Au fond, ce serait encore un peu la Poésie grecque»[529].

---

[529] OC. P. 252.

A travers le terme de «Nombre», le poète nous fait entendre que les ordres du langage sont aussi raisonnable que les ordres scientifiques. Le «Nombre» dans la conception générale signifie d'une part la *«base des mathématiques, une des notions fondamentales de l'entendement que l'on peut rapporter à d'autres idées (pluralités, ensemble, correspondances) mais qu'on ne peut définir»*[530]. D'autre part, il est associé dans l'architecture à la proportion parfaite, celle de l'harmonie du rythme et de la forme, qui est celle du nombre d'or[531] qui désigne un développement et une extension de la nature.

Ce terme du «Nombre» correspond directement à la parole de la poésie qui entretien la <u>vibration</u>[532] avec la totalité de l'univers, le monde de «l'inconnu», ce que Rimbaud appelle «l'âme universelle» signifiant donc dans sa forme la quantité mathématique que la science vise dans le nombre.

D'ailleurs, cette vibration signifie également le rythme dans le monde musical. Rimbaud définit ce rythme avec le vers grecque:

> «En Grèce, ai-je dit, vers et lyres rythment l'Action. Après, musique et rimes sont jeux, délassements. L'étude de ce passé charme les curieux: plusieurs s'éjouissent à renouveler ces antiquités: - c'est pour eux. L'intelligence universelle a toujours jeté ses idées, naturellement; les hommes ramassaient une partie de ces fruits du cerveau: on agissait par, on en écrivait des livres: telle allait la marche, l'homme ne se travaillant pas, n'étant pas encore éveillé, ou pas encore dans la plénitude du grand songe. Des fonctionnaires, des écrivains: auteur, créateur, poète, cet homme n'a jamais existé!»[533].

---

[530] «Tout phénomène de nombre ou proportion. Les formes, l'espace, la durée sont des effets, des produits du nombre; mais n'est le produit, n'est modifié, n'est perpétué que par lui même». Voir «Trésor de la langue française, Dictionnaire de la langue du XIXe et du XXe siècle», T. Treizième, Ed. Centre National de la Recherche Scientifique, 1988. P. 194.

[531] «Dictionnaire des Symboles» de Jean CHEVALIER et Alain GHEERBRANT, Ed. Robert Laffont S.A. 1982, p. 678.

[532] «Les Nombres, c'est-à-dire les degrés de <u>la vibration</u>». Voir «Dictionnaire des citations, françaises et étrangères», Ed. Larousse, 1995, P. 26.

[533] OC. P. 250-251.

TROISIEME PARTIE: Rimbaud rendu à la réalité **249**

Ce rythme est un élément premier sur quoi établir la poésie, c'est lui qui donne sa forme au poème. Pourtant, le rythme tout seul ne devient qu'un «délassement», c'est avec l'«harmonie» que la poésie idéale se forme «pour rester» éternellement.

L'idée de la musique indéfinissable correspond à l'image du monde musical:

«Son jour! l'abolition de toutes souffrances sonores et mouvantes dans la musique plus intense»[534].

Le mot «Harmonie» concerne directement un dynamisme équilibré. Cette harmonie se transmet dans le dynamisme équilibré de la forme rapportant la musique éternelle des sphères, elle communique et rassemble tout ce qui est différent; «*Ensemble des principes sur lesquels sont basés l'emploi des sons différents et simultanés et la combinaison des parties, des voix*»[535]. Dans le sens général, cette harmonie n'est pas bien différente que celle de la musique: «*Combinaison spécifique formant un ensemble dont les éléments divers et séparés se trouvent reliés dans un rapport de convenance, lequel apporte à la fois satisfaction et agrément*»[536].

L'image de l'harmonie se complète par le mouvement rythmique. La musique signifie le mystérieux accord dans lequel les êtres et les choses se rejoignent:

«Quand le monde sera réduit en un seul bois noir pour nos quatre yeux étonnés, - en une plage pour deux enfants fidèles, - en une maison musicale pour notre claire sympathie, - je vous trouverai»[537].

Chez Rimbaud, cette «Harmonie» devient un équilibre des éléments d'une langue, des voyelles dans les syllabes, et des rythmes dans les divers paroles. Elle rencontre la proportion dorée en touchant le point suprême où tout se résoudra et tout s'éclaire, où

---

[534] OC. P. 155.
[535] «Trésor de la langue française, Dictionnaire de la langue du XIXe et du XXe siècle», T. Treizième, Ed. Centre National de la Recherche Scientifique, 1988. P. 687.
[536] Idem. P. 686.
[537] OC. P. 131.

la vision devient totale et où le bonheur est enfin rejoint. C'est enfin la connaissance et l'équilibre qui se rejoignent en elles.

La connaissance du «Nombre» désigne donc la vibration des paroles, est étroitement liée au choix de la langue chez Rimbaud:

> «Cette langue sera de l'âme pour l'âme, résumant tout, parfums, sons, couleurs, de la pensée accrochant la pensée et tirant»[538].

Et, ce choix de la langue permit de qualifier le pouvoir du poète et la puissance de la vérité pour que le poète arrive à l'inconnu. Cette parole atteint à la résonance et à l'équilibre le plus ordonné, ce que Rimbaud appelle «Harmonie». L'harmonie peut se traduire en une élévation vers la liberté de la parole compatible avec l'orientation de la poésie vers la science.

La combinaison entre «Nombre» et «Harmonie» conduira enfin dans «sa marche au Progrès», vers la poésie «scientifique» et l'avenir de la science qui relie l'éternité à l'explosion de la pensée et de la connaissance nouvelle pénétrant dans l'âme; Comme le «voyant», il marche «au progrès», qu'il s'élance vers l'inconnu ou vers l'avenir, sa vision fouille l'obscurité et l'illumine par sa capacité visionnaire. Cette attitude résulte d'un refus des conditions négatives de la vie réelle, et laissant celles-ci derrière lui, le «voyant» s'avance à la découverte de l'avenir ou de l'au-delà du monde actuel.

4). «Je est un autre»

> «Car Je est un autre. Si le cuivre s'éveille clairon, il n'y a rien de sa faute. Cela m'est évident: j'assiste à l'éclosion de ma pensée: je la regarde, je l'écoute: je lance un coup d'archet: la symphonie fait son remuement dans les profondeurs, ou vient d'un bond sur la scène»[539].

---

[538] OC. P. 252.
[539] OC. P. 250.

Dans ces phrases de Rimbaud, le «je» n'existe que pour amorcer une motivation qui provoque son propre cours et s'accomplit sans le rôle du sujet. Ensuite, le poète éclipse l'ordre de la volonté et du «je» pour l'introduire dans le monde de «l'inconnu». Il y a donc ici un intervalle net entre le «je» et «un autre».

Quelle est alors cette approche du poète qui rend encore plus mystérieuse l'expression poétique «un autre»? Pour répondre à cette question, il faut d'abord comprendre que la «poésie objective» ne consiste pas en une retranscription mathématique d'une vérité inexprimable et compréhensible par tous, mais vient des profondeurs de la science en éliminant le rôle fondateur de la volonté dans la connaissance. Cela ne signifie pas que le poète détruise complètement la connaissance qu'il a déjà acquise, mais il l'utilise pour la renverser contre elle-même. Et, ensuite il se met à chercher à l'atténuer dans son rôle de principe tout puissant.

Ainsi est née la «poésie objective».

L'emploi du «je» correspond étroitement à la création de la «poésie objective»:

La conception de «Je est un autre» suit la même évolution que celle de la «poésie objective»: pour pouvoir arriver à la langue de l'âme, le «je» doit suivre la théorie du «voyant»; il doit se laisser guider par des intuitions inspirées. Autrement dit, c'est l'inspiration qui conduit le poète à une dissolution des forces de sa volonté et entraîne l'image à se faire devant lui, mais sans lui. Le «je» n'est ni le «moi» puissant, ni «moi» conscient, mais il devient comme un être vide ou un simple spectateur d'une vision dissociée de lui, le poète la contemple comme quelque chose d'extérieur, née d'une vision «autre». C'est ainsi que le «je» transformé en «autre» peut concevoir l'essence de l'objectivité, le maître de la «poésie objective».

Jusqu'à présent, nous avons vu chez Rimbaud comment une vision scientifique s'ordonnait à partir du langage du «voyant». Nous allons maintenant essayer de montrer que la plus remarquable déclaration de Rimbaud:«Je est un autre» éclaire le Moi «en avant» du poète. Le «je» signifie le Moi ancien ou le Moi à dérégler «par tous les sens»: en fait, ce «je» se propose, dans une connaissance traditionnelle, de se séparer, de se diviser, de façon à dépasser le Moi, et faire surgir son fond véritable, là où des choses traditionnelles ne sont plus susceptibles de faire apparaître.

L'objectif est de saisir l' «autre»: la vérité devient pour le poète ce qui est l'«autre», elle laisse place à une expérience de l'imprévu. Mais, c'est aussi parce que cette vérité est autre, qu'elle rend autre et transforme, permet la place à la fois à la poésie et à une connaissance du monde. Ainsi, le thème du «Je est un autre» désigne 0ceci: si la vérité est ce qui transforme, le sujet n'apparaîtra pleinement dans la vérité qu'une fois devenu «autre», sous la lumière de l'inspiration.

5). «Inconnu» et «Voyant»

Il est donc question de savoir «inconnu» et «voyant» qui désigne la même signification chez Rimbaud. Et tous deux se tiennent-ils encore dans la pensée scientifique de l'époque? Nous révélons tout de suite leur aspect différent: Le «voyant» désigne un «être» et l'autre indique un «espace» où se trouve le «voyant» Mais tous deux n'existent que dans un monde idéal ou «quintessenciel».

En ce qui concerne le terme «inconnu», Rimbaud l'emploie dans le sens d'un lieu absolu qui n'est ni mesurable ni accessible par un calcul mathématique ou une règle de la pensée. C'est un espace d'une virginité pure où on peut accéder en brouillant et en dépassant toute source de connaissance possible. Au XIXe siècle, où l'attitude scientifique est positive, l'inconnu est traité comme un aspect «à connaître» ou «bientôt connu». La science, sûre de ses fondements, est persuadée qu'il est certain de ramener l'inconnu au connu pour pouvoir définir un jour tout le réel. Ces idées positives de la science introduites chez Rimbaud comme un premier pas vers le monde inconnu, celui qui désire y accéder doit chercher «lui-même» un moyen de garder uniquement «les quintessences» de l'intelligence. Ce moyen se caractérise comme une destruction de «tous les poisons» qui correspondent à l'«intelligence borgnesse:

> «il cherche lui-même, il épuise en lui tous les poisons, pour n'en garder que les quintessences»[540].

---

[540] OC. P. 251.

Cette notion de voyant entraîne l'opposition thématique de l'«intelligence borgnesse» et de l' «intelligence universelle», de la clôture et de l'ouverture poétique. Nous voyons alors le poète prophète devenir le poète maudit:

> «Ineffable torture où il a besoin de toute la foi de toute la force surhumaine, où il devient entre tous le grand malade, le grand criminel, le grand maudit, — et le suprême Savant! —»[541].

L'agressivité s'oppose ici aux valeurs contemplatives notamment liées à la notion de voyance. C'est ainsi que la voyance débouche sur l'éclatement du «Moi»:

> «Il arrive à l'*inconnu*, et quand, affolé, il finirait par perdre l'intelligence de ses visions, il les a vues! Qu'il crève dans son bondissement par les choses inouïes et innommables: viendront d'autres horribles travailleurs; ils commenceront par les horizons où l'autre s'est affaissé!»[542].

A travers ce passage «l'autre s'est affaissé», Rimbaud explique la mort de «l'autre» alchimique qui n'est qu'une étape initiale pour une transformation ou pour avoir une autre vision. En revanche, cette phrase «viendrons d'autres horribles travailleurs» signifie une naissance des «autres» voyants après la mort de «l'autre» alchimique. Car, avec la nouvelle vision scientifique ces nouveaux «l'autres» espèrent la part «maudite» de l'humanité, pour la guérir en eux. En retour, ils proposent à cette humanité la vision d'un ancien monde défait des aspects de la maladie, et des travers incessants qui l'accompagnent. Cette vision brise le cercle diabolique de l'ambiguïté. La vision détruit la linéarité du monde actuel pour faire soudainement naître les images d'un avenir neuf, aux limites de la compréhension possible du temps.

Ici, la théorie, «l'alchimie» rimbaldienne est donc une des étapes initiales, pourtant elle n'est qu'une étape pour arriver à la connaissance du moi, Rimbaud lui même prétend qu'au «dérèglement de tous les sens» doit se développer par une phase

---

[541] OC. P. 251.
[542] OC. P. 251.

«raisonnée». Ce terme «raisonné» peut se comprendre ici comme une pensée systématique qui a évolué peu à peu à partir des idées ordonnées. Et, ce progrès permet d'avoir une nouvelle vision qui va ouvrir enfin le monde, «l'éveil» portant en pleine lumière l'image cachée et la pensée de l'ombre et faisant éclater dans le même moment l'harmonie splendide du visible et de l'invisible, de l'instant et de l'éternité. C'est ainsi que le «voyant» est né, celui qui possède cette nouvelle vision étant parvenu à «l'inconnu».

Ici, le poète, celui qui cherche les «quintessences», est considéré comme un instrument du progrès humain. Il permet l'accession de l'homme à la vision nouvelle. Et à partir de cette vision, l'homme, par ses pouvoirs personnels, parviendra au monde nouveau et idéal, harmonieux et libéré de toute contrainte.

La voyance s'effectue donc à partir de cette «quintessence» de la réalité, dont Rimbaud pense qu'elle permet d'accéder à l'inconnu. Le vol du feu s'effectue dans un bondissement:

«Car il arrive à l'inconnu! Puisqu'il a cultivé son âme, déjà riche, plus qu'aucun!»[543].

Après le premier voyant «alchimique», qui sont donc les vrais voyants dans la réalité? Il s'agit des «autres horribles travailleurs», ceux qui possèdent une nouvelle vision de l'avenir et une inspiration de l'idée «maudite». Ils sont attirés par le fait de la transgression de l'ordre social en apprenant une connaissance interdite. Dans ce sens ces «horribles travailleurs» peuvent d'ailleurs se porter aussi vers le domaine politique et social, mais par sa conclusion sur l'avenir nouveau, nous comprenons sans difficulté que Rimbaud les interprète notamment dans le sens scientifique; Son but est une connaissance plus précieuse, plus juste avant tout:

«Cet avenir sera matérialiste»[544].

---

[543] OC. P. 251.
[544] OC. P. 252.

Après ses envols «imaginaires» du «voyant», Rimbaud se met à descendre vers la terre en annonçant un avenir matérialiste.

Ce terme «matérialiste» désigne, comme Antoine ADAM l'a déjà dit, la «fusion intime de l'esprit et de la matière»[545]; le voyage dans la vision matérielle permet de métamorphoser le monde et la pensée, en créant un «avenirmatérialiste de l'humanité », inventant des paysages et des êtres uniques, plongeant le thème dans un état de fusion libre avec le monde réinventé. La plus belle phrase du travail «voyant», basée sur des expériences sensibles, nous éclaire sur l'idée de progrès et d'harmonie rimbaldienne:

> «Mais tu te mettras à ce travail: toutes les possibilités harmoniques et architecturales s'émouvront autour de ton siège. Des êtres parfaits, imprévus, s'offriront à tes expériences. Dans tes environs affluera rêveusement la curiosité d'anciennes foules et de luxes oisifs. Ta mémoire et tes sens ne seront que la nourriture de ton impulsion créatrice. Quant au monde, quand tu sortiras, que sera-t-il devenu? En tout cas, rien des apparences actuelles»[546].

Ce monde «matériel» consiste dans «l'accord de la pensée et de l'expérience»[547] qui correspond à l'idée scientifique et technique: «Ensemble de connaissances, d'expériences». Nous pourrons donc traduire l'esprit comme la poésie et la matière comme la science: la langue poétique est celle qui va relier sciences occultes et techniques. Rimbaud est ainsi «voleur de feu» ou voleur de science parce qu'il soumet sa pensée créatrice à la volonté de maîtrise scientifique et technique du monde et oriente sa poésie vers la science.

---

[545] A. ADAM décrit la vision de Rimbaud comme celle des jeunes progressistes: «Les jeunes progressistes comprenaient comme Rimbaud l'avenir matérialiste de l'humanité. Ils ne confondaient pas leur philosophie avec l'athéisme, qui leur paraissait stérile. Ils disaient que nous vivons une époque de fusion intime de l'esprit et de la matière. C'est dans le même sens que Rimbaud écrit: «Cet avenir sera matérialiste». OC. P. 1076-1077.

[546] OC. 148.

[547] «Le Petit Robert 1», rédaction dirigée par A. REY et J. REY-DEBOVE, Ed. Robert, 1989, P. 1165.

Il semble que chez Rimbaud la science soit aussi source de plaisir: plaisir intellectuel d'abord, qui complète parfois le plaisir esthétique, le plaisir de l'imagination et surtout plaisir d'être dans le monde. Parce que, nous avons vu que Rimbaud transmet par l'intermédiaire des mots scientifiques à la fois une expérience directe de la réalité et une perception particulière de celle-ci, dans son dépassement. En effet, les trois étapes (Je - Autre - voyant) désignent une importance capital pour connaître la théorie de Rimbaud. Il s'agit de l'évolution du «Je»: l'«autre» est donc le lieu où s'effectue d'abord la transformation «alchimique» d'une réalité négative, ensuite il arrive à une réalité positive par la seconde transformation qui annonce l'avenir. L'«autre» devient ainsi le «voyant» des temps futurs dessinant le monde à venir, et le montrant aux autres hommes:

«Je»	-	L' «autre»	-	Le «voyant»
: Moi ancien		: Moi alchimique		: Moi scientifique
		- Moi progrès		- Moi matérialiste
		- Moi objectif		
		- Moi arrivé à l'inconnu		

Cette idée porte l'influence de l'optimisme scientifique de l'époque visant à transformer le monde: «*Cette transformation se réalise sous nos yeux, par l'action de la science*»[548]. Soutenant l'entreprise de transformation du «Moi» et notamment du monde, se trouve l'image de l'avenir tel qu'il doit être, et c'est la projection dans l'imaginaire qui permet à l'entreprise du poète d'être destructrice dans un plan de reconstruction «scientifique». Rimbaud espère parvenir à un monde différent, extrait directement de la réalité par la nouvelle vision du «voyant». A cette vision et cet espoir, s'ajoute le mythe d'un homme total, désaliéné, celui-là même qui aura sa place dans une société où règne le bien être politique et social étudié dans notre partie précédente. Ainsi, Rimbaud s'agrandit, par la capacité de l'imagination qui lui est donnée, jusqu'aux dimensions d'un nouvel univers scientifique.

---

[548] «Histoire des techniques» de Pierre DUCASSE, Col. «Que sais-je», Ed. Presses Universitaires de France, 1958, P. 99.

En effet, Le «voyant» ici a un aspect passif, et l'âme l'aspect actif. Le poète va se soumettre à l'idée raisonnable et systématique comme à une idée de l'évolution technique, scientifique et industrielle de l'époque.

Notre démarche a tenté jusqu'à présent de montrer qu'au-delà de la simple évocation de l'histoire et de la biographie de Rimbaud, les célèbres lettres dites «Voyant» reposent sur un système de vision scientifique. Cette vision permet également à Rimbaud d'activer sa révolution «personnelle» par sa nouvelle théorie poétique.

B. PRATIQUE SCIENTIFIQUE ET TECHNIQUE DE RIMBAUD

Après avoir tracé le cadre dans lequel va se dérouler notre analyse, nous étudierons d'abord le progrès scientifique et technique qui façonne la nouvelle vision du monde, apparue au XIXe siècle. Ensuite nous analyserons la pratique acquise par Rimbaud sur le continent africain, grâce à sa volonté de maîtrise scientifique et technique du monde: notre propos est de décrire au moyen d'une analyse globale, l'époque où la vie de Rimbaud est particulièrement accaparée par la pratique scientifique, à la fois concrète et fondamentale, dans son adaptation et son utilisation personnelle.

1). Rimbaud et le siècle de la science

«Nul doute que le positivisme ne s'attache à obtenir de la science qu'elle définisse avec netteté ses caractères, sa portée et aussi ses limites. Comme il prétend déterminer le *véritable était définitif de l'intelligence humaine*, il situe la science par rapport à la métaphysique et à la téléologie, lui assigne pour tâche de découvrir les lois effectives des phénomènes par un usage combiné du raisonnement et de l'observation, lui propose comme idéal de constituer en un seul corps de vérités indissolublement solidaires toutes nos idées sur l'univers, enfin lui demande de servir avant tout le progrès humain et rattache ainsi les études scientifiques à la physique sociale ou sociologie»[549].

---

[549] Robert SCHNERB, «Le XIXe siècle», Presses Universitaires de France. 1993. P. 101.

L'époque à laquelle vit Rimbaud concentre une somme de connaissances scientifiques s'inscrivant dans le courant du positivisme[550] qui correspond souvent à la pratique scientifique ayant marqué la réelle dynamique du XIXe siècle: la convergence de l'esprit scientifique et de l'esprit pratique triomphe dans la grande innovation industrielle des temps modernes. Cette pratique scientifique et technique est orientée vers un même but: transformer le monde vers un idéal étroitement lié à l'industrialisation de l'époque.

«A partir du XIXe siècle, les sciences et les techniques ne sont plus séparables: elles agissent et réagissent sans cesse les unes sur les autres. Leur accord n'est plus orienté seulement par un idéal pratique qui s'exprime dans les philosophies; c'est cet idéal réalisé en une action commune, en des échanges réciproques, d'où résulte une accélération extraordinaire des découvertes scientifiques et des progrès industriels»[551].

Le siècle des Lumières a été une époque de passion envers la connaissance scientifique et a vu naître de grands succès mathématiques. Ces recherches sont utiles et efficaces, ce qui veut dire que la recherche peut améliorer la condition des hommes ; la formation de l'esprit scientifique a créé les conditions nécessaires à l'extension quasiment infinie de cet épanouissement du progrès technique. Mais à ce moment-là, la science n'est pas encore en mesure de bouleverser, comme elle le fera plus tard au XIXe siècle, les conditions de l'activité industrielle. Après la première

---

[550] Le mot, positivisme apparu en 1830 pour la première fois signifiant le «caractère de rigueur scientifique»: «L'emploi de positivisme pour *scientisme*, en général préjoratif, est abusif par rapport à la définition qu'en donnent les fondateurs et les propagateurs de la théorie, notamment Comte et Littré». «Le Robert, Dictionnaire Historique de la langue française», Alain REY, éd. Le Robert, 1955, P. 1590. Dans le «Discours sur l'esprit positif», Auguste Comte définie le mot «positif» qui signifie avant tout le «réel» et aussi l'«utile», la «certitude», le «précis», le contraire de «négatif», «à organiser», le «relatif». Auguste Comte, «Discours sur l'esprit positif», présentation et note par Paul Arbousse-Bastide, Union générale d'édition, coll. 10/18, 1963. P. 126-130.

[551] «Histoire des techniques» de Pierre DUCASSE, Col. «Que sais-je?», Presses Universitaires de France, 1958, P. 99-100.

révolution industrielle[552] en Angleterre, vers le troisième quart du siècle, unenouvelle structure industrielle est créée. Il s'agit de la seconde révolution industrielle: *«Un siècle ne s'est pas écoulé qu'une seconde révolution transforme à nouveau les structures industrielles mondiales: le roi charbon est concurrencé par l'électricité et le pétrole; de nouveaux métaux se révèlent pratiques et parfois même supérieurs aux anciens; enfin, la chimie appliquée vient modifier toutes les activités traditionnelles: agriculture, industries alimentaires, industries textiles, papeterie, pharmacie, par ses engrais, ses colorants, ses solvants, ses mordants, et permet d'en créer de nouvelle s: vulcanisation du caoutchouc, matières synthétiques»*[553].

L'industrialisation française est en retard par rapport à celle de l'Angleterre. Le développement de la France est lent dans un premier temps, mais irréversible[554] devant la progression du capitalisme. C'est seulement à partir de la deuxième

---

[552] La révolution industrielle s'est caractérisée surtout par l'invention et l'utilisation de machine à vapeur: «Le phénomène essentiel est l'apparition d'une série d'innovations dans le textile, la métallurgie, l'industrie chimique, et surtout l'énergie avec la machine à vapeur. Toutes ces inventions ont lieu en Angleterre... C'est en 1769 que James Watt prend son brevet de machine à vapeur et la Grande-Bretagne reste la grande productrice et exportatrice de ces machines au début du XIXe siècle: en 1830, elle dispose de 15000 machines en service, la France de 3000 et la Prusse rhénane de 1000». Voir P. 59, «Nouvelle Histoire Economique, le XIXe siècle» t.1 , Jean-Alain LESOURD et Claude GERARD, éd. Armand Colin, 1992.

[553] «Nouvelle Histoire Economique, le XIXe siècle» t.1 , Jean-Alain LESOURD et Claude GERARD, éd. Armand Colin, 1992. P. 162. Voir aussi P. 523 de l'«Histoire de la science»: «C'est l'époque où l'industrie moderne, née à l'aurore du siècle, se développait formidablement. La machine à vapeur était devenue la reine des usines, atteignant, en France, une puissance totale de 315.000 chevaux en 1869 et de 1.330.000 en 1897». Pierre ROUSSEAU, éd. Librairie Arthème Fayard, 1945.

[554] «L'industrialisation française, qui s'affirma à partir des années 1830-40, s'est définie par son caractère progressif, qui explique que les historiens désireux de dater la révolution industrielle ont hésité entre la phase pionnière de la Révolution et de l'Empire, celle de continuation de la mécanisation des années 1820 et 1830, celle du début de la construction ferroviaire dans les années 1840 et celle de plus rapide mutation de la première décennie du seconde Empire». «L'Industrialisation 1830-1914», Patrick VERLEY, éd. La Découverte, 1989. P. 5.

révolution industrielle que l'économie française se développe rapidement: «*Le XIXe siècle, à la suite d'un processus d'abord assez lent, mais qui s'accélère après 1870, s'achève, dans les années 1890, par l'expérience de la croissance démographique zéro*»[555].

Il est curieux de voir le jeune Rimbaud s'intéresser aux sciences mathématiques vers l'année 1869, la veille du redémarrage de l'industrialisation française. Rimbaud a alors quinze ans: «*L'architecture, même les travaux d'ingénieur en dehors de l'art, certaines industries, l'amusaient à connaître*»[556]. Vers le milieu des années soixante-dix, pour un jeune poète impatient de tout connaître et de jouir de tout, la science, dont il respirait les effluves avec l'air du temps, n'est pas un motif de manifestation, mais de connaissance.. Quelle est donc la motivation de cette pratique scientifique? Nous l'ignorons. Mais il est probable que les idées scientifiques de Rimbaud sont activées par ses fugues et ses nombreux voyages, surtout à Londres: «Toutes ces idées sur la science et le progrès sont de celles qui avaient pu être agitées à Londres dans le petit groupe *communard* fréquenté par Verlaine et Rimbaud (Vermersch, Andrieu, etc.). Vermersch ne disait-il pas dans la Préface de son *grand Testament* qu'il était « *atomiste et anarchiste?*»[557].

Rimbaud séjourne plusieurs fois à Londres, d'abord avec Verlaine et ensuite avec G. Nouveau (1872 - 1874). Sans trop anticiper sur l'analyse qui va suivre, on peut déjà signaler que l'expérience de fugues et de voyages va permettre à Rimbaud de voir le monde actuel et de connaître l'industrialisation anglaise, la plus développé à cette époque. Cette expérience marque aussi une tentative de pratique scientifique et technique.

En plus, il s'intéresse au secteur agricole, du fait que des activités de sa famille:

---

[555] «Histoire économique de la France, XIXe - XXe siècle», François CARON, éd. Armand Colin, 1996, P. 6.

[556] «Le Mythe de Rimbaud»; Structure par ETIEMBLE, éd. Gallimard, 1961. P. 219.

[557] «Rimbaud, Œuvres», Suzanne BERNARD et André GUYAUX, éd. Classiques Garnier, 1997, P. 460.

« Personne n'eût imaginé Rimbaud s'arrêtant à Reading, centre agricole et industriel à 60 km à l'ouest de Londres, sur le chemin d'Oxford»[558] Rimbaud espère - t - il sauver sa ville natale par une nouvelle technique agricole? Nous ne savons pas exactement ce qui le pousse à étudier l'agriculture. Son séjour en Angleterre lui paraît favorable à l'étude de ce domaine[559].

Des années plus tard, Rimbaud séjourne pendant trois mois à Stuttgart en 1875 en vue d'apprendre l'allemand. Le fait de séjourner dans ces deux pays les plus industrialisés à cette époque ne semble pas le seul produit d'une simple coïncidence. Le motif le plus profond est de connaître de plus près les événements de son siècle et de préparer lavie à venir par la science actuelle. Témoigne de son désir la lettre du 14 octobre [18]75: «en quoi consiste le *bachot* ès sciences actuel, partie classique, et mathém., etc.»[560].

Rimbaud espère passer le baccalauréat ès sciences. Ses voyages passés et ceux de cette année à Stuttgart, à Milan, à Marseille et à Paris exercent visiblement sur lui une grande influence et provoquent une orientation définitive vers un nouvel esprit scientifique. Il songe à se tourner vers les sciences et techniques. C'est à ce moment que Rimbaud abandonne la doctrine selon laquelle tout désordre mental a un fondement poétique. Et l'idée de savoir que l'esprit peut agir indépendamment de toute contrainte matérielle, lui apparaît peut être comme source de joie, source de vie. Car pendant plusieurs années, surtout de 1873 à 1875, la voie «poétique» lui semble fermée. Il n'est pas arrivé à la fin de cette période de crises successives qui le désespèrent. Il reste souffrant.

La rupture qui s'annonce permet d'espérer un avenir proche que l'on pourra construire de ses propres mains, grâce au positivisme. La participation et la pratique

---

[558] «Rimbaud et l'Angleterre», V. P. UNDERWOOD, Nizet, 1976, P. 193-4.

[559] Dans ce pays le phénomène a été précoce, le domaine à déjà évolué et, par conséquent le plus attentivement recherché; depuis 1780, la révolution industrielle va de pair avec une grande transformation de l'agriculture, pour nourrir une population urbaine en augmentation. Certes des régions moins importantes pour l'industrialisation restent figées dans des pratiques agricoles traditionnelles.

[560] OC. P. 299.

sont ainsi indispensables; la transformation de la réalité va se réaliser par l'action directe à l'aide de cet esprit caractéristique XIXe siècle. Rimbaud n'a aucune raison de ne pas suivre cette idée. Désormais, il marche *en avant* vers *l'inconnu* et vers *le progrès*.

2). Rimbaud et la connaissance scientifique et technique

Rimbaud séjourne à Roche pendant l'hiver 1879, de novembre jusqu'au mois de mars 1880. Au printemps, il quitte Marseille pour aller en Egypte, puis il gagne Chypre où il est engagé en mai 1880 par l'administration britannique comme surveillant de chantier sur le mont-Troodos. De là il écrit aux siens en leur demandant de lui faire parvenir deux ouvrages nécessaires à son nouveau métier:

> «A présent, il faut que je vous demande un service. J'ai absolument besoin, pour mon travail, de deux livres intitulés, l'un:
> *Album des Scieries forestières et agricoles*, en anglais, prix 3 francs, contenant 128 dessins. (Pour cela, écrire vous-mêmes à M. Arbey, constructeur-mécanicien, cours de Vincennes, Paris.)
> Ensuite:
> *Le Livre de poche du Charpentier*, collection de 140 épures, par Merly, prix 6 francs. (A demander chez Lacroix, éditeur, rue des Saints-Pères, Paris.)
> Il faut que vous me demandiez et m'envoyiez ces deux ouvrages au plus tôt, à l'adresse ci-dessous:
> Monsieur Arthur Rimbaud
> Poste restante
> Limassol (Chypre) »[561].

Son séjour à Londres lui a certainement permis d'apprendre la langue anglaise, mais aussi d'autres choses; Rimbaud s'intéresse non seulement aux études

---

[561] OC. P. 311-2.

scientifiques mais aussi des connaissances générales qui sont en relation avec la vie «scientifique», «technique» et «pratique». Car Le prestige considérable de la science domine toute la deuxième moitié du XIXe siècle; il existe déjà de nombreux ouvrages élémentaire descriptifs des sciences et des techniques. Rimbaud fait sans cesse allusion à la science, et envisage un projet pratique.

En vue de savoir l'évolution de la pratique scientifique et technique de Rimbaud, nous allons de suite détailler les ouvrages et les matériels commandés par Rimbaud au cours de la vie en Afrique. La plupart des détails que nous nous proposons d'étudier sont animés principalement par l'intérêt scientifique et technique du siècle.

L'intérêt de cette étude est de faire surgir visuellement les ouvrages, et les périodes où Rimbaud s'intéresse à la pratique de la science, ainsi que les lieux où de nombreux éléments convergent, montrant ainsi quels intérêts sont seulement passagers (par exemple, Rimbaud s'intéresse à la vente des instruments de précision à Harar, le 30 février 1881. Mais, ce n'est qu'un intérêt passager). Ces observations facilitent la compréhension de l'ensemble de ses lettres et interprétation de l'évolution de la volonté scientifique de Rimbaud.

Par conséquent, ces détails nous permettent d'envisager son intérêt, son évolution et sa pratique des idées scientifiques et techniques de Rimbaud, car sa commande ne se situe que sur le plan des pratiques:

23 mai 1880, (Chypre): - *Album des Scieries forestières et agricoles. - Le Livre de poche du Charpentier.*

2 nov. 1880, (Aden): - *Traité de Métallurgie. - Hydraulique urbaine et agricole*   . - *Commandant de navires à vapeur. - Architecture navale. - Poudres et Salpêtres. - Minéralogie. - Maçonnerie. - Livre de poche du Charpentier* (*2e demande). - *Des Puits artésiens.* - * Une adresse de fabricants d'appareils. - Une *Instruction sur l'établissement des Scieries.* - Un ouvrage sur les *Constructions métalliques.* - Catalogue, sur toutes les *Matières textiles. - Album des Scieries agricoles et forestières* (*2e demande). - *Catalogue illustré de Machines agricoles. - Manuel du*

Charron. - Manuel du Tanneur. - Le parfait Serrurier. - Exploitation des Mines. - Manuel du Verrier: — du Briquetier: — du Faïencier, Potier, etc. — du Fondeur en tous métaux: — du Fabricant de bougies: Guide de l'Armurier. - Catalogue complet de la Librairie de l'Ecole centrale. - Adresse de Constructeurs d'appareils plongeurs. - Manuel de Télégraphie. - Petit Menuisier. - Peintre en bâtiment

Les premiers détails que nous venons de présenter de façon chronologique montrent l'utilisation général de la technique basée sur la science de XIXe siècle, et qui sont étroitement liés avec le début de sa vie en Afrique.

A la fin du juillet 1880 Rimbaud quitte Chypre où il a travaillé à l'administration britannique. Après avoir cherché du côté de la Mer Rouge pendant quelques jours, il débarque à Aden où il s'engage aussitôt chez Bardey comme négociant en café.

En effet, le type d'étude auquel Rimbaud s'intéresse, ici, ne concerne ni le travail de l'administration britannique, ni le négoce chez Bardey. Ces ouvrages sont plutôt demandés pour un usage personnel. Il est vrai que cette demande est effectuée en vue de connaître la science et la technique actuelle, pourtant son but ne semble pas tout à fait consister à les pratiquer: car, toutes ces demandes de 1880 ne concernent que les ouvrages et le prix des catalogues n'ayant aucun instrument technique.

En revanche, à partir de l'année suivante le but de Rimbaud semble plus concret sur le plan des pratiques:

15 jan. 1881, (Harar): - Un appareil photographique. - *Guide du Voyageur ou Manuel théorique et pratique de l'Explorateur.*

30 jan. 188[1], (Aden): - *Catalogue des instruments de précision en général*: instruments de mathématiques, optique, astronomie, électricité, météorologie, pneumatique, mécanique, hydraulique et minéralogie. - *Manuel complet du fabricant d'instruments de précision.* - *Catalogue* de la *Librairie de l'Ecole des Mines.*

15 fév. 1881, (Harar): - *Constructions métalliques* (*2e demande). - Un exemplaire dépareillé du *Bottin*, Paris et Etranger. - *Dictionary of Engineering military and civil.* - *Le dictionnaire arabe.*

4 mai 1881, (Harar): - *Manuel du Voyageur* (*2e demande). - *Constructions à la mer.*

22 sept. 1881, (Harar): - 1° *Manuel du Voyageur* (*3e demande). - 2° *Constructions à la mer* (*2e demande).

18 jan. 1882, (Aden): - Des instruments pour la confection des cartes: - 1° Un *théodolite de voyage. Un bon sextant. Une boussole de reconnaissance Cravet, à niveau.* - 2° Acheter une *collection minéralogiqu*e (*2e demande). - 3° *Un baromètre anéroïde de poche.* - 4° *Un cordeau d'arpenteur en chanvre.* - 5° *Un étui de mathématiques.* - 6° *Du papier à dessin. - Topographie. - Géodésie. - Trigonométrie* des lycées supérieurs. - *Minéralogie* des lycées supérieurs, ou le cours de l'Ecole des Mines (*3e demande). - *Hydrographie. - Météorologie. - Chimie industrielle. - Manuel du Voyageur* (*3e demande). - *Instructions pour les Voyageurs préparateurs. - Le Ciel. Annuaire du Bureau des Longitudes. -*

22 jan. 1882, (Aden): - Le sextant (*2e demande). - La boussole (*2e demande). - Une longue-vue, ou lunette d'état-major. - Le théodolite (*2e demande). - Le baromètre (*2e demande). -Cordeau (*2e demande). - Compas. - *armurier* (*2e demande). - Le télescope.

22 jan. 1882, (Aden): - Une arme spéciale pour la chasse à l'éléphant.

10 juillet 1882, (Aden): - Une carte de l'Abyssinie et du Harar.

8 déc. 1882, (Aden): - *Traité complet des chemins de fer. - Traité de Mécanique de l'Ecole de Châlons.*

A partir d'un appareil photographique la commande de Rimbaud devient plutôt de type pratique. Ces détails révèlent en Rimbaud un géographe et apprenti ethnologue, un voyageur qui espère réussir avec un métier «géographique», «photographique» etc.

Rimbaud dépasse stade de la réflexion scientifique et technique pour réaliser «concrètement» son plan; et ce plan est d'autant plus intéressant au cours de la pratique, il sera l'expression d'être un homme dans la réalité et dans son siècle.

Quant aux troisièmes détails, nous pourrons remarquer de première vue une régression de article des commandes, mais cela ne signifie pas tout à fait son renoncement de pratiquer la science et la technique:

15 jan. 1883, (Aden): - *traité de topographie* (*2e demande). - *traité de géologie et*

minéralogie pratiques (*4ᵉ demande). - *Traité de Topographie* (*3ᵉ) *et de Géodésie* (*2ᵉ demande). - *Minéralogie* (*5ᵉ demande). - *Géologie* (*2ᵉ demande). - 14 mars 1883, (Aden). - Graphomètre (instrument à lever les plans).

<u>19 mars [18]83, (Aden)</u>: - *Exécution des travaux. - Calculs abrégés des terrassements. - Géodésie* (*3ᵉ demande). - *Hydraulique* (*2ᵉ demande). - *Tracé des courbes. - Cours élémentaire de Mécanique. - Traité d'astronomie appliquée.*

<u>20 mars [18]83, (Aden)</u>: - *Manuel pratique des poseurs de voies de chemin de fer* (*2ᵉ demande). - *Marchés de terrassement. - Tunnels et souterrains.*

<u>6 mai 1883, (Harar)</u>: - *Le graphomètre* (*2ᵉ demande). - *Des glaces pour la photographie.*

<u>7 oct. 1883, (Harar)</u>: - *La traduction française du Coran.*

C'est à partir du 2 novembre 1880 que Rimbaud demande qu'on lui fasse parvenir des ouvrages techniques. Cette volonté ne correspond pas à des vues intellectuelles, mais à un besoin réel dans sa pratique actuelle. Sa pratique est entièrement consacrée - au début de sa vie en Afrique - à la démonstration du statut des ouvrages techniques comme science véritable. Plutôt, il est préoccupé d'explorer le continent africaine pour les pratiquer. Mais, vers l'année 1885 il renonce à la plupart des intérêts scientifiques et technique - sauf à la pratique photographique et géographique - pour gagner «sérieusement» sa vie.

Nous ne savons pas finalement si ces ouvrages techniques ont servi à Rimbaud dans son usage à pratiquer, nous n'avons aucun documents qui donne une preuve exacte. C'est ainsi que l'étude de la pratique scientifique rimbaldienne par sa correspondance montre les rapports très complexes et ambigus qu'il entretenait avec elle. Précisons qu'il ne sera jamais question, dans les pages qui suivent, de Rimbaud en tant que technicien et ingénieur.

En effet, il est intéressant d'une part de percevoir que sa volonté de maîtrise scientifique et technique couvre de nombreux domaines de la science et de la technique de l'époque. D'autre part son goût de la pratique scientifique. Cela ne signifie pas forcement une évolution de ses idées scientifiques, mais plutôt une régression de son intérêt scientifique.

Nous voyons à travers ces demandes, la naïveté de Rimbaud qui croit apprendre toute la somme de la technique scientifique du XIXe siècle par la simple lecture de ces ouvrages: «*Il devient un polymathe façon Bouvard et Pécuchet, croyant que tout peut s'apprendre page après page sur des feuilles imprimées: pratiques, métiers*»[562]. Quoi qu'il en soit, son intérêt de la pratique scientifique s'est démontré d'une façon concrète.

Cette étude nous révèle une orientation globale sur la pratique scientifique de Rimbaud: à première vue, son intérêt va de la pratique générale des sciences et techniques à la volonté de l'apprentissage ethnologique, et finalement au négoce. Cela montre que son intérêt scientifique ne survient jamais sans intervention extérieure, est issu de la réalité, «*Veuillez m'envoyer, le plus tôt possible*»[563], «*dans le plus bref délai*»[564]. Rimbaud insiste sur l'envoi urgent de ces ouvrages. C'est pour lui une nécessité à partir de la connaissance des sciences et techniques.

Par conséquent, cette étude des ouvrages et des matériels nous oriente vers les trois dimensions scientifiques et techniques que Rimbaud a voulu découvrir. Il s'agit de l'exploitation du sous-sol (la minéralogie, des puits artésiens etc.), de l'eau (naval, hydraulique etc.) et le parcours de la terre (géographie).

3). Exploitation du sous-sol

L'intérêt porté par Rimbaud à la minéralogie est particulièrement grand (il demande quatre fois des ouvrages de minéralogie); cette intérêt vient de la richesses

---

[562] «Arthur Rimbaud, Une question de présence», Jean-Luc STEINMETZ, éd. Librairie Jules Tallandier, 1991, P. 278.
[563] OC. 317.
[564] OC. 318.

minérales de l'Afrique. Le sol tourmenté de l'Afrique Nord et Orientale comprend de nombreux gisements qui provoquent aux Européens une fièvre et apprécier l'importance des richesses métallifères; mais à cause de la technique minière à cette époque la découverte n'était pas réalisé. Grâce à l'évolution l'industrie minière et à l'expansion coloniale les Français et les Anglais placent des capitaux et se sont fixés des grands entreprises minières en Afrique.

La minéralogie est ainsi un nouveau signe de richesse incalculable qui correspond à «la recherche de l'or». Rimbaud semble participer de cette fièvre de l'époque, rechercher la fortune en fouillant la terre; Rimbaud écrit dans «Une saison en enfer»: «*J'aurai de l'or: je serai oisif et brutal*». Il participe enfin ce travail à Chypre; il est le chef d'une carrière en 1878.

L'exploitation du sous-sol de Rimbaud ne s'arrête pas à la minéralogie, mais il se préoccupe de chercher l'eau potable. Il demande à Aden:

> «Il existe un traité des Puits artésiens, par F. Garnier. Je vous serais très réellement obligé de me trouver ce traité, même s'il n'a pas été édité chez vous, et de me donner dans votre réponse une adresse de fabricants d'appareils pour forage instantané, si cela vous est possible.»[565].

Cette idée résulte de «l'affreuse» géographique d'Aden:

> «Aden est un roc affreux, sans un seul brin d'herbe ni une goutte d'eau bonne: on boit l'eau de mer distillée. La chaleur y est excessive, surtout en juin et septembre qui sont les deux canicules. La température constante, nuit et jour, d'un bureau très frais et très ventilé est de 35 degrés. Tout est très cher et ainsi de suite»[566].

Cet «affreux» prix que le climat fait payer à la santé des hommes: la côte d'Aden subit un manque de la végétation et un fort manque d'eau potable: «*Aden le port anglais, où actuellement tous nos navires sont forcés de se ravitailler, bâti sur un roc*

---

[565] OC. P. 318.
[566] OC. P. 314.

stérile, manque d'eau potable. L'eau de la mer distillée s'y vent 22^{fr}, 50 la tonne, et le charbon de 60 à 65 francs la tonne»[567]. Tout semble salé à Aden par l'eau de la mer distillée par la sueur provoqué à cause de la chaleur. Rimbaud désir s'évader de ce trou d'enfer qui se situe entre les rocs, mais avant tout il veut essayer de creuser des trous de la terre par la technique des puits artésiens pour qu'il puisse se mouiller, surmonter cette nature «affreuse» et surtout stabiliser sa vie grâce à cet or «liquide».

Bientôt, Rimbaud ne se contente plus avec cette eau du «trou», mais cherche l'eau plus abondante et plus profonde qui sera la mer.

4). Exploitation de l'eau

Parmi de ces ouvrages commandés qui attestent aussi l'attention de Rimbaud pour la science maritime, on remarque le «Commandant de navires à vapeur» et l'«Architecture navale», traitant de la construction navale, et du commandement de navires à vapeur. Comme la plupart des ouvrages, ces deux livres n'ont pas de rapport intime avec les affaires commerciales chez Bardey: Rimbaud est employé dans une agence commerciale pour le commerce du café, des peaux, des gommes, plumes d'autruches etc.:

> «Je suis encore ici pour un certain temps, quoique je sois engagé pour un autre poste sur lequel je dois me diriger prochainement. La maison a fondé une agence dans le Harar, une contrée que vous trouverez sur la carte au sud-est de l'Abyssinie. On exporte de là du café, des peaux, des gommes, etc., qu'on acquiert en échange de cotonnades et marchandises diverses»[568].

Quelle est donc l'origine de son idée d'apprendre le commandement et l'architecture des navires? Est-il une simple volonté de connaître la science et la

---

[567] Lanier (L.), «L'Afrique, choix de lectures», éd. Librairie Classique Eugène Belin, 1886. P. 620
[568] OC. P. 316.

technique navale en vue de faciliter le transport? Ce thème du bateau est observé par les deux aspects différentes; c'est Rimbaud qui vit en faisant la part du rêve et de la réalité: il s'agit du monde réel et du monde imaginaire dans les souvenirs d'enfance de Rimbaud.

Avant de commencer notre étude à travers le thème de l'eau et de navigation de Rimbaud, observons l'intérêt pour la technique «hydraulique» qui est une forte influence du voyage en Egypte. L'Egyptien eut assez solide fondement de la richesse grâce à l'agriculture. Ils sont produit des céréales, orge, douar, maïs, du riz, les légumes, du coton etc... grâce à la technique «hydraulique» du Chadouf.

Rimbaud était au Caire, du côté de cette ville où se trouvent sans difficulté des nilomètres au Nil: «*En face du Caire, l'île de Roda renferme le mekiâs ou nilomètre, situé dans une chambre couverte, dont le plafond est soutenu de minces colonnades en bois. La colonne a huit pans; elle est maintenue à sa partie supérieure par une poutre, et porte sur son fût l'ancienne échelle des mesures arabes. Le bassin quadrangulaire au milieu duquel elle se dresse est en maçonnerie, et communique avec le Nil par un canal*»[569]. Le désir de maîtriser la technique est sans doute une provenance de la vision préoccupée par les nombreux voyages de Rimbaud. Il voyage ainsi pour voir, pour penser et pour appliquer ses connaissances.

Rimbaud était aussi à Alexandrie, à Massaoua, à Aden et à Obock où se trouvent les ports africains de la Mer Rouge. Ces ports sont évidemment un relation inévitable avec le canal de Suez par lequel l'économie, le commerce et l'expansion coloniale naviguent vers des autres continents: «*L'Afrique et l'Asie étaient naguère rattachées l'une à l'autre par une étroite langue de terre, large d'environ 120 kilom. entre la Méditerranée et la mer Rouge, déprimée en son milieu, à l'intersection de deux plaines inégales, qui s'élèvent, l'une à l'ouest, vers l'Egypte, l'autre à l'est, vers les collines de l'Asie occidentale*»[570]. Rimbaud sait des événements historiques du XIXe siècle à

---

[569] Lanier (L.), «L'Afrique, choix de lectures», éd. Librairie Classique Eugène Belin, 1886. P. 660-661.

[570] Lanier (L.), «L'Afrique, choix de lectures», éd. Librairie Classique Eugène Belin, 1886. P.

travers des nombreux voyages de la Méditerranée et de la Mer Rouge. Il désire participer, soit comme constructeur du bateau, soit comme commandant de la navires à vapeur, aux affaires navales qui vont évoluer sans fin à travers le canal de Suez.

Cette pensée semble exacte; la navigation à travers le canal est progressivement fréquente succesivement.

Comme nous l'avons vu dans la partie précédente le thème la mer, son intérêt la science navale sont étroitement liés à ses souvenirs d'enfance. Rimbaud, neuf ans plutôt, composait «Bateau Ivre» par lequel Rimbaud voulait voyager pour sortir de la tristesse et de la vie malheureuse. Depuis son enfance le bateau est la métaphore du poète lui-même: le Moi-bateau.

C'est avec le bateau qu'il a grandi, c'est par lui qu'il a appris à rêver:

> «Or moi, bateau perdu sous les cheveux des anses,
> Jeté par l'ouragan dans l'éther sans oiseau,
> Moi dont les Monitors et les voiliers des Hanses
> N'auraient pas repêché la carcasse ivre d'eau»[571].

Les bateaux sur la Meuse ont apporté les premières sensations heureuses à l'enfant Rimbaud. Le bateau a ainsi été un élément fondamental de son imagination. Mais il ne se contente plus maintenant d'idées imaginaires et de compositions poétiques, il s'efforce de réaliser son rêve d'enfance à travers la connaissance scientifique et technique dans le monde réel.

A l'époque, le bateau est fait, comme aujourd'hui, par un élément métallique et par une technique de la machine à vapeur qui permettent de se libérer, d'aller le plus loin possible; le poème de cet instrument est aussi basé sur la langue de la science et de la technique: «L'auteur de *Bateau Ivre* a forgé notre langue poétique en un métal

---

623-624.

[571] OC. P. 68.

nouveau, il a porté l'art français à un degré de science non atteint avant lui»[572].

Il semble donc que sa vision de la science se soit trouvée enrichie par l'amour des souvenirs. A la source de l'imagination, il y a une grande communion avec cet élément scientifique qu'est le bateau. En effet, il est si étroitement lié à sa volonté d'aller plus loin qu'il est une forme avec laquelle Rimbaud se met à naviguer sans arrêt vers le monde de la « liberté libre », ce thème de la liberté est aussi étroitement un parcours du monde et de la terre.

5). Parcours de la terre

On constate que, pendant l'année 1880, les livres commandés ne traitent que de la théorie et pas de la pratique. Pendant le début de sa vie à l'étranger à Chypre et à Aden, la volonté de maîtrise scientifique et technique de Rimbaud n'est pas solidement attachée à la réalité. Autrement dit, la volonté de Rimbaud se manifeste comme un intérêt personnel ou un besoin qui ne peuvent que traduire une période préparatoire en vue de s'engager dans le monde réel.

A l'inverse au début de l'année 1881, la commande de Rimbaud concerne à la fois des ouvrages et des matériaux techniques concernant la pratique de l'exploration: «Guide du voyageur», «Manuel théorique et pratique de l'Explorateur», «Instruments de précisions» etc.

Un exemple de son intérêt pratique apparaît dans sa lettre du 15 mai 1881, où il fait allusion à sa commande d'un appareil photographique. Il a promis aux siens de leur faire parvenir des photos qu'il allait prendre dans le pays:

> «Nous faisons venir un appareil photographique, et je vous enverrai des vues du pays et des gens. Nous recevrons aussi le matériel de préparateur d'histoire naturelle, et je pourrai vous envoyer des oiseaux et des animaux qu'on n'a pas encore vus en Europe. J'ai déjà ici quelques curiosités que j'attends l'occasion d'expédier»[573].

---

[572] «Rimbaud, l'Artiste et l'Etre moral», Ernest DELAHAYE, éd. Albert Messein, 1923, P. 99.
[573] OC. P. 323.

Quelle valeur Rimbaud donne - t - il au paysage? C'est par le paysage que Rimbaud eut son premier contact avec l'Abyssinie. Il a effectivement été comblé dans sa jeunesse de toutes les richesses qu'offre le pays telles que le ciel pur, le soleil éclatant, le désert brûlant et la mer toujours présente dans le cadre Aden-Harar. Ici, Rimbaud désire conserver ces paysages sur image. Cet appareil photographique lui permet d'avoir des images quasi réelles. Il n'est pas difficile de suggérer que Rimbaud deviendrait un technicien photographique et à la fois un photographe quasi professionnel. Car, à l'époque, surtout dans un pays comme le Harar, Rimbaud doit lui-même manipuler l'appareil de photographie et en plus, savoir installer une chambre noire pour développer les photos.

En général, le paysage d'un pays inconnu offre de plus en plus à l'homme de nombreux privilèges comme une source d'inspiration et comme une expression de l'expérience abstraite: chaque nouvel horizon permet la découverte surprenante d'un message. Dans le cas de Rimbaud, il est moins important de sentir des richesses naturelles que de découvrir, de mesurer et de photographier « scientifiquement » les pays d'Harar et des Gallas:

«Je fais venir en ce moment de Lyon un appareil photographique; je le transporterai au Harar, et je rapporterai des vues de ces régions inconnues»[574].

Est-ce Rimbaud qui a écrit ainsi en 1870?: «... *j'irai loin, bien loin, comme un bohémien, par* la Nature, *- heureux comme avec une femme* »[575]. L'usage de l'appareil photographique ne se limite pas à rendre satisfaction à la famille: Rimbaud en bon apprenti géographique espère mettre en pratique son intérêt de connaître la région:

«il y a quelques années et traduit en français, portant le titre de: *Guide du Voyageur ou Manuel théorique et pratique de l'Explorateur*. C'est là le titre ou à peu près. Cet ouvrage,

---

[574] OC. P. 340 -341.
[575] OC. P. 6.

me dit-on, est un compendium très intelligent de toutes les connaissances nécessaires à l'Explorateur, <u>en topographie</u>, minéralogie, hydrographie, histoire naturelle, etc., etc.»[576].

Ici, sa volonté de connaître la topographie est significative, car elle est liée avec le sens géographique: *«représentation de la configuration des terrains»*[577]. C'est une technique qui consiste à lever la carte ou le plan d'un lieu à une échelle réduite, et qui permet aussi connaître la surface de la terre.

Dans la même lettre du 15 janvier 1881, Rimbaud ajoute, à M. Bautin, de lui faire envoyer le catalogue du «fabricant d'instruments de précision»[578]. Ici, il s'agit certainement d'instruments géographiques qui permettront à Rimbaud de calculer et de mesurer de manière précise. Cet intérêt pratique de Rimbaud est en relation étroite avec l'état des esprits du siècle. Le début du XIXe siècle se caractérise en effet par «l'âge de la machine»: *«C'est donc pratiquement avec le XIXe siècle que commence l'âge de la machine; grâce à la vapeur, qui rend possible la création d'ateliers loin des cours d'eau et près des sources de matières premières et de main-d'Œuvre, de nouvelles industries seront créées dont l'expansion exigera des machines-outils de plus en plus nombreuses et puissantes, de plus en plus diverses»*[579]. Ces machines-outils permettent de produire vers 1867[580] des instruments de précision à la perfection. Parmi ces nombreux instruments, la

---

[576] OC. P. 323.

[577] Voir «Le Robert, Dictionnaire Historique de la langue française», Alain REY, éd. Le Robert, 1955, P. 2133: «Le mot, devenu relativement usuel, désigne de la description ou la carte détaillée d'un lieu, et, dans la rhétorique traditionnelle, la figure consistant en la description détaillée d'un lieu (1765). Le sens cartographique précis et technique de *représentation de la configuration des terrains* est devenu le plus courant».

[578] Le mot précision signifie surtout au XIXe siècle dans le sens scientifique: «le mot désigne la qualité de ce qui fonctionne avec exactitude (1794), notamment dans «Instrument de précision» (1855) surtout appliqué à la mesure». «Le Robert, Dictionnaire Historique de la langue française», Alain REY, éd. Le Robert, 1955, P. 1611.

[579] «L'Expansion du Machinisme», sous la direction de Maurice DAUMAS, éd. Presses Universitaires de France, 1968, P. 107.

[580] Voir l'évolution des machines-outils qu'il décrit Hartmann dans son ouvrage: «en 1867, pour décrire une sélection de soixante des meilleures machines-outils de l'époque».

plus remarquable évolution du XIXe siècle concerne la mesure angulaire qui tend à évoluer dans tout le domaine de la précision de la métrologie dimensionnelle[581].

Toutes ces pratiques (photographie, ethnologie,...) ne semblent motivée au fond que par un intérêt commercial. En effet, le paysage de ces régions inconnues est pour Rimbaud un espace à découvrir et à parcourir. Rimbaud espère explorer la terre avec sa connaissance scientifique et technique. Il n'est plus le premier Rimbaud qui a composé des poèmes avec tant de sensibilité et de sensation. Il devient un négociant, un technicien et aussi un ingénieur avec des idées scientifiques.

En outre, avec le positivisme de l'époque, il croit que tout devient «très facile»:

> «Il me faut aussi des instruments pour faire des levés topographiques et prendre des latitudes. Quand ce travail sera terminé et aura été reçu à la Société de géographie, je pourrai peut-être obtenir des fonds d'elle pour d'autres voyages. La chose est très facile»[582].

Ce travail géographique est étroitement lié avec des événements idéologiques, politiques et économiques du siècle, il s'agit de l'impérialisme et la colonisation de l'Europe: *«Les sociétés de géographie constituent un groupe de pression en faveur de l'impérialisme colonial. Elles sont membres du fameux parti colonial, les géographes de cabinet - qui pour l'essentiel les peuplent toujours - conciliant leurs soucis intellectuels et l'expansion coloniale»*[583]. Cette intérêt de Rimbaud va durer jusqu'à octobre 1887, plus précisément avant de recevoir une lettre décourageante de la part du secrétaire de la Société de Géographie: «- *votre voyage n'intéressant pas directement un pays français, la politique française, -*»[584].

«L'Expansion du Machinisme», sous la direction de Maurice DAUMAS, éd. Presses Universitaires de France, 1968, P. 115.

[581] «L'Expansion du Machinisme», sous la direction de Maurice DAUMAS, éd. Presses Universitaires de France, 1968, P. 229.

[582] OC. P. 341.

[583] Dominique Lejeune, «Les sociétés de géographie en France et l'expansion coloniale au XIXe siècle», Paris, éd. Albin Michel, 1993. P.88.

[584] OC. P. 48.

En ce qui concerne le mercantilisme de Rimbaud, il n'y a pas un grand écart le temps entre son intérêt pour le négoce et pour l'ethnologie: le premier commence à partir de son arrivée à Aden en août 1880 où il s'engage aussitôt à la maison Viannay, Bardey et Cie, *«Je suis employé chez un marchand de café»*[585]. Et, le deuxième eut lieu quelques mois plus tard au début de l'année 1881.

Souvenons nous de ses premières lettres du 15 janvier 1880 et plus particulièrement d'une de ses lettres envoyée en même temps que les autres datée du 30 janvier 1880. Rimbaud écrit à M. Bautin afin d'avoir des renseignements sur des instruments de précision en général; par cette lettre, nous percevons pour la première fois sa volonté d'être négociant non pas comme un employé chez un marchand de café, mais un commerçant plus «intellectuel» et plus indépendant. Il envisage la vente des instruments de la science dans ces pays de l'Orient:

> «Désirant m'occuper de placer des instruments de précision en général dans l'Orient, je me suis permis de vous écrire pour vous demander le service suivant:
>
> Je désire connaître l'ensemble de ce qui se fabrique de mieux en France (ou à l'étranger) en instruments de mathématiques, optique, astronomie, électricité, météorologie, pneumatique, mécanique, hydraulique et minéralogie. Je ne m'occupe pas d'instruments de chirurgie. Je serais très heureux que l'on pût me rassembler tous les catalogues formant cet ensemble, et je me rapporte de ce soin à votre bienveillante compétence»[586].

Les «instruments de mathématiques»[587] que l'on avait employés, à l'époque, dans plusieurs métiers auxquels Rimbaud s'intéresse. Ainsi, pour ne pas donner à son correspondant une ambiguïté à sa demande entre les instruments médicaux et les autres, Rimbaud précise *«Je ne m'occupe pas d'instruments de chirurgie»*.

---

[585] Voir la lettre du 17août 1880, OC. P.313.

[586] OC. P. 324.

[587] Un des instruments mathématiques le plus répandu, c'est le compas (Rimbaud le commande à sa famille dans sa lettre du 22 janvier 1882) qui est fabriqué dans toutes les dimensions au XIXe siècle (mais, cela ne signifie pas leur évolution de la forme: le compas n'a presque pas évoluer depuis son origine) et leur utilisation comprend métier en vue de mesuré de manière bien précise.

En effet, l'article des matériels dont Rimbaud a besoin est bien varié dans le domaine scientifique. Pourtant, son intérêt et sa connaissance ne concernent plus ici la pratique personnelle de la science: il désire vendre ces instruments. A la fin de la lettre il demande à M. Bautin un «Manuel complet du fabricant d'instruments de précision» en vue de connaître le meilleur achat des matériaux. Ainsi, dès l'année 1881 Rimbaud envisage déjà d'être un négociant français comme statut social, plus tard, il s'occupe de la formation d'une troupe de chasseurs d'éléphants et il cherche la fortune du côté du trafic d'armes. En tout cas, Rimbaud se préoccupera du négoce et gardera le titre de «négociant» jusqu'à sa mort.

Quant à la langue arabe, dont on sait que Rimbaud avait une notion initiale, par sa lettre du 15 février 1881, et qu'il s'y intéressait déjà depuis longtemps:

> «A propos, comment n'avez-vous pas retrouvé le dictionnaire arabe? Il doit être à la maison cependant.
> Dites à F[rédéric] de chercher dans les papiers arabes un cahier intitulé: *Plaisanteries*, *jeux de mots, etc.*, en arabe; et il doit y avoir aussi une collection de *dialogues*, de *chansons* ou je ne sais quoi, utile à ceux qui apprennent la langue. S'il y a un ouvrage en arabe, envoyez»[588].

Grâce à son brillant talent de polyglotte, il apprend bientôt cette langue et il allait connaître mieux que les autres négociants établis dans le pays, les coutumes, le peuple, le négoce etc. Quant au négoce de Rimbaud, nous en parlerons dans le chapitre suivant en portant notre attention sur le commerce de ces liaisons «coloniales» qui influencent tant de négociants à partir de situations particulières de la politique et de l'économie du XIXe siècle, et nous n'omettrons surtout pas d'étudier les affaires personnelles de Rimbaud en Afrique.

Pour conclure la présente étude de «Rimbaud et la volonté de maîtrise scientifique et technique» nous citons une lettre à noter. Datée du 6 mai 1883, elle présente un

---

[588] OC. P. 327.

intérêt capital pour comprendre les relations de Rimbaud envers la science:

«La vie est comme cela, et la solitude est une mauvaise chose ici-bas. Pour moi, je regrette de ne pas être marié et avoir une famille. Mais, à présent, je suis condamné à errer, attaché à une entreprise lointaine, et tous les jours je perds le goût pour le climat et les manières de vivre et même la langue de l'Europe. Hélas! à quoi servent ces allées et venues, et ces fatigues et ces aventures chez des races étranges, et ces langues dont on se remplit la mémoire, et ces peines sans nom, si je ne dois pas un jour, après quelques années, pouvoir me reposer dans un endroit qui me plaise à peu près et trouver une famille, et avoir au moins un fils que je passe le reste de ma vie à élever à mon idée <u>à orner et à armer de l'instruction la plus complète qu'on puisse atteindre à cette époque</u>, et que je voie devenir un ingénieur renommé, <u>un homme puissant et riche par la science?</u>».

Rimbaud se plaint d'être condamné à errer, sur la sécheresse, la solitude et surtout la fermeture des relations sentimentales. Son seul espoir est de trouver une famille et d'avoir un fils. Il espère élever son fils comme un ingénieur avec son idée «à *armer de l'instruction la plus complète qu'on puisse atteindre à cette époque*». Rimbaud juge son siècle comme une époque en guerre: il lui faut de «bon» arme pour résister et survivre dans cette situation troublante. Il s'agit de la science: «*un homme puissant et riche par la science*». Cette idée ne concerne - t - elle que la voie de son futur fils? Ici, Rimbaud parle de lui, la volonté de son propre être un grand ingénier. Mais il sent qu'il est trop tard pour être cet homme et regrette de ne pas avoir suivi plutôt la carrière d'ingénieur. C'est par la «science» que Rimbaud ressent profondément de renaître dans ce monde.

Chapitre II
RIMBAUD COMMERCANT DANS LES PAYS COLONIAUX

Notre centre d'intérêt s'est porté vers la seconde moitié du XIXe siècle parce que, si «la politique coloniale est la fille de la politique industrielle»[589], le commerce du XIXe siècle est le fils de cette politique industrielle. Ainsi l'union étroite de la politique et de l'économie est le trait dominant de la pensée européenne de la seconde moitié de ce siècle.

A ce titre, les considérations relatives au négoce, à la politique et à l'impérialisme occupent, dans les «lettres africaines» de Rimbaud, une place tout à fait privilégiée. Il est indispensable, pour bien cerner le sujet, de tenir compte de l'atmosphère politique et économique qui régnait en Europe à cette époque.

Notre recherche au sujet des conceptions commerciales doit donc se référer à un contexte très large, comprenant deux point de vue différents: celui de la politique coloniale, impériale, et celui de l'individu. Du point de vue de la politique coloniale et impériale nous envisagerons d'abord l'expansion européenne en Afrique et la première expérience de Rimbaud dans les pays coloniaux, ensuite l'image de la politique coloniale donnée par Rimbaud. Du point de vue de l'individu, nous considérerons le type de négoce que Rimbaud pratique, ses besoins et ses aspirations, son intelligence et ses capacités.

---

[589] Robert Schnerb, «Le XIXe Siècle», Presses Universitaires de France, 1993. P. 179.

Les sujets que nous venons d'énumérer sont particulièrement attachés aux événements historiques du XIXe siècle; en vue de de réactiver l'économie nationale, les Européens sont envoyés au XIXe siècle dans les pays coloniauxs comme explorateurs, comme soldats et comme commerçants etc... C'est ainsi que nous pouvons aborder la problématique de la présence et de l'aspect des commerçants dans l'histoire de la colonisation. Comme notre sujet est précisément une étude littéraire, le but n'est pas d'entreprendre une recherche proprement historique. Il s'agit de connaître comment les événements coloniaux apparaissent à travers la correspondance de Rimbaud et de voir comment un ex-poète français exerce la fonction de négociant en particulier dans son siècle.

A. RIMBAUD ET L'IMPERIALISME DE SON SIECLE

1). La société, l'économie et l' impérialisme du XIXe siècle

Rimbaud était un poète engagé, au sens global du terme. Son attitude à l'égard des questions politiques, sociales et économiques ne fut jamais celle d'un homme de chambre; il a très souvent pris parti d'agir devant son siècle. Nous avons évoqué la révolte politique et sociale de Rimbaud dans notre premier chapitre de la deuxième partie. Cette étude était toutefois circonscrite à la période de la guerre 1870 et à la Commune (1871), à propos d'événements politiques et sociaux en France.

Nous nous intéresserons ici à des événements historiques de l'Europe, pendant les années 1870-1880 où le système politique et social est particulièrement lié avec l'économie qui joue un rôle principal.

Malgré le grand conflit colonial entre l'Angleterre et la France au XVIIIe siècle, les Anglais surtout avaient suivi continuellement la voie impérialiste impériale en Amérique du Nord, aux Indes, puis en Afrique. Ce mouvement ne s'interrompt pas, il s'étend plutôt au cours du XIXe siècle. D' autres pays comme l'Allemagne et l'Italie ne tardèrent pas non plus de participer à cette expansion coloniale des années 1870. A partir de la victoire de la guerre de 1870 l'Allemagne a adopté une attitude impérialiste, et « *la formation du royaume d'Italie précipite plutôt l'apparition d'un fort courant impérialiste*»[590]. Ce mouvement s'accélère en 1880 en raison de la seconde révolution industrielle et des bouleversements introduits par le capitalisme, la science et les techniques modernes: il s'agit de la colonisation impérialiste. La vitalité des Européens se manifeste par de nombreuses émigrations et explorations de territoires inconnus qui préparent bientôt les conquêtes. La curiosité géographique face au monde inconnu, le prosélytisme (volonté de propager ses convictions religieuses), mais surtout des raisons économiques (recherche de nouveaux bénéfices) expliquent le phénomène de la colonisation moderne.

En ce qui concerne l'expansion française, les événements politiques et idéologiques de la seconde moitié du XIXe siècle favorisent la colonisation. Après la guerre de 1870, la France est partagée entre deux tendances opposées, celles de Jules Ferry et de Georges Clemenceau. Ce dernier entend prendre une revanche contre la Prusse et reconquérir des territoires perdus, comme l'Alsace et la Lorraine. A l'inverse, le gouvernement de Jules Ferry insiste sur une politique de prestige en élargissant ses idées dans le sens impérialiste. Un des motifs essentiels de cette politique de prestige est intimement lié à l'économie. A l'âge des exploits de la science, la tentation explicative ne pouvait évidemment induire que le progrès de la science et des techniques. Ce progrès est étroitement lié à la croissance de l'industrialisation qui provoque un surproduction des produits. La solution des débouchés économiques amena ainsi le mouvement colonial. Jules Ferry lui même affirme que cette idée de débouché n'est ni la seule idée de cet homme de gouvernement et ni seulement liée à l'économie française. La plupart des pays occidentaux qui maintiennent un taux de croissance rapide sont indiscutablement liés à la poussée du capitalisme moderne en cherchant de nouveaux débouchés. La politique coloniale et la politique industrielle ne convergent que vers un seul but, l'expansion coloniale qui est une des grandes

---

[590] Robert Schnerb, « Le XIXe Siècle », Presses Universitaires de France, 1993. P. 176.

préoccupations du XIXe siècle en Europe.

Au cours de cette période coloniale, l'économie apparaît nettement impliquée dans la politique, et la politique de l'Europe s'intéresse plus particulièrement à deux régions lointaines. La problématique de l'industrialisation occupe une large place dans l'idéologie expansionniste de l'Europe.

La France quant à elle était dans la nécessité de justifier sa politique colonialiste et surtout de sensibiliser le peuple à cette politique. Comme tout peuple, les français de cette époque étaient plus sensibles à la vulgarisation d'une politique qu'à la politique elle-même. Certes, les mass-média de l'époque regorgeaient d'analyses politiques ou industrielles ou de chroniques sociales justifiant la politique coloniale de la France. Le peuple français apparaît avoir assez lentement suivi surtout des entreprises d'Outre-mer, car la plupart des français étaient hostiles envers les Prussiens, attirés par l'opinion de Georges Clemenceau: il s'agit de la revanche de la défaite de 1870. Pourtant, Paul L.- Beaulieu ajoutera dans son Œuvre «*De la colonisation chez les peuples modernes*», d'ailleurs alors qu'il n'y avait pas la moindre équivoque à travers l'expansion coloniale: «*un peuple qui colonise, c'est un peuple qui jette les assises de sa grandeur dans l'avenir*»[591].

Le jeune poète Rimbaud n'est pas insensible à l'influence de ce mouvement du siècle. Il dénonce dans «Une Saison en Enfer» le colonialisme petit-bourgeois et décrit les blancs comme des envahisseurs:

«Ce peuple - danse! Ce peuple est inspiré par la fièvre et le cancer. Infirmes et vieillards sont tellement respectables qu'ils demandent à être bouillis. - Le plus malin est de quitter ce continent, où la folie rôde pour pourvoir d'otages ces misérables. J'entre au vrai royaume des enfants de Cham.

Connais-je encore la nature? me connais-je? - *Plus de mots*. J'ensevelis les morts dans mon ventre. Cris, tambour, danse, danse, danse, danse!»[592]

---

[591]   Robert Schnerb, «Le XIXe Siècle», Presses Universitaires de France, 1993. P. 179.
[592]   OC. P. 98.

En effet, l'expansion européenne à travers le continent africain s'explique essentiellement par la volonté d'acquérir des sources de matières premières à bon marché. De 1875 à 1895, l'évolution remarquable du capitalisme et de ses techniques, l'accroissement de la concurrence, les crises économiques et leurs phases de dépression provoquent une accélération énorme des conquêtes. Ce n'est pas le moment de retarder les débouchés pour les capitaux: «Ici et là, invasion des capitaux européens et des entreprises européennes, facilitée par l'indigence de l'économie»[593].

2). Rimbaud et les première expériences dans des pays colonisés

Nous nous intéresserons ici à l'attitude de Rimbaud face à l'expansion anglaise. Nous analyserons ensuite l'évolution des idées coloniales à travers les expériences qu'il a eues tour à tour avec des Anglais et des indigènes dans des pays orientaux.

En ce qui concerne l'expansion européenne en Afrique orientale, les Anglais sont en tête, dans la quasi-totalité de ces immenses pays. Après la colonie du Cap (1806), ils étendent leur colonisation vers le nord, jusqu'à l'époque de l'ouverture du canal de Suez (1869). C'est à partir de cette date que l'Angleterre s'intéresse au Nil et ne cesse de contrôler l'Egypte en expulsant les Français: *«En 1869, de Lesseps ouvre le canal de Suez; en conséquence l'Egypte domine la mer Rouge, occupe Harrar et une partie de la côte Somali; au Soudan elle pousse jusqu'au lac Albert sa province d'Equatoria. Cependant l'impérialisme n'a pas encore gain de cause; les Anglais, qui ont lancé des expéditions punitives en Ethiopie en 1867, en Achanti en 1873, les ont retirées après leur victoire»*[594].

---

[593] Robert Schnerb, «Le XIXe Siècle», Presses Universitaires de France, 1993. P. 182.

[594] «Histoire générale de l'Afrique noire, de Madagascar et des archipels», publiée sous la direction d'Huber DESCHAMPS, T. II: De 1800 à nos jours, Presse universitaires de France, 1971. P. 29.

En 1875, l'Angleterre rachète les parts que l'Egypte possède dans le canal de Suez et enfin en 1882, le jour de la révolte arabique, ce dernier et la plupart des pays de la mer Rouge sont occupés par les anglais. Nous citerons tout de suite deux exemples donnés par Rimbaud lui-même, au cours de ses premiers voyages d'Outre-mer que nous appellerions aujourd'hui l'Afrique Orientale.

Le premier texte fut écrit à la fin de l'année 1878 où Rimbaud prépare sa nouvelle carrière à Alexandrie. Cette lettre comprend une information initiale sur l'état colonisé du pays; à l'époque où Rimbaud partit pour l'orient, il était déjà confronté à la colonisation des pays orientaux occupés par les anglais:

«j'entrerai prochainement dans les douanes anglo-égyptiennes, avec bon traitement; — ou bien, je crois plutôt que je partirai prochainement pour Chypre, l'île anglaise, comme interprète d'un corps de travailleurs»[595].

Le second texte est pris à Mont-Troodos à Chypre, un an et demi après le premier. Ce texte porte plus précisément sur l'expansion anglaise à travers l'Afrique orientale. Rimbaud est employé au service de l'administration britannique:

«Il y a au sommet de la montagne un camp où <u>les troupes anglaises</u> arriveront dans quelques semaines, dès qu'il fera trop chaud dans la plaine et moins froid sur la montagne. Alors le service des provisions sera assuré. Je suis donc, à présent, <u>au service de l'administration anglaise</u>: je compte être augmenté prochainement et rester employé jusqu'à la fin de ce travail, qui se finira probablement vers septembre»[596].

Rimbaud décrit sa vie en 1879 à Chypre, c'est une île récemment dominée pas les Anglais: les soldats britanniques débarquent pour la première fois en juillet 1878 à Larnaca lieu par lequel le gouverneur Garnett Woolsley arriva bientôt.

Ces «*douanes anglo-égyptienne*», «*Chypre, l'île anglaise*» et «*les troupes*

---

[595] OC. P. 306.
[596] OC. P. 311.

anglaises» témoignent directement de l'expansion territoriale par la conquête sous l'autorité des anglais. Ces possessions territoriales sont une forme typique de l'impérialisme européen au XIXe siècle envers l'autre continent africain. Désormais cette domination territoriale des pays orientaux servira à absorber les produits manufacturés, induisant l'accélération de l'industrialisation des métropoles anglaises.

D'autre part, il est curieux de voir dans ces textes le jeune français Rimbaud travailler au service de l'administration britannique, c'est à dire, à l'expansion coloniale des anglais: «*j'entrerai prochainement dans les douanes anglo-égyptiennes*», «*je partirai prochainement pour Chypre, l'île anglaise*». Le but de Rimbaud est clair: trouver facilement un travail; Il prévoit un rapide développement, car cette île a été récemment acquise en juillet 1878 par les Anglais. C'est aussi sa maîtrise de la langue anglaise qui lui servira: après quelques années de séjour en Angleterre, Rimbaud est capable de pratiquer «couramment» cette langue (il écrit lui même «*Speaks and writes English*»[597].

Dans ces pays, Rimbaud profite des Anglais et de leur expansion coloniale; il attend une amélioration de la situation à l'arrivée des soldats anglais «*le service des provisions sera assuré*». Cela signifie que, d'une part, à l'époque où Rimbaud était dans ces pays orientaux, la coexistence entre colons européens ne souffre d'aucune rivalité. D'autre part, nous constatons que l'effort entrepris pour l'amélioration des conditions de vie dans ce pays est d'abord provenu des anglais. Ce qui prouve que le gouvernement colonial français de cette époque ne s'en souciait guère.

La plupart des Européens souffrent de la situation difficile:

«Tous les Européens ont été malades, excepté moi. Nous avons été ici vingt Européens au plus au camp. Les premiers sont arrivés le 9 décembre. Il y en a trois ou quatre de morts. Les ouvriers chypriotes viennent des villages environnants; on en a employé jusqu'à soixante par jour. Moi je les dirige: je pointe les journées, dispose du

---

[597] OC. P. 303.

matériel, je fais les rapports à la Compagnie, tiens le compte de la nourriture et de tous les frais; et je fais la paie; hier, j'ai fait une petite paie de cinq cents francs aux ouvriers grecs»[598].

A travers l'image que Rimbaud donne de Chypre en 1879, elle montre un paysage désolant: ils se nourrissent pauvrement «*On se nourrit de gibier, de poules, etc...*», le climat est plutôt désolé «*il y a quatre-vingts degrés de chaleur*», ils sont loin de la vie sociale «*le premier village est à une heure de marche*», «*Il n'y a ici qu'un chaos de rocs, la rivière et la mer*». Et, Rimbaud ajoute «*Il n'y a qu'une maison*». Cette maison est probablement le seul logement pour les nombreux Européens. Voici donc la situation dans laquelle se trouve Rimbaud qui écrit encore: «les puces sont un supplice affreux, de nuit et de jour». Ce pays n'est pas en mesure de satisfaire les européens dans leur exigence de confort.

Vers la fin de la lettre du 15 février 1879, Rimbaud donne à sa famille des nouvelles plus positives qu'auparavant:

«il me restera toujours de quoi attendre d'autre travail, et il y en aura toujours pour moi ici dans Chypre. On va faire des chemins de fer, des forts, des casernes, des hôpitaux, des ports, des canaux, etc... Le 1er mars on va donner des concessions de terrains, sans autres frais que l'enregistrement des actes»[599].

Pourtant, une sincère concession apparaît dans sa dernière phrase: «*Préféreriez - vous que je rentre?*»[600].

L'atmosphère de Mont-Troodos n'est guère différente de celle de Larnaca, «*les transports sont excessivement difficiles, les villages très loin, la nourriture très chère*», mais le comportement de Rimbaud est plus stable et plus positif, «*je compte*

---

[598] OC. P.308.
[599] OC. P. 308.
[600] OC. P. 308.

être augmenté prochainement», *«je pourrai gagner un bon certificat»* et il prépare sa vie à venir étudier des ouvragesscientifiques et techniques. Cela témoigne certainement d'un effort d'adaptation à sa vie à l'étranger, il précise *«D'ailleurs qu'y faire?* ».

Ce tempérament «positif» provient du voyage en France effectué pendant l'hiver 1879 - 1880. Il dit à son ami Delahaye, le climat de l'Europe est trop froid pour lui: *«Maintenant, me dit-il, le climat de l'Europe est trop froid pour mon tempérament... qui s'est modifié... Je ne puis plus vivre que dans les pays chauds»*[601]. Aussi, en étudiant le problème de la réinsertion de Rimbaud, nous pourrons mieux comprendre son nouveau comportement, son attachement à la vie des pays coloniaux. Le retour désiré et l'insatisfaction due à ce même retour, montrent la fascination exercée par les pays orientaux , il lui faut se réadapter à nouveau, retrouver les anciens automatismes, ses anciennes habitudes, nouer de nouvelles relations humaines et retrouver une situation nouvelle. Et cela ne se fait pas sans difficultés. Il est encore plus difficile, si l'on possède le caractère impatient de Rimbaud, de se réadapter à la société et à la vie de la métropole. Le voyageur a été absent de sa terre. Il a dû s'adapter à une vie, à des situation et à des coutumes différentes du pays où il était né.

Dans le cas de Rimbaud, il est vrai que sa vie à l'étranger était atroce: il a été menacé par le climat rigoureux, par la maladie et par les indigènes (après avoir eu des querelles avec des ouvriers il a demandé des armes pour se protéger *«j'ai dû demander des armes»*[602].). Malgré tout, Rimbaud a été employé et payé en tant que chef de chantier. A son retour en France, à Roche, il n'y avait rien (à l'exception de sa participation aux travaux de la ferme) qui l'intéresse et qu'il pût faire, pas de composition poétique, puisqu'il *«ne pense plus à ça»*[603].

---

[601] DTR. P. 53.
[602] OC. P. 309.
[603] DTR. P. 52.

A Charleville, Rimbaud paraît se plaindre de son sort, comme un homme inutile et comme un individu «au surplus»: ne pas gagner sa vie signifie non seulement ne pas avoir un poste de travail, mais c'est vécu comme une expulsion par la société. Cette peur empêchera le prochain retour de Rimbaud en France, il fouillera ainsi les continents inconnus durant toute sa vie. Des années plus tard, il précise:

> «Quant à moi, je suis condamné à vivre longtemps encore, toujours peut-être, dans ces environs-ci, ou je suis connu à présent, et où je trouverai toujours du travail; tandis qu'en France, je serais un étranger et je ne trouverais rien»[604].

Ses premiers voyages en Orient (1878 - 1880) auxquels nous faisons référence marquent une expérience initiale de Rimbaud dans les pays coloniaux, et un premier pas avant d'être «vraiment» dans la société. Il ne veut pas rater sa vie: pour y vivre et pour y survivre Rimbaud se transforme moralement et physiquement. Il devient vigilant, brave et surtout positif, malgré le mauvais état de santé:

> «Je me porte mal; j'ai des battements de cœur qui m'ennuient fort. Mais il vaut mieux que je n'y pense pas. D'ailleurs qu'y faire? Cependant l'air est très sain ici. Il n'y a sur la montagne que des sapins et des fougères»[605].

Sa volonté toute entière de s'adapter à la réalité et de l'étreindre, pourtant le jeune Rimbaud souffre continuellement face à la médiocrité de sa situation:

> «Hélas! moi, je ne tiens pas du tout à la vie; et si je vis, je suis habitué à vivre de fatigue; mais si je suis forcé de continuer à me fatiguer comme à présent, et à me nourrir de chagrins aussi véhéments qu'absurdes dans ces climats atroces, je crains d'abréger mon existence »[606].

---

[604] OC. P.385-386.
[605] OC. P. 311.
[606] OC. P. 330.

Rimbaud vit cette première expérience comme un asservissement:

«je n'ai pas l'intention de passer toute mon existence dans l'esclavage»[607].

Le sentiment du malheur qui anime le coeur de Rimbaud est une tristesse profonde. Cette tristesse est un élément principal qui caractérise la vie dans les pays coloniaux. Des sentiments variés de tristesse viennent se mêler ici. Il y a d'abord la tristesse personnelle, la tristesse des climats atroces et également la tristesse au milieu des paysages.

Jusqu'à nos jours l'image de Rimbaud que l'on a souvent donné est l'homme errant, «l'homme aux semelles de vent», le vagabond, etc. Il est vrai que Rimbaud aime voyager, pourtant nous ne partageons pas l'hypothèse selon laquelle la motivation de son voyage serait un produit uniquement de son lyrisme ou de sa nature singulière. Rimbaud précise:

«je ne mangerai pas mon malheureux fonds en courant les aventures»[608].

Il voyage pour gagner l'argent et séjourne là où il peut trouver du travail. Cela traduit que le voyage rimbaldienne est une poursuite de sa propre vie:

«Et pourtant je ne puis quitter ces régions, à présent que j'y suis connu et que j'y puis trouver à vivre, — tandis qu'ailleurs je trouverais à crever de faim exclusivement»[609].

Le voyage de Rimbaud est donc à rapprocher une affection et un attachement à la terre, à la vie réelle.

---

[607] OC. P. 330.
[608] OC. P. 385.
[609] OC. P. 387.

3). Image de la politique coloniale donnée par Rimbaud

Le commerçant qui vit comme Rimbaud dans les pays coloniaux est aussi bien occupé par la fantaisie que par la réalité, car ce qui lui est imposé, c'est de se consoler devant la réalité triste et d'avoir courage pour se diriger vers une amélioration de la vie. C'est là - même le principal intérêt, bien que Rimbaud semble dénoncer l'image de la politique coloniale à travers ses lettres africaines. Car la vie personnelle de Rimbaud et la politique coloniale européenne sont étroitement mêlées et liées au contexte de l'époque.

L'objet de cette étude n'est pourtant pas de clarifier des événements historiques auxquels une recherche particulière devrait être consacrée. Nous nous contenterons de clarifier la motivation et l'évolution de la pensée coloniale de Rimbaud à travers le processus de développement de la politique coloniale dans le continent de l'Afrique orientale.

«Je suis arrivé dans ce pays après vingt jours de cheval à travers le désert Somali. Harar est une ville coloncarrisée par les Egyptiens et dépendant de leur gouvernement»[610].

Rimbaud décrit brièvement au début de sa vie en Afrique l'état de la colonisation de Harar. Cela désigne que Rimbaud n'a pas d'intérêt particulier face au événements coloniaux.

L'expansion coloniale ne désigne pas seulement l'impérialisme politique et économique, mais aussi l'expansion religieuse, continuelle depuis le début de la colonisation européenne. Nous savons d'après les événements historiques que la concurrence entre les protestants appuyés par les Anglais et les catholiques soutenus par les Français est acharnée dans le continent africain. Ce n'est pas encore le cas de Harar. Rimbaud décrit l'arrivée prochaine d'un évêque catholique dans un style léger

---

[610] OC. P. 321.

ou plutôt avec un ton humoristique comme si elle n'avait pas d'importance:

«Nous allons avoir, en cette ville-ci, un évêque catholique qui sera probablement seul catholique du pays. Nous sommes ici dans le Galla.»[611].

Son intérêt à l'égard de la colonisation grandit visiblement à partir de l'année 1884, qui marque la veille de la nouvelle colonisation européenne, à savoir un tournant décisif dans les relations qui allaient désormais se développer envers le continent d'Afrique. Il s'agit de la conférence de Berlin située entre la fin 1884 et début 1885:

«Si, en effet, tant d'auteurs persistent à dater de Berlin le partage de l'Afrique cela ne s'explique pas seulement par la multiplication des missions d'explorateurs en vue d'éliminer consciencieusement l'Etat indépendant du Congo. Les règles de notification et d'occupation effective contribuèrent aussi à donner définitivement le pas aux diplomates sur les militaires ou les aventuriers. Les ministères de la Marine, des Colonies ou de la Guerre ne purent plus prendre d'initiatives et les diplomates eux-mêmes ne purent agir qu'avec l'accord des puissances. Les règles, édictées pour les côtes, furent, en effet, observées, même quand, pour l'intérieur du continent, on invoqua encore des droits historiques ou le «droit de suite», qui conférait une sorte d'option sur l'arrière-pays de la côte occupé»[612].

Cette conférence explique dans l'histoire moderne du partage du continent africain:

«L'activité des commissions de délimitation explique le grand nombre des traités de partage qui intervinrent entre 1885 et 1914. Les puissances intéressées précisèrent leurs droits à l'intérieur de ces accords-cadres que furent l'acte final de la Conférence de Berlin de 1885, le traité anglo-allemand du 1er juillet 1890, le traité anglo-français du 4 août 1890, les protocoles anglo-italiens de 1891, l'accord franco-allemand du 15 mars 1894, la

---

[611] OC. P. 323.
[612] «Histoire Générale de l'Afrique Noir de Madagascar et des Archipels», sous la direction d'Hubert Deschamps, T. II: De 1800 à nos jours, Presses Universitaires de France, 1971, P. 47.

convention franco-britannique du 14 juin 1898 sur l'Afrique occidentale, et le traité franco-allemand du 4 novembre 1991»[613].

Comme tant d'autres pays de Europe, la France eut également sa part dans le partage du continent qui en résultait. Après la mainmise sur la Tunisie, elle se tourne vers l'Abyssinie et la Somalie. Il est sûr que la France a eu une puissance réduite en Afrique orientale, mais n'oublions pas qu'à partir de l'année 1884, elle devient pour la Grande Bretagne un grand concurrent impérialiste, la plupart des mouvements de celle-ci sont donc suivis avec intérêt et inquiétude.

Cette époque est aussi celle où l'attitude de Rimbaud devient plus concrète qu'auparavant à l'égard de la colonisation européenne. Les deux exemples que nous avons vu, écrits avant 1884, présentent l'attitude indifférente de Rimbaud (la colonisation comme s'il n'avait aucun intérêt). En revanche, à partir de l'occupation française à Obock, sa description des événements coloniaux devient plus attentive, elle témoigne sans doute de l'accroissement de son intérêt pour le contexte politique troublé par l'expansion coloniale.

Rimbaud écrit à sa famille, le 10 septembre 1884:

«Les affaires vont mal; et je crois que, fin décembre, j'aurai à chercher un autre emploi, que je trouverai d'ailleurs facilement, je l'espère»[614].

Rimbaud devait chercher un autre emploi vers la fin décembre. Bien que ses affaires marchent «mal», nous percevons un certain optimisme dans cette phrase, «je trouverai d'ailleurs facilement». Rimbaud croit trouver facilement un travail grâce à la colonisation française dans ces pays. A la fin de cette lettre, il signale la première arrivée des français à Obock, pourtant leur situation est épouvantable:

---

[613] Idem. P. 48.
[614] OC. P. 390.

«Tout le littoral de cette sale mer Rouge est ainsi torturé par les chaleurs. Il y a un bateau de guerre français à Obock, où, sur 70 hommes composant tout l'équipage, 65 sont malades des fièvres tropicales; et le commandant est mort hier. Encore, à Obock, qui est à quatre heures de vapeur d'ici, fait-il plus frais qu'à Aden, où c'est très sain et seulement énervant par l'excès des chaleurs»[615].

Obock est le port de Djibouti, près de l'entrée de la mer Rouge où les français débarquent en 1884. C'est une nouvelle route maritime de l'Afrique orientale. Cette occupation est réalisée grâce à l'absence de l'Egypte de la mer Rouge et du golfe d'Aden. Bientôt, Tadjoura et Djibouti se forment pour les Français. Rimbaud n'est pas ignorant de cet événement et décrit précisément l'arrivé des équipages français. s'il n'a pas directement affirmé qu'il va se rendre Obock, il fait une allusion à son prochain voyage pour cet endroit qui ne se trouve pas loin d'Aden «à quatre heures de vapeur d'ici», et surtout l'air de ce pays est plus saint qu'Aden:

«Il y a ici près la triste colonie française d'Obock, où on essaie à présent de faire un établissement; mais je crois qu'on n'y fera jamais rien. C'est une plage déserte, brûlée, sans vivres, sans commerce, bonne seulement pour faire des dépôts de charbon, pour les vaisseaux de guerre pour la Chine et Madagascar»[616].

Rimbaud commence à décrire Obock comme «la triste colonie française»: tristesse du paysage, tristesse des affaires commerciales. Avant tout cette tristesse est moins qu'une commisération qu'une dérision pour la colonie française qui récolte un maigre résultat de l'occupation d'Obock. Ici, nous ne croyons pas que Rimbaud soutient tout à fait la colonisation ou la politique impérialiste, mais il regrette la politique coloniale française qui ne prend pas la voie «économique»: si nous estimons que a priori le but de la colonisation fut d'abord de trouver des débouchés à l'économie nationale avide de bénéfices, l'ensemble des des «efforts» déployés se résume à une intérêt économique. Or, dans la conjoncture politique de l'époque coloniale, ce genre

---

[615] OC. P. 391.
[616] OC. P. 392.

d'expansion économique a eu des conséquences plus importantes sur l'idéologie du public, et de ce fait, des répercussions directes sur l'aspect colonial lui-même.

En réalité la conquête française de l'Afrique orientale n'était qu'une conséquence de certaines affaires commerciales concernant une minorité de politiciens, l'idée coloniale injecte dans l'opinion publique l'idée d'une conquête nationale en présentant cet aspect comme une nécessité économque. Pourtant, l'occupation française, loin de toute rationalité économique, choisit une ville comme Obock, *«une plage déserte, brûlée, sans vivres, sans commerce»*. Ce fait colonial est considéré par Rimbaud comme une tristesse:

> «A Obock, la petite administration française s'occupe à banqueter et à licher les fonds du gouvernement, qui ne feront jamais rendre un sou à cette affreuse colonie, colonisée jusqu'ici par une dizaine de flibustiers seulement»[617].

Au plan de la politique coloniale, l'occupation française à Obock n'est pas le fait d'une exploration économique ou commerciale, mais un bel exemple de la fièvre de l'impérialisme des Européens: la France envoie le jeune diplomate Léonce Lagarde à Obock, Tadjoura, puis Djibouti pour former la Côte française de Somalie. Cette nouvelle route maritime de l'Orient est étroitement liée avec la première tentative politique d'annexer horizontalement de l'ouest à l'est tout le continent africain. Ce plan provoque une grande tension dans les relations diplomatiques entre la France et la Grande Bretagne qui veut conduire son expansion «verticalement» de sud au nord. Depuis le début du XIXe siècle les Anglais sont pris dans un engrenage qui les amène à s'impliquer en Afrique orientale de plus en plus profondément. Plus tard, après l'occupation de l'Egypte (1882), l'expansion et l'accumulation de richesses conduiront la Grande Bretagne au sommet de sa puissance.

---

[617] OC. P. 399.

Dans la description que fait Rimbaud de la conquête coloniale des Anglais en Egypte, il tire la conclusion suivante: l'entreprise coloniale est nuisible même aux Anglais.

«La côte du Somali et le Harar sont en train de passer des mains de la pauvre Egypte dans celles des Anglais, qui n'ont d'ailleurs pas assez de forces pour maintenir toutes ces colonies. L'occupation anglaise ruine tout le commerce des côtes, de Suez à Gardafui. L'Angleterre s'est terriblement embarrassée avec les affaires d'Egypte, et il est fort probable qu'elles lui tourneront très mal»[618].

L'Egypte serait, selon les conclusions des ethnologues, la première civilisation qui soit née. Ce pays peut se prévaloir d'abriter la culture originelle du monde. En effet, elle se situe chronologiquement trois mille ans avant Jésus Christ dans le bassin méditerranéen, en Mésopotamie. Toutes les cultures et les civilisations se sont développées le long des fleuves d'Egypte. Mais, maintenant, le gros nuage de l'impérialisme cache la «bande d'orange»[619] entouré au soleil des pyramides. l'Egypte d'aujourd'hui, est souillée par la politique coloniale qui prend l'allure d'un viol. Rimbaud regrette ce triste destin de l'Egypte, en parlant de «la pauvre Egypte» qu'il aime tant et où il s'est rendu plusieurs fois.

Au départ, le colonialisme européen s'est voulu protecteur. Jusque dans des textes historiques, nous retrouvons la notion de protection. En réalité, l'image du colonialisme serait plutôt celle de la destruction et de la mort. La violence en effet apparaît être un aspect omniprésent dans la conquête coloniale. Toute volonté de puissance lorsqu'elle s'exerce réellement ne peut s'accompagner que de violence, qu'il s'agisse de luttes de conquête comme des événements d'expansion colonialiste de ce siècle. Cette lutte provoque non seulement la guerre entre le colonisateur et l'indigène, mais aussi entre les colonisateurs eux-mêmes. La guerre est donc un moyen par lequel le désir de domination impérialiste s'impose:

---

[618] OC. P. 393.

[619] «Voyage en Egypte» de Gustave Flaubert, ed. Bernard Gasset, 1991, P. 210.

«Qui sait? On nous bombardera peut-être prochainement. Les Anglais se sont mis toute l'Europe à dos. La guerre est commencée en Afghanistan, et les Anglais ne finiront qu'en cédant provisoirement à la Russie, et la Russie, après quelques années, reviendra à la charge sur eux.»[620].

Du côté de la mer Rouge, l'impérialisme anglais se manifeste avec un caractère essentiellement oppressif qui s'accompagne de bouleversements et d'une certaine destruction:

«C'est justement les Anglais, avec leur absurde politique, qui ruinent à présent le commerce de toutes ces côtes. Ils ont voulu tout remanier, et ils sont arrivés à faire pire que les Egyptiens et les Turcs qu'ils ont ruinés. Leur Gordon est un idiot, leur Wolseley un âne, et toutes leurs entreprises une suite insensée d'absurdités et de déprédations. Pour les nouvelles du Soudan, nous n'en savons pas plus qu'en France, il ne vient plus personne de l'Afrique, tout est désorganisé, et l'administration anglaise d'Aden n'a intérêt qu'à annoncer des mensonges; mais il est fort probable que l'expédition du Soudan ne réussira pas»[621].

L'impérialisme de la France est aussi «absurde politique» que celui d'Angleterre:

«La France aussi vient faire des bêtises de ce côté-ci: on a occupé, il y a un mois, toute la baie de Tadjoura, pour occuper ainsi les têtes de routes du Harar et de l'Abyssinie. Mais ces côtes sont absolument désolées, les frais qu'on fait là sont tout à fait inutiles, Si on ne peut pas s'avancer prochainement vers les plateaux de l'intérieur (Harar), qui sont alors de beaux pays, très sains et productifs»[622].

Rimbaud critique l'impérialisme des deux pays. Pouvons-nous considérer ici Rimbaud comme un anti-colonisateur? Rimbaud est contre la puissance «quasi-unique» et l'absurde politique anglaise. Et, il se manifeste aussi contre «des bêtises»

---

[620] OC. P. 399.
[621] OC. P. 394.
[622] OC. P. 394.

commises par l'impérialisme français. Pourtant, nous ne pouvons accréditer la thèse selon laquelle il aurait manifesté une tendance entièrement anti-colonisatrice. Le mot «productifs» caractérise déjà le mode de production capitaliste qui correspond à un projet d'accumuler, de «ramasser» sans arrêt des produits.

Rimbaud regrette plutôt la supériorité du colonialisme britannique qui fait du tort à l'impérialisme français qui n'arrive pas à élargir son action et à développer le niveau de sa production industrielle :

> «Nous voyons aussi que Madagascar, qui est une bonne colonie, n'est pas près de tomber en notre pouvoir, et on dépense des centaines de millions pour le Tonkin, qui, selon tous ceux qui en reviennent, est une contrée misérable et impossible à défendre des invasions»[623].

Et, aussi il se manifeste contre une dépense d'argent, sans aucun intérêt. Pour Rimbaud la coloniale française est «inepte» :

> «Je crois qu'aucune nation n'a une politique coloniale aussi inepte que la France. — Si l'Angleterre commet des fautes et fait des frais, elle a au moins des intérêts sérieux et des perspectives importantes. Mais nul pouvoir ne sait gâcher son argent, en pure perte, dans des endroits impossibles, comme le fait la France»[624].

Dans les années quatre-vingts, plus précisément à partir de 1885, le caractère de l'impérialisme change; la puissance coloniale ne provient pas uniquement de la conquête dans un but économique, mais dans un but politique. Tous les politiciens de l'Europe visent la participation impériale en vue de partager le continent africain, ce qu'on appelle «la fin du partage» (1885 - 1914). Depuis la Conférence de Berlin, le continent africain devient un véritable terrain de guerres impérialistes. En effet, les pays européens recherchent directement dans la conquête une source de richesse

---

[623] OC. P. 394-5.
[624] OC. P. 395.

provenant des matières premières pour enrichir l'économie nationale et pour leurs avantages économiques. Cet impérialisme économique caractérise l'impérialisme du XIXe siècle, l'impérialisme capitaliste qui permet une relation inégale entre états, relation fondée sur des rapports économiques disproportionnés.

Pourtant, Rimbaud n'est pas capitaliste, «*Ne me croyez capitaliste*»[625]. Face à ce nouvel impérialisme capitaliste entraînant une expansion folle vers l'Afrique, Rimbaud se pose des questions sur ces événements coloniaux qui nuisent à ses propres affaires, et qui lui rendent la vie de plus en plus difficile:

> «Les affaires sont devenues très difficiles ici, et je vis aussi pauvrement que possible, pour tâcher de sortir d'ici avec quelque chose. Tous les jours, je suis occupé de 7h[eures] à 5 h[eures], et je n'ai jamais un jour de congé. Quand cette vie finira-t-elle?»[626].

Malgré la situation difficile provoquée par la politique, Rimbaud désire «sortir d'ici avec quelque chose». Il s'agit de l'argent ou de la fortune: ce thème d'argent que nous allons étudier prochainement dans le commerce rimbaldien occupe une place importante. En effet, il continue à détailler et à critiquer sourtout le colonialisme de la Grande-Bretagne avec sa tendance habituelle à la satire:

> «Du côté de Souakim, je crois que les Anglais ne s'avanceront pas pour le moment, avant de savoir comment tourneront les affaires de l'Inde. D'ailleurs ces déserts sont infranchissables, de mai à septembre, pour des armées à grand train»[627].

> «l'Angleterre ne pouvant plus rien faire pour eux»[628].

L'expansion coloniale de ces territoires de la mer Rouge semble répondre, non pas

---

[625] OC. P. 396.
[626] OC. P. 399.
[627] OC. P. 399.
[628] OC. P. 399.

à l'intérêt économique ou géographique, mais plutôt aux intérêts et aux rivalités entre des pays européens. Pourtant, les conséquences de la colonisation sont bien souvent désastreuses sur le plan économique. Ainsi, le sous-développement endémique des pays en Afrique est une conséquence directe de la conquête coloniale responsable du choc brutal entre des civilisations, des cultures et des systèmes de société complètement différents.

Rimbaud critique d'ailleurs constamment la politique française, plus précisément l'administration coloniale caractérisée par une méconnaissance géographique du pays, qui conduit à des investissements non productifs. Il s'agit directement de l'échec de l'impérialisme.

L'une des caractéristiques de la conception géographique de l'administration coloniale, est qu'il n'est fait aucun cas des différences entre les nations. Notons que comme la quasi-totalité des pays coloniaux, les français de l'époque coloniale regroupaient dans ce qu'ils appelaient «l'Outre-mer» l'Ethiopie et l'Arabie, et dans «l'Afrique du Nord» l'Algérie et la Tunisie...

L'ignorance de la culture, de la population, de la langue, des coutumes et de la géographie provoquent même la mort des individus. Rimbaud évoque la mord de Sacconi:

> «M. Sacconi, qui avait poussé dans l'Ogadine une expédition parallèle à la nôtre, a été tué avec trois serviteurs dans la tribu des Hammaden voisine de Wabi à environ 250 kilomètres de Harar, à la date du 11 août. La nouvelle nous en est parvenue au Harar le 23. Les causes de ce malheur ont été la mauvaise composition du personnel de l'expédition, l'ignorance des guides qui l'ont aussi malement poussée, dans des routes exceptionnellement dangereuses, à braver des peuplades belligérantes».[629]

Il est intéressant, pour mieux comprendre l'expansion coloniale, ou du moins la réflexion qui en est fait dans la correspondance de Rimbaud d'étudier la situation des

---

[629] OC. P. 368.

indigènes qui s'y trouvent:

> «La rentrée des impôts de la contrée Galla environnante ne se fait plus que par razzias, où les villages sont incendiés, les bestiaux volés et la population emportée en esclavage. Tandis que le gouvernement égyptien tirait sans efforts de Harar quatre-vingt mille livres, la caisse abyssine est constamment vide. Les revenus des Gallas, de la douane, des postes, du marché, et les autres recettes sont pillés par quiconque se met à les toucher. Les gens de la ville émigrent, les Gallas ne cultivent plus. Les Abyssins ont dévoré en quelques mois la provision de dourah laissée par les Egyptiens et qui pouvait suffire pour plusieurs années. La famine et la peste sont imminentes»[630].

Nous ne nous étendrons pas sur le thème de la politique égyptienne et abyssine sur laquelle cette misérable situation se présente. Nous notons cependant que - d'après ce qui apparaît dans la correspondance de Rimbaud - cette situation est un produit de l'impérialisme de ce siècle. La plupart des événements du côté de la mer Rouge sont étroitement liés à la politique coloniale des Européens, principalement des Anglais:

> «Le gouvernement anglais, en retour, a frappé d'un droit de cinq pour cent l'importation des thalaris à Zeilah, Boulhar et Berbera. Cette mesure contribuera à faire disparaître le numéraire, déjà très rare, au Choa et au Harar, et il est à douter qu'elle favorise l'importation des roupies, qui n'ont jamais pu s'introduire dans ces régions et que les Anglais ont aussi, on ne sait pourquoi, frappées d'un droit d'un pour cent à l'importation par cette côte»[631].

Rimbaud se met d'abord à dénoncer l'impérialisme courant qui conduit à un véritable champ de bataille, et qui n'est d'aucun intérêt ni pour les indigènes ni pour les européens:

> «C'est l'invasion des Européens, de tous les côtés, qui a fait cela: les Anglais en Egypte, les Italiens à Massaouah, les Français à Obock, les Anglais à Berbéra, etc. Et on

---

[630] OC. P. 434-435.
[631] OC. P. 435-6.

dit que les Espagnols aussi vont occuper quelque port aux environs du détroit! Tous les gouvernements sont venus engloutir des millions (et même en somme quelques milliards) sur toutes ces cotes maudites, désolées, où les indigènes errent des mois sans vivres et sans eau, sous le climat le plus effroyable du globe; et tous ces millions qu'on a jetés dans le ventre des bédouins n'ont rien rapporté, que les guerres, les désastres de tous genres!»[632].

«des millions», «quelques milliards» et «ces millions» désignent la somme perdue, pour Rimbaud, l'expansion coloniale des Européens a donc échoué: conduite par l'ambition de la conquête, exécutée non pour la connaissance, mais par l'ignorance[633] des régions, et confrontée enfin à la mauvaise moralité des bédouins, l'institution impériale ne peut que sombrer.

Du reste, il apparaît que l'image des indigènes, telle qu'elle est exposée dans la correspondance de Rimbaud est une image de la réalité; que ce soit à travers le pays, l'indigène, la tradition ou les régions, le monde d'Afrique orientale décrit par Rimbaud renvoie une image de sauvage, de débile et de non-civilisé:

«Je m'ennuie beaucoup, toujours; je n'ai même jamais connu personne qui s'ennuyât autant que moi. Et puis, n'est-ce pas misérable, cette existence sans famille, sans occupation intellectuelle, perdu au milieu des nègres dont on voudrait améliorer le sort et qui, eux, cherchent à vous exploiter et vous mettent dans l'impossibilité de liquider des affaires à bref délai? Obligé de parler leurs baragouins, de manger de leurs sales mets, de subir mille ennuis provenant de leur paresse, de leur trahison, de leur stupidité!

Le plus triste n'est pas encore là. Il est dans la crainte de devenir peu à peu abruti soi-même, isolé qu'on est éloigné de toute société intelligente»[634].

---

[632] OC. P. 476-477.

[633] L'ignorance des européens envers le monde des indigènes qui conclut directement sur l'échec de l'impérialisme, cela n'est plus la seule idée de Rimbaud. Par exemple, Robert Schnerb, l'historien d'aujourd'hui donne la même opinion: «La connaissance insuffisante des populations, de leurs langues, de leurs genres de vie, de leur manière de combattre présente aussi de graves inconvénients». Robert Schnerb, «Le XIXe Siècle», Presses Universitaires de France, 1993. P. 185.

[634] OC. P. 501-502.

Rimbaud s'épuisait, s'ennuyait et surtout il était peiné du manque absolu de connaissance intellectuelle parmi les indigènes. Il n'est pas seul qui souffre dans «*ce trou d'Afrique*».[635] De nombreux Européens sont confrontés à la même situation que lui. Ils doivent ressentir tout d'abord un déracinement, quittant le foyer habituel pour séjourner sur un continent lointain, inconnu et sauvage. Ensuite, ils ne se nourrissent pas d'une manière convenable, ils dorment dans un logement sans confort, ils doivent s'adapter au climat atroce et ils éprouvent également des difficultés financières:

> «On importe des soieries, des cotonnades, des thalaris et quelques autres objets: on exporte du café, des gommes, des parfums, de l'ivoire, de l'or qui vient de très loin, etc., etc. Les affaires, quoique importantes, ne suffisent pas à mon activité et se répartissent, d'ailleurs, entre les quelques Européens égarés dans ces vastes contrées»[636].

Le sentiment de haine et de révolte qui anime le coeur de Rimbaud est voué au désespoir. Ce dernier s'élève contre le peuple de l'Europe en le comparant au moral des indigènes:

> «Les gens du Harar ne sont ni plus bêtes, ni plus canailles que les nègres blancs des pays dits civilisés; ce n'est pas du même ordre, voilà tout. Ils sont même moins méchants, et peuvent, dans certains cas, manifester de la reconnaissance et de la fidélité. Il s'agit d'être humain avec eux»[637].

L'image des colonies reflétée par les intellectuels européens est bien différente de celle d'un pays où tous les Européens seraient puissants, riches, avec tous les indigènes à leur disposition. C'est malheureusement un aspect de la politique impérialiste qui rêve d'entraîner vers une fortune splendide en Afrique. En réalité, les Européens de la classe prolétaire sont partis réaliser ce rêve. Pour eux il fallait tout recommencer et malgré tout leur situation ne s'est pas vraiment améliorée. Ce sont les victimes du rêve inaccessible et de l'idéologie bourgeoise.

---

[635] OC. P. 503

[636] OC. P. 502.

[637] OC. P. 612.

Le mépris de Rimbaud ne se manifeste bien sûr pas envers tous les Européens, mais envers les gens qui ont le pouvoir dans la société: «*Vous êtes de faux nègres, vous maniaques, féroces, avares. Marchand, tu es nègre; magistrat, tu es nègre; général, tu es nègre; empereur, vieille démangeaison, tu es nègre: tu as bu d'une liqueur non taxée, de la fabrique de Satan. - Ce peuple est inspiré par la fièvre et le cancer. Infirmes et vieillards sont tellement respectables qu'ils demandent à être bouillis*»[638].

Le thème de «nègres blancs» est évoqué par l'ex-poète Rimbaud (qui composa «Une saison en enfer»): le jeune Rimbaud se révoltait par écrit contre les bourgeois. Toute sa jeunesse, il l'a consacrée à la défense de la classe défavorisée, des pauvres, des malheureux, des prolétaires notamment, ceux qui souffrent sous la domination des bourgeois.

Le sentiment de révolte et de l'humanité n'est pas desséché, malgré un long séjour passé sur le sable brûlant de l'Afrique: il trouve maintenant du côté des indigènes.

Dans la présente étude nous avons révélé l'image de la politique coloniale donnée par Rimbaud et aussi sa tendance de «quasi anti-impérialiste» envers la colonisation européenne en Afrique. Par «quasi anti-impérialiste», nous entendons celui qui s'exprime contre l'impérialisme, sans pourtant appartenir à la tendance politique de l'extrême anti-impérialisme. Nous nous souvenons des ouvrages géographiques[639], - «*un ouvrage pour la Société de géographie*»[640], et aussi le «Rapport sur l'Ogadine» - sur certaines régions de l'Afrique que Rimbaud a rédigé pour la Société de

---

[638] «Une Saison en Enfer».OC. P. 97

[639] Voir aussi OC. P. 340.

[640] «Géographie coloniale et colonisation furent alors presque senties comme des synonymes, dans le cadre d'un consensus des plus larges. Cette démarche entraîna un grand nombre d'officiers à entrer - en géographie -; les sociétés de géographie se sont donc, dans tous les pays, développées par l'épée et par le négoce, et pour elles l'expansion européenne fut une préoccupation majeure: le fut-elle toujours, partout, et avec une belle continuité? L'exploration était-elle sentie sans remords et sans nuances comme la mère de la colonisation? Un Arthur Rimbaud, qui fut, on le sait, l'agent d'un négociant en Afrique, répondit en tout cas par l'affirmative, bien qu'il n'eût jamais adhéré formellement à une société de géographie». Dominique LEJEUNE, «Les sociétés de géographie en France et l'expansion coloniale au XIXe siècle», éd. Albin Michel 1993. P. 11.

géographie pour financer ses voyages, mais ce travail pouvait favoriser l'expansion coloniale. Rimbaud écrit aussi en 1887: «*Ces contrées, très salubres et très fertiles, sont les seules de l'Afrique orientale adaptées à la colonisation européenne*»[641].

Les deux détails que nous venons de voir, ne renseignent pas sur la tendance politique de Rimbaud qui est constamment du côté de l'anti-impérialisme. Pourtant, il ne faut pas ignorer que son anti-impérialisme a remarquablement évolué vers la fin de l'année 1887 où l'invasion coloniale devenait folie envers le continent africain. Depuis cette époque Rimbaud devient aussi humaniste, se positionnant résolument du côté des gens qui souffrent à cause des conséquences de la colonisation: il informe sa famille et ses amis sur la vérité de la situation africaine et sur la vie des indigènes. Ces récits renvoient une image vraie et cruelle de l'impérialisme colonial.

La tendance de l'anti-impérialisme de Rimbaud est caractérisée ainsi par son humanisme.

B. RIMBAUD COMMERCANT

Le but principal de cette étude est de clarifier le processus de la naissance et de l'évolution de la pensée commerciale de Rimbaud à travers le type de négoce qu'il a pratiqué. L'exploration, l'argent et la liberté occupent une place importante, comme les trois grands principes qui l'ont préoccupé au cours de sa vie négociante, dont l'intérêt est de savoir quelle est leur relation et que nous allons décrire en profondeur au cours de la présente étude.

D'ailleurs, le commerce du XIXe siècle implique également l'aspect de la constitution des notions majeures de l'expansion coloniale que nous venons d'étudier: l'affaire commerciale ne peut se dégager complètement de l'exposé des événements historiques; au niveau de la France, le XIXe siècle marque surtout les débuts de la

---

[641] OC. P. 440.

mise en valeur de la conquête territoriale et économique vers le continent africain: Cette époque est généralement caractérisée au niveau des échanges commerciaux par une relance des économies nationales.

Ce type d'expansion économique en Afrique se répand à grande vitesse à partir des années 1880 pour les huiles industrielles en particulier. Ainsi, ces sources de matières premières induiront une grande prospérité de l'exportation qui permettra le développement économique de la France. Dans de telles conditions, l'administration coloniale va devenir l'instrument des intérêts économiques des grandes sociétés, instrument efficace, car son rôle était primordial dans toutes les décisions prises en métropole en matière de colonies.

En effet, l'expansion impérialiste du XIXe siècle revêt la forme de l'impérialisme capitaliste, c'est-à-dire que nous ne pouvons pas supprimer réellement la tendance à la domination économique à travers la colonisation de cette époque. En plus, cette expansion de l'économie est ainsi intimement liée au commerce qui joue un rôle essentiel pour l'importation des produits africains vers l'Europe. Malgré tous ces conflits mêlés à la politique, à l'impérialisme et à l'économie de ce siècle, nous plaçons pourtant au centre de notre réflexion sur l'individu Rimbaud, ses besoins, ses aspirations, son intelligence et ses capacités en particulier.

1). Rimbaud et le début de sa carrière commerciale

Avant d'aborder notre sujet sur les affaires personnelles de Rimbaud, nous allons tout d'abord considérer brièvement les événements des débuts de sa vie de négociant, ainsi que le type de négoce que la maison Viannay, Bardey et Cie exécute à Aden et à Harar.

A la fin du mois de juillet 1880, Rimbaud donne sa démission de l'administration anglaise de Chypre parce qu'il est mal payé «depuis près de deux mois, après des disputes que j'ai eues avec la payeur général et mon ingénieur»[642]. Il part chercher du travail du côté de la Mer Rouge «j'ai cherché du travail dans tous les ports de la Mer

---

[642] OC. P. 313.

Rouge, à Djeddah, Souakim, Massaouah, Hodeidah, etc.»[643]. Il est exténué et malade lorsqu'il arrive à Aden, heureusement il est tout de suite engagé chez Viannay, Bardey et Cie. Pourtant Rimbaud n'a pas l'intention d'y séjourner longtemps «Quand j'aurai quelques centaines de francs, je partirai pour Zanzibar»[644]. Il reste à Aden en quelque sorte pour se reposer. Bientôt, Rimbaud décrira, dans la lettre du 25 août 1880, sa situation améliorée avec optimisme: «*si je reste ici, et il faut bien que j'y reste, car c'est trop éloigné de partout pour qu'on ne reste pas plusieurs mois avant de seulement gagner quelques centaines de francs pour s'en aller en cas de besoin, si je reste, je crois que l'on me donnera un poste de confiance, peut-être une agence dans une autre ville, et ainsi je pourrais gagner quelque chose un peu plus vite*»[645].

Dans sa lettre du 2 novembre 1880, Rimbaud informe enfin sa famille de son engagement définitif depuis le premier novembre chez Bardey avec le salaire de 150 roupies, soit 330 francs par mois (ce montant est plus élevé que Rimbaud avait prévu dans sa dernière lettre du 22 septembre): «je suis engagé bénéfice». Les documents du contrat sont envoyés, le 10 novembre 1880, à Rimbaud par l'agence de Bardey. Sans retard, il renvoie le contrat avec une lettre marquée de la condition requise. Malheureusement les deux sont perdus.

Rimbaud devient ainsi, sans prévenir sur son sort, un négociant qui caractérise le deuxième Rimbaud en Afrique orientale. Il est clair que ce «bureau de marchand de café» dont Rimbaud parle est la maison de Viannay, Bardey et Cie de Lyon-Aden: «Son siège était à Lyon. Elle avait une agence à Aden. Elle le faisait venir d'Abyssinie, le mettait en sacs à Aden et l'expédiait en France»[646]. Rimbaud prévoit «dans une autre ville», sa prochaine agence qui est sans doute à Harar, il prévoit de partir et de gagner ses fonds «un peu plus vite».

D' une manière général, les employés de la maison Bardey se réservaient directement l'importation des denrées de l'Afrique orientale, abandonnant aux navires étrangers le soin de redistribuer vers la France les produits africains, surtout les cafés

---

[643] OC. P. 313.
[644] OC. P. 313.
[645] OC. P. 314.
[646] OC. P. 1100.

du Moka. L'achat du café est une affaire essentielle de la maison Bardey, il est donc n'est pas étonnant que le mot «café» apparaît régulièrement dans ce tableau. Le café manquant en Europe, il fallut en importer de l'étranger, en Afrique - lequel d'ailleurs était de meilleure qualité et d'un prix plus bas -. Ce café se vent sans doute en France quelques fois plus cher que son premier prix. La conquête de nouvelle région et l'extension considérable du commerce ne firent qu'accentuer un tel phénomène. A ces conséquences économiques il faut ajouter des conséquences politiques impériales. Il faut aussi souligner que les indigènes et le nombre croissant d'esclaves sont entraînés au travail et étaient péniblement aidés par les distribution quasi-gratuites.

Nous nous souvenons que l'ouverture de cette maison correspond à une nouvelle période de la colonisation économique durant laquelle l'Afrique devient un champ de la rivalité entre les Européens. L'ambition de la maison Bardey est d'acheter des produits en Afrique et de les revendre en France.

Rimbaud semble satisfait d'être le négociant et de s'adapter «très» vite aux affaires de cette maison: son optimisme continue toujours d'améliorer la situation: *«je suis très au courant du commerce du café à présent. J'ai absolument la confiance du patron»*[647].

Le «patron» que Rimbaud nomme ici est Monsieur Dubard qui connaissait Rimbaud en premier et qui en parle à Bardey: «un grand et sympathique garçon qui parle peu et accompagne ses courtes explications de petits gestes coupants, de la main droite et à contre-temps»[648] La satisfaction de Dubard ne s'explique pas uniquement par le comportement que nous venons de voir, mais plutôt par le talent de maîtriser la langue arabe «sa connaissance de l'arabe lui vaut la considération de son personnel». Pourtant, Rimbaud se plaint du maigre salaire pour un employé «un peu intelligent»: «je suis mal payé: je n'ai que cinq francs par jour, nourri, logé, blanchi, etc., etc., avec cheval et voiture, ce qui représente bien une douzaine de francs par jour. Mais comme

---

[647] OC. P. 315.

[648] Centre National de la Recherche Scientifique (Centre régional de publications de Sophia-Antipolis), «Alfred Bardey, BARR-ADJAM, Souvenirs d'Afrique Orientale 1880-1887», Ed, du Centre National de la Recherche Scientifique, 1981, P. XX.

je suis le seul employé un peu intelligent d'Aden, à la fin de mon deuxième mois ici c'est-à-dire le 16 octobre, si l'on ne me donne pas deux cents francs par mois, en dehors de tous frais, je m'en irai»[649].

Par l'intermédiaire de Dubard, il parvient à convaincre Bardey d'accepter sa demande d'augmentation et sa volonté de travailler dans une autre ville. La rencontre d'Alfred Bardey, le patron de Rimbaud (précédé par Joseph Tubiana) prend une place importante dans la vie de Rimbaud en Afrique; Bardey[650] vient de commencer dans la carrière commerciale de l'importation du café pour la France au début de l'année 1880, est créée la société commerciale Mazeran, Viannay et Bardey à Lyon. Alfred Bardey est un des associés chargé des voyages à l'étranger. En mai 1880 il s'embarque à Marseille avec Dubar et deux semaines plus tard ils débarquent à Aden où Bardey essai d'installer une agence pour l'achat de café.

La première connaissance entre Rimbaud et Bardey eut lieu en octobre I888 à l'époque où Bardey est venu pour son premier séjour à Harar. Rimbaud était employé à Harar par la société comme chef du chantier où les femmes trient le café pour l'exportation «au salaire de quatre-vingt roupies par mois».

Bardey avait une certaine confiance envers Rimbaud qui n'est guère différent de lui,

---

[649] OC. P. 315.

[650] Xavier Alfred Bardey, né à Besançon le 23 septembre 1854 (même année que Rimbaud). Leur parents, François Bardey et de Marie Victorine Garressus qui sont tous deux originaires du Doubs possédant déjà un fils aîné de trois ans plus âgé que Alfred. Plus tard, ils auront encore un troisième fils Pierre qui travaille avec son frère Alfred Bardey en Afrique Orientale. Alfred se passe son enfance et sa jeunesse à Lyon où son père était négociant en soierie et apprend à sa suite le tissage de la soie pendant les années 1871-1872. En 1875, il fait son service militaire à Toulouse pendant un an au 18ème Régiment d'Artillerie, en qualité d'engagé conditionnel. Il devient le 13 mars 1876 sous-lieutenant de réserve au 16ème Régiment d'Artillerie à Clermont-Ferrand. De retour dans la famille il travaille pour son père, puis employé de 1876 à 1879 dans les bureaux de deux grandes maisons de commerce de Lyon spécialisées dans la commerce d'Outre-mer. Après le voyage pour Berbera, Zeila [juillet-août], Harar (août-septembre) et le nouveau pour Zeila (mi-septembre), Bardey est de retour en octobre à Aden où il voit pour la première fois notre poète Arthur Rimbaud. Il dépêche d'engager les deux employés Constantin Righas et Arthur Rimbaud (le premier novembre 1880).

il l'envoie et confiera bientôt à Rimbaud les affaires d'Harar où un autre agence est ouverte par Bardey lui-même: «M. Bardey, un des chefs de la maison, a fait un premier voyage, établi une agence et ramené beaucoup de marchandises»[651]. Malgré cette relation aimable et l'engagement de Rimbaud environ cinq ans dans la Maison de Bardey, nous connaissons à peine neuf lettres adressées par Rimbaud à Alfred Bardey et à l'agence Mazeran, Viannay et Bardey. Parmi celles-ci, quatre sont perdues[652]. Heureusement, les cinq lettres disponibles aujourd'hui présentent des informations essentielles concernant les débuts de l'activité commerciale de Rimbaud.

Jusqu'à présent nous avons évoqué des événement biographiques de Rimbaud en faisant attention aux affaires de l'agence Mazeran, Viannay et Bardey par lesquelles Rimbaud prend le premier pas de la vie de commerçant.

Il est rare de voir dans la littérature française un écrivain ayant vécu deux vies si différentes qui rendent Rimbaud mystérieux jusqu'à nos jours. Ainsi, c'est une évidence que d'affirmer une telle différence entre les deux vies rimbaldiennes, celle du poète et du négociant. Pourtant , nous allons les comparer tout de suite à travers les deux mots qui concernent étroitement le négoce de Rimbaud, il s'agit des noms de denrées principales que Rimbaud exploite durant de sa vie en Afrique. Cette comparaison nous permet, au premier abord, de différencier, clarifier et mieux qualifier sa vie négociante.

En effet, pour mieux connaître l'évolution spécifique de la fréquence des mots qui nous intéressent, nous introduisons le programme illustration graphique qui donne le plus clairement un aperçu de cette variante, il s'agit de deux mots exemplaires, le «café» et l'«ivoire» singulier:

---

[651] OC. P. 317.

[652] celle du [novembre] à l'agence Bardey 1880 (LXVl), du [mai] l883 à Pierre et Alfred Bardey (CVIII), du 28 mars 1888 à Alfred Bardey (CLXXIV) et du [3 mai] 1888 à Alfred Bardey (CLXXX).

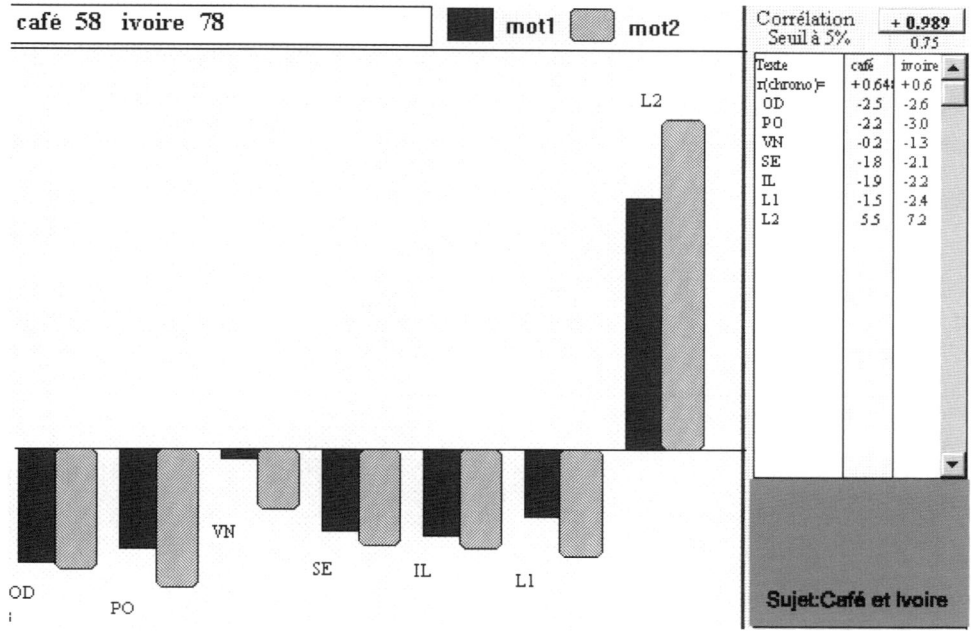

café 58 ivoire 78 ■ mot1 ▨ mot2

Corrélation Seuil à 5%		+ 0.989 0.75

Texte	café	ivoire
r(chrono)=	+0.64	+0.6
OD	-2.5	-2.6
PO	-2.2	-3.0
VN	-0.2	-1.3
SE	-1.8	-2.1
IL	-1.9	-2.2
L1	-1.5	-2.4
L2	5.5	7.2

Sujet:Café et Ivoire

Sans une explication précise nous savons que le «L2» est le texte épistolaire de Rimbaud entre 1875 - 1891 concernant à sa deuxième vie: un grand écart de longueur des bâtons de «mot 1» et «2»[654] désigne «visuellement» l'intérêt différent entre la première et la seconde période de la vie rimbaldienne

Pour aborder réellement le négoce rimbaldien et en vue de connaître ses types de négoce, nous allons adopter une méthode «primitive» qui nous conduise à tous les vocabulaires des produits commerciaux exploités par Rimbaud. Et nous allons comparer ces mots détaillés entre tous les ouvrages et la correspondance de Rimbaud en vue de savoir l'évolution de ses idées commerciales à partir des Œuvres poétiques

---

[653] *OD: Œuvres diverses. *PO: poésies, 1869-1871. *VN: vers nouveaux et chansons, fin 1871-1872. *SE: «une saison en enfer». *IL: «illuminations». *L1: lettres de Rimbaud (I), 1870 - 1875. *L2: lettres de Rimbaud (II), 1876 - 1891.

[654] En ce qui concerne la fréquence des mots, voir la «Table de concordances des lettres de Rimbaud».T. II.

et de sa vie jeunesse. Il s'agit tout d'abord d'une étude statistique qui permet de révéler environ une trentaine de mot concernant son activité commerciale.

Cette étude nous donnera aussi une vision historique sur les principales matières exportées de l'Afrique orientale vers l'Europe pendant des années quatre-vingt. Ensuite, elle nous conduira directement à analyser l'évolution du négoce rimbaldien, son intérêt, sa volonté et la variété des types de commerce à travers toute sa vie en Afrique.

Cette étude statistique est réalisée à partir de la «Table de concordances des lettres de Rimbaud» et le fait principal est le suivant:

<Tableau IX>

	OD	PO	VN	SE	IL	L1	L2	TOTAL
Amorces							1	1
Arme(s)	3			2	1	5	39	50
Baudets							1	1
Café(s)	1	3	1			1	72	78
Capsules							5	5
Caravane(s)	1				1		90	92
Cartouche(s)							17	17
Chameau(x)							51	51
Chasse(s)	1				4		5	10
Eléphant(s)							10	10
Encens	1	1	1	2	1		3	9
Fusil(s)		1	1	1			27	30
Girofles							1	1
Gomme(s)		1					9	10
Ivoire(s)	2						79	81
Matériel	1						14	15
Mulet(s)							17	17
Munitions							10	10
Musc							5	5
Outillage							5	5
Outils	1			1			3	5
Parfum(s)	1	11		1	3	1	3	20
Peau(X)	6	12		3			15	36
Perles					1		8	9
Remington(s)							15	15
Total	**18**	**29**	**3**	**10**	**11**	**7**	**505**	**583**

Le tableau ci-dessus reproduit un extrait du dictionnaire, où les Œuvres de Rimbaud sont divisés en sept groupes chronologiques et la correspondance en deux. Rimbaud a employé au total 583 fois les mots de produit «commercial» à travers toutes ses Œuvres et ses lettres qui ont été dépouillés.

La lecture de ce premier tableau statistique nous donne une conclusion rapide: la fréquence de ces mots, dans les Œuvres et dans «L1» montre une régression totale (jusqu'à l'année 1875), mais à partir de «L2» (1875 - 1891) leur progression est successive.

Ce fait signifie clairement l'intérêt, la préoccupation et les idées du commerce qui n'ont pratiquement pas de relation avec la composition poétique et aussi la jeunesse de Rimbaud, en revanche ils sont étroitement liés à la deuxième vie en Afrique.

En effet, nous allons pouvoir classer ces 25 articles et leur résultat de 505 mots dépouillés dans la catégorie «L2» qui constitue réellement notre objet d'analyse. Notons que la fréquence de ces articles et du total (dernière colonne) est un résultat concret qui peut servir à mesurer les autres qui sont à son échelle et s'offrent à la comparaison.

D'ailleurs, la présente étude, «Rimbaud, négociant», répond à plusieurs aspects de Rimbaud et de son négoce par lesquels sa réalité se présente comme une démarche infinie visant à dégager le souci, l'inquiétude, la difficulté féroce qui sont inhérentes à la réalité, à rendre le réel dans sa particularité, il cherche et s'avance vers le monde bien réel, mais inconnu. Il s'agit pour Rimbaud de rendre au monde dans son caractère propre qui le particularise et le différencie.

En vue d'analyser le premier négoce et les autres, il est temps de limiter précisément en trois périodes à travers toutes les articles sur le commerce que Rimbaud a écrit dans sa correspondance. Le tableau suivant nous permet, dans l'ensemble, de déterminer, de grouper et de comparer leur période et les articles:

<Tableau X>[655]

Périodes: [**1ᵉ: Chez Bardey**   **] [**   **2ᵉ: Armes**   **] [3ᵉ: Comptoir]**

	- 80	A80	A81	A82	A83	A84	A85	A86	A87	A88	A89	A90	A91	TOTAL
Amorces									1					1
Arme(s)	2		1	3	3		3	18	8	1				39
Baudets									1					1
Café(s)	1	5	3		2		3		2	2	20	31	3	72
Capsules								1	4					5
Caravane(s)		2	1		7		5	14	33	1	20	5	2	90
Cartouche(s)								1	7		9			17
Chameau(x)		1	1		4		1	2	9	1	22	4	6	51
Chasse(s)				2		2				1				5
Eléphant(s)				3	5				2					10
Encens			1				2							3
Fusil(s)							3	1	13	3	6	1		27
Girofles							1							1
Gomme(s)		1					2		1	3	1	1		9
Ivoire(s)		1	3		4		2	1	7	6	31	21	3	79
Matériel	1		2					3	6	1	1			14
Mulet(s)							1		5		2	7	2	17
Munitions				1	1			4	4					10
Musc			1					1	2			1		5
Outillage									5					5
Outils								2	1					3
Parfum(s)	1	1								1				3
Peau(X)		3	1		4		1		1	2		1	2	15
Perles					2						6			8
Remington(s)								1	9		5			15
Total	**5**	**14**	**14**	**9**	**32**	**2**	**24**	**49**	**121**	**22**	**123**	**72**	**18**	**505**

---

[655] Nous avons souligner, quand il s'agit des denrées de la trafic d'armes.

Ce tableau doit être lu horizontalement et verticalement:

- horizontalement: lecture chronologique: la deuxième période rimbaldienne où il cesse d'écrire et commence une autre vie «scientifique», «plus pratique» ou «négociante». Ensuite, à l'extrême droite, le «Total» correspond à la fréquence de chaque denrée selon l'ordre chronologique.

- Verticalement: lecture alphabétique: nous voyons d'abord à l'extrême gauche le nom des denrées qui nous intéressent en vue de savoir la variété du négoce que Rimbaud a pratiquée. Et tout en bas l'autre «Total» signifie la nombreuse apparition des denrées de chaque année.

Nous pourrons tirer tout d'abord dans la vue d'ensemble une preuve de la particularité de cette étude statistique; la fréquence des mots qui nous permet de comparer le début et la fin de la vie commerciale de Rimbaud, c'est-à-dire la première période chez Bardey (1880-1885), la seconde dans le trafic des armes (1885-1888) et la dernière à l'agence commerciale où Rimbaud lui-même est devenu patron (1888-1891). Ces trois périodes de commerce se sont succédé dans le temps, la première à partir de l'année 1880 *«je suis employé chez un marchant de café»*[656], où Rimbaud achète le café de Moka en particulier, mais aussi *«l'ivoire, les peaux etc.»*. Dans le tableau ci-dessus nous pourrons remarquer l'accroissement lexical des denrées à partir de l'année 1880 où la vie négociante de Rimbaud commence chez Bardey: *«La maison a fondé une agence dans le Harar, une contrée que vous trouverez sur la carte au sud-est de l'Abyssinie. On exporte de là du café, des peaux, des gommes, etc., qu'on acquiert en échange de cotonnades et marchandises diverses»*[657]. Rimbaud écrit avec la moindre précision «etc.» sur de nombreuses denrées dont la maison s'occupe, mais avec cette étude statistique nous pourrons suggérer que 11 articles concernent les affaires de Rimbaud. Le deuxième négoce rimbaldien eu lieu vers le mois d'octobre 1885 avec Pierre Labatut: *«Il me vient quelques milliers de fusils d'Europe»*[658]. La troisième se situe vers le mois du juin 1888, au moment où

---

[656] OC. P. 313.
[657] OC. P. 316.
[658] OC. P. 405.

Rimbaud établit un agence de commerce à Harar: «*J 'établis un comptoir commercial français, sur le modèle de l'agence que je tenais dans le temps, avec, cependant, quelques améliorations et innovations. Je fais des affaires assez importantes, qui me laissent quelques bénéfices*»[659].

Dans les lettres de Rimbaud où nous avons vu que la fréquence des mots est apparue 505 fois à partir des 25 éléments commerciaux. Et la période de ces trois types commerciaux que nous venons de classer chronologiquement se situe dans le temps clair et étroitement lié, selon la période, avec trois thèmes principaux, l'exploration, l'argent et la liberté dont Rimbaud s'était préoccupé constamment durant toute sa vie en Afrique (1880-1891). Par exemple, les achats que Rimbaud traite pendant la première et la dernière période sont les mêmes, les cafés, les peaux, les ivoires etc. Pourtant, la fréquence de ces denrées dans la dernière période se montre plus importante que la première (176/46 fois). Ce fait peut signifier que Rimbaud ne s'occupe pas de négoce comme son but essentiel, mais son véritable intérêt est ailleurs: par exemple, le plus souvent il s'intéresse à la science et la technique - au début de la vie négociante Rimbaud commande des nombreux ouvrages et des matériels en vue d'appliquer sa connaissance à la réalité - puis, il va bientôt pratiquer son apprentissage photographique, géographique et ethnologique sur lesquels notre étude portera tout d'abord.

Nous avons ainsi pris un sujet binaire, le négoce et la découverte de l'autre monde de Rimbaud pour que nous puissions rendre Rimbaud, le négociant, le géographe et l'ethnologue.

2). Chez Bardey ou la découverte de l'autre monde (1880-85)

La première étape de notre analyse de ces trois périodes de négoce rimbaldien, réside dans l'étude statistique envisageant la fréquence entre un mot de denrée commerciale et de l'exploration «géographique»:

---

[659] OC. P. 494.

<Tableau XI>

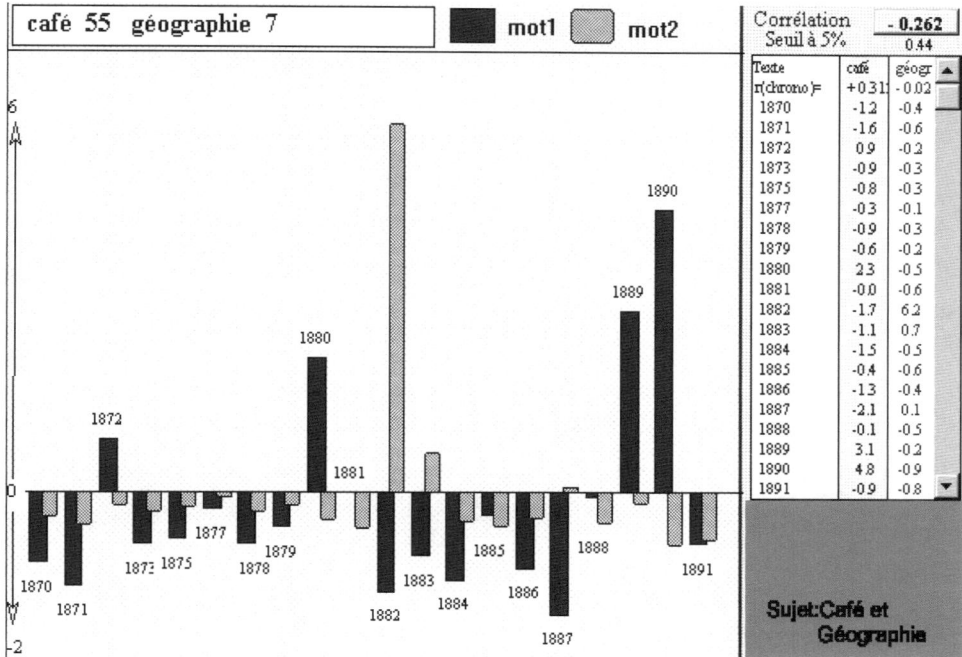

Le «mot1» tient une place de première position de l'import-export chez Bardey qui apparaît assez régulièrement que le «mot2». Ce dernier indique, malgré maigre donnée quantitative, l'accroissement excessif en 1882 et 1883. Ceci étant dit, l'idée principale était la suivante: cet accroissement lexical «géographie» peut correspondre chez Rimbaud à son intérêt et son évolution des idées de «l'exploration de l'autre monde».

A partir de là, le centre de notre sujet va se situer exclusivement sur le négoce chez Bardey et l'exploration de l'autre monde de Rimbaud.

Le premier lieu du commerce rimbaldien est ainsi situé à Aden où le climat et la végétation sont «affreux»; en plus il n'y trouve même pas facilement de l'eau potable. Malgré ces conditions hostiles Aden est reconnue comme la ville du commerce: *«Presqu'île d'Arabie, sur la côte sud, sud-est, cédée en 1839 à l'Angleterre. Sol stérile. Capitale Aden, excellent port de relâche pour les bateaux à vapeur qui vont de Calcutta et Bombay à Suez, de Suez à la Réunion et pour les navires qui font le commerce des Indes et de l'Abyssinie»*[660].

Rimbaud se hâte de quitter Aden pour se rendre Harar où la maison Bardey vient de créer une agence. La raison de son départ s'explique non seulement par le climat mais aussi par le désir d'un travail plus indépendant, loin de la maison Bardey et des patrons. Rimbaud est enfin à Harar après «vingt jours de cheval à travers le désert Somalie»:

> «Ici se trouve[nt] notre agence et nos magasins. Les produits marchands du pays sont le café, l'ivoire, les peaux, etc. Le pays est élevé, mais non infertile. Le climat est frais et non malsain. On importe ici toutes marchandises d'Europe, par chameaux. Il y a, d'ailleurs, beaucoup à faire dans le pays»[661].

Dès l'arrivée de Rimbaud à Harar, il décrit à sa famille la première image qu'il retient de cette ville:

> «Il ne faut pas croire que ce pays-ci soit entièrement sauvage. Nous avons l'armée, artillerie et cavalerie égyptienne, et leur administration. Le tout est identique à ce qui existe en Europe; seulement, c'est un tas de chiens et de bandits. Les indigènes sont des Gallas, tous agriculteurs et pasteurs: gens tranquilles, quand on ne les attaque pas. Le pays est excellent, quoique relativement froid et humide; mais l'agriculture n'y est pas avancée. Le commerce ne comporte principalement que les peaux des bestiaux, qu'on trait pendant leur vie et qu'on écorche ensuite; puis du café, de l'ivoire, de l'or; des parfums, encens, musc, etc. Le mal est que l'on est à 60 lieues de la mer et que les transports coûtent trop»[662].

---

[660] Claude JEANCOLAS, «Le dictionnaire Rimbaud», éd. Balland, 1991. P. 21.
[661] OC. P. 321.
[662] OC. P. 326.

La description de Rimbaud est brève et courte, pourtant cette citation nous livre clairement les principaux sujets d'information: il s'agit du climat, de la société, des habitants et des articles qui se produisent dans ce pays et auxquels Rimbaud s'intéresse. Les images que Rimbaud évoque décrivent une atmosphère sereine, excepté les chiens, les bandits et les difficultés de transport. Rimbaud désire apprendre la langue arabe pour bien s'adapter à ces pays:

> «A propos, comment n'avez-vous pas retrouvé le dictionnaire arabe? Il doit être à la maison cependant. Dites à F[rédéric] de chercher dans les papiers arabes un cahier intitulé: Plaisanteries, jeux de mots, etc., en arabe; et il doit y avoir aussi une collection de dialogues, de chansons ou je ne sais quoi, utile à ceux qui apprennent la langue. S'il y a un ouvrage en arabe, envoyez; mais tout ceci comme emballage seulement, car ça ne vaut pas le port»[663].

Comme nous l'avons déjà vu à travers l'étude des ouvrages et des matériels commandés par Rimbaud, c'est à partir de l'époque d'Harar que sa volonté de l'exploration se met à naître. Il s'intéresse surtout à la découverte territoriale, se fait géographe:

> «j'ai besoin de faire acheter quelques instruments de précision. Car <u>je vais faire un ouvrage</u> pour la Société de géographie, avec des cartes et des gravures, sur le Harar et les pays Gallas. Je fais venir en ce moment de Lyon un appareil photographique; je le transporterai au Harar, et je rapporterai des vues de ces régions inconnues. C'est une très bonne affaire»[664].

Le but essentiel de Rimbaud est de composer un ouvrage géographique qui est sans doute imprégné du décor d'Harar et des Gallas. Le premier Rimbaud demeurait profondément attaché à la poésie alors que il se, maintenant, prépare à publier l'Œuvre géographique; il n'est pas attaché à la terre ni à la vie rurale comme sa mère

---

[663] OC. P. 327.
[664] OC. P. 340-341.

à Roche, ni comme son père capitaine, à Alger, mais en Afrique orientale en tant que négociant-géographe:

> «ceux qui manquent sont le plus nécessaires. L'un est un traité de topographie (non de photographie, j'ai un traité de photographie dans mon bagage). La topographie est l'art de lever des plans en campagne: il faut que je l'aie »[665].

Cette lettre nous livre la préoccupation de Rimbaud sur la pratique géographique. Il est impatient de découvrir le paysage qui est donc un cadre, un entourage réel à travers cette nature sauvage. Sa description de ces paysages est précieuse et concrète sur le plan géographique et ethnologique. Car la lettre du secrétaire général de la Société de Géographie à Rimbaud nous confirme la sincérité de Rimbaud sur ce travail géographique: *«La Société Géographie, de Paris, s'efforce de réunir dans ses Albums les portraits des personnes qui se sont fait un nom dans les sciences géographiques et dans les voyages. Elle vous sera reconnaissante de vouloir bien lui faire parvenir votre photographie, portant au revers l'indication de vos nom et prénoms et les renseignements que vous jugeriez convenable d'ajouter, tels que le lieu et la date de votre naissance, l'énoncé succinct de vos travaux, etc.»*[666].

Nous savons que le XIXe siècle allait être une nouvelle phase de tentative de pénétration européenne en Afrique. Il est vrai que tout au long de cette période, chaque puissance essayait, par des accords diplomatiques et commerciaux de conquérir le marché aux produits nationaux et d'assurer un traitement privilégié aux ressortissants. Pourtant, l'Afrique orientale reste encore une terre inconnue, surtout en Ethiopie. Pour favoriser ce nouvel essor, il est d'avoir une connaissance géographique soit en tant que gouverneur, soit en tant que commerçant. Le négociant Rimbaud doit ainsi prendre des risques pour découvrir la région inconnue et y être «commerçant-géographe»:

---

[665] OC. P. 358.
[666] OC. P. 382.

«nous allons être renseignés définitivement sur tout ce qu'il y a à faire dans le grand cercle de Harar. Un rapport commercial et géographique suivra toutes ces recherches et nous vous l'adresserons à Marseille»[667].

Rimbaud envisage pourtant de quitter Harar et de travailler ailleurs avec un poste «plus intelligent»: il ne se supporte plus le climat de ce pays et surtout le contact avec les gens chez Bardey:

«Je continue à me déplaire fort dans cette région de l'Afrique. Le climat est grincheux et humide; le travail que je fais est absurde et abrutissant, et les conditions d'existence généralement absurdes aussi. J'ai eu d'ailleurs des démêlés désagréables avec la direction et le reste, et je suis à peu près décidé à changer d'air prochainement. J'essayerai d'entreprendre quelque chose à mon compte dans le pays; et, si ça ne répond pas (ce que Je saurai vite), je serai tôt parti pour, je l'espère, un travail plus intelligent sous un ciel meilleur. Il se pourrait, d'ailleurs, qu'en ce cas même je restasse associé de la maison, - ailleurs»[668].

Le désir de nouveau départ vient sans doute des ennuis de la direction des patrons et ce problème ne se résoudra qu'à la fin de l'année:

«Je serais heureux de vous voir personnellement à Aden»[669].

En décembre 1881, après avoir adressé cette lettre ou ce message Rimbaud part pour retourner à Aden prendre la direction de l'Agence principale. Sa rencontre avec Bardey ne se fait pas avant le mois de février 1882: «*En février 1882, Alfred Bardey s'embarque pour Aden, où Rimbaud est déjà arrivé*».

Rimbaud n'a plus d'intention de revenir à Harar où il est engagé depuis plus d'un an «*Je compte trouver un autre travail, aussitôt rentré à Aden*». Il rédige en même

---

[667] OC. P. 373.
[668] OC. P. 334.
[669] OC. P. 339.

temps, le 9 décembre 1881, ces deux lettres à Alfred Bardey et à sa famille, qui portent sur deux sujets différents: il écrit à sa famille sur sa déplaisance chez Bardey cherchant un autre emploi, mais à Bardey il donne rendez-vous à Aden. Si Rimbaud est tenté de trouver un autre travail, pour quelle raison veut-il rencontrer prochainement Alfred Bardey? On ignore le détail précis. Mais Rimbaud voulait certainement demander le versement de 1160 roupies qu'il doit recevoir, ainsi que l'amélioration de sa situation (qui sera soit une augmentation du salaire soit une promotion). Sa demande est probablement acceptée par Bardey qui envisage en septembre 1882 de l'envoyer à Harar pour diriger l'agence, c'est à dire comme le directeur de la Maison d'Harar.

Le 20 mars [18] 83 il annonce à sa famille le renouvellement de son contrat de l'agence Bardey jusqu'à la fin décembre 1885. Puis, il part d'Aden le 22 mars pour Harar *«Je pars après-demain pour Zeilah»*. Grâce à la situation géographique, Harar est reconnue comme un lieu incontournable du commerce et du marché; se situant au point de jonction de deux grands chemins commerciaux: l'un se dirigeant à l'ouest vers la direction du Choa et des royaumes Sidama, l'autre au sud-ouest vers la ville sainte de Cheik Hussein et la vallée de l'Ouebbi Chebelli qui existe depuis des siècles comme un chemin de migration de Somalie vers le pays de Mogadisque[670].

Harar est une ville de la grande région (large de 700 à 800 kilomètres), qui recouvre l'immense plateau des Gallas se situe entre l'Abyssinie au nord et la région des Somalie à l'orient. Le noeud du plateau des Gallas se trouve le Kaffa et l'Enarea qui sont le prolongement de la région Choa[671]. Rimbaud dit *«je suis ici dans les Gallas»*[672] où se trouve au nord la ville Harar (environs 10,000 habitants, des années 1880). Cette ville est adossée *«au pendant d'une colline, qui descend doucement de l'ouest à l'est. A l'est s'étendent des champs cultivés; à l'ouest, la pente en terrasses est couverte de vergers et de caféiers. Au nord, la ville est protégée par une rangée de hauteurs dont le point culminant est appelé Kondora; au sud, le terrain s'abaisse vers une vallée assez profonde, arrosée par un cours d'eau qui va rejoindre le Québi*

---

[670] Voir «Histoire des peuples de l'Afrique Noir», P. 498.
[671] Voir AF. P. 567
[672] OC. P. 321.

Chébaïli, grande rivière du pays des Somalie. [...] Les mosquées sont nombreuses; la plus grande, qui est la seule un peu remarquable, est l'Œuvre d'architectes turcs de Moka»[673].

Cette ville où où il y a un grand entrepôt notamment pour les commerçants de l'intérieur, peut recevoir régulièrement leurs caravanes et aussi expédier à Berbera et à Zeilah[674].

Sous les yeux de l'historien de cette époque (c'est à dire du XIXe siècle), l'atmosphère de Harar n'est pas comme celle d'aujourd'hui. L. Lanier parle du massacre de l'expédition italienne comme un exemple des divers risques encourus à Harar: «*Ville sainte dont l'accès est rigoureusement interdit aux infidèles. En 1879, une expédition italienne composée de seize personnes, et conduite par M. Giuletti, a tenté de pénétrer dans l'Harar; elle a été massacrée tout entière à Daddato. près de Mascoa, par les Danakils»*[675].

Plusieurs aspects de danger qui nuisent aux affaires commerciales et qui sont souvent provoquées par lesévénements politiquex, religieux et aussi commerciaux.

Les lettres que Rimbaud adresse à Alfred Bardey et à l'agence Mazeran, Viannay et Bardey sont au nombre de neuf. Parmi celles-ci les quatre lettres écrites au cours de l'année 1883 présentent une importance capitale sur le négoce, la géographie et l'ethnologie des pays de Gallas. Il s'agit des lettres du 25 août (7e étude de

---

[673] DR. P. 141-142.

[674] Voir DR. P. 142: «Avant la conquête égyptienne, les Gallas étaient les maîtres de toutes les routes commerciales qui rayonnent de cette ville, et ils en abusaient pour prélever sur les caravanes des droits de passage si exorbitants que, quelquefois, leurs exigences dépassaient la valeur totale des marchandises envoyées. Les négociants de Harar ou ceux de la côte n'avaient pas à discuter le taux de cet impôt forcé; il leur fallait s'exécuter, sous peine de voir piller sous les yeux tout le chargement de la caravane. Entourés de tels voisins, l'émir de Harar et les habitants de la ville n'étaient, à proprement parler, que les vassaux des Gallas avant l'annexion du pays à l'Egypte».

[675] AF. P. 622.

Marchandise)[676], du 26 août, du 23 septembre et du 10 décembre 1883, que nous examinerons successivement.[2]

- Lettres du 25, 26 août et du 23 septembre 1883

La première est écrite sous forme d'un rapport formulé dans un ordre bien organisé:

> «Pas de café. Ce que ramasse par 1/4 de frasleh l'agent de Bewin et Moussaya est une ordure grattée des sols des maisons Hararies, ils paient ça 5 thalaris 1/2. - Peaux inabordables pour nous pour les raisons déjà données; d'ailleurs n'arrivent pas. 2600 cuirs au gouvernement ont atteint 70 paras aux enchères; nous comptons à peu près pouvoir les racheter ensuite à P. 1,50 et en former une caravane. Elles sont de la qualité des dernières.
> - Peaux chèvres. En avons 3000 en magasin. Les frais de leur achat et les transports de tous les cuirs de la province les mettent à un prix moyen de D. 4. Mais nous avons organisé leur achat, et chaque mois nous pouvons en ramasser 2500 à 3000 sans qu'elles dépassent ce prix.
> - Ivoire. Cherchons à organiser q[uel]q[ue] chose mais manquons d'hommes spéciaux et des marchandises spéciales»[677].

L'analyse de Rimbaud concernant le commerce de la Maison Bardey est claire et directe. Il n'a pas employé des formules vagues ou brillantes: la clarté de cette lettre ne permet aucune confusion, « - *Pas de café*», « - *Peaux chèvre*», « - *Ivoire*» etc. D'ailleurs, un autre intérêt de cette lettre est de découvrir la connaissance de Rimbaud sur ce pays; il décrit quelques raisons sur la mort de Sacconi qui est d'abord l'ignorance de cet région, manque du respect pour la coutume et la personnalité même de Sacconi qui n'avait aucune intention d'acheter les produits, mais qui ne pensait qu'à sa propre gloire géographique: «*Les causes de ce malheur ont été la mauvaise*

---

[676] Ce texte ne porte pas de date, pourtant il est bien probable qu'il est une partie de la lettre du 25 août 1883. Voir OC. P. 1116: « Document non daté. C'est par hypothèse qu'il est rattaché au rapport du 25 août 1883 ».

[677] OC. P. 368.

composition du personnel de l'expédition, l'ignorance des guides qui l'ont aussi malement poussée, dans des routes exceptionnellement dangereuses, à braver des peuplades belligérantes»[678].

Nous savons que Rimbaud traverse en mai et juin 1881 pour acheter l'ivoire jusqu'à Boubassa, où aucun Européen n'avait voyagé: «je compte quitter prochainement cette ville-ci pour trafiquer dans l'inconnu. Il y a un grand lac à quelques journées, et c'est en pays d'ivoire: je vais tâcher d'y arriver. Mais le pays doit être hostile»[679]. Son désir de voyager dans un pays inconnu ne prouve pas seulement son courage, mais aussi son désir de connaître une autre vie. Mais ici la connaissance du pays et des coutumes ne correspond pas tout à fait à l'adaptation de la vie de Rimbaud. Il ne compte non seulement exporter des produits en Europe, mais aussi débite des marchandises sur place: le tissu de coton pour la région du Harar Sirwal Habeschi, les 500 Sirwall pour les tribus gallas et abyssines, les «Kamis», les 50 «Sperraba» pour las Gallas et Somalie, et même les chasses au tigres, au léopards et au lion: «Nous avons envoyé au-dehors une compagnie de chasseurs de tigres, léopards et lions, à qui nous avons donné des recommandation pour l'écorchage»[680].

La seconde lettre s'adresse uniquement à Alfred Bardey:

> «Si j'ai quelque chose à vous demander, c'est seulement de faire surveiller les articles que j'ai commandés à fabriquer pour le Harar. Je compte dessus pour distinguer et établir l'agence ici d[an)s les Gallas»[681].

C'est environ à cette époque que Rimbaud commence à intégrer la vie de négociant: cette lettre présente sa grande ambition qui est d'établir une agence dans les Gallas et ainsi de réaliser son rêve de ne plus être employé: «Je n'ai pas l'intention de passer toute mon existence dans l'esclavage»[682]. Enfin, il est patron de l'agence

---

[678] OC. P. 368.
[679] OC. P. 329.
[680] OC. P. 371.
[681] OC. P. 371.
[682] OC. P. 371.

dans les Gallas grâce à sa connaissance de la région et à son l'intelligence des affaires: parmi les Européens on n'en trouve guère qui ne connaisse mieux et qui montre autant de courage que Rimbaud dans ce pays. Rimbaud écrit cette lettre comme une réponse d'Alfred Bardey (lettre du 24 juillet 1883). Il remercie d'abord Bardey de l'éloge dont il l'a couvert pour les photographies que Rimbaud a incluses dans la lettre précédente [perdue]. Mais Rimbaud ne s'y intéresse plus à cause du mauvais temps «*le solein'a pas paru depuis trois mois*». Pourtant, il exprime continuellement de l'intérêt pour la géographie «*L'histoire de Guirane Ahmed a un second volume, me dit-on, beaucoup plus intéressant que le premier géographiq[ue)m[en]t*»[683]. A-t - il voulu évoquer le risque de la vie dans ce pays? Il reprend ensuite le sujet de la mort de Sacconi qui meurt le 11 août 1883, près du Wabi.

La lettre du 23 septembre présente une correspondance typiquement commerciale qui porte à gauche de l'en-tête d'abord le nom de la maison, puis à droite, la date et le lieu de la destination: le rapport que Rimbaud rédige non seulement sur les produits commerciaux de la maison Bardey, mais aussi sur la géographie et l'histoire de la région d'Ogadine, Harar, Dankali etc. A travers cette lettre nous voyons plusieurs aspects de Rimbaud se dégager: il est non seulement négociant mais aussi géographe, historien, ethnologue. Ses efforts de connaissance sur le pays inconnu ne finissent guère, il demande à M. Hachette une traduction française du Coran. Enfin, environ trois mois plus tard il rédige un rapport remarquable sur la région Ogadine.

- Lettre du 10 décembre 1883 et exploitation de l'autre monde

A partir de la fin de l'année 1883-1885, Rimbaud se trouve dans une situation difficile[684] par la relation personnelle et commerciale avec la maison de Mazeran,

---

[683] OC. P. 372.

[684] En ce qui concerne la biographie de Rimbaud au cours des années 1884-1885, elle se présente ainsi brièvement: Rimbaud reprend en avril 1884 le chemin pour Aden où il s'inquiète de nouveau pour l'emploi et pour vivre «*Je ne sais pas du tout où je pourrai me trouver dans un mois*», (OC. P. 384), «*N'écrivez plus sur l'adresse: Mazeran et Viannay, parce que la raison sociale Bardey (seul) à présent*» (OC. P. 388). Bardey l'engage «à

Viannay et Bardey à Aden. Pourtant, son désir de l'exploitation de l'autre monde pogresse de façon successive. Nous nous appuyons maintenant, dans les pays Gallas, sur cette préoccupation de Rimbaud qui se précise et qui nous conduit à analyser l'évolution de ces idées.

Le principal achat de la maison Bardey est le café; aux marchés d'Aden il y a deux sortes de café, le Moka et le Café berbera qui ont une valeur particulière. Rimbaud s'occupe de l'achat du café régional[685] qui s'appelle Adar ou Harar. Mais cette année 1883 n'a *«jamais été [aussi] nul qu'en cette saison»* sur le marché de Harar; à partir de cette année-là le café de l'Afrique orientale devient le «désert»: *«Le commerce deces pays était très bon, il n'y a encore que quelques années. Le principal commerce est le café dit moka: tout le moka sort d'ici, depuis que Moka est désert. Il y a ensuite une foule d'articles, cuirs secs, ivoires, plumes, gommes, encens, etc., etc., etc. et l'importation est aussi très variée»*[686].

Les *«cuirs secs, ivoires, plumes, gommes, encens, etc»* que Rimbaud décrit sont quelques denrées que la maison Bardey exploite et qui sont aussi liées avec des affaires

---

Aden pour 6 mois, du 1er juillet au 31 décembre 1884, aux même condition» (OC. P. 388). Le 10 janvier 1885, il s'engage de nouveau chez la Maison Bardey, d'Aden pour un an: *«M. Rimbaud s'engage, comme employé de M. Bardey, à exécuter tout ce qui lui sera commandé ayant rapport aux affaires de son commerce, du 1er janvier 1885 au 31 décembre de la même année» (OC. P. 395). Pourtant ce contrat n'expire pas jusqu'à la fin d'année 1885 «J'ai quitté mon emploi d'Aden, après une violente discussion avec ces ignobles pignoufs»* (OC. P. 405).

[685] «Les caféières sont une des principales richesses des Hararis. Pour faire une plantation, ils choisissent un terrain en pente qu'ils aménagent en gradins. La terre légère est celle qui convient le mieux, sans être trop sableuse et pierreuse. Après l'avoir mélangée avec du fumier, ils la remuent et l'arrosent fréquemment, l'engraissent de nouveau et la mouillent encore. Dans ce terrain bien préparé, ils enfoncent des baies de café qu'ils ont laissées pendant quelques jours dans des cendres mouillées afin d'en activer la germination. Ils laissent entre elles un espace de 15 à 20 centimètres et les recouvrent ensuite de paille de dourah en arrosant une fois par jour». DR. P. 63.

[686] OC. P. 399.

essentielles de Rimbaud, à savoir acheter des produits dans l'intérieur du pays. Nous avons déjà vu que Rimbaud a poussé en 1881 son aventure jusqu'à l'intérieur du pays notamment à Boubassa, «les pays jusqu'ici inaccessibles aux blancs». Son but essentiel était de chercher l'ivoire: «*Pour moi, je compte quitter prochainement cette ville-ci pour aller trafiquer dans l'inconnu. Il y a un grand lac à quelques journées, et c'est en pays d'ivoire: je vais tâcher d'y arriver. Mais le pays doit être hostile*»[687]

Rimbaud se trouve maintenant dans l'Ogadine cherchant toujours les dents d'éléphant. Il nous paraît que l'ivoire demeure, pendant toute la période du négoce, comme un article prépondérant et le plus favorisé, tant il est considéré comme l'objet précieux et essentiel de ce pays. Ainsi, la préoccupation de l'ivoire et des peaux n'est pas loin de la chasse des éléphants et des animaux qui attire les chasseurs et devient une véritable industrie avec des indigènes, de nombreux porteurs, des rabatteurs. La maison Bardey n'est pas indifférente à cet événement du siècle, l'employeur de Rimbaud organisant des caravanes pour la chasse:

> «Je voyage dans les pays Gallas (Afrique orientale), et, m'occupant en ce moment de la formation d'une troupe de chasseurs d'éléphants, je vous serais très réellement reconnaissant de vouloir bien me faire renseigner, aussi prochainement que possible, au sujet suivant»[688].

Incontestablement cette région d'Ethiopie est exceptionnelle par sa richesse des animaux sauvages[689] qui constitue une ressource écologique, esthétique spectaculaire

---

[687] OC. P. 329.

[688] OC. P. 345.

[689] Voir AF. P. 609: «- Animaux: boeufs, chevaux, ânes, moutons blancs et noirs à longue laine, abeilles; lions, léopards, sangliers, éléphants, rhinocéros, buffles, hippopotames, singes, gazelles, hyènes, girafes, zèbres, civettes porte-musc. *Les musulmans adonnés au commerce du musc nourrissent la civette dans des sortes d'étroits boyaux en planche, de la largeur même du corps de l'animal, qui, de cette façon, ne peut se retourner pour mordre la main du propriétaire qui se glisse sous son ventre pour en retirer, à certaines heures de la journée, la sécrétion parfumée dont le résidu est le musc*».

et surtout commerciale en quantité et variété:

> «Nous avons envoyé au-dehors une compagnie de chasseurs de tigres, léopards et lions, à qui nous avons donné des recommandation pour l'écorchage. A 4 ou 5 heures du Harar, il y a une forêt (Bisédimo) abondante en bêtes féroces, et nous avons prévenu les gens des villages environnants et faisons chasser pour nous. Nous croyons qu'il existe en France des pièges d'acier spéciaux pour la capture des loups, qui pourraient très bien servir pour les léopards. On peut s'en assurer à la société de louveterie, et après examen nous envoyer deux de ces pièges»[690].

A la fin du XIXe siècle, ce sont des millions d'éléphants, de zèbres et des bêtes féroces comme les tigres, les lions, les léopards qui sont exportés «directement» par le bateau soit vivants, soit seulement sous forme de peaux, ou d'ivoire après de véritables massacres.

Au niveau de la description, le rapport de l'Ogadine ne semble pourtant pas écrit uniquement par intérêt commercial, il est guidé plutôt par la passion de l'ethnologue. Nous verrons la question de ces sources ultérieurement qui montre un autre aspect de Rimbaud «commerçant-géographe».

Rimbaud séjourne à Harar pour l'achat du café principalement. il lui suffit de rester autour de cette ville, car ses propres affaires ne consistent ni à cultiver, ni à exploiter: il écrit à sa famille dès son arrivée à Harar *«je pense que j'aurai à aller plus en avant prochainement»*[691]. Il désire personnellement parcourir ce continent sauvage. Il semble que l'expression «aller plus en avant» ne concerne pas tout à fait ses affaires commerciales, mais plutôt c'est une évocation psychologique signifiant un élargissement de l'espace sans fin. Ainsi, le négoce et le thème du départ sont étroitement liés l'un à l'autre, et caractérisent sa vie en Arabie et en Afrique. Que voulait-il enfin trouver dans ce départ qu'il espère si vivement? Cette démarche de Rimbaud est souvent liée à la quête du bonheur, il s'agit d'élargir la connaissance par le voyage.

---

[690] OC. P. 371.
[691] OC. P. 321.

Pour l'étude de l'exploitation de l'autre monde, il convient peut-être en effet d'assigner une place au domaine de la recherche, à l'entreprise ethnographique. L'ethnologie du XIXe siècle apparaît comme une découverte, une recherche qui tend à expliquer, à justifier des phénomènes culturels et sociaux. Notre propos est de décrire au moyen d'une analyse précise, ces phénomènes de l'ethnologie sur le continent de l'est africain vu par l'ex-poète français, à savoir le négociant Rimbaud. L'intérêt de cette étude revêt une double importance, personnelle et historique: d'une part, il est intéressant de voir l'image de l'autre monde décrite par l'ex-poète français. D'autre part, grâce à la description de Rimbaud, nous pourrons mesurer dans la recherche historique les lacunes des aspects ethnologiques dans la région Ogadine. Car l'expansion française en Afrique de l'est est bien plus faible que celle de l'Angleterre qui a essentiellement suivi la voie coloniale dans ces pays africains; la recherche historique française est peu avancée, - comme nous avons déjà vu l'indifférence de la politique française dans cette région de l'Afrique orientale, «*votre voyage n'intéressant pas directement un pays français, la politique française*»[692] - il existe ainsi peu d'ouvrages de l'histoire et de l'ethnologie en français sur le peuple de cette région. Par contre, la recherche s'est portée abondamment sur des régions sous contrôle français, surtout l'Afrique du Nord.

Le «Rapport sur l'Ogadine» que Rimbaud rédige pour mieux faire connaître la région d'Ogadine est une seconde étude après la «7e étude de marchandises» en août. Ce brillant rapport d'ensemble fut publié l'année suivante dans le bulletin intitulée «Comptes rendus des séances de la Société de Géographie», le premier février 1884. Alfred Bardey confirme que ce rapport est établi par Rimbaud, mais d'après des informations rapportées[693] par Sottiro qui finit «tragiquement»[694] sa vie dans

---

[692] Lettre du secrétaire de la Société de Géographie à Rimbaud, le 4 octobre 1887. OC. P. 448.

[693] «Puis je reçois le rapport précis «Notes sur l'Ogaden» établi par Rimbaud d'après les renseignements recueillis et les notes rapportées par Sottiro, notre employé grec, au cours de ses explorations en ce pays grand comme la moitié de la France, inexploré et inconnu en-dehors de quelques indigènes venant de temps en temps au Harar. J'adresse ce rapport à la Société de Géographie et il est bientôt reproduit partout. Je ne le rééditerai pas ici, mais

l'Ogadine. Néanmoins, nous ne doutons pas que ce texte a été rétabli et complété par les mains de Rimbaud.

Pouvons-nous nous fier entièrement au souvenir de Bardey? Car son souvenir est évoqué de nombreuses années plus tard[695] et aussi il y avait erreur de date[696] et certains événements dont il ne s'était pas souvenu; par exemple, Rimbaud écrit dans sa lettre du 2 juillet 1881 «*Je repars dans quelques jours pour un pays totalement inexploré par les Européens; et, si je réussis à me mettre décidément en route, ce sera un voyage de six semaines, pénible et dangereuse, mais qui pourrait être de profit. - Je suis seul responsable de cette petite expédition. J'espère que tout ira pour le moins mal possible*»[697].

Malheureusement, nous n'avons aucune preuve concrète quant à la destination de ce voyage. Il n'est pourtant pas impossible de supposer que ce voyage se dirige vers l'Ogadine, ou bien que Rimbaud s'est rendu au moins une fois sur cette région. Nous ne pouvons pas ignorer que la plupart des informations de ce rapport sur l'Ogadine

---

je fais part de quelques détails inédits qui nous furent adressés par Arthur Rimbaud en conclusion de cette expédition». Souvenir de Bardey P. 328.

[694] «Des expéditions importantes ont lieu, dont la principale est le voyage de Sottiro en Ogaden, grande contée inexplorée du centre du Somal et bordant les Gallas à l'ouest. Une agence italienne, - Sacconi et Neveu -, installée à Harar, entreprend une expédition dans l'Ogaden qui se termine tragiquement». Voir aussi la description de Rimbaud sur la mort de Sacconi: «M. Sacconi, qui avait poussé dans l'Ogadine une expédition parallèle à la nôtre, a été tué avec trois serviteurs dans la tribu des Hammaden voisine de Wabi à environ 250 kilomètres de Harar, à la date du 11 août. La nouvelle nous en est parvenue au Harar le 23. Les causes de ce malheur ont été la mauvaise composition du personnel de l'expédition, l'ignorance des guides qui l'ont aussi malement poussée, dans des routes exceptionnellement dangereuses, à braver des peuplades belligérantes». OC. P. 368.

[695] «Lorsqu'il est interrogé par Paterne Berrichon pour fournir son témoignage sur Rimbaud en Afrique Alfred Bardey, très vite, de témoin deviendra accusé. Il sera, dans cette pénible situation, d'une patience inlassable». SB. P. XIX.

[696] Bardey prit plusieurs d'erreur de date, mais pendant l'interrogation sur ce rapport il n'a moins de l'erreur: «Si Bardey n'a pas commis d'erreur de date, c'est dont au moment même où il sollicitait son admission à la Société de Géographie qu'il lui a remis pour ses archives la carte de son itinéraire de Zeila à Harar». SB. P. XIII.

[697] OC. P. 331.

ont été établies, non pas par Sottiro, mais par Rimbaud lui-même.

En effet, nous allons d'abord détailler le «Rapport sur l'Ogadine» en deux thèmes. Il s'agit de la géographie et de l'ethnologie.

1. Géographie:

Pays: «*L'Ogadine est un plateau de steppes presque sans ondulations, incliné généralement au sud-est: sa hauteur doit être à peine la moitié de celle (1800 m) du massif du Harar*».

Rivière: «*Les cours d'eau de l'Ogadine sont sans importance. On nous en compte quatre, descendant tous du massif de Harar [...] et descendant au Wabi, probablement dans la direction du Hérer*».

Route: «*Il y a deux routes du Harar à l'Ogadine: l'une par l'est de la ville, vers le Boursouque, et au sud du mont Condoudo par le War-Ali, comporte trois stations jusqu'aux frontières de l'Ogadine. [...] L'autre route se dirige au sud-est du Harar par le gué de la rivière du Hérer, le marché de Babili, les Wara-Heban, et ensuite les tribus pillardes des Somalie-Gallas de l'Hawïa*».

Végétation: «*L'aspect général de l'Ogadine est donc la steppe d'herbes hautes, avec des lacunes pierreuses; ses arbres, du moins dans la partie explorée par nos voyageurs, sont tous ceux des déserts somalis: mimosas, gommiers, etc*».

Climat: «*Son climat est donc plus chaud que celui du Harar. Elle aurait, paraît-il, deux saisons de pluies, l'une en octobre et l'autre en mars. Les pluies sont alors fréquentes, mais assez légères*».

A la lecture de ces phrases, nous avons l'impression de regarder la montagne et la rivière, de marcher sur la route et de sentir le parfum des mimosas dans le pays Ogadine. Cela ne désigne pas que Rimbaud décrit le paysage avec une sensation poétique, mais par le style concret qui nous livre une vive image du paysage. La plupart des descriptions effectuées par Rimbaud évoquent une vision fort d'explorateur: «(1800 m)», «deux routes», «mimosas» etc. Il mesure la montagne et compte les rivières en toute objectivité. Nous ne trouvons pas un usage fréquent d'adjectif et d'adverbe (bon, mauvais, bien etc.) qui peut donner un jugement personnel: l'emploi de mots secs, concrets, et durs, sans adjectifs, traduit la sincerité « professionnelle » d'un Rimbaud explorateur.

C'est de dire que ce rapport de voyage est une description du paysage où s'effectue le voyage. Le rapport se situe ainsi dans un lieu géographique et qu'une partie du rapport consiste entièrement dans la description de cet environnement. Or, il y a une relation intime entre le lieu géographique et la description personnelle, dans le cas de Rimbaud, le lieu géographique est le paysage, il a souvent été motivé par la description des paysages géographiques.

2. Ethnologie:

Origine du peuple: «*Les Ogadines ont des traditions assez longues de leurs origines. Nous avons seulement retenu qu'ils descendent tous primitivement de Rère Abdallah et Rère Ishay [...] L'ensemble des tribus visitées par M. Sotiro est de la descendance Rère Hersi, et se nomment Malingours, Aïal, Oughas, Sementar, Magan*».

Pouvoir politique: «*Les différentes divisions des Ogadines ont à leur tête des chefs nommés oughaz. [...] Quant à Omar Hussein, il n'est jamais sorti de ses tribus où il est renommé comme guerrier, et il se contente de respecter l'autorité égyptienne à distance*».

Quotidienneté: «*Leur occupation journalière est d'aller s'accroupir en groupes sous les arbres, à quelque distance du camp, [...] les nattes des chameaux qui, montées sur des bâtons, forment les maisons des gacias (villages) passagères*».

Religion: «*Ils sont musulmans fanatiques. Chaque camp a son iman qui chante la prière aux heures dues. Des wodads (lettrés) se trouvent dans chaque tribu; ils connaissent le Coran et l'écriture arabe et sont poètes improvisateurs*».

Famille: «*Les familles ogadines sont fort nombreuses. [...] Naturellement, il en épouse une ou plusieurs autres dans l'intervalle, mais toujours avec les mêmes réserves*».

Elevage: «*Leurs troupeaux consistent en bœufs à bosse, moutons à poil ras, chèvres, chevaux de race inférieure, chamelles laitières, [...] les Ogadines ne laissant pas les autruches se reproduire en domesticité».*

Chasse: *«Les éléphants ne sont ni fort nombreux, ni de forte taille, dans le centre de l'Ogadine. [...] Le Wabi a tous les animaux des grands fleuves: éléphants, hippopotames, crocodiles, etc.».*

Peuple des Mitganes: *«Il existe chez les Ogadines une race d'hommes regardée comme inférieure et assez nombreuse, les Mitganes (Tsiganes); [...] où ils sont renommés chasseurs».*

Coutume et fête: *«Une coutume politique et une fête des Ogadines est la convocation des tribus d'un certain centre, chaque année, à jour fixe».*

Les images de l'autre monde que Rimbaud décrit sont très nombreuses, elles sont recherchées et elles frappent le lecteur. Avec ces données nous pouvons imaginer et même déssiner le portrait des peuples Ogadines.: *«Les Ogadines, du moins ceux que nous avons vus, sont de haute taille, plus généralement rouges que noirs; ils gardent la tête nue et les cheveux courts, se drapent de robes assez propres, portent à l'épaule la sigada, à la hanche le sabre et la gourde des ablutions, à la main la canne, la grande et la petite lance, et marchent en sandales»*[698]. «haute taille», «rouges que noirs», «tête nue et cheveux courts» sont des mots courants relevant de l'anatomie humaine: il décompose le corps humain partie par partie. Il n'y a ici aucune recherche poétique, mais une description réaliste, puisqu'il utilise le verbe *voir*: «ceux que nous avons vus».

Le style descriptif est un procédé qui sert à rendre les idées plus vives, en donnant à ce que l'on veut exprimer une forme plus sensible. cet effet stilistique de concret ets d'autant plus fort dans le «Rapport sur Ogadine» que dans les autres lettres. Puisqu'il s'agit d'un rentable travail réaliste et objectif d'ethnologue.

---

[698] OC. P. 378.

La forme même du rapport de l'Ogadine, établi sous un style d'article de presse, désigne que le paysage y est décrit avec exactitude et réalisme à travers la connaissance objective. Ainsi, des efforts de chronologie et de continuité sont présentés à la lecture de ce rapport, dans lequel le paysage se dévoile progressivement et prend forme selon la perception du narrateur; on a l'impression d'être dans l'Ogadine et on découvre peu à peu le pays dont la vision devient de plus en plus concrète. Cependant, la découverte rimbaldienne se manifeste d'une manière «commerciale»[699]: l'exploration de ce lieu a souvent pour but de chercher des produits: l'ivoire, des plumes, des peaux etc.

En effet, ce rapport est rédigé d'après une volonté réelle de connaissance, de décrire la vision de ce paysage, y compris sur le plan réaliste. Ces images permettent de transposer tout ce qui est abstrait du pays inconnu à un domaine plus compréhensible. En s'adressant de cette façon à ses destinataires, Rimbaud les aide à réfléchir et à répondre par eux-mêmes à leurs interrogations géographiques et ethnologiques.

Jusqu'à présent nous avons étudié la première vie négociante de Rimbaud chez Bardey en focalisant notre attention sur son intérêt de géographe et d'ethnologue. Cet intérêt de Rimbaud diminue progressivement vers l'année 1885 lorsqu'il se plonge dans la trafic des armes qui sera le sujet de la prochaine étude.

---

[699] Cet aspect de la description «commerciale» est une particularité des lettres de Rimbaud: il n'oublie jamais de décrire la situation commerciale au correspondant: «Là en effet est notre but. Un de nous, ou quelque indigène énergique de notre part, ramasserait en quelques semaines une tonne d'ivoire qu'on pourrait exporter directement par Berbera en franchise. Des Habr-Awal, partis au Wabi avec quelques sodas ou tobs wilayetis à leur épaule, rapportent à Boulhar des centaines de dollars de plumes. Qques ânes chargés en tout d une dizaine de pièces sheeting ont rapporté quinze fraslehs d'ivoire. Nous sommes donc décidés à créer un poste sur le Wabi, et ce poste sera environ au point nommé Eimeh, grand village permanent situé sur la rive Ogadine du fleuve à huit jours de distance du Harar par caravanes». OC. P. 381.

3). Trafic des armes et thème de l'argent (1885-88)

D'après la lecture du tableau précédent, nous introduisons une méthode des graphes en vue de saisir «visuellement» une fréquence des mots concernant le thème de l'argent et de la trafic des armes:

<Tableau XII >

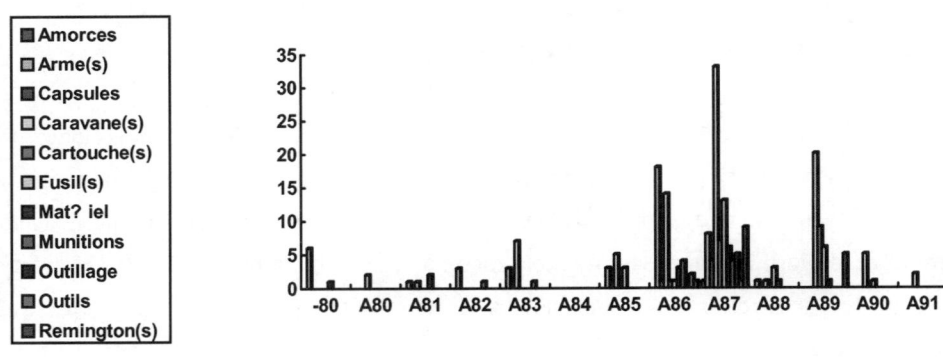

La richesse de cet ensemble des mots va de pair avec cette époque, c'est-à-dire que l'usage lexical annonce d'une façon directe la préoccupation de l'auteur. En revanche, le tableau qui va suivre semble opposer la richesse lexicale et la préoccupation de Rimbaud: la corrélation de deux mots est aussi inférieure à la moyenne:

⟨Tableau XIII⟩

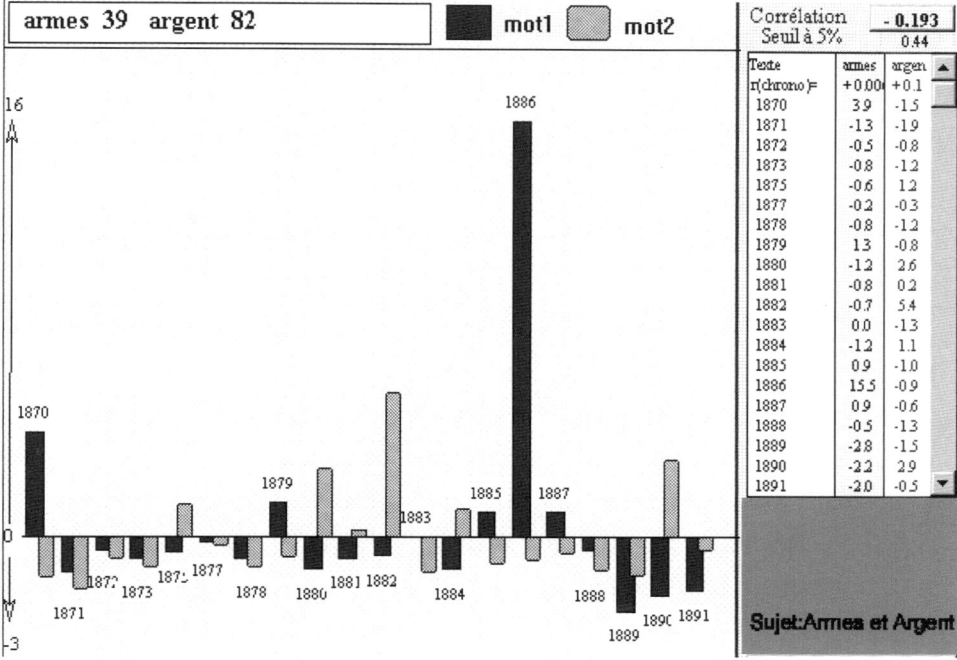

armes 39	argent 82		■ mot1	▢ mot2		Corrélation	- 0.193
						Seuil à 5%	0.44

Texte	armes	argen
r(chrono)=	+0.00	+0.1
1870	3.9	-1.5
1871	-1.3	-1.9
1872	-0.5	-0.8
1873	-0.8	-1.2
1875	-0.6	1.2
1877	-0.2	-0.3
1878	-0.8	-1.2
1879	1.3	-0.8
1880	-1.2	2.6
1881	-0.8	0.2
1882	-0.7	5.4
1883	0.0	-1.3
1884	-1.2	1.1
1885	0.9	-1.0
1886	15.5	-0.9
1887	0.9	-0.6
1888	-0.5	-1.3
1889	-2.8	-1.5
1890	-2.2	2.9
1891	-2.0	-0.5

Sujet:Armes et Argent

Ce fait que la fréquence du vocabulaire ne s'accroît pas de façon linéaire. Car, au cours de la vie africaine de Rimbaud, nous constatons que le thème de l'argent apparait sous diverses formes - l'or, l'ivoire, la fortune, le capital etc. Rimbaud s'inscrit souvent avec l'initiale ou le nom complet de l'argent: francs (Fr.), thalaris (Th.), somme(S), etc. Cela dénote non seulement l'intérêt de l'argent, mais aussi l'esprit préoccupé par ses affaires commerciales:

〈Tableau XIV〉

Périodes: [**1ᵉ: Chez Bardey**   **] [2ᵉ: Armes] [3ᵉ: Comptoir]**

	- 80	A80	A81	A82	A83	A84	A85	A86	A87	A88	A89	A90	A91	TOTAL
Dollars					3			6				1		10
Frais	2	7	4	8	10	5	8	6	16	4	20	10	5	105
Frans(s)	12	20	23	35	15	5	25	3	10	1	2	1	5	157
somme(s)	2	5	18	16	9	2	5	6	31	3	25	22	4	148
Thalari(s), Th.	3				4				24	5	189	194	31	450
Total	19	32	45	59	41	12	38	21	81	13	236	228	45	870

Le thème de l'argent auquel nous nous sommes intéressés avec le trafic des armes ne concerne pas uniquement cette période, mais s'occupe une place importante durant la vie de Rimbaud en Afrique. Ainsi, la présence fréquente de mot «argent» est assez régulière dans le tableau et les autres mots qui correspondent à l'expression de l'argent sont souvent apparus de toute l'année.

A l'exception résultat de la fréquence des mots, on remarque fréquemment dans la correspondance, le thème de l'argent dont Rimbaud parle souvent à partir de l'année 1885. Il se rappelle le montant de ses économies après cinq ans passés en Afrique:

> J'ai 300 francs net par mois, sans compter mes autres frais qui sont payés et qui représentent encore 300 autres francs par mois. Cet emploi est donc d'environ 7000 francs par an, dont il me reste net environ 3500 à 4000 francs à la fin de l'année. Ne me croyez pas capitaliste: tout mon capital à présent est de 13000 francs, et sera d'environ 17000 f[ran]cs, à la fin de l'année. J'aurai travaillé cinq ans pour ramasser cette somme»[700].

Au cours de cette période, Rimbaud s'intéresse plutôt à la fortune qu'au négoce lui-même: il n'y a qu'un pas entre le trafic des armes et la recherche de la fortune qui correspond directement à l'argent. C'est pourquoi nous avons choisi dans l'étude présente un sujet binaire: le trafic des armes et le thème de l'argent. Cette

---

[700] OC. P. 396.

préoccupation de l'argent est également expliquée par Jean Voellmy: «*Rimbaud pense que l'argent, auquel il prête un pouvoir magique, va lui permettre de rompre les liens qui l'asservissent. S'il se charge, en s'associant à Labatut, d'obligations écrasantes, c'est qu'il rêve d'être indépendant. Nous assistons dans sa vie à des alternatives d'engagement et de dégagement. Quand il est libre, il craint que ses ressources ne s'épuisent, qu'il ne tombe dans l'indigence et ne dépende des autres. Mais à peine a-t-il signé un contrat, il se sent dupé et brûle de secouer son joug. Il n'est pas sûr de soi, les hauts et les bas se succèdent, et comme il a perdu la foi, il cherche dans l'argent le soutien qui lui manque*»[701].

L'argent se caractérise par une suite interminable de chiffres, un immense sentiment de plaisir et de puissance. Le besoin de posséder en abondance est l'exact aspect du désir insatiable chez les humains. Car il est un moyen d'accéder à certains biens. Il n'est pas impossible de voir chez Rimbaud l'image de l'argent en tant qu'un objet d'une telle fascination. Pourtant, l'argent n'est pas un objet qu'on peut atteindre par le seul acte de volonté, mais souvent par l'acte économique dans le monde moderne. Rimbaud est déterminé actuellement par l'activité commerciale. Il tente de gagner abondamment par toute sa volonté, mais il n'y a pas beaucoup de choix dans ces pays africains. La marchandise du côté de la mer Rouge devient:

> «Les affaires sont devenues très difficiles ici, et je vis aussi pauvrement que possible, pour tâcher de sortir d'ici avec quelque chose. Tous les jours, je suis occupé de 7h[eures] à 5 h[eures], et je n'ai jamais un jour de congé. Quand cette vie finira-t-elle?»[702].

La connaissance de la science et de la technique ne lui permet pas de gagner sa vie en Afrique: « *Quant aux autres livres, ils ont en effet dû être vendus*»[703]. En plus, après une violente querelle avec ses employeurs, Rimbaud doit quitter la maison Bardey en octobre 1885:

---

[701] Jean Voellmy, «Arthur Rimbaud, Correspondance 1888 - 1891», éd. Gallimard, 1965. P. 17.
[702] OC. P. 349.
[703] OC. P. 397.

«J'ai quitté mon emploi d'Aden, après une violente discussion avec ces ignobles pignoufs qui prétendaient m'abrutir à perpétuité. J'ai rendu beaucoup de services à ces gens; et ils s'imaginaient que j'allais, pour leur plaire, rester avec eux toute ma vie. Ils ont tout fait pour me retenir; mais je les ai envoyés au diable, avec leurs avantages, et leur commerce, et leur affreuse maison, et leur sale ville! Sans compter qu'ils m'ont toujours suscité des ennuis et qu'ils ont toujours cherché à me faire perdre quelque chose. Enfin, qu'ils aillent au diable!... Ils m'ont donné d'excellents certificats pour les cinq années»[704].

A ce moment, les événements historiques[705] de l'Afrique orientale s'avancent vers l'ambiance de la guerre: Ménélik, le roi du Choa prépare la guerre contre l'empereur Jean. Ce dernier achète des armes auprès de la Grande-Bretagne, l'autre négocie avec les Français et les Iitaliens. Rimbaud lui même attend une sorte de récompense de la vie souffrante qu'il a eue en Afrique, il s'agit de l'argent.

C'est dans cette atmosphère que Rimbaud n'hésite pas à signer, le 5 octobre un contrat pour un an avec Pierre Labatut, un négociant d'armes: *«Je soussigné, Pierre Labatut, négociant au Choa (Abyssinie), déclare m'engager à payer à M. Arthur Rimbaud, dans le délai d'un an, ou plus tôt, à partir de la date du présent, la somme de 5,000 dollars Marie-Thérèse, valeur reçue comptant à Aden à ce jour, et je prends à ma charge tous les frais du dit sieur Rimbaud, lequel se rend au Choa avec ma première caravane»*[706]. Ainsi, Rimbaud s'engage non seulement par sa propre volonté, mais aussi en raison de la médiocrité de la situation personnelle, politique et commerciale du pays qui le précipite vers le trafic des armes.

Rimbaud conduit prochainement une caravane chargée de quelques milliers de

---

[704] OC. P. 405.

[705] «Il ressent ensuite la présence et les prétentions croissantes de l'Italie en Erythrée, mais surtout, dès le début, la rivalité du souverain du Shoa, autonome depuis 1865 - 1868, un temps prétendant au trône impérial avant d'y renoncer provisoirement, qui a tôt acquis les armes modernes si convoitées et s'impose à de larges pans de l'Ethiopie méridionale, et même à Harar en 1887». Henri Moniot, «L'Afrique noire de 1800 à nos jours», Presse universitaires de France, 1974. P. 137.

[706] Voir «Engagement de Pierre Labatut», le 5 octobre 1885. OC. P. 403.

fusils achetés à Liège ou en France pour les revendre cinq fois plus cher à Ménélik, roi du Choa:

«Il me vient quelques milliers de fusils d'Europe. Je vais former une caravane, et porter cette marchandise à Ménélik, roi du Choa»[707].

Il escompte déjà une fortune de 25 à 30 mille francs qu'il suppose réaliser dans moins d'un an:

«je compte y arriver, être payé de suite et redescendre avec un bénéfice de 25 à 30 mille francs réalisé en moins d'un an»[708].

Le 30 décembre 1885, Rimbaud est à Tadjoura où il rencontre des premières difficultés: sa caravane «*ça ne va pas vite*» à cause d'une grève des chameliers. Enfin, il est prêt à repartir vers la fin d'avril ayant organisé difficilement les caravane, mais une autre complication imprévue apparaît:

«Le 12 avril, M. le gouverneur d'Obock venait nous annoncer qu'une dépêche du Gouvernement ordonnait sommairement d'arrêter toutes importations d'armes au Choa! Ordre était donné au sultan de Tadjoura d'arrêter la formation de notre caravane! Ainsi, avec nos marchandises en séquestre, nos capitaux dispersés en frais de caravane, notre personnel subsistant indéfiniment à nos frais, et notre matériel se détériorant, nous attendons à Tadjoura les motifs et les suites d'une mesure aussi arbitraire»[709].416

Ainsi, Paul Labatut et Rimbaud sollicitent le secours auprès du ministre des Affaires Etrangères à Paris, font divers efforts pour améliorer la situation atroce. Heureusement, l'autorisation officielle qui est enfin intervenue à titre exceptionel permet leur départ: La permission est probablement accordée grâce à l'intervention de

---

[707] OC. P. 405
[708] OC. P. 405.
[709] OC. P. 416.

Jule Suel qui écrit le 3 juillet à Rimbaud «*Je vais écrire à Paris*»[710].

Cependant, Pierre Labatut regagne la France pour se soigner et l'explorateur Paul Soleillet meurt le 9 septembre, frappé d'une congestion: «*Soleillet (l'autre caravane à laquelle je devais me joindre) étant mort également*»[711]. Bientôt, Pierre Bardey meurt en France à cause d'un cancer. Ainsi, Rimbaud quitte tout seul Tadjoura vers le début du mois d'octobre dans une chaleur de 70° traînant 34 chameliers et 30 chameaux, enfin il arrive le 6 février 1887 à Ankobar, résidence de Ménélik où un nouveau malheur l'attend. D'abord, il doit repartir du fait de l'absence du roi parti pour Entotto (à environ 120 kilomètres d'Ankobar) où Rimbaud souhaite négocier les frais des fusils avec le roi Ménélik. Mais ce dernier l'empêche ainsi:

> «Au Choa, la négociation de cette caravane se fit dans des conditions désastreuses: Ménélik s'empara de toutes les marchandises et me força de les lui vendre à prix réduit, m'interdisant la vente au détail et me menaçant de les renvoyer à la côte à mes frais! Il me donna en bloc 14 000 thalers de toute la caravane, retranchant de ce total une somme de 2 500 thalers pour paiement de la 2e moitié du loyer des chameaux et autres frais de caravane soldés par l'Azzaze, et une autre somme de 3 000 thalers, solde de compte au débit de Labatut chez lui, me dit-il, tandis que tous m'assurèrent que le roi restait plutôt débiteur de Labatut. Traqué par la bande des prétendus créanciers de Labatut, auxquels le roi donnait toujours raison, tandis que je ne pouvais jamais rien recouvrer de ses débiteurs, tourmenté par sa famille abyssine qui réclamait avec acharnement sa succession et refusait de reconnaître ma procuration, je craignais d'être bientôt dépouillé complètement et je pris le parti de quitter Choa,...»[712]. 427

Le négociant Rimbaud doit laisser toutes les marchandises qu'il a apportées en vain. Il quitte, le premier mai 1887 d'Entotto en compagnie de Jules Borelli l'explorateur français pour Harar où il est remboursé 8 000 thalers de traites et environ 600 thalers en caisse par le ras Mékonmène. Et vers le 25 juillet 1887, il retourne à Aden. Voilà

---

[710] OC. P. 422.

[711] OC. P. 422.

[712] OC. P. 427.

au total ce qu'il a gagné pendant deux ans de travail terrible:

«Je me trouve tourmenté ces jours-ci par un rhumatisme dans les reins, qui me fait damner; j'en ai un autre dans la cuisse gauche qui me paralyse de temps à autre, une douleur articulaire dans le genou gauche, un rhumatisme (déjà ancien) dans l'épaule droite, j'ai les cheveux absolument gris. Je me figure que mon existence périclite»[713].

Rimbaud s'est épuisé et désespéré par un échec commercial qui signifie directement des pertes financières. En vue de se reposer il se rend en compagnie de son serviteur Djammi[714] au Caire où il contacte dès son arrivée Octave Borelli, le directeur du «Bosphore Egyptien». Ce dernier est le frère de l'explorateur Jules Borelli[715], avec lequel Rimbaud fait connaissance à Harar et ils ont voyagé ensemble en mai dernier à Ankober à Entotte et à Harar pour transporter une caravane d'armes au roi du Choa.

Pendant son séjour au Caire Rimbaud rédige un article sur «Obock, le Choa, Harar et Zeilah» dans un important journal de cette ville, l'article est donc publié le 25 et 27 août 1887 dans «Le bosphore égyptien».

Nous n'avons aucun doute que cet article est établi à partir des événements réels, pourtant Mario Matucci révèle une sorte d' «inexactitude et [d]e caractère tendancieux»[716]. Nous ne sommes pas d'accord, dans le grand ensemble du texte, que

---

[713] OC. P. 441.

[714] Le fidèle serviteur de Rimbaud, Djammi auquel Isabelle Rimbaud transmet, après la mort de son frère, quelque somme d'argent pour lui remercier. Voir le «Reçu du legs de Rimbaud à son domestique Djami»: «Reçu de Monseigner Taurin-Cahagne, évêque des Gallas, une somme de sept cent-cinquante thalers Marie-Thérèse, provenant d'un legs fait par Monsieur Rimbaud à son domestique Djammi Wadaï et livré cette somme, par ordre du Raz, aux héritiers de Djammi». OC. P. 744.

[715] Explorateur, il est né à Marseille en 1853, passe la plupart de sa jeunesse à Paris. Après des années d'engagement sur le navire américain à voiles il prépare en 1883 l'expédition au Choa du côté du ministère de l'Instruction publique. Début de l'année 1887 il fait la connaissance avec le négociant Rimbaud. Voir DR. P. 54.

[716] Voir l'analyse de Mario Matucci dans «le dernier visage de Rimbaud en Afrique» où l'auteur donne une champ de comparaison entre le texte de Rimbaud et de Borelli: «Les

les événements se déroulent dans l'inexactitude, justement le point de vue personnel entre Rimbaud et Borelli se différencie: Il est vrai que la narration de Rimbaud se déroule sans respect chronologique dans une affirmation «pure» personnelle qui peut apparaître comme une interprétation «tendancieuse» des événements. Rimbaud semble se montrer particulièrement réceptif à deux sujets majeurs: d'abord, sa connaissance de la route qui correspond à l'économie du temps et d'argent dans la carrière négociante. Ensuite, son opinion politique liée intimement à l'exploitation commerciale, et acquise durant cette année 1887 par une relation personnelle[717] avec le roi Ménélik, comprend des arguments d'une importance capitale en rapport avec le trafic des armes.

Nous pouvons ainsi constater quelle est la réflexion et la préoccupation de Rimbaud pendant l'époque du trafic des armes: le transport des caravanes et la situation politique. Ces deux aspects diffèrent par leur caractère du «Rapport sur l'Ogadine» décrit en 1883, particulièrement sur la géographie et l'ethnographie de l'Ogadine.

Comme Rimbaud l'annonce au début de son article, la narration du «Bosphore Egyptien» se fonde sur une expérience fort personnelle de *«sept années de séjour là-bas»*[718]:

---

annotations de Rimbaud sont exprimées sur un ton laconique et réservé, même quand le voyageur fait mention du danger d'agression de la part de tribus hostiles. Ce ton mérite d'autant plus d'être apprécié que, sur cette même route, la caravane Barral avait été massacrée quelque temps auparavant, et que, pour décrire les mêmes dangers, l'explorateur Borelli, s'y attardant complaisamment dans son récit, se sert, lui, d'un tout autre langage. Retenons de même les observations sur les difficultés d'utilisation du lac d'Assal et sur l'impossibilité de la navigation de la rivière Hawache, confirmée par Borelli ». Ed. Marcel Didier, 1962. P. 51.

[717] Voir OC. P. 425: «Ménélik II, roi du Choa, du Kaffa et de tous les pays Gallas circonvoisins. Parvienne à Monsieur Rimbaud. Comment te portes-tu? Moi, Dieu soit loué, je suis bien, ainsi que toute mon armée. La lettre que tu m'as envoyée m'est parvenue. Je te remercie de toutes les nouvelles que tu m'as envoyées».

[718] Ici, sept de l'expérience ne concernent pas uniquement sa carrière du trafic des armes que Rimbaud a commencé à peine depuis deux ans.

«Ma caravane se composait de quelques milliers de fusils à capsules et d'une commande d'outils et fournitures diverses pour le roi Ménélik. Elle fut retenue une année entière à Tadjoura par les Dankalis, qui procèdent de la même manière avec tous les voyageurs, ne leur ouvrant leur route qu'après les avoir dépouillés de tout le possible. Une autre caravane, dont les marchandises débarquèrent à Tadjoura avec les miennes, n'a réussi à se mettre en marche qu'au bout de quinze mois et les mille Remington apportés par feu Soleillet à la même date gisent encore après dix-neuf mois sous l'unique bosquet de palmiers du village»[719].

Rimbaud se rappelle le drame de l'expédition de l'année 1886 où son départ a été retardé à cause du manque des chameaux et Pierre Labatut est mort laissant des affaires inachevées. Quant au trafic des armes la préparation et l'organisation des caravanes sont déjà des affaires difficiles. En plus il faut ajouter l'empêchement des Dakalis. Ce peuple Dankali ou Danakil[720] qui habite près de l'Abyssinie, empêche quotidiennement les passages: tous les négociants et les explorateurs s'inquiètent de traverser cette région, En tant que négociant, il est évident que Rimbaud se méfie depuis deux années. Il affirme en 1885 sur ce peuple: «*Mais il y a dessus des frais énormes, sans parler des dangers de la route, aller et retour. Les gens de la route sont les Dankalis, pasteurs bédouins, musulmans fanatiques: ils sont à craindre. Il est vrai que nous marchons avec des armes à feu et les bédouins n'ont que des lances: mais toutes les caravanes sont attaquées*»[721].

---

[719] OC. P. 430.

[720] L'histoire du peuple Dankali remonte jusqu'à XIIIᵉ siècle: «Le nom de Danakil désignant le peuple qui se nomme Afar et qui nomadise dans la littérature par le géographe arabe Ibn Saïd au XIIIᵉ siècle. Celui de Somali apparaît seulement au XVᵉ siècle dans un chant de victoire du roi éthiopien Yetschaq (1414-1429). Le début de l'islamisation remonte à une date inconnue; d'après les traditions locales, il se place entre le IXᵉ et le XIIIᵉ siècles; mais les auteurs s'accordent généralement pour situer le grand mouvement de conversion à l'Islam entre le XIVᵉ et le XVIᵉ siècle». Voir Robert CORNEVIN, «Histoire des peuples de l'Afrique noire», éd. Berger-Levrault, 1963. P. 496.

[721] OC. P. 409-410.

En effet, après avoir parcouru des régions dangereuses Rimbaud donne des renseignement sur les pistes principales qui sont l' élément le plus important pour éviter le danger et également pour l'intérêt commercial. Car la connaissance de la route peut réduire les frais de transport, qui affectent directement le prix des marchandises:

> «Tous frais réglés, à l'arrivée au Choa, le transport de mes marchandises, cent charges de chameau, se trouvait me coûter huit mille thalers, soit quatre-vingts thalers par chameau, sur une longueur de 500 kilomètres seulement. Cette proportion n'est égalée sur aucune des routes de caravanes africaines; cependant je marchais avec toute l'économie possible et une très longue expérience de ces contrées. Sous tous les rapports, cette route est désastreuse, et est heureusement remplacée par la route de Zeilah au Harar et du Harar au Choa par les Itous»[722].

Il est évident que de tels négoces, destinés en partie à l'aventure, nécessitaient des moyens de se protéger et d'assurer leur transport vers la côte où l'on doit expédier; le bon fonctionnement d'une économie sous-entend la route, sans laquelle la circulation commerciale est impossible. Réduire les dangers et les frais du transport correspond ainsi à la connaissance géographique. Dans ce sens, les indications sur le réseau routier que cet article fournit, d'après l'itinéraire «bien» personnel de Rimbaud, touchent particulièrement les intérêts commerciaux:

> «L'avantage de la route du Harar pour l'Abyssinie est très considérable. [...] Du Harar à Entotto, résidence actuelle de Ménélik il y a une vingtaine de jours de marche sur le plateau des Itous Gallas, à une altitude moyenne de 2500 mètres, vivres, moyens de transport et de sécurité assurés. Cela met en tout un mois entre notre côte et le centre du Choa, mais la distance au Harar n'est que de douze jours, et ce dernier point, en dépit des invasions, est certainement destiné à devenir le débouché commercial exclusif du Choa lui-même et de tous les Gallas. Ménélik lui-même fut tellement frappé de l'avantage de la situation du Harar, qu'à son retour, se remémorant les idées des chemins de fer que des

---

[722] OC. 432-433.

Européens ont souvent cherché à lui faire adopter, il cherchait quelqu'un à qui donner la commission ou concession des voies ferrées du Harar à la mer; il se ravisa ensuite, se rappelant la présence des Anglais à la côte! Il va sans dire que, dans le cas où cela se ferait (et cela se fera d'ailleurs dans un avenir plus ou moins rapproché), le gouvernement du Choa ne contribuerait en rien aux frais d'exécution»[723].

L'importance de la route concerne non seulement les activités commerciales de Rimbaud, mais aussi les événements politiques de l'Afrique du nord-est. Il s'agit de la construction du chemin de fer. Malgré l'insouciance du roi Ménélik, Rimbaud prévoit les affaires de cette construction avec une opinion positive et optimiste, «*dans un avenir plus ou moins rapproché*».

Ce chemin de fer permettra certainement de pouvoir transporter rapidement des produits et de faciliter les mouvements commerciaux évitant les nombreux dangers actuels: l'Afrique se caractérise par l'absence de voies fluviales, la circulation était donc reportée exclusivement sur les voies terrestres. La province africaine, que sa position géographique isolait du reste des grandes villes, comptait sur les routes pour limiter les inconvénients d'une telle situation et assurer les liaisons commerciales avec les autres pays.

Malgré la nécessité absolue de la construction du chemin de fer, sa réalisation est toujours soumise à des difficultés permanentes, il s'agit de la politique entre les pays de la mer Rouge[724] et également la politique coloniale entre les Européens. La

---

[723] OC. P. 437-438.

[724] Après la mort de Théodoros l'Abyssinie se trouble dans une ambiance de la guerre civile: «La mort de Théodoros replongea l'Abyssinie dans l'anarchie et les guerres civiles. Ménélik, roi du Choa; Kassaï, roi du Tigré; Gobhésié, roi de l'Amhara, se disputèrent les débris d'une succession ouverte par les mains de l'Angleterre. - Le fils de Théodolos, Méchaba, prit aussi les armes dans le Kouara. Gobhésié se fit proclamer empereur à Gondar (1868). Mais après quatre ans de luttes acharnées, Kassaï vainqueurs »empara d'Axoum, capitale religieuse du royaume, et se fit couronner et sacrer négous par l'abouna ou partriarche d'Ethiopie sous le nom de Johannos ou Jean (janvier 1872). Cette restauration de l'empire catholique abyssin alarma les Egyptiens musulmans. La porte Ottomane, qui n'a jamais cessé de se considérer comme suzeraine de l'Abyssine, et qui dès 1866, à l'instigation de l'ambassadeur anglais Bulwer, avait concédé au khédive le littoral

création du chemin de fer peut relier les grands centres producteurs aux nombreuses villes de la côté de la mer Rouge; les Européens avaient peut-être compris que le chemin de fer, outre son intérêt commercial, a comme avantage de profiter à l'armée pour conquérir rapidement le continent africain. En tout cas, le dessin du réseau du chemin de fer est intimement lié, à la fin du XIXe siècle, aux régions qui doivent s'ouvrir à l'exportation

En effet, Ménélik, le client de Rimbaud, qui ne se préoccupe que de réunir les armes et qui vient de conquérir, en janvier 1887 l'Harar et certaines régions de Somalie, chasse l'émir Abdulais: il est tout à fait normal que Rimbaud devienne particulièrement sensible aux événements politiques qui sont liés à ses propres affaires commerciales. En plus, la relation «personnelle» entre Rimbaud et Ménélik permet de révéler davantage la situation politique:

> «Ménélik manque complètement de fonds, restant toujours dans la plus complète ignorance (ou insouciance) de l'exploitation des ressources des régions qu'il a soumises et continue à soumettre. Il ne songe qu'à ramasser des fusils lui permettant d'envoyer ses troupes réquisitionner les Gallas. Les quelques négociants européens montés au Choa ont apporté à Ménélik, en tout, dix mille fusils à cartouches et quinze mille fusils à capsules, dans l'espace de cinq ou six années. Cela a suffi aux Amharas pour soumettre tous les Gallas environnants, et le Dedjatch Mékounène, au Harar, se propose de descendre à la conquête des Gallas jusqu'à leur limite sud, vers la côte de Zanzibar. Il a pour cela l'ordre de Ménélik même, à qui on a fait croire qu'il pourrait s'ouvrir une route dans cette direction pour l'importation des armes. Et ils peuvent au moins s'étendre très loin de ces côtes, les tribus Gallas n'étant pas armées.
>
> Ce qui pousse surtout Ménélik à une invasion vers le Sud, c'est le voisinage gênant et la suzeraineté vexante de Joannès. Ménélik a déjà quitté Ankober pour Entotto. On dit

---

africain de la mer Rouge, autorisa les campagnes des Egyptiens sue le Mareb et dans le Hamasen (1875-1876): Jean prêcha une croisade et les vainquit deux fois. Mais dans le midi, les Egyptiens réussirent à occuper le pays d'Harar, au sud de la baie de Tadjoura. Maîtresse des deux importants débouchés de Massaouah (mer Rouge) et de l'Harar (golfe d'Aden) l'Egypte pouvait alors regarder l'Abyssine comme une enclave de son empire». AF. P. 608.

qu'il veut descendre au Djimma Abba-Djifar, le plus florissant des pays Gallas, pour y établir sa résidence, et il parlait aussi d'aller se fixer au Harar. Ménélik rêve une extension continue de ses domaines au sud, au-delà de l'Hawach, et pense peut-être émigrer lui-même des pays Amhara au milieu des pays Gallas neufs avec ses fusils, ses guerriers, ses richesses, pour établir loin de l'empereur un empire méridional comme l'ancien royaume d'Ali Alaba»[725].

Rimbaud participe ainsi «directement» aux événements historiques de l'Ethiopie et de Somalie. Il est intéressant de constater que l'analyse des réflexions politiques de Rimbaud, de leur contenu, de leur nature, de leur particularités, conduit vers une prévision politique: Rimbaud prévoit avec acuité l'avenir de Ménélik, et cette propre vision se révèlera exact dans l'avenir: «*A la fin du XIXe siècle, Ménélik lance ses armées dans tout le sud de l'Ethiopie. Il conquiert Harar et sa région en 1887, et soumet du même coup les Aroussi installés à l'est de la chaîne des lacs; entre 1886 et 1900 il soumet les cinq monarchies Gibié que les Galla avaient installées au XVIe siècle sur le territoire des anciens royaumes Sidama: Enarya et Djima. Mais cinquante ans après ces conquêtes, le pouvoir central exerce encore bien difficilement son autorité dans certaines régions Galla difficiles d'accès*»[726].

La réflexion politique et l'expérience de la route dans ces pays que Rimbaud se propose de décrire dans un style clair et par le foyer de focalisation, sont représentatives de la vie même de Rimbaud. Tous les détails qu'il analyse, liés ensuite à ses affaires, c'est à dire sa réflexion sur le monde actuel, le conduisant à réflechir sur sa propre situation et son propre intérêt commercial:

«Quant aux affaires au Choa, à présent, il n'y a rien à y importer, depuis l'interdiction du commerce des armes sur la côte. Mais qui monterait avec une centaine de mille thalaris pourrait les employer dans l'année en achats d'ivoire et autres marchandises, les

---

[725] OC. P. 438.
[726] Robert CORNEVIN, «Histoire des peuples de l'Afrique noire», éd. Berger-Levrault, 1963. P. 492.

exportateurs ayant manqué ces dernières années et le numéraire devenant excessivement rare. C'est une occasion. La nouvelle route est excellente, et l'état politique du Choa ne sera pas troublé pendant la guerre, Ménélik tenant, avant tout, à maintenir l'ordre en sa demeure»[727].

Par cette étude nous avons l'impression d'évoluer dans un monde où l'argent est à la fois ce que grâce au trafic des armes Rimbaud imagine trafiquer pour se l'approprier, et ce dont il est la victime à cause de sa préoccupation excessive de l'argent. C'est ainsi que Rimbaud décrit le résultat de sa poursuite de la fortune:

«Je me trouve tourmenté ces jours-ci par un rhumatisme dans les reins, qui me fait damner; j'en ai un autre dans la cuisse gauche qui me paralyse de temps à autre, une douleur articulaire dans le genou gauche, un rhumatisme (déjà ancien) dans l'épaule droite, j'ai les cheveux absolument gris. Je me figure que mon existence périclite»[728].

Nous avons déjà vu à travers le tableau statistique des denrées la diminution de la fréquence lexicale depuis le début octobre 1885 jusqu'au milieu de l'année 1888 sauf pour l'ivoire(s) et l'or. Les raisons thématiques ne sont pas loin d'expliquer ce phénomène. Pendant cette période Rimbaud trafique des armes, son intérêt n'est ni le café, ni les gommes ou les peaux, mais l'achat et la vente des fusils ainsi que l'organisation de caravanes pour mieux étendre ses expéditions commerciales à travers le pays sauvage. Ces denrées, qui n'ont pas attiré temporairement l'attention de Rimbaud, ne réapparaîtront qu'au milieu de l'année 1889 où il s'occupe de nouveau à faire des achats de café. D'après la continuité et l'accroissement lexical de l'ivoire(s) et de l'or nous pouvons mieux comprendre la psychologie de Rimbaud, à savoir l'évolution de son intérêt pour l'argent.

Il écrit dans «Une saison en enfer»: «*Ne me montre jamais de bijoux, je ramperais et me tordrais sur le tapis. Ma richesse, je la voudrais tachée de sang partout*»[729]. Dans ce

---

[727] OC. P. 440.

[728] OC. P. 441.

[729] OC. P. 103.

texte nous pourrons entendre une sorte de préoccupation de Rimbaud, il s'agit de la possession de la richesse. En réalité, Rimbaud pénètre dans les pays où tant de risques l'attendent. En fait cette poursuite n'est pas loin de rechercher la fortune qui correspond à l'ivoire et à l'or, et aux plus précieux «bijoux» en Afrique. Le thème des «bijoux» permet ainsi de nous suggérer un intérêt «potentiel» de l'argent qui se manifeste maintenant à la réalité et à sa vie africaine. Il s'agit du trafic des armes.

4). Le négoce et le thème de la liberté (1888-91)

Définissons tout de suite ce que nous entendons par thème de la liberté. Il ne possède pas, dans l'étude présente, le sens politique ou idéologique auquel Rimbaud s'était intéressé auparavant. Mais, dans un sens plus courant ce thème concerne la propre vie de Rimbaud: son désir personnel d'être libre, de voyager librement, de travailler plus librement etc.

Des sentiments de liberté et d'indépendance animent Rimbaud non seulement dès sa jeunesse mais aussi durant sa vie négociante en Afrique. Dès son arrivée à Harar, il entend travailler dans une situation plus libre:

> «Je suis toujours ici aux mêmes conditions, et, dans trois mois, je pourrais vous envoyer 5.000 francs d'économies; mais je crois que je les garderai pour commencer quelque petite affaire à mon compte dans ces parages, car je n'ai pas l'intention de passer toute mon existence dans l'esclavage»[730].

Nous avons vu, la première partie, que la liberté rimbaldienne ne peut se passer de l'idée de l'égalité de droit entre la classe défavorisée et la classe dominante, car si le développement de la liberté se fait au seul profit d'une classe dominante, on assiste à une oppression de l'homme par l'homme. Rimbaud ressent maintenant cette oppression vis à vis de ses patrons et de l'ambiance de la maison Bardey:

---

[730] OC. P. 330.

«Le travail que je fais est absurde et abrutissant, et les conditions d'existence généralement absurdes aussi. J'ai eu d'ailleurs des démêlés désagréables avec la direction et le reste, et je suis à peu près décidé à changer d'air prochainement. J'essayerai d'entreprendre quelque chose à mon compte dans le pays; et, si ça ne répond pas (ce que Je saurai vite), je serai tôt parti pour, je l'espère, un travail plus intelligent sous un ciel meilleur. Il se pourrait, d'ailleurs, qu'en ce cas même je restasse associé de la maison, - ailleurs»[731].

En ce qui concerne l'oppression subie par Rimbaud, il y a également le devoir du service militaire qui représente une lourde contrainte tout au long de sa vie:

«Quant à l'affaire du service militaire, vous trouverez ci-inclus une lettre du consul à mon adresse, vous montrant ce que j'ai fait et quelles pièces sont au ministère. Montrez cette lettre à l'autorité militaire, ça les tranquillisera. S'il est possible de m'envoyer un double de mon livret perdu je vous serai obligé de le faire prochainement, car le consul me le demande. Enfin, avec ce que vous avez et ce que j'ai envoyé, je crois que l'affaire va pouvoir s'arranger»[732].

Le service militaire semble non seulement maintenir Rimbaud dans l'immobilité physique, mais aussi de l'âme, autant par la prise en charge matérielle que par l'instruction et la préparation psychologique. A l'âge de 30 ans Rimbaud ne s'est pas débarassé de ce problème:

«Est-ce que j'ai encore un service militaire à faire, après l'âge de 30 ans? Et si je rentre en France, est-ce que j'ai toujours à faire le service que je n'ai pas fait? D'après les termes de la loi, il me semble qu'en cas d'absence motivée, le service est sursis, et reste toujours à faire, en cas de retour»[733].

---

[731] OC. P. 334.
[732] OC. P. 340.
[733] OC. P. 387.

Nous savons par la lettre du 22 octobre 1885 adressée aux siens que Rimbaud a quitté la Maison Bardey d'Aden après une violente discussion: «*Ne m'écrivez plus à la boîte Bardey; ces animaux couperaient ma correspondance*»[734]. Mais, il regrette déjà dans sa lettre suivante «*Je change donc d'avis à ce sujet: écrivez-moi seulement à l'adresse suivante/ Monsieur Arthur Rimbaud, Hôtel de l'Univers, à Aden*»[735]. Et il annonce aux siens (le 10 décembre 1885) la réconciliation avec les gens de Bardey «*ces derniers, avec lesquels je me suis remis en partant, me ferons parvenir le colis à Tadjoura*»[736].

Malgré cette certaine relation désagréable, il semble que Rimbaud ressente une sorte de conformisme ou de sécurité chez Bardey: Ainsi, il se souvient de Bardey en 1887 après deux ans de trafic d'armes, et lui adresse du Caire une lettre bienveillante qui comprend une information intéressante sur la région du Choa et du Harar. «*Sachant que vous vous intéressez toujours aux choses de l'Afrique, je me permets de vous envoyer les quelques notes suivantes sur les choses du Choa et du Harar à présent*»[737].

Analysons le contenu de cette lettre pour essayer de comprendre la raison et le but de Rimbaud. Les idées que Rimbaud a eues au cours de son voyage de Choa et de l'Harar sont rassemblées sous une forme bien détaillée. Cette lettre se compose de deux grandes parties. La première, qui a des numéros de 1 à 18, est intitulée «Voici l'itinéraire». Rimbaud y présente l'état des pistes, la nature et le paysage géographique qui se sont révélés clairs à tel point qu'ils sont utiles dans la commerce en Afrique. La deuxième partie, sous le titre de «*Il y a deux affaires au Choa à présent*», se compose de deux titres également numérotés 1 et 2 qui présentent un intérêt capital pour comprendre d'une part les événements historiques de cette époque et d'autre part, pour connaître l'état d'âme de Rimbaud à l'égard du commerce africain.

---

[734] OC. P. 406.
[735] OC. P. 407.
[736] OC. P. 410.
[737] OC. P. 444.

Sous la vision d'un négociant, Rimbaud veut inviter son correspondant à une réflexion intéressante sur le plan de l'investissement:

«1° Apporter soixante mille thalaris et acheter de l'ivoire, du musc et de l'or. - Vous savez que tous les négociants, sauf Brémond, sont descendus, et même les Suisses. - On ne trouve plus un thaler au Choa. J'ai laissé l'ivoire, au détail à cinquante thalaris; chez le roi, à soixante thalaris.

Le ras Govana seul a pour plus de quarante mille thalaris d'ivoire et veut vendre: pas d'acheteurs, pas de fonds! Il a aussi dix mille okiètes musc. - Personne n'en veut à deux thalaris les trois okiètes. - Il y a aussi beaucoup d'autres détenteurs d'ivoire de qui on peut acheter, sans compter les particuliers qui vendent en cachette. Brémond a essayé de se faire donner l'ivoire du ras, mais celui-ci veut être payé comptant. - Soixante mille thalaris peuvent être employés en achats tels pendant six mois, sans frais aucuns, par la route Zeilah, Harar, Itou, et laisser un bénéfice de vingt mille thalaris; mais il faudrait faire vite, je crois que Brémond va descendre chercher des fonds»[738].

A l'appui de ses dires, Rimbaud n'oublie pas de donner des renseignements avec des événements précis. Il ne s'agit pas seulement d'une proposition des produits commerciaux, mais plutôt d'une sorte de vraie sollicitation de ne pas manquer une telle occasion offerte. Il continue d'exposer un autre commerce intéressant:

«2° Amener du Harar à Ambado deux cents chameaux avec cent hommes armés (tout cela le dedjatch le donne pour rien), et, au même moment, débarquer avec un bateau quelconque huit mille remingtons (sans cartouches, le roi demande sans cartouches: il en a trouvé trois millions au Harar) et charger instantanément pour le Harar. La France a, à présent, Djibouti avec sortie à Ambos. Il y a trois stations de Djibouti à Ambos. - Ici on a vendu et on vend encore des remingtons à huit francs. - La seule question est celle du bateau; mais on trouverait facilement à louer à Suez.

Comme cadeaux au roi: machine à fondre des cartouches Remington. - Plaques et produits chimiques et matériel pour fabriquer des capsules de guerre.

Je suis venu ici pour voir si quelque chose pouvait se monter dans cet ordre d'idées.

---

[738] OC. P. 446-447.

Mais ici, on trouve ça trop loin; et, à Aden, on est dégoûté parce que ces affaires, moitié par malconduite, moitié par malchance, n'ont jamais réussi. - Et pourtant il y a à faire, et ceux qui se pressent et vont économiquement feront»[739].

Le style utilisé, énergique et direct, expliquant l'intérêt commercial et les événements les plus courants, prouve à lui seul une solide connaissance personnelle. Avec de pareils contenus on peut aisément imaginer l' agitation que la lettre provoque au correspondant dans le milieu de ses affaires. Ce qui frappe surtout dans ces dernières phrases «comme cadeaux au roi»: cela signifie entre Rimbaud et le roi une relation «minutieuse» ou confidentielle. Il informe pourtant Bradey de cette connaissance. Cela semble non seulement une preuve amicale, mais plutôt un fait dans l'intention d'attirer l'intérêt de Bardey dont Rimbaud a besoin actuellement. Cette idée de Rimbaud est étroitement liée à la motivation d'écrire une longue lettre, adressée environ deux ans plus tard. C'est pour une sorte de soutien qu'il veut éprouver Bardey en donnant les détails sur sa situation misérable. Il avoue ses affaires tragiques et son regret d'avoir collaboré avec le commerce de Pierre Labatut:

«Mon affaire a très mal réussi parce que j 'étais associé avec cet idiot de Labatut qui, pour comble de malheur, est mort, ce qui m'a mis à dos sa famille au Choa et tous ses créanciers; de sorte que je sors de l'affaire avec très peu de chose, moins que ce que j'avais apporté. Je ne puis rien entreprendre moi-même, je n'ai pas de fonds»[740].

Il est rare de voir chez Rimbaud une telle lettre exprimée avec ses sentiments et surtout avec une tendance amicale:

«Je ne resterai pas ici, et redescendrai aussitôt que la chaleur, qui était excessive cet été, diminuera dans la mer Rouge. Je suis à votre service dans tous les cas où vous auriez quelque entreprise où je pourrais servir. - Je ne puis plus rester ici, parce que je suis habitué à la vie libre»[741].

---

[739] OC. P. 447.
[740] OC. P. 447.
[741] OC. P. 448.

Cette dernière expression désigne non seulement la libération de la pensée ou du physique, mais aussi vis à vis de la vie commerciale: il a mené depuis deux ans, c'est vrai, une vie libre perdant des affaires «assurées», ou du moins plus faciles chez Bardey. Actuellement, l'affaire de Rimbaud a «très mal réussi», pourtant il se sent moins malheureux car il s'estime libre.

Il est important de savoir quel était le but essentiel d'envoi d'une lettre aussi «touchante», pour comprendre les raisons pour lesquelles Rimbaud se sentait particulièrement attaché à Bardey: ce fut Alfred Bardey qui a créé, en 1880, la Société commerciale Viannay, Bardey et Cie, qui s'occupa lui-même de créer une agence à Aden et plus tard un bureau à Harar. Si Bardey l'aide, l'expérience et la relation de Bardey avec les autres commerçants favorisront certainement les nouvelles affaires que Rimbaud envisage de mener, et surtout la vieille connaissance commerciale de Bardey en France peut l'aider à ouvrir plus facilement la voie de l'exportation et de l'importation de certaines denrées que Rimbaud désire exploiter: la première affaire, numéro «1» sous-entend le renouveau ou la continuité de son intérêt pour des denrées (de l'ivoire, du musc et de l'or) que Rimbaud exploitait chez Bardey. La deuxième affaire (N° 2) nous révèle que l'abandon du trafic des armes n'est pas encore définitif, et durera «minutieusement» jusqu'à l'année 1890.

Dans ce sens la révélation de «la vie libre» de Rimbaud à Bardey signifie une clause sous-entendue - la reprise des affaires chez Bardey dans une condition d'«indépendance» - qu'il obtiendra un an plus tard, au sein d'une agence autonome, qui renoue pourtant avec la maison Bardey. D'ailleurs, Rimbaud semble aussi présenter cette lettre comme un moyen de lui expliquer sa connaissance des événements de l'Afrique qui sera fort utile également pour le commerce chez Bardey. Puis, il finit sa lettre avec une salutation significative que l'on n'a jamais vue chez Rimbaud: «*Ayez la bonté de penser à moi*»[742]. Avec cette utilisation d'une expression amicale qui évoque une atmosphère sympatique et aussi en sorte de faire potié, Rimbaud pense à l'aide de Bardey qui sera évidente. Ainsi, la lettre du 26 août 1887

---

[742] OC. P. 448.

montre déjà le but de Rimbaud d'ouvrir une nouvelle affaire marchandise.

Pour mieux comprendre la troisième période du commerce rimbaldien, nous allons brièvement étudier les événements biographiques et épistolaires en focalisant notre attention sur la relation personnelle entre Rimbaud et Bardey.

Après son séjour au Caire pendant un mois et une semaine, Rimbaud regagne Aden, où en attendant son nouveau travail, lui parviennent les articles de presse de «Temps», de «Figaro» et d'autres journaux français, et il souhaite collaborer au «Courrier des ardennes» à travers les articles de ses voyages[743]. En décembre 1887 il envisage un nouveau commerce des armes avec Armand Savouré qui désire vendre à Ménélik 3 000 fusils et 500 000 cartouches: «*J'ai l'honneur de vous demander par la présente une autorisation officielle de débarquer sur les territoires français de la côte orientale d'Afrique, comprenant la colonie d'Obock, le protectorat de Tadjoura et toute l'étendue de la côte Somalie protégée ou possédée par la France les marchandises suivantes, à destination du roi Ménélik, roi du Choa, où elles doivent être rendues par caravane devant se former à ladite côte française*»[744]. Mais la demande lui est refusée: «*il ne m'est pas possible d'autoriser l'entrée d'un matériel destiné à la fabrication desdites armes*»[745].

Malgré tout, en janvier 1888 il s'essaie avec Savouré au commerce clandestin des armes à Ambadou. Enfin, Rimbaud finit par abandonner le projet de ce commerce «*Je repars, dans trois ou quatre jours, pour Zeilah et Harar où je vais définitivement me fixer. Je vais pour le compte des négociants d'Aden*»[746]. Plus tard, il reçoit une lettre du sous-secrétaire d'Etat au Ministère de La Marine et des Colonies, le 15 mai 1888:

---

[743] «J'ai écrit la relation de mon voyage en Abyssinie pour la Société de géographie. J'ai envoyé des articles au Temps au Figaro, etc... J'ai l'intention d'envoyer aussi au Courrier des Ardennes, quelques récits intéressants de mes voyages dans l'Afrique orientale» OC.470.

[744] OC. P. 472.

[745] OC. P. 475.

[746] OC. P. 486.

«*pour le moment du moins, à l'introduction d'armes de guerre à travers notre territoire d'Obock*»[747]. Mais sa décision ne change plus, il refuse définitivement.

Rimbaud adresse, le 28 mars 1888, à Bardey une lettre probablement écrite d'Aden: «Je reçois votre lettre du 28 c[ouran)t. J'enverrai textuellement vos instructions à mes correspondants. Inclus les cartes d'éch[antillo]ns de votre ordre soieries»[748]. Il s'agit d'une lettre perdue[749]. Depuis cette époque, «Rimbaud n'est plus à leur service. Il est un de leurs clients, et ils lui proposent d'être ses commissionnaires à Aden pour ses achats, ou ses vendeurs pour les marchandises qu'il leur expédierait»[750]. Il fait des affaires avec Bardey, qui n'est plus son patron mais son fournisseur: «Reçu de M. A. Rimbaud £ 150 (cent cinquante livres sterling) à compte d'une livraison soieries et brilles à lui faire dans le délai de trois mois»[751]. Ensuite, il veut établir au Harar un comptoir commercial français, sur le modèle de l'agence de Bardey.

Jusqu'à présent, nous avons dressé une relation biographique et épistolaire des rapports entre Rimbaud et Alfred Bardey. Le sujet principal de ses lettres porte sur le rapport des affaires et l'exécution des ordres qu'il a reçus de l'agence de Bardey. Pourtant, nous remarquons une légère différence entre les lettres adressées à Bardey et à l'agence: celles-ci sont écrites sous la forme commerciale typique, celles-là comprennent d'abord le thème commercial et également une amitié entre Rimbaud et Bardey.

Vers le début mai 1888 Rimbaud regagne Harar où il ouvre enfin un comptoir commercial. Tout seul, sans patrons, ni employeurs Rimbaud envisage «librement» le négoce d'une nouvelle sorte de marchandise:

---

[747] OC. P. 495.

[748] OC. P. 484.

[749] Nous présentons encore la dernière lettre perdue du [3 mai] 1888 que Rimbaud est adressée à Bardey: «[...] Je viens d'arriver au Harar. Les pluies sont extraordinairement fortes, cette année, et j'ai fait mon voyage par une succession de cyclones, mais les pluies des pays bas vont cesser dans deux mois [...]». Voir OC. P. 494. Ce fragment du texte n'est pas écrit par Rimbaud, mais il est le souvenir de Bardey.

[750] OC. P. 1146.

[751] OC. P. 484.

«Pourriez-vous me donner le nom des plus grands fabricants de drap de Sedan ou du département? Je voudrais leur demander de légères consignations de leurs étoffes: elles seraient de placement au Harar et en Abyssinie»[752].

Durant sa dernière époque commerciale, Rimbaud fait la connaissance de plusieurs personnes intéressantes surtout pour son négoce; d'ailleurs, les plus nombreuses lettres de Rimbaud sont écrites pendant cette période avec des correspondants variés, Savouré, Ilg, Zimmermann, Tian, Ugo Ferrandi, etc.

La liberté concerne la nature corporelle et aussi l'âme de Rimbaud: Rimbaud est libre non seulement à travers l'affaire commerciale mais aussi dans la relation personnelle et intellectuelle qui lui a manqué depuis longtemps. C'est surtout avec Ilg[753] que Rimbaud partage le plaisir intellectuel: *«Rimbaud a certainement éprouvé un grand plaisir à correspondre avec Ilg, homme intelligent et sage»*[754].

Rimbaud s'explique à Ilg le 25 juin 1888 sur le nouveau commencement de ses affaires:

«Je suis ici au travail, je me fournis graduellement des m[archand]ises d'importation pour l'Abyssinie: mes commandes répétées d'articles étranges et odieux exaspèrent mon correspondant à Aden Monsieur Tian. Cependant je compte établir ici quelque chose d'intéressant»[755].

---

[752] OC. P. 494.

[753] «Né en 1854, la même année que Rimbaud et que Bardey, il partit à l'âge de vingt-quatre ans pour l'Abyssinie, répondant à l'appel de Ménélik, qui avait chargé une firme suisse d'Aden de lui trouver un jeune ingénieur. Il était accompagné de deux compatriotes, Appenzeller et Zimmermann, l'un menuisier, l'autre mécanicien, qui le secondèrent dans sa tâche [...]. Leur relation commence alors que Ilg part pour l'Europe afin de convaincre les dirigeants politiques de le laisser importer des armes en Abyssinie». DR. P.151-152.

[754] DR. P. 151.

[755] OC. P. 495-496.

La description faite par Rimbaud de sa situation personnelle et des événements politiques et commerciaux adopte un ton optimiste et plutôt joyeux; en plus, les affaires commerciales sont en train de s'activer en ce moment, à la fin de la saison des pluies et les produits que Rimbaud exploite se vendent à un prix intéressant:

> «Les affaires ici seront assez actives fin keremt. L'ivoire se vend ici à la parité de Th. 65 l'okiète du Choa (au Choa c'est 45) le Zébad à 2 onces pour 1 Thaler au Djimma, se vend ici Th. 1 1/2 l'once. Le café vaut Th. 5. Les gommes Th. 5 1/2.
> La situation commerciale n'est pas mauvaise au Choa»[756].

D'après les nombreuses lettres échangées et leur expression amicale qui signifient sans doute une relation intime entre Rimbaud et Ilg, il est rare de trouver dans la correspondance africaine des lettres où Rimbaud écrit avec la particularité de son expression amicale qu'il utilisait auparavant avec ses amis intimes, Delahaye et Verlaine. Il s'agit des mots anglais:

> «Mon cher Monsieur Ilg, Merci bien de votre aimable lettre du 16 juin. J'ai lu et approuvé. *All right*. J'attends l'Ato Guabri prochainement et j'espère qu'il se débrouillera de manière à faire passer nos m[archand]ises avec les siennes, sans payer douane, car c'est là le point principal, l'ivoire étant sujet ici à une entrée de 10, 9, 8, je ne sais enfin combien pour cent, ce qui plaît aux douaniers, - et sujet aussi à une sortie de 8, 7, 6, on ne sait non plus combien pour cent. Je suppose que vous aurez expliqué cela à Guabri. En tous cas, à l'avenir, n'oubliez pas de disposer en conséquence»[757].

L'amitié entre Rimbaud et Ilg semble assez intime, «Entre le 1er février 1888 et 1891, Rimbaud aura écrit plus régulièrement à Ilg qu'à sa famille. Ce sont des lettres d'affaires, mais dans lesquelles Rimbaud plaisante, utilise le langage local, bref se sent plus détendu et à l'aise qu'avec aucun autre correspondant»[758]. Pourtant, leur

---

[756] OC. P. 496.
[757] OC. P. 553.
[758] DR. P.151-152.

relation personnelle semble trop limitée pour être «vraiment» intime. Car Rimbaud souffre de la maladie et se plaint souvent de la solitude durant ses dernières années en Afrique. Jean Voellmy l'exprime: «Ni Ilg, ni Bardey ne sont entrés dans l'intimité de Rimbaud, dont la solitude doit avoir été presque totale. Il s'en plaint, mais il s'est montré d'humeur difficile, froid et inaccessible, et a dédaigné, à Aden, la compagnie des Européens. Cet épistolier disert, ce causeur aimable garde ses distances envers ses collègues. Il les tient en respect avec ses railleries, tout en souffrant de son isolement. L'ancien poète est d'une sensibilité extrême et comme il ne peut supporter la moindre critique, il prend les devants en attaquant les autres. Il a soif d'affection, mais l'esprit d'orgueil qui le domine lui fait craindre le ridicule et il s'aliène les sympathies des personnes qu'il fréquente».

Quoi qu'il en soit, Rimbaud ne regrette pas de travailler seul et d'acquérir la liberté en s'intéressant à son nouveau commerce. Il montre particulièrement dans cette dernière citation son intérêt de l'ivoire qui est une denrée essentielle de sa négoce durant les dernières années «libres».

En vue de mieux connaître la préoccupation particulière sur la denrée et la liberté, le lecture des lettres de Rimbaud révèle la présence fréquente des mots appartenant au sujet lexical de la liberté et des denrées qu'il exploite. Nous avons choisi deux mots «ivoire» et «libre»: car, le vocabulaire de «la liberté» correspond chez Rimbaud au sens plutôt politique et idéologique[759]. Par conséquent, nous avons trouvé l'adjectif «libre» le plus proche du mot «liberté» et aussi du sens dont nous parlons. Le résultat de ces mots est donc le suivant:

---

[759] Ce mot «liberté» a apparu dans la correspondance de Rimbaud 4 fois, tous sont écrits pendant la première période (1870-1875), voir la «Table de concordances des lettres de Rimbaud». Surtout dans la poésie Rimbaud exprime souvent le sentiment de la révolte politique et idéologique: «pâles -Morts- du baiser fort de la liberté», «Je (Empereur) vais souffler la liberté», «La liberté revit!» etc. Voir «Table de concordances rythmique et syntaxique des -Poésies- d'Arthur Rimbaud», élaborée par André Bandelier, Frédéric Eigeldinger, Pierre-Eric Monnin et Eric Wehrli, éd. de la Baconnière, Neuchâtel (Suisse), P. 128-129.

<Tableau XV>

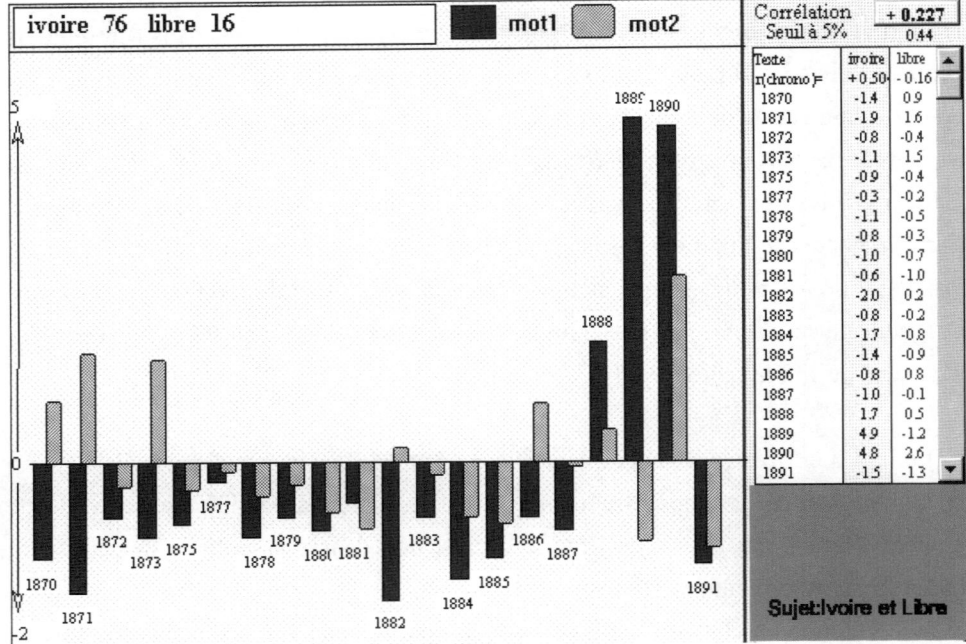

La fréquence du mot «libre» présente abondamment au début de la jeunesse et à la fin de la vie de Rimbaud, il faut distinguer pourtant deux attitudes bien différentes entre deux époques: «Je veux travailler libre mais à Paris, que j'aime»[760] écrit ainsi Rimbaud en 1871, et des années plus tard en 1890 il annonce à sa mère «Je travaille aussi à mon compte, seul; et je suis libre, d'ailleurs, de liquider mes affaires dès qu'il me conviendra»[761]. Le «libre» que Rimbaud évoque dans ces deux lettres a un sens opposé: le «libre» absent et le «libre» accompli. Ce dernier peut correspondre à «la liberté libre» qu'il a nommée: celle de travailler, de vivre et de se libérer - physiquement et aussi mentalement - de toute contrainte.

Quant à l'ivoire il n'est pas le seul mot de l'article qui abonde spécifiquement

---

[760] Voir la «table de concordances des lettres de Rimbaud».

[761] idem

durant de ces années, mais la plupart des noms de denrées sont excessivement apparues. L'activité commerciale de Rimbaud n'est pas comparable entre la première et la dernière période: le négoce de Rimbaud ne s'est jamais autant activé qu'au cours de la dernière phase de sa vie en Afrique (1888-1891). L'étude statistique des mots nous révèle certaines preuves principales de son fort engagement commercial:

⟨Tableau XVI⟩

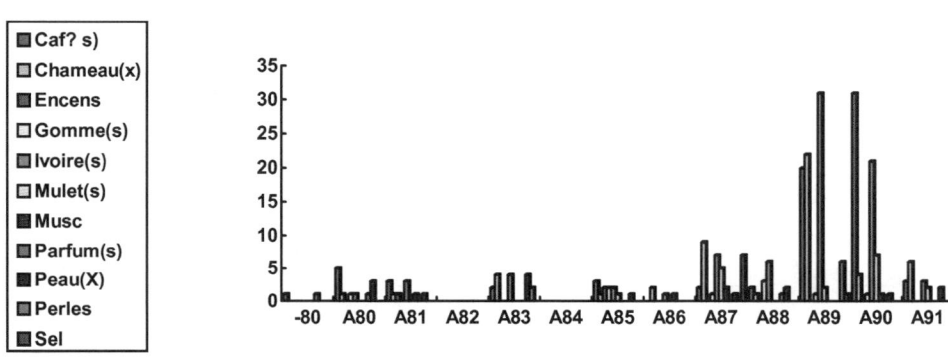

Enfin, un nombre important d'occurrences ont paru exprimer une vue plus personnelle du négoce et expliquer que la volonté et l'effort sont en pleines actions à l'aide de la liberté: pousser, aller et exploiter plus loin. Le négociant Rimbaud se situe dans le meilleur état qui lui est propre: la liberté de l'esprit est étroitement liée à la capacité de ses affaires.

L'univers de la correspondance nous permet ainsi de révéler le commerce caractéristique de Rimbaud et de son esprit libre: c'est tout ce qui évoque une image légère, chaleureuse et mouvementée. En un mot tout ce qui révèle une tendance positive et optimale constitue la liberté avec laquelle tout semble positif et optimal.

Jusqu'à présent, nous avons révélé l'aspect du négoce rimbaldien en plaçant au centre de notre réflexion sur les deux domaines qui sont mis en lumière pour l'analyse statistique et fréquentative: le domaine biographique et le domaine thématique. Les raisons d'un rapprochement entre le négoce et les thèmes sont multiples et s'organisent essentiellement selon deux axes principaux: la considération de la correspondance globale et la prise en compte des trois thèmes qui montrent nettement des espérances, des besoins et des préoccupations de Rimbaud.

Sur le plan analytique, nous avons essentiellement tenté d'étudier notre analyse thématique respectant la nature de la correspondance, l'ordre chronologique qui a finalement permis de mieux saisir l'évolution du négoce rimbaldien.

Sur le plan méthodologique, l'usage informatique grâce auquel nous avons dépouillé des noms d'article de denrée a donné une vérification concrète et complète à partir des Œuvres jusqu'à la correspondance de Rimbaud, et nous permet de comprendre tout un réseau de rapports entre Rimbaud et le négoce: la fréquence des occurrences nous permet non seulement d'analyser, de comparer et de détailler entre des mots, des textes, des périodes etc. mais aussi de comprendre son état d'âme; l'évolution et la notion du commerce de Rimbaud.

En effet, le commerce ne représente pas seulement pour Rimbaud un moyen de gagner sa vie, il constitue sa «liberté libre» et sa vie même. Le commerce n'est donc pas sa deuxième vie, mais plutôt Rimbaud renaît par le négoce pour qu'il puisse se rendre à la terre et à son siècle.

CONCLUSION

«Je suis rendu au sol, avec un devoir à chercher, et la réalité rugueuse à étreindre! »[762].

Nous nous sommes attaché à mettre à jour à partir de l'œuvre épistolaire de Rimbaud, une étude thématique(la poésie, le révolte, l'errance) et une analyse thématique(l'idée positiviste de Rimbaud, le commerçant etc.). Pour cette étude de la poésie la correspondance(les 209 lettres à partir de 1870 à 1891) est proprement révélatrice de la réalité dans laquelle évolue Rimbaud et avec laquelle il communique. Les lettres que Rimbaud a écrites sur la réalité nous révèlent également des aspects importants du 19e siècle en matière sociale, politique et économique.

Ainsi, la recherche que nous venons de présenter s'est efforcée de poser le problème de l'existence concrète de Rimbaud au sein de son époque. Ce qui nous a orienté tout au long de l'étude, c'est, la découverte d'un autre Rimbaud engagé dans des activités pratiques, qui interrogent non seulement sur les fondements de sa vie personnelle, mais plus encore sur le rapport général qu'il entretenait avec son époque. Par «époque», nous avons entendu le mouvement des diverses idées du 19e siècle, comme par exemple le positivisme, le scientisme, l'impérialisme, l'économisme, etc. Ce siècle se caractérise par des événements aussi troubles et complexes que la vie «personnelle» de Rimbaud: l'un et l'autre sont donc étroitement liés. Face au

---

[762] OC. P. 116.

développement des idées de son époque, Rimbaud s'interroge sur sa place dans la société et pressent de son côté de vastes changements. Voici donc pourquoi nous nous sommes intéressé à cet aspect «authentique» d'un Rimbaud qui n'a plus grande chose de commun avec celui que l'on connaissait jusqu'alors.

Rimbaud est un des représentants symbolistes et aussi le précurseur du surréalisme. Pour garder cette image littéraire de Rimbaud bien des rimbaldiens lui ont donné une image romantique qui n'est guère celle de Rimbaud. Il est vrai que   Rimbaud écrit avec un style romantique comme dans 〈Sensation〉 ou dans 〈Ma bohème〉. Mais dès le début de sa composition poétique dans 〈Les étrennes des orphelins〉 par exemple et pour certaines poésies comme 〈Les Poètes de sept ans〉, Rimbaud s'intéresse à la réalité en montrant pitié et amour envers les pauvres gens et les enfants isolés de la société, mais raille et exprime même sa haine contre la morale des bourgeois et des prêtres comme dans 〈A la musique〉 et 〈Les pauvres à l'église〉. Ses poésies montrent un Rimbaud occupé à des jeux qui n'ont guère leur pareille chez les autres adolescents qui pensent dabord à eux, à leurs propres intérêts et principalement à s'amuser.

Et plus tard il exprimera ses idées de révolte politique et sociale en voulant réaliser la victoire du peuple dans la Commune. Cela signifie la volonté pour Rimbaud de réaliser "la réalité actuelle" au delà de "la réalité idéale" qu'il transcende de son amour du peuple et surtout des pauvres. Pour Rimbaud la réalité n'est pas un espace dans lequel il doit plonger avec docilité, mais avec lequel il communique lui et elle pour se correspondre. Elle devient donc pour Rimbaud une compagne et en même temps qu'une ennemie à vaincre pour changer la vie.

Les lettres étudiées ont, chacune à leur manière, l'aspect de mosaïque; de la poésie, de la politique et de la société dans lesquelles s'inscrit Rimbaud comme poète, comme révolté et comme vagabond, images déjà prêtées par nombre de rimbaldiens. On est bien souvent mauvais juge de Rimbaud, surtout quant il s'agit d'apprécier ce que représente sa vie: il n'y a pas de «Mythe»[763] «Le Mythe de Rimbaud». Structuré par ETIEMBLE, éd. Gallimard, 1961. Chez lui, il n'existe que la réalité. Il n'est pas

---

[763] « Le Mythe de Rimbaud ». Structure par ETIEMBLE, éd. Gallimard, 1961.

non plus «voyou»[764] «Rimbaud, Le voyou», Benjamin FONDANE, éd. du Plasma, 1979., mais un homme fidèle à sa vie et à son siècle. Notre étude a permis non seulement de consolider les événement poétiques et biographiques de Rimbaud, mais aussi de mettre à jour un autre aspect du personnage, à savoir un Rimbaud positiviste, passionné par l'investigation scientifique ainsi qu'un commerçant attaché solidement à la terre et à son siècle.

Cette conception du réalisme se retrouve dans les "lettres du voyant" et la composition poétique comme 《Une Saison en enfer》 et surtout les 《Illuminations》 où se trouvent 〈Ville〉, 〈Villes〉, 〈Métropolitain〉 montrant le modernisme de Rimbaud. Ces poèmes nous conduisent vers un monde fantastique et en même temps vers le surréalisme annonçant le nouveau monde, composé à partir de la réalité ou du modernisme. Ce qui est essentiel ici, c'est la notion de la réalité rimbaldienne, car pour Rimbaud le monde fantastique ou surréaliste signifie "la vie changée", c'est à dire le nouveau monde.

Mais bien vite Rimbaud déteste le monde littéraire. Car il a compris que par l'action littéraire il ne peut pas changer la réalité en "réalité idéal" et dans la littérature le réalisme "idéale" n'est que le contentement de soi. Et il abandonne la composition poétique. Avec cet abandon, c'est non seulement la perte de la poésie, mais aussi de soi. Pour Rimbaud la poésie était tout a la fois une amie, une amante avec laquelle il se sent heureux et triste. Cet abandon figure donc une perte de soi ou la renaissance en un autre.

Pourtant sa conception de la réalité reste dans son intimité comme une cellule en mutation: elle deviendra un énergie pour surmonter la réalité "rugueuse".

Pour Rimbaud le réalisme est lié avec sa propre vie, bien réel et complexe. C'est bien différent du réalisme du 19e siècle dans l'art ou dans la littérature. Il commence à voyager pour chercher et correspondre plus concrètement à la réalité "réel" sur terre. Désormais poésie et littérature ne l'intéressent plus. Car il sait maintenant que la littérature et son réalisme ne lui a donné que de faux espoirs. Rimbaud espère réaliser la liberté libre qu'il a entrevu dans 〈Ma bohème〉 par son aventure en Afrique, la

---

[764] «Rimbaud, Le voyou », Benjamin FONDANE, éd. du Plasma, 1979.

réalité inconnue, en passant le méditerranée et la mer rouge qu'il a vu autrefois dans ⟨Le Bateau ivre⟩. Le sujet cherché par Rimbaud n'est pas un sujet subjectif comme la vie, mais la réalité objective dans laquelle il communique avec les autres et avec la réalité. Par la communication avec la réalité il trouve le vrai "Je" ou un "autre Je" échappé du moi ayant une capacité pour correspondre avec les autres et avec la réalité.

En appelant cette période les "temps de silence de Rimbaud" nous ne nous sommes guère intéressé à cette seconde vie de Rimbaud qui n'a jamais recommencé à écrire. Et certains ont même pris à tort son voyage ou sa bohème pour une vision "romantique" ou une "rêverie" liée à la poésie. Mais Rimbaud n'est plus comme avant, sa réalité n'est absolument pas romantique. Rimbaud communique la terre comme elle est pour "Etreindre la réalité" et plus tard pour "changer la réalité".

La correspondance de cette époque nous permet de révéler comment Rimbaud surmonte les difficultés terrestres et comment il communique avec la réalité en homme du 19e siècle en tant qu'ex-poète français de cette époque de positivisme, de scientisme et d'impérialisme. Elle est aussi la marque troublante du comportement de Rimbaud. Pourtant il navigue vers la réalité "inconnue" et "sombre" en s'équilibrant contre ces vagues violentes, entraînant les autres et même l'époque pour changer la vie, pour marcher vers le progrès et finalement arriver à la réalité "idéale".

Si le poète Rimbaud a le pouvoir de nous entraîner dans la réalité à travers ses poésies, le second Rimbaud, celui qui nous livre sa correspondance, nous permet plus «réellement» de connaître le 19e siècle. La correspondance fonctionne comme une sorte de substitut de conversation en rabattant l'écrit et ses modalités sur l'oralité. Néanmoins, grâce au goût particulier du réalisme, nous avons pu finalement découvrir, d'une part , la réalité détaillée de certains événements historiques de la France mais aussi de ceux de l'autre monde, c'est-à-dire du reste de l'Europe et surtout de l'Afrique. D'autre part, nous avons pu ainsi mieux cerner le Rimbaud diffuseur d'idées en découvrant comment dans ses lettres s'articulent sphère littéraire et sphère réelle.

Nous avons en effet mis en évidence, d'une part la corrélation intime des caractères poétique et épistolaire, qui est fondée sur l'influence déterminante de la réalité et des idées du siècle, d'autre part la véritable démystification d'un phénomène auquel s'est livré Rimbaud. Ce dernier, qui a délibérément parcouru les continents européen et africain, en vue de découvrir le vrai monde nous renvoie une vision réaliste qui lève enfin le voile sur le monde imaginaire auquel sont venus se fixer en surimpression ses propres souvenirs d'enfance et ses réseaux d'images personnels, propres à son génie, à savoir un réalisme provocateur et «destructeur».

La méthode nous a fourni des éléments positifs, concrets, qui ne sont guère négligeables: un accord au texte, une voie vers plusieurs noyaux lexicologiques essentiels dans la réflexion de Rimbaud; D'une part, à partir de la fréquence des occurrences, l'analyse a permis de dresser un premier réseau sémantique de la correspondance, grâce au relevé statistique des occurrences des mots. D'autre part, en partant du vocabulaire, nous acquérons une idée plus complète des mots et des images qui donnent naissance à de véritables champs conceptuels. La «Table de concordances des lettres d'Arthur Rimbaud (1870-1891)» nous a permis d'accéder à un autre niveau de l'analyse, qui concerne l'essence même du vocabulaire de Rimbaud. Il s'agit d'une interrogation sur la faculté des sentiments de Rimbaud vu à travers les occurrences des mots: le vocabulaire est un fragment des expressions et c'est dans les expressions seulement que peut se transmettre le sens: autrement dit, à partir des mots le sens se forme en parole pour aller jusqu'à l'affirmation du sentiment. C'est dans ce but que nous avons élaboré une réflexion sur le vocabulaire de Rimbaud en vue d'aller plus facilement et plus concrètement vers la notion. De plus, dans la correspondance, les mots sont écrits, bien moins difficilement que la poésie, dans un système délicat et rigoureux. Dépouillés par l'outil informatique, ils peuvent donc se manifester dans leur force nue, sans nuances subtiles, et peuvent faire surgir une présence concrète à l'expression, aux sentiments et aux idées que Rimbaud a voulu transmettre à ses proches, mais aussi à nous.

En effet, le but de cette méthode informatique de la «Table des concordances» a été d'appliquer la réflexion lexicologique à l'analyse purement thématique. Cette étude, il va de soi, n'est qu'une première approche et une ouverture vers un autre niveau de l'analyse; c'est pourquoi nous souhaitons que les données dépouillées, référentiels et statistiques, livrées dans ce travail puissent désormais être utiles à toutes sortes d'études littéraires à venir.

BIBLIOGRAPHIE

Notes bibliographiques:

Notre bibliographie comporte trois parties principales: la première comprend un inventaire des Œuvres d'Arthur Rimbaud, la seconde une liste de livres et d'articles critiques, la dernière les ouvrages généraux.

I. ŒUVRES DE RIMBAUD

1. Manuscrits
2. Œuvres

II. OUVRAGES CRITIQUES CONSACRES A RIMBAUD

1. Ouvrages sur la correspondance et sur la méthode
2. Ouvrages biographiques
3. Ouvrages critiques et thèses
4. Revues et articles

III. OUVRAGES GENERAUX

I. ŒUVRES DE RIMBAUD

1. Manuscrits

JEANCOLAS Claude: Rimbaud, l'Œuvre intégrale manuscrite, T. I, II, III, Paris, éd. Textuel, 1996.

DUFOUR Hélène: Arthur Rimbaud, portraits, dessins, manuscrits, Paris, Le dossiers du Musée d'Orsay, 1991.

RIMBAUD: Lettre dite «du voyant» à Paul Demeny, du 15 mai 1871, avec le fac-similé de l'autographe, Paris, éd. du Messein, 1954.

2. Œuvres

ADAM Antoine: Œuvres complètes de Rimbaud, Paris, Gallimard, coll. Bibliothèque de La Pléiade, 1992.

BERNARD Suzanne et GUYAUX André: Œuvres, Paris, éd. Garnier, 1997.

BONNEFOY Yves: Rimbaud, coll. des Ecrivains de Toujours, éd. du Seuil, 1994.

BORER Alain: Arthur Rimbaud, Œuvre-Vie, Paris, Arléa, éd. du Centenaire, 1991.

FORESTIER Louis: Arthur Rimbaud: Œuvres complètes, correspondance, Paris, éd. Robert Laffont, 1993.

DECAUDIN Michel: Arthur Rimbaud, Œuvres poétiques, Paris, éd. Garnier-Flammarion,

1968.

ROLLAND DE RENEVILLE André, <u>Œuvres complètes de Rimbaud</u>, Paris, Gallimard, Bibliothèque de La Pléiade, 1954.

STEINMETZ Jean-Luc: <u>Rimbaud (1854-1891), Illuminations; suivi de correspondance (1873-1891)</u>, Paris, éd. du Flammarion, 1989.

II. OUVRAGES CRITIQUES CONSACRES A RIMBAUD

1. Ouvrages sur la correspondance et sur la métode

BRIET Suzanne: <u>Madame Rimbaud</u>, Paris, Aux lettres modernes, 1968.

EIGELDINGER Frédéric: <u>Table de concordances d'Une saison en enfer</u>, Neuchâtel (Suisse), La Baconnière, 1984.

EIGELDINGER Frédéric: <u>Table de concordances rythmique et syntaxique des Illuminations d'Arthur Rimbaud</u>, Neuchâtel (Suisse), La Baconnière, 1986.

EIGELDINGER (F.) et SCHAEFFER (G.): <u>Table de concordances rythmique et syntaxique des poésies d'Arthur Rimbaud</u>, Neuchâtel (Suisse), La Baconnière, 1981.

GUIRAUD Pierre: <u>Index du vocabulaire du symbolisme</u>, <u>index des mots des «Illuminations»</u>, (T. IV), Paris, éd.Klincksieck, 1954.

GUIRAUD Pierre: <u>Index du vocabulaire du symbolisme</u>, <u>index des mots des «Une saison en enfer»</u>, (T. VII), Paris, éd.Klincksieck, 1960.

JAUMES Michel: <u>Le vocabulaire de Rimbaud, étude quantitative et stylistique</u>, Th. de université de Montpellier 3, 1978.

VOELLMY Jean: <u>Rimbaud, correspondance 1888-1891</u>, Gallimard, 1965.

2. Ouvrages biographiques

ABELES Luce: Fantin-Latour, coin de table: <u>Verlaine, Rimbaud et les vilains bonshommes</u>, Paris, Les dossiers du musée d'Orsay, 1988.

BANDELIER (A.), EIGELDINGER (F.): <u>Le point vélique, étude sur Arthur Rimbaud et Germain Nouveau</u>, Neuchâtel (Suisse), La Baconnière, 1981.

BERRICHON Paterne: La vie de Jean-Arthur Rimbaud, Paris, éd. Mercure de France, 1897.

BERRICHON Paterne: Jean-Arthur Rimbaud, 1854-1873 poèmes, lettres et documents inédits, Paris, éd. Slatkine, 1983.

BOURGUIGNON Jean et HOUIN Charles: Vie d'Arthur Rimbaud, Paris, rééd. Payot, 1991.

CARRE Jean-Marie: La vie aventureuse de Jean-Arthur Rimbaud, Paris, Librairie Plon, 1926.

COULON Marcel: Au coeur de Verlaine et de Rimbaud, Genève (Suisse), Slatkine, 1983.

DELAHAYE Ernest: Rimbaud, L'artiste et l'être moral, Paris, Albert Messein, 1947.

DELAHAYE Ernest: «Pages perdues et retrouvées» Rimbaud: souvenirs de Ernest Delahaye, Paris, éd. du Sauret, 1993.

EAUBONNE Françoise d': Verlaine et Rimbaud ou la fausse évasion, Paris, Albin Michel, 1960.

EIGELDINGER Frédéric et GENDRE André: Delahaye, témoin de Rimbaud, Neuchâtel (Suisse), La Baconnière, 1974.

GARDES-TAMINE (J.), BOBILLOT (J.P.)...: Rimbaud / Nouveau, Paris, Armand Colin, 1991.

LALANDE Françoise: Madame Rimbaud, Paris, Presses de la Renaissance, 1987.

MATARASSO Henri: Vie d'Arthur Rimbaud, Paris, Hachette, 1962.

PETITFILS Pierre: L'Œuvre et le visage d'Arthur Rimbaud: Essai de bibliographie et d'iconographie, Paris, Nizet, 1949.

PETITFILS Pierre: Rimbaud, Paris, Julliard, 1992.

PEYRE Henri: Rimbaud vu par Verlaine, Paris, Nizet, 1975.

PIA Pascal: Album Zutique: A. Rimbaud, P. Verlaine, L. Valade, CH. Cros... , Paris, Slatkine, 1981.

STARKIE Enid: Rimbaud, Paris, Flammarion, 1989.

3. Ouvrages critiques et thèses

AGNES ROSENSTIEHL Florilège de: Arthur Rimbaud, ce qu'on dit au poète à propos de fleurs, Paris, Gallimard, 1981.

AGOSTI (S.), BIVORT (O.): Rimbaud, Paris, Slatkine, 1993.

ARCHE Denis: Iconographie fantôme d'Arthur Rimbaud, Paris, éd. du Curandera, 1985.

BADIOU Alain, DEGUY Michel: Le millénaire Rimbaud, Paris, Belin, 1993.

BANDELIER Danielle: Se dire et se taire: l'écriture dans «Une saison en enfer», Neuchâtel (Suisse), La Baconnière, 1986.

BAYO Gérard: <u>Arthur Rimbaud ou la révolte des Limbes</u>, Charleville-Mézières, Anciaux, 1984.

BAYO Gérard: <u>Arthur Rimbaud et l'éveil des limbes</u>, Paris, Librairie Bleue, 1985.

BAYO Gérard: <u>La révolte d'Arthur Rimbaud</u>, Paris, Librairie Bleue, 1995.

BERGER Anne-Emmanuelle: <u>Goût et dégout de la beauté dans l'Œuvre de Rimbaud</u>, Th. Nouv. Rég. Paris, 1990.

BERGER Anne-Emmanuelle: <u>Le banquet de Rimbaud</u>, Paris, Champ Vallon, 1992.

BERRANGER Marie-Paule: <u>12 poèmes de Rimbaud</u>, Marabout, 1993.

BERTOZZI Gabriele-Aldo: <u>Rimbaud et la poésie du dépassement</u>, Paris, éd. Lu Carini, 1981.

BODENHAM Charles Henry L: <u>Rimbaud et son père</u>, Paris, éd. des Belles Lettres, 1992.

BONNEFOY Yves: <u>Rimbaud par lui-meme</u>, Paris, éd. du Seuil 1994.

BONNEFOY Yves: <u>Rimbaud</u>, Paris, éd. du Seuil, 1961.

BONNEFOY (Y.), GUYAUX (A.), BRUNEL (P.): <u>Rimbaud: Tradition et Modernité</u>, Paris, éd. Interuniversitaires, 1992.

BORER Alain: <u>Rimbaud en Abyssinie</u>, Paris, éd. du Seuil, 1984.

BORER Alain: <u>Rimbaud d'Arabie</u>, Paris, éd. du Seuil, 1991.

BORER Alain: <u>Rimbaud, l'heure de la fuite</u>, Gallimard, 1991.

BORER Alain: <u>Un sieur Rimbaud, la terre et les pierres</u>, Paris, éd. Lachenal et Ritter, 1983.

BORER (A.), SOUPAULT (P.), AESCHBACHER (A.): <u>Un sieur Rimbaud se disant négociant</u>, Paris, éd. Lachenal et Ritter, 1984.

BORER (A.), CORSETTI (J. P.): <u>Rimbaud multiple</u>, Paris, éd. Bedou Touzot, 1986.

BOUNOURE Gabriel: <u>Le silence de Rimbaud</u>, Paris, Fata Morgana, 1991.

BRUNEL Pierre: <u>Rimbaud: projets et réalisation</u>, Paris, Slatkine, 1983.

BRUNEL Pierre: <u>Arthur Rimbaud ou l'éclatant désastre</u>, Paris, Champ Vallon, 1991.

BUTOR Michel: <u>Improvisations sur Rimbaud</u>, Paris, éd. de la Différence. 1989.

CADDAU Pierre: <u>Dans le sillage du Capitaine Cook ou Arthur Rimbaud le Tahitien</u>, Paris, 1968.

CENDO (N.), SERRANNO (V.), GUYAUX (A.)...: <u>Arthur Rimbaud et les artistes du 20ᵉ siècle</u>, Paris, éd. Musées de Marseille, 1991.

CHIAVELLI: Arthur Rimbaud, <u>Le dernier voyage</u>, Paris, Dargaud, 1991.

CHOLODENKO Marc: <u>La tentation du trajet Rimbaud</u>, Paris, Hachette, 1980.

CLAISSE Bruno: <u>Rimbaud ou «Le dégagement rêvé»</u>, Paris, éd. de la Bibliothèque Sauvage, juillet 1990.

C. N. R. S.: <u>Barr-Adjam, souvenirs d'Afrique orientale 1880-1887, Alfred Bardey «le patron de Rimbaud»</u>, Nice, éd. du C. N. R. S. (Centre régional de publications de Sophia-Antipolis), 1981.

COHEN-SCALI (Sarah): <u>Arthur Rimbaud, le voleur du feu</u>, Hachette Livre, 1994.

CORNEC Gilles: <u>Les bonnes fées d'Arthur Rimbaud</u>, Paris, Denoël, 1985.

CORNILLE Jean-Louis: Rimbaud, <u>Nègre de Dieu</u>, Lille, Presses université de Lille, 1989.

COULON Marcel: <u>Le problème de Rimbaud: poète maudit</u>, Paris, A. Gomès, 1923.

DAVIS Emile: <u>Regards sur Rimbaud</u>, Paris, Barré-Dayez, 1984.

DELAHAYE Ernest: <u>Rimbaud, l'Artiste et l'Etre moral</u>, Paris, éd. Albert Messein, 1923.

DUPOYET Pierrette: <u>Côté Rimbaud</u>, Paris, Actes Sud-papiers, 1991.

EIGELDINGER Frédéric: <u>Rimbaud et la transfiguration de « la vieillerie poétique »</u>, Paris, Armand Colin, 1983.

ETIEMBLE René et GAUCLERE Yassu: <u>Rimbaud</u>, Gallimard, 1950.

ETIEMBLE René: <u>Le mythe de Rimbaud</u>, Paris, Gallimard, éd.1961.

FAURISSON Robert: <u>A-t-on lu Rimbaud? L'affaire Rimbaud</u>, Paris, éd. de la Vieille Taupe, 1991.

FONDANE Benjamin: <u>Rimbaud, Le voyou</u>, Paris, Plasma, 1979.

FRANKEL Margherita: <u>Le code dantesque dans l'Œuvre de Rimbaud</u>, Paris, Nizet, 1975.

FROMENT-MEURICE Marc: <u>Solitudes de Rimbaud à Heidegger</u>, Paris, éd. Galilée, 1990.

GABRION (P.Y) et MIGEAT (F.): <u>Arthur Rimbaud</u>, Paris, éd. des Vents d'ouest, 1994.

GASCAR Pierre: <u>Rimbaud et la commune</u>, Gallimard, 1971.

GIUSTO Jean-Pierre: <u>Rimbaud créateur</u>, Th. de université de Lille III, 1980.

GLEIZE Jean-Marie: <u>Arthur Rimbaud</u>, Paris, Hachette-Livre, 1993.

GRALL Xavier: <u>Arthur Rimbaud, la marche au soleil</u>, Paris, éd. Mazarine, 1980.

GUEGAN Gérard: <u>Rimbaud et Saint-Just</u>, Paris, Gallimard, 1991.

GUERDON David: <u>Rimbaud, la clef alchimique</u>, Paris, Laffont, 1980.

GUERNE Armel: <u>Arthur Rimbaud, lettres du Voyant</u>, Presse du livre française, 1950.

GUYAUX André: <u>Lectures de Rimbaud</u>, éd. de l'université de Bruxelles, 1983.

GUYAUX André: <u>Duplicités de Rimbaud</u>, La Baconnière, 1991.

GUYAUX André: <u>Arthur Rimbaud</u>, Paris, éd. de l'Herne (N° 64), 1993.

GUYAUX André: <u>Rimbaud 1891-1991</u>, Paris, Champion, 1994.

HACKETT (C. A): <u>Autour de Rimbaud</u>, Paris, Klincksieck, 1967.

HAN Dae-Kyun: <u>Rimbaud épistolier: poésie et silence</u>, Th. Doct. Tours, 1988.

HUREAUX Yanny: <u>Les Ardennes de Rimbaud</u>, Paris, Didier-Hatier, 1991.

IZAMBARD Georges: <u>Rimbaud tel que je l'ai connu</u>, Paris, Mercure de France, 1946.

JEANCOLAS Claude: <u>Le dictionnaire Rimbaud</u>, Paris, Balland, 1991.

JEANCOLAS Claude: <u>Les voyages de Rimbaud</u>, Paris, éd. du Balland, 1991.

JOUFFROY Alain: <u>Arthur Rimbaud et la liberté libre</u>, Paris, éd. du Rocher, 1991.

LAPEYRE Paule: <u>Le vertige de Rimbaud: clé d'une perception poétique</u>, Neuchâtel (Suisse), La Baconnière, 1981.

LITTLE Roger: <u>Arthur Rimbaud</u>, bruits neufs, Paris, éd. du Sud, 1991.

MARCHAL Bertrand: <u>Rimbaud: tradition et modernité</u>, Paris, éd. Interuniversitaires, 1993.

MATUCCI Mario: <u>Le dernier visage de Rimbaud en Afrique</u>, Paris, éd. Sansoni Antiquariato, 1962.

MATUCCI Mario: <u>Les deux visages de Rimbaud</u>, Neuchâtel (Suisse), La Baconnière, 1986.

MICHON Pierre: <u>Rimbaud le fils</u>, Paris, Gallimard, 1991.

MONCEL Christian: <u>Rimbaud ou l'avenir de la poésie</u>, Paris, éd. C. Moncel, 1975.

MONCEL Christian: <u>Rimbaud et les formes monstrueuses de l'amour</u>, Paris, éd. C. Moncel, 1980.

MORRISSETTE Bruce: <u>La bataille Rimbaud, l'affaire de la chasse spirituelle</u>, Paris, éd. du Nizet, 1959.

MOUQUET Jules: <u>Vers le collège, Arthur Rimbaud</u>, Paris, Mercure de France, 1932.

MOURIER-CASILE Pascaline: <u>Jean-Arthur Rimbaud, des Ardennes au désert</u>, Presses Pocket, 1990.

MUNIER Roger: <u>Aujourd'hui Rimbaud</u>, Enquête, Paris, éd. des Lettres Modernes, 1976.

MUNIER Roger: <u>« Génie » de Rimbaud</u>, Paris, La Traversière, 1988.

MUNIER Roger: <u>L'ardente patience d'Arthur Rimbaud</u>, Paris, José Corti, 1993.

MURPHY Steve: <u>Le premier Rimbaud</u>, éd. du CNRS (Presses universitaires de Lyon), 1990.

MURPHY Steve: <u>Rimbaud et ménagerie impériale</u>, éd. du CNRS (Presses universitaires de Lyon), 1991.

MUSSO Frédéric: <u>Rimbaud, Paris</u>, éd. Pierre Charron, 1972.

NOGUEZ Dominique: <u>Les trois Rimbaud</u>, Paris, éd. Minuit, 1986.

PERRIER Madeleine: Rimbaud, chemin de la création, Paris, Gallimard, 1974.

PETITFILS Pierre: Rimbaud au fil des ans, Charleville, Le musée-bibliothèque Rimbaud et Le centre culturel Arthur Rimbaud, 1984.

Py Albert: Illuminations, Paris, éd. Droz, 1967.

RENEVILLE Rolland de: Rimbaud, le voyant, Paris, éd. Thot, 1985.

RICHER Jean: L'alchimie du verbe de Rimbaud: essai sur l'imagination du langage, Paris, éd. du Maisnie-Trédaniel, 1991.

RICHTER Mario: Les deux «Cimes» de Rimbaud «Dévotion» et «Rêve», Paris, Slatkine, 1986.

RIMBAUD Isabelle: Reliques, Rimbaud mourant, Paris, Mercure de France, 1921.

RIVIERE Jacques: Rimbaud, dossier 1905-1925, Gallimard, 1977.

RINCE Dominique: Rimbaud; résumés, commentaires, critiques, documents commentaires, Paris, Nathan, 1992.

RUFF Marcel A: Rimbaud, Paris, éd. Hatier, 1983.

SEGALEN Victor: Le double Rimbaud, éd. de la Bibliothèque artistique et littéraire (à Fontfroide), 1986.

STEINMETZ Jean-Luc: Arthur Rimbaud, Une question de présence, Paris, Librairie Jules Tallandier, 1991.

STEINMETZ Jean-Luc: Arthur Rimbaud ou le voyage poétique, Paris, Tallandier, 1992.

STETIE Salah: Rimbaud, le huitième dormant, Paris, éd. Fata Morgana, 1993.

TEULE Jean: Rainbow pour Rimbaud, Paris, Julliard, 1991.

THISSE André: Rimbaud devant Dieu, Paris, José Corti, 1975.

TILLIER Bertrand: Rimbaud, l'enfant lettré, Paris, éd. du Cercle d'Art, 1991.

UNDERWOOD Vernon Philip: Rimbaud et l'Angleterre, Paris, Nizet, 1976.

VADE Yves: L'enchantement littéraire. Ecriture et magie de Chateaubriand à Rimbaud, Gallimard, 1990.

WHITAKER Marie-Joséphine: La structure du monde imaginaire de Rimbaud, Paris, Nizet, 1972.

4. Revues et recueils

A) Revues collectifs

A. Rimbaud: La revue des lettres modernes, - 4 numéros parus: n° 1 (1972), n°2 (1973), n° 3 (1976), n° 4 (1981) -, Paris, Minard.

Amis d'auverge verte, revue d'étude rimbaldienne, - 3 numéros parus: n° 1 (1991), n°2 (1993), n° 3 (1994) -, Séoul, Presse de l'Université de Soong-Sil.

Bulletin des amis de Rimbaud, Charleville, - 7 numéros parus: n°. 1 (janvier 1931) - n°. 7 (avril 1931) -. Genève, Slatkine, 1972.

Etudes rimbaldiennes, - 3 numéros parus: n° 1 (1969), n°2 (1970), n° 3 (1972) -, Paris, Minard, coll. Avant-Siècle.

Parade sauvage, revue d'études rimbaldiennes, - 13 numéros parus: n° 1 (octobre 1984) - n°13 (mars 1996) et 8 numéros de Bulletin parus n° 1 (février 1985) - n° 8 (octobre 1993), Charleville.

B) Articles, numéros spécieux et recueils

EIGELDINGER M: *Lecture de «Vagabonds»,* «Minute d'éveil», Rimbaud maintenant: société des études romantiques, Colloque, Paris, éd. Cedes, 1983.

RICHTER: *Le dernier rêve littéraire de Rimbaud,* «Minute d'éveil», Rimbaud maintenant: société des études romantiques, Colloque, Paris, éd. Cedes, 1983.

Rimbaud, Europe (revue littéraire mensuelle), 2 numéros: n° 1 (mai-juin 1973) et n°2 (juillet 1991).

Aujourd'hui, Rimbaud..., enquête de Roger Munier, coll. Archives des lettres modernes, Paris, Minard, 1976.

Revue de l'Université de Bruxelles: *Lectures de Rimbaud,* numéro composé par André Guyaux (N° 1-2), Bruxelles, 1982.

Revue de «La Quinzaine». N° 689, 1996.

III. OUVRAGES GENERAUX

1. Dictionnaires

«Archéologique des techniques», Paris, éd. de L'Accueil, 1963.

«Bon Usage: Grammaire française», Paris, éd. Duculot, 1988.

«Dictionnaire étymologique et historique du français», Paris, éd. LaRousse, 1994.

«Dictionnaire de l'Académie Française», Paris, Slatkine Reprints, 1978.

«Dictionnaire des citations, françaises et étrangères», Paris, Larousse, 1995.

«Dictionnaire des symboles» de Jean CHEVALIER et Alain GHEERBRANT, Paris, éd. Jupiter, 1982.

«Grammaire du verbe français: des formes au sens» de Danielle LEEMAN-BOUIX, éditions Nathan, 1994.

«Grammaire Textuelle du Français», WEINRICH Harald, (traduit par DALGALIAN Gilbert et MALBERT Daniel), Paris, éd. Didier/Hatier.

«Le Robert, Dictionnaire historique de la langue française», sous la direction de Alain REY. Paris, éd. Dictionnaires Le Robert, 1995.

«Le Petit Robert 1», rédaction dirigée par A. REY et J. REY-DEBOVE, Paris, éd. Robert, 1989.

«Trésor de la langue française, Dictionnaire de la langue du XIXe et du XXe siècle », Paris, éd. Centre National de la Recherche Scientifique, 1988.

2. Ouvrages méthodes et recherches

BOURDIN Dominique et LAUNAY Michel: Index - concordance de l' «Essai sur l'origine des langues» de J. - J. Rousseau avec la collaboration d'Etienne Brunet, Genève-Paris, éd. Slatkine, 1989.

BRUNET Etienne: Le vocabulaire de Jean Giraudoux: structure et évolution: statistique et informatique appliquées à l'étude des testes à partir des données du Trésor de la langue française, Genève-Paris, éd. Slatkine, 1978.

BRUNET Etienne: Le vocabulaire français de 1789 à nos jours, d'après les données du Trésor de la langue française, Genève-Paris, éd. Slatkine, 1981.

BRUNET Etienne: L'inflation lexicale de 1789 à nos jours, Nice, éd. de l'Université de Nice, 1979.

GUIRAU Pierre, Les caractères statistiques du vocabulaire, Paris, Paris, éd. P.U.F, 1954.

GUIRAUD Pierre: Problème et méthodes de la statistique linguistique, Paris, éd. Dordrecht D. Reidel,1959.

GUIRAUD Pierre: Index du vocabulaire du symbolisme, T. I - VII, Paris, éd. Klincksieck, 1953-1962.

LAUNAY Michel: Index - concordance de la lettre à d'Alembert sur les spectacles,

Genève-Paris, Slatkine, 1994.

ROACH Robert Clive: <u>Index du vocabulaire du symbolisme</u>, Paris, éd. Klincksieck, 1962.

3. Ouvrages sur l'étude de la correspondance

ALBERT Jean-Pierre: <u>Ecritures ordinaires</u>, Paris, éd. P.O.L. 1993.

BOSSIS Mireille et PORTER Charles A.: <u>L'épistolarité à travers les siècles: geste de communication et / ou d'écriture</u>, Stuttgart, éd. Steiner-Verl, 1990.

COMTE Auguste, <u>Discours sur l'esprit positif</u>, présentation et note par Paul Arbousse-Bastide, Union générale d'édition, coll. 10/18, 1963.

DUCHENE Roger: <u>Madame de Sévigné et la lettre d'amour</u>, Paris, éd. Klincksieek, 1992.

HAROCHE-BOUZINAC Geneviève: <u>Voltaire dans ses lettres de jeunesse (1711 - 1733), la formation d'un éspitolarité au XVIIIe siècle</u>, Paris, Klincksieck, 1992.

SPITZ Huguette et MELLOT Jean: <u>Les écrivains publics</u>, Paris éd. Le Puy, 1985.

4. Ouvrages généraux

AMIN Samir: <u>Impérialisme et sous-développement en Afrique</u>, Paris, Belin, Paris, 1997.

BAUMONT Maurice: <u>L'essor industriel et l'impérialisme colonial, (1878 - 1904)</u>, Paris, Librairie Félix Alcan, 1937.

CARON François: <u>Histoire économique de la France, XIXe - XXe siècle</u>, Paris, Armand Colin, 1996.

CARON Jean-Claude: <u>La nation, l'Etat et la démocratie en France de 1789 à 1914</u>, Paris, Armand Colin, Paris. 1995.

CHANDEZON Gérard et LANCESTRE Antoine: <u>Les Techniques de Vente</u>, Paris, Presses Universitaires de France, 1985.

CHAUMONT Maurice, dr-ingr: <u>Les influences des régimes climatiques en France, en Espagne et en Afrique du Nord et leur conséquences hydrobiologiques</u>, Alger, éd. Ministère des travaux publics et de la construction, Service des études scientifiques, 1968.

CLANCIER Georges-Emmanuel: <u>Panorama de la poésie française</u>, Paris, Seghers, 1983.

CORNEVIN Robert: <u>Histoire des peuples de l'Afrique noire</u>, Paris, Berger-Levrault, 1963.

DAUMAS Maurice: <u>L'Expansion du Machinisme</u>, Paris, Presses Universitaires de France, 1968.

DAUMAS Maurice: <u>Les origines de la civilisation technique</u>, T. I - VII, Paris, Presses Universitaires de France, 1962.

DESCHAMPS Hubert: <u>Histoire Générale de l'Afrique Noir de Madagascar et des Archipels, de 1800 à nos jours</u>, T. II, Paris, Presses Universitaires de France, 1971.

DUCASSE Pierre: <u>Histoire des techniques,</u> Paris, Col. «Que sais-je», Presses Universitaires de France, 1958.

FLAUBERT Gustave: <u>Voyage en Egypte,</u> ed. Bernard Gasset, 1991.

FREMEAUX France: <u>L'Afrique des royaumes: contribution à une étude de l'imaginaire colonial</u>, Nice, Th. de Nice, 1996.

GREIMAS (A.J.) et ARRIVE (M.): <u>Essais de sémiotique poétique, avec des études sur Apollinaire, Bataille, Baudelaire, Hugo, Jarry, Mallarmé, Michaux, Nerval, Rimbaud, Roubaud</u>, Paris, Larousse, 1971.

GUIRAUD Pierre: <u>Les jeux de mots</u>, Paris, P.U.F. Coll. «Que sais-je?», 1976.

HAZARD Paul: <u>La crise de la conscience européenne</u>, T. II, Paris, éd. Boivin et Cie, 1935.

LANIER (L.): <u>L'Afrique, choix de lectures</u>, Paris, Classique Eugène Belin, 1886

LEJEUNE Dominique: <u>Les sociétés de géographie en France et l'expansion coloniale au XIXe siècle</u>, Paris, éd. Albin Michel, 1993.

LESOURD Jean-Alain GERARD Claude: <u>Nouvelle Histoire Economique, le XIXe siècle</u>, t.1, Paris, éd. Armand Colin, 1992.

LEVY Maryse: <u>Thèmes astrologiques: Cervantès, Nerval, Verlaine, Rimbaud, Nouveau, Chabaneix</u>: Paris, éd. du Maisnie-Trédaniel, 1985.

M'BOKOLO Elikia: <u>Afrique noire: histoire et civilisations</u>, T. II, XIXe et XXe siècles, Paris, Hatier, 1992.

MARSEILLE Jacques: <u>Empire colonial et capitalisme français</u>, Paris, éd. Albin Michel, Paris. 1984.

MONIOT Henri: <u>L'Afrique noire de 1800 à nos jours</u>, Paris, Presses universitaires de France, 1974.

PANKOW Gisela: <u>«L'homme et son espace vécu»</u>, Paris, éd. Aubier, 1986.

PERROT Claude Hélène, GONNIN Gilbert et NAHIMANA Ferdinand: <u>Sources orales de l'histoire de l'Afrique</u>, Paris, éd. CNRS, 1989.

REINHARD Wolfgang: <u>Petite histoire du colonialisme</u>, Paris, Belin, 1997.

RIOUX Jean-Pierre: La révolution industrielle, 1780-1880, Paris, éd. du Seuil, 1989.

ROPIVIA Marc Louis: Géopolitique de l'intégration en Afrique noire, Paris, L'Harmattan, 1994.

ROUSSEAU Pierre: Histoire de la science, Paris, Arthème Fayard, 1945.

SCHNERB Robert: Le XIXᵉ siècle, Paris, Presses Universitaires de France. 1993.

SMITH (N): L'Accord de la science et de la poésie dans la seconde moitié du XIXe siècle et spécialement dans l'Œuvre de Leconte de Lisle, thèse de l'université de Poitiers, 1928.

TISON-BRAUN Micheline: L'introuvable origine: le problème de la personnalité au seuil du XXe siècle (Flaubert, Mallarmé, Rimbaud, Valéry, Bergson, Claudel, Gide, Proust), Suisse, Droz (coll. Histoire des Idées et Critique Littéraire), 1982.

VERLEY Patrick: L'Industrialisation 1830-1914, Paris, La Découverte, 1989.

VILLERME Louis-René: Tableau de l'état physique et moral des ouvriers, Paris, éd. Etudes et documentations internationales, 1989.

WEBER Olivier: Corne de l'Afrique: Ethiopie, Somalie, Djibouti, Yeman, Paris, éd. Seuil, 1987.

5. Revues et articles

BOYER Alain-Michel: *Questions de paralittérature*, coll. POETIQUE N° 98, Paris, éd. du Seuil, avril 1994.

GROJNOWSKI Daniel: *De Mallarmé à l'Art postal*, coll. POETIQUE N° 100, Paris, éd. du Seuil, novembre 1994.

MITTERAND Henri: *A la recherche du style*, coll. POETIQUE N° 90, Paris, éd. du Seuil, avril 1992.

MOLINO Jean: *Les genres littéraires*, coll. POETIQUE N 93, Paris, éd. du Seuil, février 1993.

RASTIER François: *Thématique et génétique*, coll. POETIQUE N° 90, Paris, éd. du Seuil, avril 1992.

REID Martine: *Flaubert et Sand en correspondance*, coll. POETIQUE N° 85, Paris, éd. du Seuil, février 1991.

REID Martine: *Lettres de jeunesse*, coll. POETIQUE N° 93, Paris, éd. du Seuil, février 1993.

♣ 저 자

정남모

•약력•

울산대학교 불어불문학과를 졸업하고 프랑스 스트라스부르그 II 대학교에서 석사 및 DEA 학위 그리고 니스–소피아앙티폴리스 대학교에서 박사학위를 받았다. 이 후 울산대학교 인문과학연구소 연구교수를 역임하고 동 대학에서 강의하고 있다.

•역서•

<랭보, 바람구두를 신은 천재 시인> 1, 2권

•연구논문•

<랭보의 계보와 가족의 영향에 관한 고찰>,
<랭보의 과학실용 의지>,
<프랑스 해외영토의 어제와 오늘>,
<프랑스어권국가의 형성에 관한 연구>,
<프랑스어권경제영역(EEF)과 지역경제협력체 연구>,
<태평양 프랑스어권에 대한 지역연구>,
<아시아 프랑스어권의 형성에서 독립 그리고 자구책 모색까지> 외 다수.

Le réalisme de Rimbaud
랭보의 현실주의

· 초판 인쇄   2008 년 1 월 21 일
· 초판 발행   2008 년 1 월 21 일

· 지 은 이   정남모
· 펴 낸 이   채종준
· 펴 낸 곳   한국학술정보㈜
          경기도 파주시 교하읍 문발리
          파주출판문화정보산업단지 513-5
          전화   031)908-3181(대표) · 팩스   031)908-3189
          홈페이지   http://www.kstudy.com
          e-mail(출판사업부)   publish@kstudy.com

· 등   록   제일산-115 호(2000. 6. 19)
· 가   격   35,000원

ISBN   978-89-534-8085-8 93300 (paper book)
       978-89-534-8086-5 98300 (e-book)